开发性金融机构法律汇编

中国开发性金融促进会 | 编

主　　　编：李吉平　　邢　军
编委会成员：王　茜　　靳宝华
　　　　　　王春来　　陈迎彗

中国金融出版社

责任编辑：王　君　张菊香
责任校对：张志文
责任印制：陈晓川

图书在版编目（CIP）数据

开发性金融机构法律汇编（Kaifaxing Jinrong Jigou Falü Huibian）/中国开发性金融促进会编.—北京：中国金融出版社，2017.3

ISBN 978-7-5049-8356-5

Ⅰ.①开… Ⅱ.①中… Ⅲ.①金融法—汇编—国外 Ⅳ.①D912.280.9

中国版本图书馆 CIP 数据核字（2016）第 316004 号

出版 发行	中国金融出版社
社址	北京市丰台区益泽路 2 号
市场开发部	（010）63266347，63805472，63439533（传真）
网上书店	http：//www.chinafph.com
	（010）63286832，63365686（传真）
读者服务部	（010）66070833，62568380
邮编	100071
经销	新华书店
印刷	北京市松源印刷有限公司
尺寸	185 毫米 × 260 毫米
印张	31.75
字数	670 千
版次	2017 年 3 月第 1 版
印次	2017 年 3 月第 1 次印刷
定价	92.00 元
ISBN 978-7-5049-8356-5	

如出现印装错误本社负责调换　联系电话（010）63263947

前　言

　　金融法治是我国现代金融体系建设的重要内容。改革开放以来，我国金融体系日臻完善，金融法治建设取得丰硕成果，对推动经济社会发展和全面小康社会建设发挥了重要作用。随着我国经济发展进入新常态，金融业面临更为复杂的环境和更多挑战，金融支持实体经济发展的任务更为艰巨和紧迫，经济发展对金融业提出更高要求，需要发挥金融法治建设的引导和规范作用，促进金融业和投融资体系健康可持续发展，助力全面深化改革进程。

　　开发性金融是我国金融改革与发展的重大创新，以服务国家战略为宗旨，以中长期投融资为手段，依托国家信用，通过市场化运作，缓解经济社会发展瓶颈制约，维护国家金融稳定，增强经济竞争力。党中央、国务院对发挥开发性金融服务经济社会发展重点领域、薄弱环节、关键时期的功能和作用，支持"一带一路"建设，增加公共产品供给等作出一系列重要部署和安排。国家"十三五"规划把健全商业性金融、开发性金融、政策性金融、合作性金融分工合理、相互补充的金融机构体系作为"十三五"时期我国金融体制改革的一项重要任务。但是，我们也应该看到，开发性金融在中国发展还存在很多问题，集中表现在开发性金融法治建设的不完善，有关部门正在积极开展相关工作，推进开发性金融的制度建设和政策性银行立法等工作，明确政策性银行的职能定位，完善政策性业务损失承担机制或补贴机制，建立既符合银行业运行一般规律，又体现开发性金融机构特点的监管标准。

　　开发性金融是国际化的金融。在全球范围内，开发性金融自诞生以来已经有200多年历史，在治理体系、依法监管、业务发展等方面积累了丰富经验。为充分借鉴国际开发性金融机构的经验，服务我国开发性金融的法治建设，我们认为及时出版一本《开发性金融机构法律汇编》具有重要意义。为此，我们组织相关力量，收集、整理，并翻译了全球15家开发性金融机构的法律文本，包括德国复兴信贷银行、法国储蓄托管机构、日本政策投资银行、韩国产业银行、俄罗斯发展与对外经济事务银行、哈萨克斯坦开发银行、巴西开发银行、蒙古国开发银行等8个国家的开发性金融机构法律，以及世界银行集团（包括国际复兴开发银行、国际开发协会、国际金融公司、多边投资担保机构、国际投资争端解决中心）、欧洲复兴开发银行、欧亚开发银行、亚洲开发银行、非洲开发银行、伊斯兰开发银行及加勒比开发银行等7个多边开发性金融机构的法律文本，汇编成册。

我们希望本书为学术界、金融界深入认识开发性金融的治理机制、监管体系、法治建设等重要问题提供参考，对推动我国开发性金融法治建设有所贡献。因时间和经验有限，本书存在不完善之处在所难免，希望在用书人员的使用和反馈中不断完善。

最后需要说明的是，感谢北京大学外国语学院的张寒露、张源、郭铭超、李霞、蒋骏等同学承担了收集各开发性金融机构法律等相关资料的重任，英华博译（北京）信息技术有限公司承担了翻译工作，本书融合了上述人员细心而扎实的工作，体现出专业及团队合作精神。

中国开发性金融促进会
2016 年 8 月

目 录

多边开发性金融机构

国际复兴开发银行协定 ··· 1

国际开发协会协定 ··· 31

国际金融公司协定 ··· 49

多边投资担保机构公约 ··· 67

国际投资争端解决中心公约及规章制度 ··························· 99

亚洲开发银行协定 ··· 171

欧亚开发银行协议 ··· 201

非洲开发银行协定 ··· 219

欧洲复兴开发银行基本文件 ····································· 245

加勒比开发银行成立协议 ······································· 301

伊斯兰开发银行协议条款 ······································· 337

国别开发性金融机构

德国复兴信贷银行相关法律 ····································· 361

法国储蓄托管机构相关法条 ····································· 373

日本政策投资银行股份有限公司法 ······························· 381

韩国产业银行法 ··· 423

联邦法"俄罗斯发展与对外经济事务银行" ························· 443

哈萨克斯坦开发银行法 ··· 457

蒙古国开发银行法 ··· 469

巴西开发银行内部规章 ··· 483

国际复兴开发银行协定

目 录

引文 ·· 6
第一条 宗旨 ·· 6
第二条 银行会员国资格和银行资本 ······································ 6
    第一节 会员国资格 ·· 6
    第二节 法定资本 ·· 6
    第三节 股份的认购 ·· 6
    第四节 股份的发行价格 ·· 7
    第五节 认购股金的区分和催缴 ······································· 7
    第六节 责任的限度 ·· 7
    第七节 缴付股款的方法 ·· 7
    第八节 缴付股款的时间 ·· 7
    第九节 银行所持有某种货币价值的维持 ·························· 8
    第十节 对处理股份的限制 ·· 8
第三条 贷款和担保的一般规定 ·· 8
    第一节 资金的运用 ·· 8
    第二节 会员国与银行的往来 ··· 8
    第三节 银行担保和放款的限度 ······································· 8
    第四节 银行担保或贷款的条件 ······································· 8
    第五节 银行担保、参加或承做的贷款的使用 ·················· 9
    第六节 对国际金融公司的贷款 ······································· 9
第四条 业务经营 ·· 9
    第一节 承做或融通贷款的方法 ······································· 9
    第二节 货币的获得和兑换 ·· 10
    第三节 直接贷款的货币条款 ··· 10
    第四节 直接贷款的偿还办法 ··· 11
    第五节 担保 ·· 11
    第六节 特别准备金 ·· 12
    第七节 发生拖欠时银行履行债务的方法 ························· 12
    第八节 其他业务 ·· 12
    第九节 证券上应注明的事项 ··· 13
    第十节 禁止政治活动 ··· 13
第五条 组织与管理 ·· 13

  第一节 银行的机构 ··· 13
  第二节 理事会 ··· 13
  第三节 投票 ··· 14
  第四节 执行董事 ··· 14
  第五节 行长和工作人员 ··· 14
  第六节 顾问委员会 ··· 15
  第七节 贷款委员会 ··· 15
  第八节 与其他国际组织的关系 ··· 15
  第九节 办事处所在地 ··· 15
  第十节 地区办事处和地区委员会 ··· 15
  第十一节 存款机构 ··· 15
  第十二节 持有货币的形式 ··· 16
  第十三节 报告的公布和资料的提供 ··· 16
  第十四节 净收入的分配 ··· 16
第六条 会员国的退出及暂停会员国资格，营业的停止 ··························· 16
  第一节 会员国退出的权利 ··· 16
  第二节 暂停会员国资格 ··· 16
  第三节 在国际货币基金组织中停止会员国资格 ··························· 17
  第四节 与已停止为会员国之政府清理账目的办法 ··························· 17
  第五节 营业的停止及债务的清理 ··· 17
第七条 法律地位、豁免与特权 ··· 18
  第一节 本条的目的 ··· 18
  第二节 银行的法律地位 ··· 18
  第三节 银行在司法程序中的地位 ··· 19
  第四节 资产免受扣押 ··· 19
  第五节 档案的豁免 ··· 19
  第六节 资产免受限制 ··· 19
  第七节 通讯的特权 ··· 19
  第八节 官员和雇员的豁免权与特权 ··· 19
  第九节 豁免税收 ··· 19
  第十节 本条的施行 ··· 20
第八条 本协定修订办法 ··· 20
第九条 本协定解释办法 ··· 20
第十条 默认 ··· 20
第十一条 最后条款 ··· 21
  第一节 生效 ··· 21

第二节　签字 …………………………………………………………… 21
　　第三节　银行的开业 ………………………………………………… 21
附录 A　各会员国认缴股款表 ………………………………………… 23
附录 B　执行董事的选举 ………………………………………………… 24
附　国际复兴开发银行协定附则 ………………………………………… 25

本协定签字国政府同意如下：

引　文

国际复兴开发银行按下列规定成立和经营业务：

第一条　宗旨

银行的宗旨是：

（i）通过使投资更好地用于生产事业的办法以协助会员国境内的复兴与建设，包括恢复受战争破坏的经济，使生产设施恢复到和平时期的需要，以及鼓励欠发达国家生产设施与资源的开发。

（ii）利用担保或参加私人贷款及其他私人投资的方式，促进外国私人投资。当私人资本不能在合理条件下获得时，则在适当条件下，运用本身资本或筹集的资金及其他资源，为生产事业提供资金，以补充私人投资的不足。

（iii）用鼓励国际投资以发展会员国生产资源的方式，促进国际贸易长期均衡地增长，并保持国际收支的平衡，以协助会员国提高生产力、生活水平和改善劳动条件。

（iv）就本行所贷放或担保的贷款而与通过其他渠道的国际性贷款有关者作出安排，以便使更有用和更迫切的项目，不论大小都能优先进行。

（v）在执行业务时恰当地照顾到国际投资对各会员国境内工商业状况的影响，在紧接战后的几年内，协助促使战时经济平稳地过渡到和平时期的经济。

银行的一切决定，均应以本条上列宗旨为准则。

第二条　银行会员国资格和银行资本

第一节　会员国资格

（a）银行的创始会员国应为国际货币基金组织的会员国，并在本协定第十一条第二节（e）款所规定日期前正式参加银行者。

（b）基金的其他会员国应按照银行所规定的时间和条件加入银行为会员国。

第二节　法定资本

（a）银行的法定资本总额为一百亿美元，以1944年7月1日美元的实际含金量和成色为准。资本分为十万股①，每股票面价值十万美元，只限会员国认购。

（b）银行认为需要时，经总投票权四分之三多数通过，即可增加股本。

第三节　股份的认购

（a）凡会员国均须认购本行的股份。附录A所规定的数额，为创始会员国所应认购股份的最低额。其他会员国应认购的最低额由银行决定。银行应保留足够的资本股份额供此类会员国认购。

---

① 1980年1月4日，银行法定资本已增至七十万五千股。

（b）银行应制定规则，以规定条件，使会员国在认购最低额股份外，还可认购银行法定股本的股份。

（c）如银行法定股本增加，各会员国在银行规定条件下，应有合理的机会按照其原在银行资本总额中所认购的股份额的比例，相应地增加股份。但会员国并无认购任何新增股本的义务。

第四节 股份的发行价格

创始会员国认购的最低额股份应按票面价格发行。其他股份，除非在特殊情况下银行以过半数总投票权决定以其他条件发行外，亦应按票面价格发行。

第五节 认购股金的区分和催缴

各会员国认购股金分为下列两部分：

（i）百分之二十在银行经营业务需要时应按本条第七节（i）项规定缴纳，或经银行催缴时缴纳；

（ii）其余百分之八十，仅在银行为偿付第四条第一节（a）款（ii）和（iii）项所产生债务所需，经银行催缴时缴纳。

未缴股份的催缴对于所有股份应一律对待。

第六节 责任的限度

股份的债务责任只以股份发行价格的未缴部分为限。

第七节 缴付股款的方法

股款应按下列规定用黄金或美元及会员国货币缴纳：

（i）根据本条第五节（i）项应缴之股款，每股价格的百分之二应用黄金或美元缴纳，其余百分之十八，在银行催缴时用该会员国货币缴纳；

（ii）根据本条第五节（ii）项催缴时，会员国得选用黄金、美元，或银行为了清偿因此而催缴之债务所需的货币缴纳；

（iii）当会员国按上述（i）和（ii）项缴款时，无论用何种货币，其所缴款项的价值皆应等于该会员国在催缴情况下所应负担的债务责任。此项债务责任应为本条第二节规定的银行法定资本总额的某一比例部分。

第八节 缴付股款的时间

（a）本条第七节（i）项规定每股百分之二应用黄金或美元缴付的股款，应在银行开业后六十天内缴纳，但如果

（i）任何创始会员国其本国主要城市地区在此次战争中被敌人侵占或蒙受战争损害者，有权延付百分之零点五，直至银行开业后五年内缴纳；

（ii）任何创始会员国，其黄金储备由于战争而被侵占或无法动用，至今尚未收复，以致无力缴付此项股款者，则其全部应缴款项可延期至银行规定的日期缴付；

（b）本条第七节（i）项所定每股股额的剩余部分在银行催缴时应遵照缴纳，但

（i）银行在开业后一年内除上述（a）款所定的百分之二外，应催缴不少于百分之八的股款；

(ii) 任何三个月时期内，催缴的股款金额均不应超过百分之五。

第九节　银行所持有某种货币价值的维持

（a）凡（i）某会员国的货币票面价值减低，或（ii）银行认为，某会员国货币的外汇价值在其领土内已大为贬值时，则该会员国应在一合理时间内，向银行增缴一定数量的本国货币，使银行所持有的该会员国货币总数足以保持该国最初认缴时的货币之价值。此项货币或系由该会员国按第二条第七节（i）项原先缴纳给银行的货币、或由第四条第二节（b）款所述之货币、或由本款追缴的货币而由银行所持有并由此衍生，且尚未为该会员国用黄金或银行可以接受的任何会员国货币予以购回者。

（b）凡会员国的货币票面价值增高时，银行应在一合理时间内退还该会员国一定数量的该国货币，其数额等于按（a）款所述的该国货币总数所增值的部分。

（c）当国际货币基金组织对会员国货币票面价值作普遍的按比例的调整时，则银行得放弃上述各款的规定。

第十节　对处理股份的限制

股份不得用作抵押或使之负有任何形式的债务，只能转让给本行。

第三条　贷款和担保的一般规定

第一节　资金的运用

（a）银行的资金和设施，应专用于为会员国谋利益，对其开发项目和复兴项目，都应一视同仁。

（b）会员国的主要城市地区因敌人侵占或战争而遭受重大破坏时，为了有利于该国恢复和重建经济，银行在决定对该类会员国贷款的条件时，应特别注意减轻其财政负担和加速其恢复与重建工作的完成。

第二节　会员国与银行的往来

各会员国应只由财政部、中央银行、平准基金会或其他类似的财政机关与银行往来，银行也只经由或通过这些机构与会员国往来。

第三节　银行担保和放款的限度

银行承做的担保、参加的贷款以及直接发放的贷款的未偿还总额，在任何时候，如再行增加则其总数将超过银行足值的认缴股本、准备金、公积金的百分之百时，即不得再增加。

第四节　银行担保或贷款的条件

银行对任何会员国或其所属任何政府部门，及其国内任何工农商企业承做担保贷款、参加贷款或发放贷款，其条件如下：

（i）如项目在一会员国境内，而该会员国本身并非借款人，该会员国或其中央银行或本行认可的其他相当机关，须完全担保还本付息及其他因贷款而应付的费用。

（ii）银行确认，按当时市场情况，借款人无法在银行认为对借款人来说是合理的条件下自其他方面获得贷款。

（iii）按第五条第七节所规定，已有一合格的委员会对于贷款项目经过审慎研究其优点后，提出书面报告予以推荐。

（iv）银行认为利率和其他费用都合理，并且此种利率、费用及还本日程与该项目也都适合。

（v）在承做或担保一笔贷款时，银行应充分考虑到借款人（如借款人非会员国，则为保证人）将来能履行贷款的义务；银行并应兼顾贷款项目所在地会员国及全体会员国的利益，妥善办理。

（vi）银行在担保其他投资人承做的贷款时，为其所承担的风险，需收取适当报酬。

（vii）除特殊情况外，银行所承做或担保的贷款，应用于指定的复兴或开发项目。

第五节 银行担保、参加或承做的贷款的使用

（a）银行不得施加任何条件，限定贷款款项必须在某一或某些会员国境内使用。

（b）银行应规定办法，保证使任何贷款的款项只能为提供贷款所规定的目的之用，并使之充分注意节约和效率，但不得涉及政治的或其他非经济性的影响或考虑。

（c）凡银行承做的贷款，应以借款人的名义开立账户，并将贷款金额以所贷的一种或几种货币记入该账户的贷方。银行只允许借款人为了支付项目所确实发生的有关费用时，从账户提款。

第六节 对国际金融公司的贷款①

（a）银行可以承做、参加或担保对国际金融公司（银行的一个附属机构）的贷款，以供该公司进行贷款业务之用。但如果贷放时或贷放结果，该公司的负债总额（包括其担保的债务）将超过其足值的认缴股本加公积金的四倍时，则此项承做、参加或担保的贷款，其未偿付总额不得再有增加。

（b）第三条第四节和第五节（c）款以及第四条第三节的有关规定不适用于本节所规定承做、参加和担保的贷款。

第四条 业务经营

第一节 承做或融通贷款的方法

（a）银行得按下列任何方法承做或融通符合第三条规定条件的贷款：

（i）以银行资金承做或参加直接贷款，其数额以足值的已缴资本、公积金以及依本条第六节所定的准备金的总和为限。

（ii）以银行在一会员国市场上所筹得或从其他方面借得的资金，承做或参加直接贷款。

（iii）对通过通常投资渠道进行的私人投资者放出的贷款，给予全部或部分担保。

---

① 本节是1965年12月17日修订条文后增加的。

(b) 银行按上述（a）款（ii）项筹借资金，或按上述（a）款（iii）项担保私人放出之贷款时，必须征得筹集资金市场所在地会员国和发行该笔贷款所用货币之会员国的许可，并且只有这些会员国同意此项贷款款项可不受限制地兑换其他会员国货币时，方可进行。

第二节 货币的获得和兑换

（a）按第二条第七节（i）项缴入银行的货币，银行在贷放时必须征得发行该种货币的会员国的同意。但如银行的认缴股本已全部收齐后，必要时不受发行所缴纳之货币的会员国的限制，而使用该项货币，或将其兑换成其他所需货币，以支付本行本身借款按契约应付的利息、其他费用或分期还本之用，或者用以按契约支付与本行担保贷款有关的债务。

（b）借款人或担保人偿还（a）款所述直接贷款的本金而付给银行的货币，如要兑换成其他会员国货币或者再行贷放时，必须征得发行该种货币的会员国的同意。但如银行的认缴股本已全部收齐后，必要时不受发行所缴纳之货币的会员国的限制而使用该项货币，或将其兑换成其他所需要的货币，以支付本行本身借款按契约应付的利息、其他费用或分期还本之用，或者用以按契约支付与银行担保贷款有关的债务。

（c）借款人或担保人偿还本条第一节（a）款（ii）项银行直接贷款的本金而付给银行的货币，应不受有关会员国的限制，可留作分期偿还，或提前偿还，或购回银行本身的全部或一部分债务之用。

（d）银行可以获得的所有其他货币，其中包括本条第一节（a）款（ii）项下在市场上筹借或从其他方面借得的资金、出售黄金所得，按本条第一节（a）款（i）项和（ii）项承做的直接贷款所收取的利息和其他费用，以及按第一节（a）款（iii）项而收取的佣金和其他费用，凡此各项所得货币，应不受发行该货币的会员国的限制而加以运用或兑换成银行业务经营所需的其他货币或黄金。

（e）借款人在会员国市场上筹借、由银行根据本条第一节（a）款（iii）项规定担保的贷款而筹得的货币，也应不受该有关会员国的限制而可加以运用或兑换成其他货币。

第三节 直接贷款的货币条款

下列条款适用于本条第一节（a）款（i）项及（ii）项之直接贷款：

（a）借款人为了实现贷款的目的，需要在项目所在地会员国以外之其他会员国境内，用该国货币进行支付时，银行应供给该其他会员国之货币。

（b）在特殊情况下，如借款人为贷款目的所需的本国货币不能在合理条件下筹得时，银行可提供借款人以适当数额的该国货币作为贷款的一部分。

（c）如该项目间接地增加了项目所在地会员国对外汇的需要，则银行在特殊情况下，可提供借款人适当数额的黄金或外汇作为贷款的一部分，但不得超过借款人在当地与贷款项目有关的支付款项。

（d）当贷款的一部分使用于某会员国，银行在特殊情况下，经该会员国的请求，可用黄金或外汇购回因此用掉的该国货币的一部分，但购回的部分不得超过在其境内使用此项贷款而引起的所需增加的外汇数额。

第四节 直接贷款的偿还办法

在本条第一节（a）款（i）或（ii）项下的贷款契约，应遵照下列偿还办法签订：

（a）每笔贷款的利息条件、分期还本办法、贷款期限、偿还日期，均应由银行决定。与贷款有关所应收取之手续费的收费率及其他条件亦由银行决定。

在银行开业后最初十年内，按本条第一节（a）款（ii）项所放的贷款，其手续费费率每年不低于百分之一，不高于百分之一点五，并应按贷款未偿还部分征收。十年以后，如果银行认为按本条第六节和从其他收益所积存的准备金已足够充裕，可以降低手续费时，银行可以降低对届时已发放贷款未偿还部分及新的贷款所征收的手续费收费率。对于以后的贷款，如果经验证明宜增加手续费时，本行也可决定将费用率提高到超过上述限度。

（b）各项贷款契约应规定按契约偿付银行时所应使用的一种或几种货币。但借款人也可选择用黄金或银行同意的非契约内规定的其他会员国货币偿还。

（i）凡按本条第一节（a）款（i）项发放的贷款，贷款契约应规定需以贷款时所使用的货币偿付银行本息及其他费用；但如经用该国货币作贷款的会员国同意，可以使用其他指定的一种或几种货币偿付。此类偿付，除适用第二条第九节（c）款的规定外，当其价值以银行总投票权四分之三多数通过所指定的货币计算时，应占发放贷款时契约所规定支付的价值相等。

（ii）按本条第一节（a）款（ii）项发放的贷款，其应偿还银行而未偿还的任何一种货币总数，在任何时候皆不应超过银行按第一节（a）款（ii）项借入而应偿还的该项货币的总数。

（c）如一会员国因外汇非常紧张，不能按照规定偿还其所借的，或由该会员国或其所属的一个机构担保的贷款本息时，该会员国可向银行申请放宽偿付条件。如果银行确认酌量放宽条件对该会员国和本行业务以及全体会员国有利时，它可对每年应偿还贷款的全部或部分，采取下列两项或其中任何一项措施：

（i）银行可斟酌情形，与该有关会员国作出安排，接受用该会员国货币偿还贷款本息，但不得超过三年，并须商定有关该项货币的使用，其外汇价值的维持，以及由该国购回该项货币的适当条件。

（ii）银行可修订分期还本条件或延长贷款期限，或两者并用。

第五节 担保

（a）银行在担保以通常投资方式进行的贷款时，已支而未偿还之贷款额，应按银行规定的费用率按期征收担保手续费。在本行开业的头十年内，此项费用率应不低于每年百分之一，不高于每年百分之一点五。十年期终了后，如果银行认为按本条第六节和从其他收益所积存的准备金已足够充裕，可以降低担保费率时，银行可以降低对于届时已担保贷款之未偿还部分或新贷款所征收的担保费收费率。对于新的贷款，如经验证明宜增加手续费时，本行也可决定将费用率提高到超过上述限度。

（b）担保手续费应由借款人直接付给银行。

（c）银行承做担保时，应规定如出现借款人或（有担保人时）其担保人违约的情况时，银行倘若提出按票面价值再加上到提出来的指定日期止应付的利息购买所担保的有价债券或其他债务，则银行可终止以后再偿付利息的义务。

（d）银行应有权决定有关担保的其他规定及条件。

第六节　特别准备金

银行按本条第四节和第五节所收的手续费，应作为特别准备金另行存放，以供履行本条第七节所述债务之用。此项特别准备金，应按执行董事会决定，以本协定许可的流动方式存放。

第七节　发生拖欠时银行履行债务的方法

银行承做、参加或担保的贷款发生拖欠时：

（a）银行应作出安排，以调整对该类贷款所应负之义务，包括本条第四节（c）款所规定或与其相似的办法。

（b）银行为清偿本条第一节（a）款（ii）和（iii）项下的借款或担保债务，其支付办法是：

（i）首先，动用本条第六节所规定的特别准备金。

（ii）然后，视需要的程度，酌情动用银行所能动用的其他准备金、公积金和资本。

（c）当银行需支付本身借款按契约应付的利息、其他费用及按期偿还的本金，或为履行其所担保贷款的同类支付的义务时，应按第二条第五节和第七节规定，向会员国催缴适当数额的已认缴而未缴股本。又如银行认为某项拖欠的时间将历时久长，则应在每年不超过会员国总认缴额的百分之一限度内，另外催缴一部分未缴股本，用于下列用途：

（i）银行担保而债务人所拖欠的贷款债务，其未偿还的本金，由银行在未到期前偿还或以其他方法结清其全部或一部分。

（ii）由银行购回或以其他方法结清银行本身未偿还的全部或部分借款之债务。

第八节　其他业务

除本协定其他各节规定的业务外，银行应有权：

（i）买卖本行所发行的证券，买卖本行所担保的或投资的证券，但须征得买卖证券所在地会员国的同意。

（ii）担保本行所投资的证券，以便利其销售。

（iii）借入任何会员国的货币，但须征得该会员国的同意。

（iv）经本行董事总投票权四分之三多数表决认为正当，可买卖其他证券，作为本条第六节特别准备金的全部或部分投资之用。

银行在行使本节所赋予的权力时，可与任何会员国境内的个人、合伙、会社、公司或其他法人往来。

第九节 证券上应注明的事项

银行所担保或发行的每种证券，除非证券上特别注明者外，应在票面上显著注明，该项证券并非任何会员国政府的债务。

第十节 禁止政治活动

银行及其官员不得干预任何会员国的政治，其一切决定也不应受有关会员国政治性质的影响。一切决定只应与经济方面的考虑有关，权衡此种考虑时应无所偏倚，以期达到第一条所阐明的宗旨。

第五条 组织与管理

第一节 银行的机构

银行应设有一理事会、若干执行董事、一行长及其他官员和工作人员，以执行银行所决定的职责。

第二节 理事会

（a）银行的一切权力赋予理事会，理事会由每一会员国按其自行决定的方法指派理事及副理事各一人组成。每一理事及副理事任期五年，由其本国任命，并可连任。副理事仅在理事缺席时始有投票权。理事会应推选理事一人为理事会主席。

（b）理事会可将理事会的任何权力委托执行董事会行使，但下列权力除外：

（i）批准新会员及决定其加入的条件；

（ii）增加或减少银行资本总额；

（iii）暂停会员资格；

（iv）裁决对执行董事解释本协定所产生的异议；

（v）安排与其他国际机构的合作办法（暂时性和行政性的非正式安排除外）；

（vi）决定永远停止银行业务及其资产的分配；

（vii）决定银行净收入的分配。

（c）理事会每年开年会一次；经理事会规定或经执行董事会召集，亦可举行其他会议。每当有五个会员国或持有四分之一总投票权的会员国请求时，执行董事亦应召开理事会议。

（d）理事会每次会议的法定人数应为过半数理事，并持有不少于三分之二的总投票权。

（e）理事会应按规定建立一种程序，使执行董事会在认为其行动符合银行最高利益时，对某项特定问题，可采取不召开理事会的办法而获得各理事的投票。

（f）理事会及执行董事会在被授权范围内，应制定进行银行业务所必需或适合的规章制度。

（g）银行对理事及副理事不付给报酬，但银行应支付其因出席会议而需要的合理费用。

（h）理事会应决定付给执行董事的报酬及行长的薪金及其服务契约的条件。

第三节 投票

（a）每一会员国享有二百五十票，每持有股份一股另增加一票。

（b）除另有特别规定外，本行一切事项均依多数票决定之。

第四节 执行董事

（a）执行董事负责处理银行的日常业务。为此，应行使理事会所委托的一切权力。

（b）执行董事应为十二人，不必限于理事，其中：

（i）五人应由持有最大股份的五个会员国各派一人充任；

（ii）其余七人按照附录B规定，由（i）项所提到的五会员国指派的理事以外的所有理事选举之。

本节所称会员国，系指附录A所列国家的政府而言，不论其是创始会员国或者是根据第二条第一节（b）款加入为会员国者，均在其内。当其他国家的政府参加银行成为会员国时，理事会得经总投票权五分之四的多数表决，通过增加选举产生的董事名额，以增加董事总名额。

执行董事应每两年指派或选举一次。

（c）每一执行董事应指派一副董事，在其本人缺席时，全权代行其职权。指派副董事的执行董事出席时，副董事可参加会议，但无投票权。

（d）董事应继续任职至其继任人被派定或被选出为止。如某一选任董事在其任期终了前缺职超过九十天时，应由原选举该前任董事的理事另选一董事以继其未满的任期。当选的票数必须过半数。在执行董事出缺期间，由副董事代行其职权，但不得再指派副董事。

（e）执行董事应常驻银行总办事处办公，并根据银行业务需要经常集会。

（f）执行董事每次会议的法定人数应为过半数董事，并持有不少于半数的总投票权。

（g）每一被指派的董事应按本条第三节分配给指派该董事的会员国的票数投票。每一被选任的董事应按其当选所得的票数投票。各董事可投的全部票数应作为一个单位投票。

（h）理事会应制定规章，使按上述（b）款规定不能指派董事的会员国，在讨论该会员国提出的请求或与该会员国有特殊影响的事项时，应派遣一代表出席执行董事的会议。

（i）执行董事应在其认为有必要时，酌情设立各种委员会。委员会的成员不必限于理事、董事或其副职。

第五节 行长和工作人员

（a）执行董事应选行长一人。理事、执行董事或两者之副职皆不得兼任行长。行长应为执行董事会的主席，但除在双方票数相等时应投一决定票外，无投票权。行长应参加理事会会议，但无投票权。行长职务的终止由执行董事决定。

（b）行长为银行工作人员的主管，在执行董事的指导下处理银行日常业务，并在执行董事总的管理下负责官员和工作人员的组织、任命及辞退。

（c）行长、官员和工作人员在执行其任务时，应完全对银行负责，而不对其他官方负责。各会员国应尊重此种职责的国际性，并应制止在他们执行职务时对他们任何人施加影响的企图。

（d）行长任命职员和工作人员时，最重要的，应以其是否能达到最高的工作效率和技术能力为标准，并应尽可能注意按广泛的地区性录用人员的重要性。

第六节　顾问委员会

（a）银行应设一不少于七人的顾问委员会，其人选由理事会选定，应包括银行业、商业、工业、劳工及农业各方面利益的代表，并尽可能照顾到广大国别。在委员会成员所代表的领域内，如有专门的国际组织存在，则该成员的选定，应征得该组织的同意。委员会应向银行提供有关总的政策方面的意见。委员会除应每年开会一次外，需应银行要求随时召集会议。

（b）顾问任期为两年，可以连任。其因银行事务而发生的合理费用应由银行支付。

第七节　贷款委员会

按第三条第四节规定，负责贷款报告的委员会，应由银行指派。每一个这种委员会，应包括代表项目所在地会员国的理事所选的专家一人，以及银行技术人员一人或数人。

第八节　与其他国际组织的关系

（a）银行应在本协定条文范围内，与任何一般的国际组织和在有关领域内负有专门责任的公共国际组织进行合作。凡此项合作的办法，如涉及更改本协定的任何条款时，须按照第八条规定修改本协定后方能生效。

（b）在对申请贷款或担保作出决定时，如其有关事项直接属于上款所列各种国际组织职能范围之内，且这种国际组织之参加者主要为银行各会员国，银行应对此组织所提供的意见和建议加以考虑。

第九节　办事处所在地

（a）银行总办事处应设于持有最大股份的会员国境内。

（b）银行应在任何会员国境内设立办事处或分行。

第十节　地区办事处和地区委员会

（a）银行应设立地区办事处，并决定各地区办事处的所在地及其所辖的地区。

（b）每一地区办事处应设一区域委员会以资顾问，代表整个地区提供意见，其人选由银行决定之。

第十一节　存款机构

（a）各会员国应指定其中央银行为存放世界银行所持有的全部该国货币的存款机构。如无中央银行，则应指定银行所同意的其他机构。

（b）银行应将其他资产，包括黄金在内，存放在持有最大股份的五个会员国所指定的存款机构内，或银行选择的其他指定的存款机构内。最初成立时，银行的黄金储备至少应有一半存于总办事处所在地会员国所指定的存款机构内,并至少有百分之四十存放在上述其余的四个会员国所指定的存款机构内。每一存款机构最初存入的黄金数量,不得少于指定存款地点之会员国认缴股份中已缴付的黄金数额。但银行在转移黄金时应充分注意到运输费用,并预计到银行的需要。遇有紧急情况时,执行董事会应将全部或任何一部分黄金转移至任何能得到充分保护的地点。

第十二节 持有货币的形式

凡按第二条第七节(i)项而付给银行的会员国货币,或者用以分期偿还贷款的该项货币,如银行业务上不需要时,应接受该会员国政府或其指定的存款机构开出的票据或类似证券以替代之。该项票据不得转让,也无利息,需要时按票面价值见票即付,在指定存款机构记入银行账户贷方。

第十三节 报告的公布和资料的提供

(a) 银行应出版一种年报,内容包括已经过审计的决算报告,并应每隔三个月或更短时期向会员国发布一份表明财务状况的简报和业务经营成果的损益计算书。

(b) 银行认为对其执行任务有利时,应发表其他报告。

(c) 本节所述各种报告、报表和出版物,均应分发给会员国。

第十四节 净收入的分配

(a) 银行的净收入,在提出各项准备金以后,哪些部分用于公积金,哪些部分(如果有的话)用于分配,应每年由理事会决定。

(b) 如有任何净收入部分用于分配,第一次应根据当年按第四条第一节(a)款(i)项贷出之款项的平均未偿还金额为基础,将至多百分之二作为第一批红利,用与各会员国认缴股款相同的货币分配给各会员国。红利如不分配时,不得积累至以后分配。如第一次支付百分之二后尚有余款可供分配,应按会员国股份比例支付给全体会员国。付款给各会员国时应用各该国本国货币,如缺乏该项货币,应用该会员国可以接受的其他会员国货币。如果用其他会员国货币付款,接受该项货币的会员国转移和使用该项货币时应不受其他会员国的限制。

第六条 会员国的退出及暂停会员国资格,营业的停止

第一节 会员国退出的权利

任何会员国应随时以书面通知银行总办事处退出银行。在银行接到该项通知之日起,退出即应生效。

第二节 暂停会员国资格

如果会员国不履行任何对银行的义务,银行经半数以上理事并持有过半数总投票权的表决,应暂停其会员国资格。该国自暂停会员国资格之日起一年后,除非以同样的多数表决恢复其资格外,即自动终止为会员国。

在暂停资格期间,该会员国除有权退出外,不再享有本协定规定的任何权利,但仍应对全部债务负责。

第三节　在国际货币基金组织中停止会员国资格

任何会员国在其丧失国际货币基金组织会员国资格三个月后，即自动丧失其为银行会员国的资格，除非经银行总投票权四分之三的多数通过允许该国仍为会员国。

第四节　与已停止为会员国之政府清理账目的办法

（a）一国政府停止为会员国时，它对该会员国在未退出前所欠银行的一切直接负债及所应分担的银行债务，在贷款或担保贷款的任何部分还未清偿以前，仍应继续负责。但在该国停止为会员国以后，对银行承做的贷款与担保贷款不再负有责任，也不再分摊银行的收益或费用。

（b）在一国政府停止为会员国时，银行应按照下述（c）及（d）款的规定，安排购回其股份作为与该政府清算账目的一部分。购回股份的价格，应以该政府停止为会员国当日的银行账面价值为准。

（c）根据本节由银行购回股份的支付方法，应按下列规定办理：

（i）如该政府或其中央银行或所属任何机构，作为借款人或担保人，对银行仍负有债务时，银行应扣留其应付给该政府的股款中的一定数额，并在该项债务到期时，用此项款项清偿该项债务。但不得因该政府在第二条第五节（ii）款下认购股份所产生的债务，而扣留任何数量之股款。在任何情况下，应付该政府的股款，应自该政府停止为会员国之日起六个月后方可付给。

（ii）如上述（b）款应付的购回价款超过上述（c）款（i）项下贷款及担保的债务总额，则其超过部分，银行应在该政府交出股票时随时支付，直至该前会员国收到全部购回价款为止。

（iii）付款应用收款国家货币或由银行选择用黄金支付。

（iv）如银行担保的贷款、参加的贷款，或贷款，在该政府停止为会员国之日尚未偿还而遭受损失，而该项损失的金额超过该政府停止为会员国之日，银行用以备抵损失的准备金数额，且在决定购回价格时已经计入该项损失，则该政府一经银行要求，应即交回按照股份购回价格所应予减少之金额。此外，如在决定购回价格时，银行资本已经发生亏损，并已进行催缴时，则该前会员国政府对于按第二条第五节（ii）款下任何催缴未缴股份，仍负有义务，必须补缴。

（d）在任何会员国政府停止为会员国后六个月内，如银行按照本条第五节（b）款永远停止营业，则该政府所享有的一切权益应按本条第五节规定办理。

第五节　营业的停止及债务的清理

（a）在紧急情况时，执行董事应暂时停止新的贷款和担保业务，以待理事会作进一步考虑和采取进一步行动。

（b）经持有过半数总投票权的多数理事通过，银行应永远停止新的贷款和担保业务。在业务中止后，银行应即停止一切活动，但与有秩序地变卖、保存和保管银行资产以及清理债务有关的事项除外。

（c）各会员国对银行总资本未催缴部分所应负的债务，以及因本国货币贬值而发生的债务责任,应持续至银行各债权人的所有债权,包括可能产生的债权全部清偿为止。

(d) 拥有直接债权的各债权人应从银行资产中得到偿付,然后从银行催缴未缴股金所收缴款中偿付,在未对拥有直接债权的债权人进行任何偿付以前,执行董事认为必要时,应规定办法,保证间接债权持有人可按对直接债权持有人的相当比例得到摊还。

(e) 对各会员国按其认缴股本所作的分配,只有在以下情况下才能进行:

(i) 对各债权人的债务已全部清偿或结清,及

(ii) 持有过半数总投票权的多数理事已决定分配。

(f) 按(e)款决定对会员国进行分配后,执行董事应以三分之二多数票通过,将银行资产陆续分配给会员国,直至所有资产分配完毕为止。但此项分配应先结清银行对每一会员国所有的未清偿的债权。

(g) 在分配任何资产以前,执行董事应按每个会员国的股份对银行已发行的总股份间的比例,决定每一会员国的分配份额。

(h) 执行董事应在分配之日估定用来分配的资产价格,然后按照下列方式进行分配:

(i) 将可供分配之用的每一会员国本身的债务凭证,或其境内官方机构或法人的债务凭证中,与每一会员国在分配总额中应得之份额价值相等的数额,分配给各会员国。

(ii) 按上述(i)项偿付后,对一会员国所欠的差额,应用银行所持有的该国货币偿付,直至付足该差额为止。

(iii) 按上述(i)和(ii)项偿付后,倘仍不足该会员国应得之分配额时,其差额应用银行持有的黄金或该会员国愿意接受的货币偿付,直至付足该差额为止。

(iv) 按上述(i)、(ii)和(iii)项偿付后,银行持有的剩余资产应按比例分配给全体会员国。

(i) 凡按照上述(h)款接受银行分配资产的会员国,对此项资产所享受的权利,应与银行在未分配前所享受者相同。

第七条 法律地位、豁免与特权

第一节 本条的目的

为使银行能完成被委托的职能,银行在各会员国境内应享有本条所规定的法律地位、豁免与特权。

第二节 银行的法律地位

银行应具有完整的法人权力,特别是有权:

(i) 签订契约;

(ii) 取得和处置动产和不动产;

(iii)进行法律诉讼。

第三节 银行在司法程序中的地位

只有在银行设有办事处，指定可接受传票或诉讼通知书的代理机构，或业已在该地发行或担保证券的会员国境内有权受理的法院，始能受理对银行提出的诉讼。但会员国及代表会员国或承受会员国权利的个人，皆不得提出诉讼。银行的财产和资产，不论在何地为何人所保管，在对银行最后宣判以前，均不得实行任何形式的扣押、查封或执行。

第四节 资产免受扣押

银行的财产和资产，不论在何地和为何人所保管，均应免受搜查、征用、没收、征收或其他行政或立法行为上的任何形式的扣押。

第五节 档案的豁免

银行的档案不受侵犯。

第六节 资产免受限制

银行的一切财产和资产，在执行本协定规定的及根据本协定条款而经营的业务所必需的范围内，应不受任何性质的限制、管制、控制以及延缓偿付办法之限。

第七节 通讯的特权

各会员国对于银行的公文函电应与其他会员国的公文函电同等对待。

第八节 官员和雇员的豁免权与特权

银行的理事、执行理事、其副职、官员及雇员：

(i)在执行工作任务时，应豁免法律诉讼。但银行放弃此项豁免权时不在此限。

(ii)倘非当地本国国民，则所享有的移民限制、外国人登记法和兵役义务豁免权，其在汇兑限制方面享有的便利，应与会员国所给予其他会员国同等级的代表、官员和雇员者相同。

(iii)在旅行方面的便利，应享有与会员国所给予其他会员国同等级的代表、官员及雇员相同。

第九节 豁免税收

(a)银行及其资产、财产、收益和本协定授权经营的业务和交易，应豁免一切税收和关税。银行对于任何税收或关税的征收或交纳，均豁免任何责任。

(b)银行的执行董事、副董事、官员和雇员如非当地本国公民、人民或其他性质的国民，其自银行所得的薪金和报酬，均应免纳税。

(c)对于银行发行的债务凭证或证券（包括红利和利息在内）不论为何人所持有，均不得课征。

(i)仅因该项债务凭证或证券为银行所发行而课征之歧视性税收；或

(ii)仅以其发行、可以支付或付款的地点或货币，或银行办事处或营业处所在地点为司法根据而征收的税收。

(d)对于银行所担保的债务或证券（包括红利和利息在内）不论为何人所持有，

均不得课征：

（i）仅因该项债务或证券为银行所担保而课征之歧视性税收；或

（ii）仅以银行办事处或营业处所在的地点为法律根据而征收的税收。

第十节　本条的施行

各会员国应在其境内采取必要行动，使本条文规定的原则能在其本国法律范围内生效，并应将已采取的具体行动通知银行。

第八条　本协定修订办法

（a）任何修订本协定的建议，不论其为会员国、理事或执行董事所提出，应先通知理事会主席，然后由他提交理事会。如修订建议经理事会通过，银行应用公函或电报征询各会员国是否接受该修订案。如有五分之三的会员国并持有五分之四的总投票权接受此修订案，银行应将此一事实正式通知各会员国。

（b）虽有上列（a）款的规定，但有关下列事项的修订案，须经全体会员国的同意：

（i）第六条第一节所规定退出银行的权利；

（ii）第二条第三节（c）款所规定的权利；

（iii）第二条第六节所规定责任的限度。

（c）修订案应于正式通知各会员国之日起三个月后生效，但公函或电报中另行规定较短期限者不在此限。

第九条　本协定解释办法

（a）凡会员国与银行间，或会员国与会员国之间对于本协定条文的解释发生任何争议时，应即提交执行董事会裁决。如该争议与某一无权委派执行董事的会员国有特殊影响时，该国应按照第五条第四节（h）款的规定派遣代表出席。

（b）如执行董事会已按照上述（a）款规定裁决，任何会员国仍可要求将争议提交理事会作最后裁决。在理事会未裁决前，银行认为必要时应先按执行董事会的裁决执行。

（c）当银行与停止为会员国之国家间，或者银行在永久停业时与会员国间发生争议时，该项争议应提交由三名仲裁人组成的法庭仲裁，其中一人由银行指派，另一人由有关国家指派；另有裁决人一人，除双方另有协议外，应由国际常设法院院长或银行规章所规定的其他权力机关指派。裁决人在任何情况下有全权处理双方争议的程序性问题。

第十条　默认

银行采取任何行动前，如须先得任何会员国同意，除第八条规定者外，在银行将提议的行动通知各会员国后，除非会员国在银行通知中所指定的合理时间内提出反对意见，否则即应认为业已获得同意。

第十一条　最后条款

第一节　生效

本协定经持有银行认购股份总额至少百分之六十五的会员国政府（如附录 A 所载）签署，并按照本条第二节（a）款的规定交存证书后，应即生效。但其生效日期不得早于 1945 年 5 月 1 日。

第二节　签字

（a）签署本协定的各国政府，应将正式证书交存美利坚合众国政府，说明业已依照本国法律接受本协定，并已采取一切必要措施，以便履行本协定规定之义务。

（b）各国政府自按上述（a）款交存证书之日起即为银行会员国，但在本协定按本条第一节生效之前，各国政府均不得成为会员国。

（c）美国政府应将本协定签字情况及按上述（a）款规定交存证书情况，通知附录 A 所列的各国政府，及按第二条第一节（b）款被批准为会员国的各国政府。

（d）各国政府应在签字于本协定时，将其每股价格的万分之一用黄金或美元交给美国政府作为银行之行政费用。此项付款应记入按第二条第八节（a）款所规定的应缴款账内。美国政府应将此款专户储存，待按本条第三节召开首次理事会后，即移交银行理事会。如本协定至 1945 年 12 月 31 日尚未生效，则美国政府应将此款退还各交款政府。

（e）凡附录 A 所列各国政府，在 1945 年 12 月 31 日前，可以随时在华盛顿签署本协定。

（f）凡按第二条第一节（b）款被批准加入银行的各国政府可以在 1945 年 12 月 31 日以后签署本协定。

（g）签署本协定的各国政府，不仅代表其本身，并且也代表其一切殖民地、海外领土，所有在该国保护下、宗主权属下和统治下的领土及其托管地接受本协定。

（h）凡主要城市地区被敌人侵占的国家，上述（a）款关于证书的交存应延至其国土解放后一百八十天内办理。但如到期仍未交存，则该政府的签字即作为失效，其依照（d）款交纳的认缴款项应予退还。

（i）上述（d）、（h）两款对于签字国政府自其签字日起即发生效力。

第三节　银行的开业

（a）当本协定按照本条第一节规定开始生效时，各会员国应即各指派理事一人，在附录 A 中分配得最大股份的会员国应即召集第一次理事会。

（b）在理事会第一次会议时应即制定选举临时执行董事的办法。附录 A 中分配最多股份的五国政府应各指派临时执行董事。如其中尚有未成为会员国者，其应有的执行董事位置应保留至该国成为会员国时再派，或者延至 1946 年 1 月 1 日前指派，视何者较早而定。其余临时执行董事七人，应按附录 B 的规定选举之，其任期至第一次正式选举执行董事时为止。此项选举应在 1946 年 1 月 1 日以后尽早举行。

（c）除不能委托给执行董事的权力外，理事会应将任何权力委托临时执行董事。

（d）银行应通知各会员国准备开业的时间。

本协定在华盛顿签订，其正本应保存于美国政府档案库内，美国政府应将副本分送附录 A 所列各国政府及按第二条第一节（b）款被批准参加为会员国的各国政府。

附录 A 各会员国认缴股款表

单位：百万美元

国家	认购股份数额	国家	认购股份数额
澳大利亚	200.0	伊朗	24.0
比利时	225.0	伊拉克	6.0
玻利维亚	7.0	利比里亚	0.5
巴西	105.0	卢森堡	10.0
加拿大	325.0	墨西哥	65.0
智利	35.0	荷兰	275.0
中国	600.0	新西兰	50.0
哥伦比亚	35.0	尼加拉瓜	0.8
哥斯达黎加	2.0	挪威	50.0
古巴	35.0	巴拿马	0.2
捷克斯洛伐克	125.0	巴拉圭	0.8
丹麦①		秘鲁	17.5
多米尼加共和国	2.0	菲律宾	15.0
厄瓜多尔	3.2	波兰	125.0
埃及	40.0	南非联邦	100.0
萨尔瓦多	1.0	苏联	1 200.0
埃塞俄比亚	3.0		
法国	450.0	英国	1 300.0
希腊	25.0	美国	3 175.0
危地马拉	2.0	乌拉圭	10.5
海地	2.0	委内瑞拉	10.5
洪都拉斯	1.0	南斯拉夫	40.0
冰岛	1.0		
印度	400.0	总计	9 100.0

① 丹麦的配额应在丹麦根据协议条款成为会员后由银行来决定。

附录 B 执行董事的选举

1. 须由选举产生的执行董事，应由按第五条第四节（b）款规定有权投票的理事投票选举产生。

2. 在投票选举执行董事时，各有权投票的理事，应将任命他的会员国在第五条第三节规定下应有的全部票数投选一人。得票最多的七人应即当选为执行董事。但如有人得票数在（有效）总票数的百分之十四以下者不得认为当选。

3. 如第一次投票未有七人当选，应即举行第二次投票，但得票最少者不得再候选，并且，只限于下列理事可以投票：（a）他们第一次投票选举的人没有当选；（b）他们投票选举的当选人，是按下列第 4 款规定，有效总票数增至百分之十五以上而当选的。

4. 在决定一理事所投票数是否使某人总票数增至有效总票数百分之十五以上时，此百分之十五首先应包括对该人投最多票数的理事的票数，然后是投次多票数的理事的票数，依次类推，直至达到百分之十五。

5. 任何理事，如果所投票数的一部分是为了使某人所得总票数增至百分之十四以上所必需计入者，其全部票数，即使足以使某人所得总票数超过百分之十五，也都应认为是投给了该人。

6. 如果第二次投票后，仍未有七人当选，即应按此项原则再行投票，直至选出七人为止。但如有六人已选出，其第七人可凭其余票数的简单多数选出，并应视作由全体其余票数所选出。

附：

国际复兴开发银行协定附则
（1980年9月26日修订）

本附则是根据国际复兴开发银行协定，作为协定的补充而制定的；它应根据协定加以解释。如本附则与协定的规定或要求有任何冲突之处，应以协定为准。

第一节 营业地址

（a）银行的总办事处应设在美利坚合众国华盛顿哥伦比亚特区市区之内。

（b）执行董事会为有效地开展银行的业务，必要时可在任何会员国领土内的任何地方设立并保持分理处或分行及地区办事处。

第二节 理事会会议

（a）理事会年会应按理事会决定之时间和地点召开；但如执行董事会因特殊情况认为必要时，执行董事会应改变该年会的时间和地点。

（b）理事会特别会议可在任何时候由理事会或执行董事会召开。在有五个银行会员国或共持有总投票权四分之一的银行会员国要求召开时亦应召开。如任何银行会员国要求执行董事会召开理事会特别会议，行长应将该项请求及要求召开的理由通知全体银行会员国。

（c）理事会任何会议的法定人数应为有过半数并持有不少于三分之二总投票权的理事参加。任何理事会会议如不足法定人数，应随时由到会理事的多数决定休会，而无须提出休会的通知。

第三节 理事会会议的通知

行长应在召开理事会会议的日期42天前，用快速的通信方法，将每次理事会会议的时间及地点通知每一个银行会员国。在紧急情况下，可在该会议规定的日期10天前用快速的通信方法通知。

第四节 列席理事会会议

（a）执行董事及其副董事，可列席理事会所有会议并可参加此类会议。但执行董事及其副董事，除非他作为理事或副理事或临时副理事有权投票外，无权在此类会议上投票。

（b）理事会主席在与执行董事会协商后，应邀请观察员参加理事会的任何会议。

（c）执行董事会受权邀请国际货币基金组织派出代表一名，出席理事会或执行董事会会议，他可以出席上述会议，但无投票权。

（d）执行董事会受权接受货币基金组织邀请，派出代表一名，出席基金组织的理事会或执行董事会。

第五节 理事会会议议程

（a）行长应根据执行董事会指示，为每一次理事会会议准备一份议程，并随会议通知，将议程告知每一银行会员国。

（b）任何理事可在任何理事会会议议程上增加议题，但他必须在预定开会日期至少七天前将该增加之议题通知行长。在特殊情况下，行长根据执行董事会指示，可在任何时候，在理事会任何会议议程上增加议题。行长应将理事会任何会议议程上所增加之任何议题，尽早通知每一会员国。

（c）理事会可在任何时候，在理事会任何会议之议程上增加任何议题，即令本节所要求之通知并未发出。

（d）除非理事会另有指示，理事会主席应会同行长，共同负责安排理事会会议之举行。

第六节 选举主席及副主席

（a）在每次年会上，理事会应选择一名理事作为主席，及至少两名理事作为副主席，其任期至下次年会结束为止。

（b）主席缺席时，主席所指定之副主席应代执行其职责。

第七节 秘书长

银行的秘书长应即为理事会的秘书长。

第八节 记录

理事会应保存一份会议记录汇编，提供给全体会员国，并由执行董事会存档，以指导其行事。

第九节 执行董事会之报告

执行董事会应准备一份年度报告提交理事会年会，在年度报告中应讨论银行的业务及政策，并就银行所面临的问题向理事会提出建议。

第十节 投票

除协定另有规定外，理事会所有决议由所投票的多数决定。在每次会议上，主席应明确会议的意向以代替正式投票，但如有任何理事提出要求，主席应要求正式投票。每次需要正式投票时，应将动议之书面文本分发给参加投票之会员国。

第十一节 代理人

理事或副理事除本人参加外，不得由代理人或以别的方式在任何会议上投票。但一个会员国应作出规定，指定临时理事在正式指定的副理事不能出席的理事会上代表理事投票。

第十二节 不召开会议而投票

（a）当执行董事会认为必须由理事会决定银行采取某种行动，但不能等待至理事会下一次正式会议，又无必要召开理事会特别会议时，执行董事会应要求理事们不举行会议而投票。

（b）执行董事会应以快速的通信方法，将体现所建议行动之动议送交每一会员国。

（c）投票应在执行董事会规定之日期内进行。

（d）执行董事会可以规定，动议发出后，在执行董事会规定之时期内，理事皆不得投票。

（e）在规定投票期终了后，执行董事会应计算结果，行长应将结果通知全体会员国。如收到的答复不足理事会法定人数，即不足理事的多数并持有三分之二总投票权时，该项动议即视为不能成立。

第十三节　服务条件

（a）理事及副理事们因参加理事会会议所需而垫付的合理费用应予偿付。

（b）在会员国采取行动，豁免由银行预算所支付的薪金及补助费而应缴纳之国家税收以前，银行理事及执行董事、他们的副职、行长、工作人员及其他雇员，除其任用合同另有规定者外，应得到执行董事会认为与他们所缴纳的薪金及补助费税款相关的合理的税款补助。

在计算有关任何个人的税款调整金额时，为计算便利起见，应视为他从银行所得的收入为其全部收入。本节所规定或依据本节所涉及之薪金及补助费，在上述规定的基础上均为净值。

（c）行长的年薪应由理事会决定，并在其合同中写明。银行并应支付行长为了银行公务而支出的费用（包括本人旅费、交通运输费及在他任职期间或到任前不久将其家属及本人财产一次搬入，以及在他任职期间或任期届满后合理时间内一次搬出银行所在地之费用）。行长第一次任职合同为期五年，续订之合同每期可同为五年或稍短。

（d）执行董事及其副董事，有责任按银行利益所需，将全部时间及精力用于银行的业务；两人间应连续有人在银行总办事处工作。但如执行董事及副执行董事，均由于健康、因银行业务而不在或其他类似原因而不能在银行总办事处时，执行董事应指定临时副执行董事代行其职务。临时副执行董事不能因这一职务领取薪金或服务费用津贴。本附则中凡使用副执行董事的名称，除非上下文另有含义，均包括任何此种临时副执行董事在内。

（e）（i）执行董事及其副职有资格领取以薪金及补助费形式付给的酬金。其每年金额由理事会随时规定。所规定之酬金应继续至理事会改变规定为止。此项酬金应照董事会逐时批准之规则与章程，按执行董事或副执行董事为银行服务的时间，按比例付给。

（ii）每年年会后，应设立一联合常设委员会，处理执行董事及其副职的酬金问题。委员会由基金及银行的理事会主席指定，人员包括由两主席与基金总裁及银行行长磋商后选定的两主席之一，及基金或银行的两名上届理事或副理事。联合委员会应考虑有关银行及基金执行董事及副执行董事的酬金问题，并随时，但至少每年7月1日（按日程为正常选举执行董事的时候）前，应将联合委员会认为应由理事会采取的任何有关行动提出建议。联合委员会提出的任何建议应向理事会报告，按附则第十二节进行通信投票表决。在对有关执行董事及副执行董事的酬金问题提出建议时，委员会应将银行协定所规定的他们的职能与行长的职能联合起来考虑。

（f）执行董事会应按章程制定适当规定，使

（i）每一个执行董事及副执行董事，在应行长要求，为银行完成指定任务因而花费费用时，可领取合理的补贴；（ii）每一个执行董事及副执行董事，但不包括临时副执行董事，应享有合理的休假，并参考其为银行服务时间的长短，领取重新定居的补贴；（iii）每一个执行董事或副执行董事，因与银行业务有关而招待从指派、选举或指定其任职的国家来的政府或中央银行高级官员，或著名的学术及公私部门代表而花费的费用，应得到合理的补偿。按本款规定的各项补贴应包括在本节第（e）款（i）项规定的酬金之外。

（g）在任何时候，一个执行董事或副执行董事同时又担任国际货币基金组织的执行董事或副执行董事时，其酬金、休假期及重新定居补贴的总数，不得超过他如专在银行或基金组织任职的最高金额。

（h）每一申请偿付垫付费用或补贴费要求的个人，应在其要求中说明，他并未，也不再向其他来源要求偿付垫付费用或补贴费。

（i）银行应为执行董事及副董事提供为完成其职务而需要的秘书及其他工作人员、办公室及其他服务。

第十四节　权威的委托

理事会授权执行董事会，执行除协定第五条第二节（b）款及其他条款所规定由理事会保留的权力以外的银行一切权力。执行董事会根据理事会委托的权力而采取的行动，不得与理事会所采取的任何行动相抵触。

第十五节　规则与章程

理事会授权执行董事会制定为执行银行业务所必需或适用的各项规则和章程，包括财务方面的规章。所制定的任何规章及规章的任何修正案，均需交理事会下次年会审查。

第十六节　董事席位空缺

（a）当执行董事席位空缺而需选举一位新执行董事时，行长应将空缺的情况通知选举该前执行董事的各会员国。他可专为选举一名新执行董事而召集各该会员国的理事开会；也可用快速通信方法要求提出候选人并投票表决。应进行多次投票直至有一名候选人获得多数票为止；每次投票后，得票最少的候选人在下次投票时不再参加选举。

（b）当一名由选举产生的执行董事得到任命时，副执行董事席位也应视为空缺，并由新当选的执行董事提名一名副执行董事。

第十七节　无权指派执行董事的会员国的代表权

每当执行董事会需讨论由无权指派执行董事的会员国提出的要求，或对该会员国有特别影响的问题时，应立即以快速通信方式将讨论的日期通知该会员国。在该会员国有合理机会，能在该会员国事先已得到通知的执行董事会会议上陈述其观点，并得到听取之前，执行董事会不得采取最后行动，亦不得将影响该会员国的任何问题提交理事会。任何会员国，可自行选择对此节规定弃权。

第十八节　预算及决算

（a）执行董事会每年至少一次，将银行账目进行审计，并在此一决算的基础上，将其账目报告表，包括一份资产负债表及一份损益计算书，提交理事会在其年会时审核。

（b）行长应准备一份年度行政预算提交执行董事会批准。所批准的预算应包括在提交理事会年会的年度报告之中。

第十九节　会员国资格之申请

（a）国际货币基金组织的任何会员国，向银行提出申请书，陈述有关事实材料，均可向银行申请为会员国。

（b）执行董事会应就所有申请向理事会提出报告。当将申请书随同接纳该会员国的建议提交理事会时，执行董事会经与申请国协商，应向理事会建议该会员国应向银行认缴股本的股份数，及董事会认为理事会可能会规定的其他条件。

第二十节　暂停会员国资格

在暂停任何会员国资格之前，执行董事会应考虑此一事项，并将指责它的事实，在合理时间内通知该会员国，并应允许该会员国有适当机会口头及书面就该问题进行申述。执行董事会应向理事会建议他们认为应采取的适当行动。该项建议及理事会讨论该问题的日期应通知该会员国，并给予合理时间，使其能在此时间内口头及书面向理事会就该问题进行申述。任何会员国可自行选择对此节规定弃权。

第二十一节　分歧的解决

如发生协定第九条（c）款所提到的那种分歧时，规定国际法院院长为可以指定仲裁人的权威。

第二十二节　附则的修订

理事会应在其任何会议上，或第十二节规定，用不举行会议而表决的办法修订本附则。

国际开发协会协定

（1960年9月24日起生效）

目 录

介绍性条款	35
第一条　宗旨	35
第二条　会员国资格；首次认股	35
第一节　会员国资格	35
第二节　首次认股	35
第三节　责任的限度	36
第三条　增加资金	36
第一节　追加认股	36
第二节　会员国以另一会员国的货币提供补充资金	36
第四条　货币	37
第一节　货币的使用	37
第二节　维持所持有货币的价值	37
第五条　业务经营	38
第一节　资金的运用和提供资金的条件	38
第二节　资助的方式和条件	38
第三节　资助条件的修订	39
第四节　与提供发展援助的其他国际组织及会员国之间的合作	39
第五节　其他业务	39
第六节　禁止政治性活动	39
第六条　组织与管理	39
第一节　协会的机构	39
第二节　理事会	40
第三节　投票	40
第四节　执行董事	40
第五节　会长和职员	41
第六节　协会与银行的关系	41
第七节　与其他国际组织的关系	42
第八节　协会所在地	42
第九节　存款机构	42
第十节　通信渠道	42
第十一节　报告的公布和资料的提供	42
第十二节　净收益的处理	42
第七条　会员国退出及暂停会员国资格；停止业务	42

第一节　会员国的退出 ·· 42
　　第二节　暂停会员国资格 ·· 42
　　第三节　暂停或终止银行会员国资格 ································· 42
　　第四节　已停止为会员国的政府之权利和责任 ···················· 42
　　第五节　停止业务和清理债务 ··· 43
第八条　法律地位、豁免权和特权 ·· 44
　　第一节　本条目的 ·· 44
　　第二节　协会的法律地位 ·· 44
　　第三节　协会在司法程序中的地位 ····································· 44
　　第四节　资产免受扣押 ·· 44
　　第五节　档案的豁免 ·· 44
　　第六节　资产免受限制 ·· 44
　　第七节　通信特权 ·· 45
　　第八节　官员和雇员的豁免权和特权 ································· 45
　　第九节　豁免税收 ·· 45
　　第十节　本条的施行 ·· 45
第九条　本协定修订办法 ·· 45
第十条　本协定的解释与仲裁 ·· 46
第十一条　最后条款 ·· 46
　　第一节　生效时间 ·· 46
　　第二节　签字 ··· 46
　　第三节　地区性的应用 ·· 46
　　第四节　协会的开业 ·· 47
　　第五节　注册 ··· 47

代表其签订本协议的各国政府，

鉴于：

建设性的经济宗旨、世界经济的健康发展与国际贸易平衡增长的共同合作促进了有利于维护世界和平与繁荣的国际关系的发展；

经济的加速发展将提升欠发达国家生活和经济社会发展水平到更高标准，这不仅符合这些国家的利益，也符合国际社会的整体利益；

增加公共和私营部门的国际资金流以协助欠发达国家的资源开发有助于实现这些目标，特此达成如下协议：

介绍性条款

国际开发协会（以下简称协会）成立，并应当按照下列规定运行：

第一条　宗　旨

本协会的宗旨是为了帮助世界上欠发达地区的协会会员国促进经济发展，提高生产力，从而提高生活水平，特别是以比通常贷款更为灵活、在国际收支方面负担较轻的条件提供资金，以解决它们在重要的发展方面的需要，从而进一步发展国际复兴开发银行（以下简称银行）的开发目标并补充其活动。

协会的一切决定，均应以本条规定为准则。

第二条　会员国资格；首次认股

第一节　会员国资格

（a）协会的创始会员国应是目前列入附录 A 中的银行会员国，并在本协定第十一条第二节（c）款规定日期，或在此日期以前接受协会会员国资格者。

（b）银行的其他会员国，可按照协会规定的时间和条件，加入协会为会员国。

第二节　首次认股

（a）每个会员国在接受会员国资格时，应按分配给它的数额认缴股金。这种认股以下称为首次认股。

（b）分配给每个创始会员国的首次认股金额，载明于附录 A 中会员国名下，以美元表示，此项美元以 1960 年 1 月 1 日美元的含金量和成色为准。

（c）每个创始会员国首次认股的 10% 部分，应按下列办法以黄金或可自由兑换的货币缴付：其中 50% 在按第十一条第四节规定的协会开业日期后 30 天内，或者在创始会员国成为协会会员国之日缴付，两者中以较晚的日期为准；12.5% 在协会开业一年后缴付；以后每隔一年缴付 12.5%，直至缴足首次认股额的 10% 部分为止。

（d）每个创始会员国首次认股的其余 90% 部分，如系列入附录 A 第一部分的会员国，则应以黄金或可自由兑换的货币缴付。列入附录 A 第二部分的会员国，则可用认股会员国的本国货币缴付。创始会员国首次认股的 90% 部分应依照以下安排，分 5 期逐年缴付：第一期在协会按照第十一条第四节规定的日期开业后 30 天内，或者在创始会员国成为协会会员国之日缴付，两者中以较晚的日期为准；第二期应在协会开业一年后缴付，以后每隔一年缴付一期，直至缴足首次认股额的 90% 部分为止。

（e）协会对任何会员国根据前述（d）款或根据第四条第二节规定缴付或应缴的本国货币，在本协会业务上不需要时，应接受该会员国政府，或其指定的存款机构所发行的票据或类似的债券以代替该会员国货币的任何部分。此种债券不得转让、不计利息，并按票面价值见票即付，在指定的存款机构存入协会的账户内。

（f）为了执行本协定，协会将下列货币视为"可自由兑换的货币"：

（i）一个会员国的货币，经与国际货币基金组织磋商后，协会确定可以充分兑换成其他会员国货币供协会业务需要者；或

（ii）一个会员国的货币，经该会员国同意，可在协会满意的条件下，兑换成其他会员国货币供协会业务需要者。

（g）除协会另外同意，附录 A 第一部分的每个会员国，对其按本节（d）款作为可自由兑换的货币而缴付的货币，应保持其在缴付时同样的可兑换性。

（h）创始会员国以外的会员国，其首次认股的条件、金额以及相应的缴款办法，由协会按本条第一节（b）款规定确定。

第三节 责任的限度

会员国不因其为协会的会员，而对协会债务承担责任。

第三条 增加资金

第一节 追加认股

（a）协会根据创始会员国首次认股缴款的完成情况，在它认为适当的时候，以及在其后大约每隔 5 年，应对其资金是否充足进行检查，如认为有必要时，可批准普遍增加认股额。但是虽有以上规定，协会仍可在任何时候批准普遍地或个别地增加认股。唯个别增加认股，只有在有关会员国申请时才予考虑。按本节规定所做的认股以下简称为追加认股。

（b）按下列（c）款规定，当追加认股获得批准时，批准认股的金额，以及有关认股的规定和条件，应由协会确定。

（c）追加认股一经批准，各会员国在协会合理确定的条件下，有机会认购一定数额的股份，使其能保持相应的投票权。但会员国并无必须认股的义务。

（d）本节一切规定，需经总投票权 2/3 多数通过。

第二节 会员国以另一会员国的货币提供补充资金

（a）协会在符合本协定规定所达成的协议条件下，可以作出安排接受任何一个会员国以其他会员国的货币作为其应付的首次认股或追加认股以外增加的补充资金，但是，除非协会确知其货币所涉及的会员国同意使用其货币作为补充资金，并同意其使

用的条件，否则，协会不得作出任何此类安排。接受任何这类资金的安排，可包括有关资金收益的处理规定，以及提供资金的会员国停止其会籍或在本协会永远停止业务的情况下处理该项资金的规定。

（b）协会应授予贡献资金的会员国一张"特别发展证书"，载明所贡献的资金的金额和货币类别，以及有关此项资金安排的条件。"特别发展证书"不带有任何选举权，并且只能转让给协会。

（c）本节所述各点不应排除协会按协议的条件接受会员国以其本国货币提供的资金。

第四条 货币

第一节 货币的使用

（a）列入附录A第二部分的任何会员国的货币，不论其是否可以自由兑换，凡属按第二条第二节（d）款规定以该会员国货币缴付其应缴的90%部分而为协会所接受；以及由该款衍生作为本金、利息和其他费用而得到的该国货币，协会可将其用于支付在该会员国领土上所需的协会行政费用；并且，只要符合妥善的货币政策，也可用于支付在该会员国领土上所生产的，并为在该会员国领土内由协会资助的项目所需要的物资和劳务。此外，当有关会员国的经济和金融状况，按该会员国与协会间的协议认定，已达到可靠程度时，该会员国货币应可自由兑换，或者可用于该会员国领土外由协会资助的项目。

（b）协会接受的除创始会员国首次认股以外的认股而缴付的货币，以及由该款衍生，作为本金、利息和其他费用而得到的货币，其使用办法应受批准该认股时所规定的条件限制。

（c）作为认股以外由协会接受的补充资金，以及由该款衍生，作为本金、利息和其他费用而得到的货币，其使用办法应受接受此项货币时的安排所规定的条件限制。

（d）协会接受的所有其他货币，协会均可自由使用或兑换，不受其货币被使用或兑换的会员国的任何限制。但以上规定并不排除协会与协会提供资金的项目所在地会员国进行任何安排，限制协会使用与该项资助有关，作为本金、利息或其他费用而收到的该会员国的货币。

（e）协会应采取适当步骤，保证由附录A第一部分所列会员国按第二条第二节（d）款规定所缴付的部分股金，在合理的分段间隔时间内，协会应大致按比例地加以运用。但是，以黄金或认股会员国以本国货币以外的其他货币缴付的那部分认股款，可更加迅速地加以运用。

第二节 维持所持有货币的价值

（a）当某一会员国的货币票面价值降低，或协会认为，某一会员国货币的外汇价值在其国境内已大为贬值时，则该会员国应在合理时间内，向协会增缴一笔本国货币，以便保持该会员国在认股时按第二条第二节（d）款规定应缴付给协会的该国货币以及按本款规定所提供的货币数量的足够价值,不论所持有的这种货币是否是按第二条第二节(e)款规定以票据的形式为协会所接受。但上述规定只限适用于该项货币还从未被支付过或兑换成另一会员国货币的那一部分。

(b) 当某一会员国的货币票面价值增值,或者协会认为,某一会员国的货币的外汇价值在该国境内已升高至可观程度时,协会应在合理时间内,退还给该会员国一笔该国货币,其数额等于本节(a)款规定所适用的这种货币额增长的价值。

(c) 当国际货币基金组织对所有会员国货币票面价值作普遍按比例调整时,协会应放弃上述规定。

(d) 按本节(a)款规定,为维持任何一种货币价值而加缴的金额,其可兑换和使用程度应与该项货币一样。

第五条 业务经营

第一节 资金的运用和提供资金的条件

(a) 协会应提供资金以促进在协会会员国范围内世界上欠发达地区的发展。

(b) 协会提供的资金,应用于协会根据有关地区需要情况,认为符合应予优先发展之目的。并且,除非有特殊情况,应用于具体项目。

(c) 如果协会认为,受款人可以合理条件从私人来源获得该项资金,或者可以由世界银行贷款方式提供时,协会即不应提供资助。

(d) 除非经一合格的委员会,对贷款申请的优点仔细审核,提出推荐外,协会不应提供资助。每一合格的委员会,均应由协会指定,其中包括代表审议中项目所在地(一个或几个)会员国的(一个或几个)理事提名的人员一人,以及协会的技术人员一人或数人。要求委员会包括理事提名的人员这一点不适用于向公共的国际或区域性组织提供资金的情况。

(e) 如果项目所在地的会员国反对此项资助,则协会不应对该项目提供资金,但如系对公共的国际或区域性组织提供资助,则协会没有必要弄清是否有个别会员国反对贷款。

(f) 协会不得提出条件,限定贷款应在某一或某些特定会员国国境内使用。但上述规定不排除协会按本协定的条款规定,而对资金使用所加的任何限制,包括根据协会与提供资金者之间商定的对补充资金所加的限制。

(g) 协会应规定办法使任何贷款只用于提供贷款所定的目的,并应充分注意节约、效率和竞争性的国际贸易,而不得涉及政治的或其他非经济的影响或考虑。

(h) 任何贷款业务所提供的资金,只有在支付因资助项目而确实发生的有关费用时,始得向受款人提供。

第二节 资助的方式和条件

(a) 协会资助应采取贷款方式。但协会也可提供其他资助。其方式有二:

(i) 从第三条第一节规定认缴的资金,及由该款衍生的作为本金、利息或其他费

用而得到的资金中提供,如果批准此种认股时,明确规定可用作此种资助之用者;或

(ⅱ)在特殊情况下,由提供给协会的补充资金中,及由该款衍生的作为本金、利息或其他费用而得来的资金中提供,如果提供此种资金所规定的办法,明确授权可进行此种资助者。

(b)根据上述规定,在注意到有关地区的经济状况和发展前景,以及资助项目的性质和要求后,协会可按其认为适当的方式和条件提供资助。

(c)协会可对会员国,包括在协会会员国内某一地区的政府,上述任何政府的下属政治部门,(一个或几个)会员国领土内的公私实体,或对公共的国际或区域性组织提供资助。

(d)在对一个实体而非对会员国贷款时,协会可斟酌情况,要求适当的政府担保或其他担保。

(e)在特殊情况下,协会可提供外汇供当地开支之用。

第三节 资助条件的修订

协会可在它认为适当的时候和范围内,根据一切有关情况,包括有关会员国的金融和经济情况及其发展前景,并按其确定的条件,同意放宽或另行修订其已提供的资助条件。

第四节 与提供发展援助的其他国际组织及会员国之间的合作

协会应与那些对世界上欠发达地区提供财政和技术援助的公共国际组织及会员国进行合作。

第五节 其他业务

在本协定其他地方所规定的业务以外,协会也可:

(ⅰ)经以该国货币计算贷款的会员国同意,借入资金;

(ⅱ)对协会投资的证券提供担保,以利证券的销售;

(ⅲ)买卖协会所发行、担保或投资的证券;

(ⅳ)在特殊情况下,对用途与本协定规定并无不符的其他来源的贷款进行担保;

(ⅴ)提供会员国请求的技术援助和咨询服务;

(ⅵ)行使为促进协会宗旨所必要或可行的业务,而涉及的其他权力。

第六节 禁止政治性活动

协会及其官员不得干涉任何会员国的政治事务;他们的一切决定也不应受有关会员国政治性质的影响。他们的决定只应依经济方面的考虑而定,权衡此种考虑时应无所偏颇,以期达到本协定所阐明的宗旨。

第六条 组织与管理

第一节 协会的机构

协会应有一理事会、若干执行董事、一名会长以及其他官员和工作人员,以执行协会所规定的职责。

第二节 理事会

（a）协会一切权力都归理事会。

（b）凡银行会员国又是协会会员国者，其指派的银行理事和副理事，依其职权，同时也应是协会的理事和副理事。副理事除在理事缺席外，无投票权。除非银行理事会主席代表的国家非协会会员国，因此理事会应在理事中另选一人为理事会主席外，银行理事会主席依其职权同时也应是协会理事会主席。如果某会员国已停止为协会的会员国，则其所任命的理事和副理事亦应停止其职务。

（c）理事会可委托执行董事会行使其任何权力，但下述权力除外：

（i）接纳新会员和决定接纳其入会的条件；

（ii）批准追加认股和决定有关的规定和条件；

（iii）暂时停止一会员国资格；

（iv）裁决因执行董事会对本协会条文所作解释而产生的异议；

（v）按本条第七节规定与其他国际组织订立合作办法（临时性和行政性的非正式安排除外）；

（vi）决定永远停止协会业务和分配其资产；

（vii）按本条第十二节规定，决定协会净收益的分配；

（viii）批准本协定的修正案。

（d）理事会每年应召开年会一次，经理事会决定或执行董事会召集，也可召开其他会议。

（e）协会的理事会年会应和银行理事会的年会结合举行。

（f）理事会开会的法定人数应为过半数理事，并持有不少于2/3的总投票权。

（g）协会可规定建立一种程序，使执行董事会对某一具体问题可采取不召开理事会的方式而得到理事的投票表决。

（h）理事会和执行董事会在受权范围内，为执行协会的业务可制定必要和适当的规章制度。

（i）协会理事和副理事担任职务均无报酬。

第三节 投票

（a）每一创始会员国应享有500票，另按其首次认缴额每5000美元增加一票。除创始会员国首次认股以外的认股部分所应享有的投票权，应由理事会视情况按第二条第一节（b）款或第三条第一节（b）和（c）款规定决定之。除第二条第一节（b）款规定认缴的股金，和按第三条第一节规定追加认股部分以外，额外增加的资金，均不应享有投票权。

（b）除另有特殊规定外，协会一切事务均由投票的过半数决定。

第四节 执行董事

（a）执行董事会负责处理协会的日常业务。为此目的，执行董事会应行使本协定授予或由理事会委托的一切权力。

(b) 协会执行董事会，依其职权，由银行的执行董事组成，他们应：(i) 由兼为协会会员国的银行会员国指派；或 (ii) 至少有一个兼为协会会员国的银行会员国在选举中投票使之当选。每个银行执行董事的副职，依其职权也是协会的副董事。如果指派董事的会员国或投票使他得以当选的所有会员国已停止为协会会员国，该董事即应停止其职务。

(c) 凡系银行的派任执行董事的协会董事，应享有任命他的会员国在协会内所应有的投票权。凡系银行的选任执行董事的协会董事，应享有在银行选举中使之得以当选的（一个或几个）协会会员国在协会中应有的投票权。每一董事应有的投票权应作为一个单位投票。

(d) 董事缺席时，由其指派的副董事全权代行其全部职权。当董事出席时，副董事可参加会议，但无投票权。

(e) 执行董事会议的法定人数，应是过半数并行使至少 1/2 总投票权的董事。

(f) 执行董事应按协会业务需要，时时集会。

(g) 理事会应制定章程，使无权指派执行董事的协会会员国，能派出代表，在讨论该会员国的请求或与该会员国有特殊影响的事项时，参加协会执行董事会的任何会议。

第五节 会长和职员

(a) 银行的行长，依其职权，同时也是协会会长。会长又应是协会执行董事会主席。但是，除非双方票数相等时有权投决定票外，他无权投票。他可以参加理事会会议，但在此种会议上无权投票。

(b) 会长应是协会业务经营人员的主管。他在执行董事会的指导下，处理协会的日常业务，并在他们总的管理下，负责组织、任命和辞退官员和工作人员。银行的官员和工作人员，在可行范围内，应兼任协会的官员和工作人员。

(c) 协会的会长、官员和工作人员在履行职务时，完全对协会而不对其他当局负责。协会各会员国应尊重此种责任的国际性；在他们履行职务时，不得试图影响他们中的任何人。

(d) 会长在任命官员和工作人员时，最重要的应视其是否能达到最高工作效率和技术能力的标准而定，并应注意尽可能按最广泛的地域范围录用人员的重要性。

第六节 协会与银行的关系

(a) 协会和银行应是分开的和不同的实体，协会的资金与银行的资金也应分别保存。协会不得向银行借入资金，也不得借给银行资金。但不排除协会将协会贷款业务所不需要的资金，投资于银行所发行的债券。

(b) 协会可就设施、人员和提供服务等方面的事项，以及一方组织代表另一方先付的行政费用的垫付款偿付事项同银行作出安排。

(c) 本协定不得使协会对银行的行动或债务承担责任，或使银行对协会的行动或债务承担责任。

第七节 与其他国际组织的关系

协会应和联合国作出正式的安排,并可与在有关领域内负有专门责任的其他公共国际组织作出此种安排。

第八节 协会所在地

协会总办事处所在地,即应是银行总办事处所在地。协会也可在任何会员国领土内设立其他办事处。

第九节 存款机构

各会员国应指定其中央银行作为协会保存该会员国货币或协会其他资产的存款机构。如会员国无中央银行,则应为此目的指定协会所同意的其他机构。如未另有指定,则为银行而指定的存款机构应即是协会的存款机构。

第十节 通信渠道

各会员国应指定一适当的权力机构,以便协会可就与本协定有关的事项与之联系。如果未另有指定,则为银行而指定的通信渠道,应即为协会的通信渠道。

第十一节 报告的公布和资料的提供

(a) 协会应出版一种年报,载明已经审计的决算报告,并应每隔适当时间,向会员国发布一种说明协会财务情况和业务经营结果的简报。

(b) 协会认为对其执行任务有利时,应发表其他此类报告。

(c) 本节所述各种报告、报表和出版物,均应分发给会员国。

第十二节 净收益的处理

理事会应时时确定协会净收益的处理办法,应恰当地注意提供准备金及预防意外事件所需。

第七条 会员国退出及暂停会员国资格;停止业务

第一节 会员国的退出

任何会员国可随时以书面通知协会总办事处退出协会。协会收到该项通知之日起,退出应即生效。

第二节 暂停会员国资格

(a) 如果一会员国不履行任何对协会的义务,协会应经过半数理事并持有过半数总投票权的表决,暂停其会员国资格。该国自暂停会员国资格之日起1年后,除非以同样的过半数表决恢复其会员国资格外,即自动终止为会员国。

(b) 在暂停会员国资格期内,会员国除有退出权外,不再享有本协定规定的任何权利,但仍应对全部债务负责。

第三节 暂停或终止银行会员国资格

任何暂停或终止银行会员国资格的会员国,应视情况,自动暂停或终止其在协会内的会员国资格。

第四节 已停止为会员国的政府之权利和责任

(a) 当一国政府停止为会员国时,除本节和第十条(c)款规定者外,不再享有本协定规定的权利；但除本节另有规定者外，无论作为一个会员国、借款人、担保人或其他，它仍应为它对协会的所有财务方面的义务负责。

（b）当一国政府停止为会员国时，协会和该政府应结清账目。作为结清账目的一部分，协会和该政府之间可协商需退还给该政府所认缴股款的数目，以及退还的时间和支付的货币。当使用"认缴股款"一词涉及任何会员国政府时，为了本条目的，应指包括该会员国首次认股数和追加认股数两部分。

（c）倘自该政府停止为会员国之日起 6 个月或协会与该政府商定的其他期限内，还未就上述问题达成协议，则应适用下列条款：

（i）该会员国政府应即免除此后进一步发生的因其认股而对协会所负的任何责任。但该政府应向协会立即交付该政府停止为会员国之日已到期而尚未交付，且协会认为，为了偿付至该日为止，协会因经营贷款活动而承担义务所必需的金额。

（ii）协会应退还会员国政府至其停止为会员国日止还在协会手中的，因认股而缴付的资金，或因借出该款而作为本金偿还的资金；但协会认为，为了偿付至该日止协会因经营贷款活动而承担义务所需要的那部分除外。

（iii）自会员国政府停止为会员国之日以后，协会收到的根据以前契约规定借出的贷款所偿还的本金，协会应按比例份额支付给该停止为会员国的政府；但由根据特殊清偿权利规定安排而提供给协会的补充资金所贷出者除外。该项份额应是在该贷款全部本金金额中，该政府因认股所缴全部金额而尚未按上述（ii）款退还部分，与全体会员国因认股而缴的全部金额相比而应占的比例部分；此项金额系为了至该会员国政府停止为会员国之日，协会因贷款活动承担义务而已被用掉或协会认为需要使用者。此项支付应在协会收回这部分偿还的本金时分期付给，但不得超过每年一次。分期付出的款项应以协会所收进的货币支付，但协会也可酌情以有关国家的货币支付。

（iv）由于认股原因而应付该会员国政府的任何金额，只要该政府或包括在该政府会籍内的任何地方政府，或上述任何政府的下属政府部门或机构，作为借款人或保证人，仍对协会负有债务的话，协会可将该金额扣留，由协会斟酌，用以在债务到期时抵付债务。

（v）停止会员国资格的政府按本节（c）款规定应收回的资金总额不得超过以下两数中之较小者：（a）因为认股而由该政府缴付的资金总额，或（b）在该政府停止会员国资格之日协会账面资产净额中，该会员国认缴股款占所有会员国认缴股款总额中按比例应占部分。

（vi）今后进行的一切计算，都必须根据协会的合理确定办法进行。

（d）根据本节规定，应付给会员国政府的任何金额，均不得在该政府停止为会员国之日后 6 个月内支付。如果该政府停止会员国资格后 6 个月内，协会根据本条第五节停止业务，则该会员国政府的一切权利应按该第五节规定确定；该政府除无投票权外，按第五节规定的目的，仍应被视为协会的一个会员国。

第五节 停止业务和清理债务

（a）协会可通过过半数理事行使过半数总投票权的表决永远停止业务。协会停止业务后，应立即停止其一切活动，但与有秩序地变卖、保存和保管协会资产及与清理债务有关者除外。在上述债务清理和资产的分配最后完毕以前，协会应继续存在，协会与会员国相互间根据本协定规定的一切权利和义务继续有效；但会员国不得被暂停会籍或退出，协会资产除按本节规定外不得进行分配。

（b）在对债权人的所有债务都已偿清或作好偿清准备，且理事会已以过半数理事行使过半数总投票权表决进行分配以前，不得将协会资产因认股关系分配给会员国。

（c）协会应执行前款规定以及向协会提供补充资金时商定的有关处理该补充资金的特殊安排的规定，按会员国已缴认股金额的比例将协会资产分配给会员国。按照本节（c）款前述规定而分配任何资产时，就任何会员国来说，应先解决协会对该会员国的所有未偿还的债权。此种资产分配何时进行，所用的货币，用现金或用其他资产，应按协会认为公平的办法确定。分配给不同会员国的资产类型或所用货币种类，不必一致。

（d）任何按本节或第四节规定接受协会所分配资产的会员国，就该项资产而言，应享受与协会在分配前所享受的同等权利。

第八条　法律地位、豁免权和特权

第一节　本条目的

为使协会履行其被托付的职能，应准许协会在每个会员国境内享有本条规定的法律地位、豁免权和特权。

第二节　协会的法律地位

协会应有完全的法人地位，特别是有权：

（i）签订合同；

（ii）取得并处理不动产和动产；

（iii）进行法律诉讼。

第三节　协会在司法程序中的地位

只有在协会设有办事处、指定可接受传票或诉讼通知书的代理机构，或业已在该地发行或担保证券的会员国境内有权受理的法院，始能受理对协会提出的诉讼。但会员国及代表会员国或承受会员国权利的个人，皆不得提出诉讼。协会财产和资产，不论在何处，为何人所保管，在对协会最后宣判前，均免受任何形式的扣押、查封和执行。

第四节　资产免受扣押

协会的财产和资产，不论在何处由何人所保管，均应免受搜查、征用、没收、征收或其他行政或立法行为的任何形式的扣押。

第五节　档案的豁免

协会的档案不受侵犯。

第六节　资产免受限制

协会的一切财产和资产，在执行本协定所规定及根据本协定条款而经营之业务所必需的范围内，应免受任何性质的限制、管制、控制以及延缓偿付办法之限。

第七节 通信特权

各会员国对于协会的公文函电应与其他会员国的公文函电同等对待。

第八节 官员和雇员的豁免权和特权

协会的所有理事、执行董事、副董事、官员及雇员：

（i）在执行公务中，应豁免法律诉讼。但协会放弃此项豁免权时不在此限；

（ii）倘非当地本国国民，则所享受的移民限制、外国人登记法和兵役义务豁免权，其在汇兑限制方面享有的便利，应与会员国所给予其他会员国同等级的代表、官员及雇员者相同；

（iii）在旅行方面，应享有与会员国给予其他会员国同等级的代表、官员及雇员相同的便利。

第九节 豁免税收

（a）协会及其资产、财产、收益及本协定授权其经营的业务活动和交易，应豁免一切税收和关税。协会对于任何税收或关税的征收或交纳，均豁免任何责任。

（b）协会的执行董事、副董事、官员和雇员如非当地本国公民、人民或其他性质的国民，其自协会所得的薪金和报酬，均应免纳税。

（c）对协会发行的债务凭证和证券（包括红利与利息），不论为何人所持有，均不得课征：

（i）仅因该项债务凭证或证券为协会所发行课征之歧视性税收；或

（ii）仅以其发行，可以支付或付款的地点或货币或协会办事处或营业处的地点为法律根据而征收的税收。

（d）对于协会担保的任何债务或证券（包括红利与利息），不论为何人所持有，均不得课征：

（i）仅因该项债务或证券为协会所担保的而课征之歧视性税收；或

（ii）仅以协会办事处或营业处所在的地点为法律根据而征收的税收。

第十节 本条的施行

各会员国应在其境内采取必要行动，使本条文规定的原则能在其本国法律范围内生效，并应将已采取的具体行动通知协会。

第九条 本协定修订办法

（a）任何修订本协定的建议，不论其为会员国、理事或执行董事所提出，均应先通知理事会主席，然后由他提交理事会。如修订建议经理事会通过，协会应用公函或电报征询各会员国是否接受该修订案。如果有 3/5 会员国并持有 4/5 总投票权接受此修订案，协会应将此一事实正式通知各会员国。

（b）虽有上列（a）款规定，但有关下列事项的修订案，须经全体会员的同意：

（i）第七条第一节所规定的退出协会的权利；

(ⅱ) 第三条第一节（c）款所规定的权利；

(ⅲ) 第二条第三节所规定的责任的限度。

（c）修订案应于正式通知全体会员国之日起3个月后生效，但公函或电报中另行规定较短期限者不在此限。

第十条　本协定的解释与仲裁

（a）凡任一会员国与协会间，或协会的会员国之间，对本协定规定条款的解释发生争议时，应即提交执行董事会裁决。如该争议与某一无权指派银行执行董事的会员国有特殊影响时，该国可按第六条第四节（g）款规定，派遣代表出席。

（b）如执行董事会已按上述（a）款规定作出裁决，任何会员国仍可要求将该争议提请理事会作出最后裁决。在理事会未裁决前，协会认为必要时可先按执行董事会的裁决执行。

（c）当协会与已停止为会员国之国家间，或协会在永久停止营业期间与会员国间发生争议时，该项争议应提交由三个仲裁人组成的法庭仲裁。其中一人由协会指派，另一人由有关国家指派；另有裁决人一人，除双方另有协议外，应由国际法院院长或由协会制定的规章所规定的其他权力机关指派。裁决人在任何情况下可全权处理双方争议的程序性问题。

第十一条　最后条款

第一节　生效时间

本协定经持有认购股份总额至少65%的会员国政府代表（如附录A所载）签署，并按本条第二节（a）款规定交存证书后，应即生效。但生效日期不得早于1960年9月15日。

第二节　签字

（a）签署本协定的各国政府，应将正式证书交存银行，说明业已依照本国法律接受此协定，并已采取一切必要措施，以便履行本协定规定的义务。

（b）各国政府自按上述（a）款交存证书之日起即为协会会员国。但在本协定按本条第一节生效之前，各国政府均不得成为会员国。

（c）凡附录A所列各国政府，在1960年12月31日营业时间结束以前，可随时在银行的总办事处签署本协定。但如本协定至该日还未生效，则银行的执行董事会可以延长签署本协定的期限，但不得超过6个月。

（d）本协定生效后，凡按第二条第一节（d）款规定，经批准取得会员国资格的各国政府，均可签署本协定。

第三节　地区性的应用

各国政府在本协定上签字后即代表其本身及由该政府负责其国际关系的所有领土接受本协定。但该政府书面通知协会，说明不包括在内的地区除外。

第四节 协会的开业

(a) 当本协定按本条第一节规定生效时，会长即应召开执行董事会议。

(b) 协会在该会召开之日开始营业。

(c) 在第一次理事会召开以前，除按本协定规定应保留给理事会者外，执行董事会可行使理事会的全部权力。

第五节 注册

银行受权按照联合国宪章第一百零二条和联合国大会据此制定的规定，将本协定向联合国秘书处注册。

本协定在华盛顿签订。正本一份，保存于国际复兴开发银行档案库内；银行在其协定下方签字说明，由其存放本协定，将本协定向联合国秘书处注册，并将本协定按第十一条第一节规定生效的日期，通知附录 A 所列各国政府。

国际金融公司协定

（修订日期：2012年6月27日）

目　录

引文 ·· 53
第一条　宗旨 ·· 53
第二条　会员国资格和资本 ·· 53
　　第一款　会员国资格 ·· 53
　　第二款　股本 ··· 53
　　第三款　认购 ··· 54
　　第四款　责任限制 ··· 54
　　第五款　股本转让和抵押的限制 ··· 54
第三条　运营 ·· 54
　　第一款　融资业务 ··· 54
　　第二款　融资形式 ··· 54
　　第三款　运营原则 ··· 54
　　第四款　权益保护 ··· 55
　　第五款　某些外汇管制规定的适用性 ··· 55
　　第六款　其他业务 ··· 55
　　第七款　货币估价 ··· 55
　　第八款　证券上应注明的事项 ·· 55
　　第九款　禁止政治活动 ·· 55
第四条　组织与管理 ··· 56
　　第一款　公司的结构 ··· 56
　　第二款　理事会 ··· 56
　　第三款　投票 ··· 56
　　第四款　董事会 ··· 57
　　第五款　主席、总裁和工作人员 ··· 57
　　第六款　与银行的关系 ·· 57
　　第七款　与其他国际组织的关系 ··· 58
　　第八款　办事处所在地 ·· 58
　　第九款　存款机构 ··· 58
　　第十款　沟通渠道 ··· 58
　　第十一款　报告的公布和资料的提供 ··· 58
　　第十二款　红利 ··· 58
第五条　会员国的退出；暂停会员国资格；暂停业务 ·································· 58
　　第一款　会员国的退出 ·· 58

第二款　暂停会员国资格 ································· 58
　　　第三款　暂停或终止银行会员国资格 ······················· 59
　　　第四款　已停止为会员国之政府的权利与义务 ··············· 59
　　　第五款　业务的停止及债务的清算 ························· 59
　第六条　法律地位、豁免权与特权 ····························· 60
　　　第一款　条款的目的 ····································· 60
　　　第二款　公司的法律地位 ································· 60
　　　第三款　公司在司法程序中的地位 ························· 60
　　　第四款　资产免受扣押权 ································· 60
　　　第五款　档案的豁免权 ··································· 60
　　　第六款　资产免受限制 ··································· 60
　　　第七款　通信的特权 ····································· 60
　　　第八款　官员和雇员的豁免权与特权 ······················· 60
　　　第九款　税收豁免权 ····································· 61
　　　第十款　本条的施行 ····································· 61
　　　第十一款　弃权 ··· 61
　第七条　修订 ··· 61
　第八条　解释与仲裁 ··· 62
　第九条　最后条款 ··· 62
　　　第一款　生效 ··· 62
　　　第二款　签字 ··· 62
　　　第三款　公司的开业 ····································· 62
附录 A　国际金融公司股本的认购数额 ························· 64

签署本《协定》的各国政府同意实施以下条款:

<h2 style="text-align:center">引　文</h2>

国际金融公司(以下简称公司)按下列条款成立和经营业务:

<h3 style="text-align:center">第一条　宗旨</h3>

公司的宗旨是通过鼓励会员国,特别是欠发达地区会员国的私营企业的增长来促进经济发展,并以此作为国际复兴开发银行(以下简称银行)各项活动的补充。为了实现这一宗旨,公司应:

(i) 在会员国私营企业无法按照合理条款获得充足的民间资金的情况下,与私人投资者一起为私营企业的建立、改进和扩大提供无须会员国政府还款担保的融资,从而促进会员国的发展;

(ii) 综合利用投资机会、国内外资本以及经验丰富的管理人员;

(iii) 积极推动并创造有利条件使国内外私人资本流动,向会员国的私营企业提供资金。

公司所作出的一切决定均应以本条的规定为准则。

<h3 style="text-align:center">第二条　会员国资格和资本</h3>

第一款　会员国资格

(a) 公司的创始会员国应为《协定》附录 A 列出的于第九条第二款(c)节规定的日期或之前获得公司会员国资格的银行会员国。

(b) 银行的其他会员国有权按照公司规定的时间和条件获得会员国资格。

第二款　股本

(a) 公司的法定股本应为 1 亿美元①。

(b) 法定股本应分为 10 万股,每股价值 1 000 美元。根据本条第三款(d)节之规定,未被创始会员国认购的股本可以被继续认购。

(c) 理事会可以按照以下程序随时增加法定股本的金额:

(i) 为非创始会员国初次认购公司股本而发行股票之目的需要增加法定股本时,获得多数表决支持后即可增加股本,但根据本分节的规定获准增加的股份总数不得超过 1 万股;

(ii) 在其他情况下,经总投票权 4/5 多数通过即可增加股本②。

(d) 如果根据上述(c)节(ii)分节增加法定股本,所有会员国在公司决定的条件下均应有合理的机会认购一定数额的所增股本,其比例应相当于该会员国至那时为止在公司资本总额内的认股比例,但是会员国并无任何义务认购新增股本。

---

① 截至 2012 年 6 月 27 日,公司的法定股本已增至 25.8 亿美元,共分为 258 万股,每股价值 1 000 美元。

② 1993 年 4 月 28 日修订。原文为:(ii) 在其他情况下,经总投票权 3/4 多数通过即可增加股本。译者注。

(e) 凡非初次认购或根据上述（d）节认购而发行股本，应获得总表决权的四分之三多数支持。

(f) 公司股本只能由会员国认购，并只能对会员国发行。

第三款　认购

(a) 凡创始会员国均须认购附录 A 中与该会员国名称相对应的数额之股本，其他会员国应认购的股本数额由公司决定。

(b) 创始会员国初次认购的股本应为平价发行。

(c) 所有创始会员国的初次认购金额应在公司根据第九条第三款（b）节开始运作之日，或该创始会员国加入公司之日（以时间较晚者为准）后 30 天内付清，也可在公司确定的更晚日期付清。公司催缴后，创始会员国应在公司指定的付款地点以黄金或美元付清认购款。

(d) 非创始会员国初次认购的股本认购价格及其他认购条件应由公司决定。

第四款　责任限制

任何会员国无须因其为会员国而对公司的债务承担责任。

第五款　股本转让和抵押的限制

不得以任何形式抵押公司股本，且公司股本只能转让给公司。

第三条　运营

第一款　融资业务

公司可以动用自有资金投资其会员国境内的生产型私营企业。即使政府或其他公共部门在该企业中拥有权益，也并不必然妨碍公司对该企业进行投资。

第二款　融资形式①

公司可以动用自有资金以自认为适当的形式进行投资。

第三款　运营原则

公司应按照以下原则开展业务：

(i) 如果公司认为企业能够以合理条件获得充足的私人资本，则不宜为其提供融资；

(ii) 如果会员国不同意对其境内的企业投资，则公司不得为该企业提供融资；

(iii) 公司不得施加任何条件限定其融资款项必须在某一国家境内使用；

(iv) 公司不对其投资的企业承担管理责任，也不可出于此目的或自认为属于管理范围内的其他目的而行使表决权②；

(v) 公司应以其认为适当的条款和条件提供融资，同时考虑企业的要求、公司担负的风险以及私人投资者提供类似融资通常采用的条款和条件；

---

① 1961 年 9 月 21 日修订。原文为：(a) 公司不得采用股本投资的形式提供融资。根据前述条款，公司可以动用自有资金以其认为适当的形式进行投资，包括（但不限于）使投资者享有分红的权利和认购股本或将投资转换为股本的权利的投资。(b) 公司不得自行行使认购股本或将投资转换为股本的权利。译者注。

② 1961 年 9 月 21 日修订。原文为：(iv) 公司不得对获得其投资的企业承担管理责任；译者注。

(vi) 公司应设法循环使用其资金，为此公司可以随时按令其满意的条件将投资出售给私人投资者；

(vii) 公司应设法保持其投资的合理多样性。

第四款　权益保护

公司的任何投资如发生实际或可能的拖欠、所投资的企业确实或可能无力偿还债务，或发生公司认为可能危及此种投资的其他情况时，本《协定》不得阻止公司采取其认为必要的行动和行使必要的权利以保护公司权益。

第五款　某些外汇管制规定的适用性

公司依照本条第一款在会员国境内投资而由公司收入或应付给公司的资金，不能单因本《协定》的任何规定而免受该会员国境内普遍实施的外汇限制、规定和管理办法的管制。

第六款　其他业务

除本《协定》其他部分规定的业务外，公司还有权：

(i) 借入资金并因此提供它所决定的抵押或其他担保；但是在会员国市场公开出售公司债券前，公司应获得该会员国以及债券以其货币计价发行的会员国的批准；如果且只要公司身负来自银行或经银行担保获得的贷款，那么当公司承受的所有未偿还债务总额（包括所有的债务担保）高于公司未动用的认购资本及盈余的四倍时，公司承受的未偿还贷款总额或担保总额不得再行提高[①]；

(ii) 将融资业务所需之外的资金投资于债券以及将资金投资于证券市场上的养老基金或其他类似项目，均不受本条其他各款规定的约束；

(iii) 担保公司所投资的证券，以便利其销售；

(iv) 买卖公司发行、担保或投资的证券；

(v) 履行公司实现其宗旨所必须或应当的业务权力。

第七款　货币估价

如果根据本《协定》必须以一种货币的价值为参考对另一种货币作估价，公司应在与国际货币基金组织磋商后合理决定。

第八款　证券上应注明的事项

公司发行或担保的每种证券均应在票面上显著注明该项证券并非银行的债务，除非证券上特别注明外，也并非任何会员国政府的债务。

第九款　禁止政治活动

公司及其官员不得干预任何会员国的政治；其决定也不应受有关会员国政治性质的影响。其决定只应与经济方面的考虑有关，且经济方面的考虑应无所偏倚，以实现本《协定》的宗旨。

---

① 经修订增补的上述条款于 1965 年 9 月 1 日起生效。

第四条　组织与管理

第一款　公司的结构

公司应设有一个理事会、一个董事会、一名董事会主席、一名总裁及其他官员和工作人员，以履行公司所决定的职责。

第二款　理事会

(a) 公司的一切权力赋予理事会。

(b) 凡银行会员国又是公司会员国者，其委派的银行理事和副理事依照其职权，同时是公司的理事或副理事。副理事只有在理事缺席时方可行使投票权。理事会应从理事中选出一位担任理事会主席。如果任命理事或副理事的会员国不再拥有公司的会员资格，该理事或副理事也应离职。

(c) 理事会可以授权董事会代其行使权力，但以下权力除外：

(i) 接纳新会员和决定它们的加入条件；

(ii) 增加或减少股本；

(iii) 暂停会员资格；

(iv) 仲裁因董事会对本《协定》解释而产生的异议；

(v) 安排与其他国际组织的合作事宜（临时和行政性质的非正式安排除外）；

(vi) 决定永久性停止公司业务并对其资产进行分配；

(vii) 宣布红利；

(viii) 修订本《协定》。

(d) 理事会应每年举行一次年会，经理事会规定或经董事会召集，亦可举行其他会议。

(e) 理事会年会应与银行的理事会年会结合举行。

(f) 理事会所有会议的法定人数都应超过理事人数的一半，行使不少于三分之二的总投票权。

(g) 公司可以根据规则建立一种程序，对某一特定问题董事会无须召集理事会而可以就此获得理事们的投票。

(h) 理事会和董事会在授权范围内，可以制定并实施进行公司业务所必需的规章制度。

(i) 理事和副理事为公司履行职责不予报酬。

第三款　投票

(a) 每个会员国的投票权等于其享有的基本投票权与股份投票权之和。

(i) 每个会员国的基本投票权按所有会员国总投票权的 5.55% 除以会员国总数来计算，条件是得出的基本投票权取整数。

(ii) 每个会员国的股份投票权按每持一股即分得一票来计算。①

---

① 2012 年 6 月 27 日修订。原文为：(a) 每个会员国均享有 250 票，每持有股份 1 股另增加 1 票。译者注。

（b）除另有特别规定外，公司的一切事项均依多数票决定。

第四款 董事会

（a）董事会负责处理公司的日常业务，为此，董事会应行使本《协定》给予或理事会授予的所有权力。

（b）公司董事会依其职权应由银行的执行董事组成。他们应（i）由兼为公司会员国的银行会员国指派；或（ii）至少有一个兼为公司会员国的银行会员国在选举中投票使其当选。每个银行执行董事的副董事依其职权也是公司的副董事。如果指派董事的会员国或投票使其得以当选的所有会员国不再具备公司会员国资格，该董事也应离职。

（c）公司董事如果是银行的派任执行董事，则有权行使任命该董事的会员国在公司有权行使的投票权。公司董事如果是银行的选任执行董事，则有权行使着银行选举中使其得以当选的公司会员国在公司内有权行使的投票权。每个董事有权行使的投票权应作为一个单位行使。

（d）副董事在任命他的董事缺席时应有权代替其行使全部权力。董事在场时，其副董事可以参加会议，但不得参加投票表决。

（e）董事会所有会议的法定人数应超过董事人数的一半，行使不少于二分之一的总投票权。

（f）董事会应按照公司业务的要求随时召开会议。

（g）理事会可以制定并实施条例，使无权任命银行执行董事的公司会员国可以派出一名代表，出席该会员国请求出席或商讨对此会员国造成特别影响的问题的董事会会议。

第五款 主席、总裁和工作人员

（a）银行行长依其职权也是公司董事会主席，但是，除非双方票数相等时有权投决定票外，他没有投票权。他可以参加理事会会议，但无投票权。

（b）公司总裁经由主席推荐并由董事会任命。总裁为公司工作人员的主管。总裁在董事会的指导和主席的监督下处理公司的日常业务，并在董事会总的管理下负责公司官员及工作人员的组织、任命及辞退。总裁可以参加董事会会议，但无投票权。当董事会作出决定，经主席同意后，总裁应停止履行职务。

（c）公司总裁、官员和工作人员只为公司而不为任何权力部门履行职责，凡公司会员国都应尊重这种职责的国际性质，并避免在他们履行职责时对他们施加影响。

（d）鉴于确保具备最高标准的效率和技术能力的头等重要性，在任命公司官员和工作人员时，对于在尽可能广的地理范围内招聘人员的重要性应给予相应的考虑。

第六款 与银行的关系

（a）公司是独立于银行的实体，公司与银行的资金也各自分开单独管理[①]。本款规定不影响公司与银行就设施、人员和服务方面以及一方代表另一方垫付行政费用的偿

[①] 1965年9月1日修订。原文包括以下内容："公司与银行之间不得发生借贷行为。"译者注。

付事项作出安排。

(b) 本《协定》不得使公司对银行的行动和债务承担责任，或使银行对公司的行动和债务承担责任。

第七款　与其他国际组织的关系

公司应通过银行与联合国达成正式安排，也可通过银行与在相关领域承担专门职责的其他公共国际组织达成此种安排。

第八款　办事处所在地

公司的主要办公地点应与银行的主要办公地点位置相同。公司可以在任何会员国境内设立其他办公地点。

第九款　存款机构

每个会员国应指定其中央银行为存放公司所持有的该国货币或其他资产的存款机构，如会员国无中央银行，则应指定公司所同意的其他机构担任存款机构。

第十款　沟通渠道

每个会员国应指定一个合适的权威机构，以便公司就与本《协定》有关的任何事宜与之沟通。

第十一款　报告的公布和资料的提供

(a) 公司应发布包括经审计的会计报表在内的年度报表，并应每隔一段时间向会员国提交公司财务状况汇总表及损益表，以说明公司的运营状况。

(b) 公司也可视其需要发布其他报告。

(c) 本款所述的各种报告、报表和出版物均应提交副本给会员国。

第十二款　红利

(a) 在公司提取了适当数额的准备金之后，理事会可以根据情况决定将公司净收入和盈余的多少作为红利进行分配。

(b) 根据会员国拥有的股本数额按比例分配红利。

(c) 红利的支付方式和使用的货币类别应由公司决定。

第五条　会员国的退出；暂停会员国资格；暂停业务

第一款　会员国的退出

任何会员国均可随时以书面形式向公司的主要办公地点发出通知，宣布退出公司。公司接到该通知之日退出即应生效。

第二款　暂停会员国资格

(a) 如果某会员国不履行对公司的任何一项义务，公司经半数以上理事行使过半数的总投票权表决决定，可暂停其会员国资格。该国自暂停会员国资格之日起一年后，除非以同样的多数表决恢复其资格，即自动终止为会员国。

(b) 在暂停资格期间，该会员国除有权退出外，不再享有本《协定》中规定的任何权利，但仍应对全部债务负责。

第三款 暂停或终止银行会员国资格

任何会员国如果其银行会员国的资格被暂停或终止，则其公司会员国的资格也可能根据情况自动被暂停或终止。

第四款 已停止为会员国之政府的权利与义务

（a）某个政府不再是会员国时，仍应付清应支付给公司的所有费用。公司应按照本款之规定安排回购该政府的股本作为账目结算的一部分。除本款及第八条（c）节规定的权利外，该政府将不再享有本《协定》规定的其他权利。

（b）不必依照以下（c）节的规定，公司和该政府可根据具体情况以合适的条件就回购该政府所持股本的事宜达成协议。此类协议可包括对该政府欠公司所有债务的最终清算安排。

（c）如果在该政府的会员国资格被终止六个月内，或公司与该政府约定的时间内双方未达成此种协议，则应根据公司账目上所记该政府的会员国资格终止之日该政府所持股本的价值来确定这些股本的回购价格。股本回购应遵照以下条件：

（i）在该政府交出其所持股本后，公司可以根据其财务状况合理确定分多少期、在什么时间以及以一种还是多种货币支付这些股本的回购款；

（ii）如果该政府或其任何下属机构尚有拖欠公司的款项，公司可中止支付对该政府所持股本的回购款，并且公司可选择在该款项到期应支付时从公司所欠对该政府所持股本的回购款中扣除相应的款项；

（iii）如果公司依据第三条第一款所作的投资出现净亏损，并且此投资在该政府的会员资格终止之日仍然被公司持有，并且亏损额超出了在该日之前所缴纳的储备金金额，该政府应根据公司要求偿还在决定回购价格时如果将这些亏损考虑在内而减少的股本回购价格部分。

（d）根据本款回购某政府所持股本的所有款项都必须在该政府的会员国资格终止之日起六个月内付清。如果在该政府的会员资格终止后六个月内公司依据本条第五款终止运营，该政府的所有权利应依据本条第五款之规定执行，并且根据本条第五款的规定，该政府应仍被视为公司的会员，但不享有投票权。

第五款 业务的停止及债务的清算

（a）公司可经超过半数的理事以超过总投票权半数的投票决定而永久终止公司的业务。在终止业务后，除有序地变现、维持和保护公司资产以及清算公司的债务之外，公司应停止一切活动。在完成债务清算和资产分配之前，公司应继续存在，本《协定》规定的公司与其会员国之间所有相互的权利和义务均不受影响，但在此期间任何会员国资格不得被中止或退出，并且除非本款另作规定，亦不得向会员国进行任何资产分割。

（b）在公司欠债权人的所有债务被清偿前，不得根据各会员国认购公司股本的比例向会员国进行资产分割，并且只有在理事会超过半数的理事以超过总投票权半数的投票决定后，才能进行上述资产分割。

（c）根据上一项规定，公司应依据各会员国所持公司股本的比例分割公司资产；如果某些会员国尚有欠款未向公司付清，它们必须首先清偿公司的所有债务后才能进行分割。公司应以其认为公平和公正的时间、货币形式、用现金或其他资产进行分割。分配给各会员国的资产在资产类别或货币形式上无须相同。

（d）依照本款从公司获得分割资产的所有会员国对这些资产所拥有的权利应与公司在分割资产前对这些资产所拥有的权利完全相同。

第六条　法律地位、豁免权与特权

第一款　条款的目的

为了使公司能够履行受托的职责，公司在各会员国境内享有本条所规定的法律地位、豁免权和特权。

第二款　公司的法律地位

公司应具备完全的法人资格，尤其应拥有以下能力：

(i) 缔结契约；

(ii) 收购和处置不动产和动产；

(iii) 提起法律诉讼。

第三款　公司在司法程序中的地位

只有在公司设有办事处、已指定可以接收传票或诉讼文件的代理机构，或已在该地发行或担保证券的会员国境内有权受理的法院，才能对公司提起诉讼。但会员国及代表会员国或承受会员国权利的个人，皆不得提出诉讼。公司的财产和资产，不论在何地为何人所托管，在对公司最后宣判以前，均不得实行任何形式的扣押、查封或执行。

第四款　资产免受扣押权

公司的财产和资产，不论在何地和受何人所托管，都应免于在行政或司法行动中被搜查、征用、充公、征收或以任何其他方式没收。

第五款　档案的豁免权

公司的档案文件不受侵犯。

第六款　资产免受限制

公司的一切财产和资产，在确保本《协定》规定的公司业务正常运营的前提下，根据本《协定》的第三条第五款，应不受任何性质的限制、管制、控制以及延缓偿付办法之限。

第七款　通信的特权

各会员国对公司的公文函电应与其他会员国的公文函电同等对待。

第八款　官员和雇员的豁免权与特权

公司的所有理事、董事、副职董事、官员和雇员：

(i) 以官方身份执行公务期间应享有法律诉讼豁免权；

（ii）如果不是本国国民，则应当在移民限制、外侨登记要求和国家服务义务等方面享受相同的豁免权，同时应享有会员国给予其他会员国同等级别的代表、官员和雇员在外汇兑换上的同等便利；

（iii）在旅行方面应享有会员国所给予其他会员国同等级别的代表、官员及雇员的相同待遇。

第九款 税收豁免权

（a）应对本协定下的公司及其资产、财产、收益、经营的业务和交易豁免所有的税收和关税。对于任何税收或关税的征收或交纳，公司也豁免任何责任。

（b）公司的董事、副职董事、官员和雇员如非当地本国公民、人民或其他性质的当地国民，其自公司所得的薪金和报酬，均应免纳税。

（c）对于公司发行的债务凭证和证券（包括红利和利息在内）不论为何人所持有，均不得征收以下类型的税款：

（i）仅因该项债务凭证或证券为公司所发行而课征的歧视性税收；或

（ii）仅以该项债务凭证或证券的发行、支付或付款地点或货币，或者公司办事处或营业处所在的地点为法律根据而征收的税收。

（d）对于公司所担保的债务或证券（包括红利和利息在内）不论为何人所持有，均不得征收以下类型的税款：

（i）仅因该项债务或证券为公司所担保而课征的歧视性税收；或

（ii）仅公司办事处或营业处所在的地点为法律根据而征收的税收。

第十款 本条的施行

所有会员国均应在本国采取必要措施，以便在其法律上使本条订立的各项原则生效，并将其采取的具体行动详细报告给公司。

第十一款 弃权

公司可以自行决定在其确定的范围内以及条件下放弃享受本条规定的任何特权和豁免权。

第七条 修订

（a）本《协定》的修订应由五分之三的理事行使85%的总投票权决定。①

（b）尽管有上述（a）节的规定，但在修订以下内容时必须获得所有理事的赞成票：

（i）第五条第一款规定的退出公司的权利；

（ii）第二条第三款（d）节规定的优先认购权；

（iii）第二条第四款规定的责任限制。

（c）任何关于修改本《协定》的提案，无论是由会员国、理事还是董事会提出，

---

① 1993年4月28日修订。原文为：（a）本《协定》的修订应由五分之三的理事行使五分之四的总表决权决定。译者注。

都应呈送给理事会主席并由他提请理事会审议。修订案被正式采纳后，公司将通过正式通信将证明文件发送给所有会员国。除非理事会另外设定一个较短的期限，否则修订应在对所有会员国正式发信通告三个月后生效。

第八条　解释与仲裁

（a）公司会员国与公司之间或者会员国之间对本协定条款的解释如有任何异议，则应将此问题提交给董事会仲裁。如果此问题会特别影响到无权任命银行执行董事的公司会员国，则该会员国有权按照第四条第四款（g）节的规定选派代表。

（b）在董事会依照上述（a）节已作出仲裁的情况下，任何会员国均可要求将此问题提交给理事会仲裁；理事会的仲裁为最终仲裁。理事会尚未作出仲裁之前，公司可视情况需要根据董事会作出的仲裁行事。

（c）公司与不再是会员国的国家或者公司与会员国在公司永久性终止运作期间发生争议时，应将此争议提交给由三位仲裁员组成的仲裁庭进行仲裁；三位仲裁员中一位由公司任命，另一位由当事国任命，还有一位仲裁员的人选除非当事各方另有协议，否则将由国际法庭或者公司实施的法规指定的其他权威机构任命。仲裁人拥有完全的仲裁权力，有权对各方存有争议的任何程序问题作出仲裁。

第九条　最后条款

第一款　生效

本《协定》经持有不少于附录A所列的认股总金额的75%，且不少于三十个国家的政府签署，并且本条第二款（a）节所提及的确认书也已存放在银行，则本《协定》即可生效；但是本《协定》不会在1955年10月1日之前生效。

第二款　签字

（a）签署本《协定》的各国政府应分别在银行存放一份确认书，表明自己已根据本国法律无条件地接受了本《协定》，并且已经采取了所有必要步骤以履行本《协定》规定的义务。

（b）各国政府自将上述（a）节所述的确认书存放在银行之日起即成为公司会员国，但是任何政府都不会在本《协定》根据本条第一款生效之前成为公司会员国。

（c）凡附录A所列各国政府在1956年12月31日营业时间结束以前，可随时在银行的主要办公地点签署本《协定》。

（d）本《协定》生效后，凡根据第二条第一款（b）节规定经批准获得会员国资格的各国政府均可签署本《协定》。

第三款　公司的开业

（a）一旦根据本条第一款本《协定》开始生效，董事会主席应随即召开董事会会议。

（b）公司应在此次会议召开的当天开始运营。

(c) 在理事会未举行首次会议前,董事会可以行使理事会的所有权力,但本《协定》规定保留给理事会的那些权力除外。

本《协定》在华盛顿签订,正本一份,保存于国际复兴开发银行档案库内;银行在协议下方签字表明愿意承担保存本《协定》的责任并负责将本《协定》根据第九条第一款开始生效的日期通知附录 A 中所列的各国政府。

附录 A 国际金融公司股本的认购数额

国家	股份数	金额（美元）
澳大利亚	2 215	2 215 000
奥地利	554	554 000
比利时	2 492	2 492 000
玻利维亚	78	78 000
巴西	1 163	1 163 000
缅甸	166	166 000
加拿大	3 600	3 600 000
斯里兰卡	166	166 000
智利	388	388 000
中国	6 646	6 646 000
哥伦比亚	388	388 000
哥斯达黎加	22	22 000
古巴	388	388 000
丹麦	753	753 000
多米尼加共和国	22	22 000
厄瓜多尔	35	35 000
埃及	590	590 000
萨尔瓦多	11	11 000
埃塞俄比亚	33	33 000
芬兰	421	421 000
法国	5 815	5 815 000
德国	3 655	3 655 000
希腊	277	277 000
危地马拉	22	22 000
海地	22	22 000
洪都拉斯	11	11 000
冰岛	11	11 000
印度	4 431	4 431 000
印度尼西亚	1 218	1 218 000
伊朗	372	372 000
伊拉克	67	67 000
以色列	50	50 000
意大利	1 994	1 994 000

续表

国家	股份数	金额（美元）
日本	2 769	2 769 000
约旦	33	33 000
黎巴嫩	50	50 000
卢森堡	111	111 000
墨西哥	720	720 000
荷兰	3 046	3 046 000
尼加拉瓜	9	9 000
挪威	554	554 000
巴基斯坦	1 108	1 108 000
巴拿马	2	2 000
巴拉圭	16	16 000
秘鲁	194	194 000
菲律宾	166	166 000
瑞典	1 108	1 108 000
叙利亚	72	72 000
泰国	139	139 000
土耳其	476	476 000
南非联邦	1 108	1 108 000
英国	14 400	14 400 000
美国	35 168	35 168 000
乌拉圭	116	116 000
委内瑞拉	116	116 000
南斯拉夫	443	443 000
总计	100 000	100 000 000

多边投资担保机构公约

用于建立多边投资担保机构（以下简称"MICA"）的公约已于 1985 年 10 月 11 日提交给了国际复兴开发银行理事会，并于 1988 年 4 月 12 日生效。该公约于 2010 年 11 月 14 日由多边投资担保机构理事会修订并生效。

公约附录一列出了多边投资担保机构的原始成员且尚未被修订。

目　　录

引言 ………………………………………………………………………… 72

第一章　机构的建立、地位、宗旨和定义 ……………………………… 72
第一条　机构的建立和地位 …………………………………………… 72
第二条　目标和宗旨 …………………………………………………… 72
第三条　定义 …………………………………………………………… 72

第二章　会员国资格和资本 ……………………………………………… 73
第四条　会员国资格 …………………………………………………… 73
第五条　资本 …………………………………………………………… 73
第六条　认购股份 ……………………………………………………… 73
第七条　认购股份的区分和催缴 ……………………………………… 73
第八条　认购股份的支付 ……………………………………………… 74
第九条　货币的估值 …………………………………………………… 74
第十条　退款 …………………………………………………………… 74

第三章　业务活动 ………………………………………………………… 74
第十一条　承保险别 …………………………………………………… 74
第十二条　合格的投资 ………………………………………………… 75
第十三条　合格的投资者 ……………………………………………… 75
第十四条　合格的东道国 ……………………………………………… 76
第十五条　东道国的认可 ……………………………………………… 76
第十六条　担保条件 …………………………………………………… 76
第十七条　索赔的支付 ………………………………………………… 76
第十八条　代位 ………………………………………………………… 76
第十九条　同全国性和区域性实体的关系 …………………………… 76
第二十条　全国性和区域性实体的再保 ……………………………… 76
第二十一条　同私人担保人和再保人的合作 ………………………… 77
第二十二条　担保的限度 ……………………………………………… 77
第二十三条　投资的促进 ……………………………………………… 77
第二十四条　倡议投资的担保 ………………………………………… 78

第四章　财务条款 ………………………………………………………… 78
第二十五条　财务管理 ………………………………………………… 78
第二十六条　担保费和手续费 ………………………………………… 78
第二十七条　净收入的分配 …………………………………………… 78
第二十八条　预算 ……………………………………………………… 78

第二十九条　账户 ··· 79
第五章　组织与管理 ··· 79
　　第三十条　机构的结构 ··· 79
　　第三十一条　理事会 ·· 79
　　第三十二条　董事会 ·· 79
　　第三十三条　总裁和职员 ··· 80
　　第三十四条　禁止政治活动 ·· 80
　　第三十五条　与国际组织的关系 ·· 80
　　第三十六条　总部所在地 ··· 80
　　第三十七条　资产存放机构 ·· 80
　　第三十八条　通讯渠道 ··· 80
第六章　投票、认购股数的调整和代表权 ······································ 81
　　第三十九条　投票和认购股票的调整 ······································· 81
　　第四十条　理事会投票 ··· 81
　　第四十一条　董事的选举 ··· 81
　　第四十二条　董事会投票 ··· 82
第七章　特权和豁免 ··· 82
　　第四十三条　本章目的 ··· 82
　　第四十四条　法律程序 ··· 82
　　第四十五条　资产 ··· 82
　　第四十六条　档案和通讯 ··· 82
　　第四十七条　税收 ··· 82
　　第四十八条　机构的官员 ··· 83
　　第四十九条　本章的施行 ··· 83
　　第五十条　放弃 ·· 83
第八章　会员国的退出、暂停会员国资格和停止业务 ······················· 83
　　第五十一条　退出 ··· 83
　　第五十二条　暂停会员国资格 ·· 83
　　第五十三条　已停止为会员国的国家之权利和义务 ····················· 84
　　第五十四条　暂停业务 ··· 84
　　第五十五条　清理债务 ··· 84
第九章　争端的解决 ··· 84
　　第五十六条　本公约的解释和施行 ··· 84
　　第五十七条　机构与会员国之间的争端 ····································· 85
　　第五十八条　涉及被保险人或再保人的争端 ······························ 85
第十章　公约的修订 ··· 85

  第五十九条 由理事会修订 ··· 85
  第六十条 程序 ·· 85
第十一章 最后条款 ·· 86
  第六十一条 生效 ·· 86
  第六十二条 就职会议 ·· 86
  第六十三条 保存人 ·· 86
  第六十四条 注册 ·· 86
  第六十五条 通知 ·· 86
  第六十六条 适用领土 ·· 86
  第六十七条 定期检查 ·· 86
附件一 关于第二十四条倡议投资的担保 ·· 88
  第一条 倡议 ·· 88
  第二条 倡议信托基金 ·· 88
  第三条 对倡议会员国的催缴 ·· 88
  第四条 货币的估值和退款 ··· 89
  第五条 再保 ·· 89
  第六条 业务原则 ·· 89
  第七条 投票 ·· 89
附件二 关于第五十七条机构与会员国之间争端的解决 ························ 90
  第一条 附件适用范围 ·· 90
  第二条 谈判 ·· 90
  第三条 调解 ·· 90
  第四条 仲裁 ·· 90
  第五条 传票 ·· 92
附录一 会员国和认股数 ·· 93
附录二 董事的选举 ·· 98

引　言

本公约签字国，考虑到有必要加强国际合作以推动经济发展，并且促进一般的外国投资，特别是外国私人投资对上述发展作出贡献；认识到通过减少与非商业性风险有关的忧虑，可促进并进一步鼓励外国投资流向发展中国家；希望在以公正和稳定的标准对待外国投资的基础上，在其条件与发展中国家的发展需要、政策和目标相一致的情况下，促进以生产为目的的资金和技术流向发展中国家；确信多边投资担保机构在鼓励外国投资、补充国家性和区域性的投资担保计划，以及非商业性风险的私人保险方面能够发挥重要作用；并且认为该机构应尽可能在不动用其催缴资本的情况下偿付其债务，通过不断改善投资条件，达到这一目标，同意如下：

第一章　机构的建立、地位、宗旨和定义

第一条　机构的建立和地位

一、兹建立多边投资担保机构（以下简称机构）。

二、机构应有完全的法人地位，特别是有权：

（一）签订合同；

（二）取得并处理不动产和动产；和

（三）进行法律诉讼。

第二条　目标和宗旨

机构的目标应该是鼓励在其会员国之间，尤其是向发展中国家会员国融通生产性投资，以补充国际复兴开发银行（以下简称银行）、国际金融公司和其他国际开发金融机构的活动。

为达到这些目标，机构应：

一、在一会员国从其他会员国得到投资时，对投资的非商业性风险予以担保，包括再保和分保；

二、开展合适的辅助性活动，以促进向发展中国家会员国和在发展中国家会员国间的投资流动；并且

三、为推进其目标，行使其他必要和适宜的附带权力。

机构的所有决定均应以本公约的条款为指导。

第三条　定义

就本公约而言：

一、"会员国"指按第六十一条本公约对之生效的国家。

二、"东道国"或"东道国政府"指会员国、其政府或其任何政府机构按第六十

六条规定在其领土内将要作的投资，机构已予以担保或再保或已考虑予以担保或再保。

三、"发展中国家会员国"指本公约附录一中所列的第二类会员国。第三十条中提到的理事会可以随时修改该附表。

四、"特别多数票"指代表机构认缴股份55%以上，不少于总投票权2/3的赞成票。

五、"可自由使用货币"指：

（一）国际货币基金组织指定可自由使用的任何货币；

（二）第三十条中提到的董事会经与国际货币基金组织协商，并取得有关国家同意，为本公约的目的而指定的其他任何可自由获取和有效使用的货币。

第二章　会员国资格和资本

第四条　会员国资格

一、机构会员国资格应向国际复兴开发银行所有会员国和瑞士开放。

二、创始会员国应为本公约附录一中所列，并在1987年10月30日或在此之前加入本公约的国家。

第五条　资本

一、机构法定资本为10亿特别提款权（SDR 1000000000）。资本分为10万股，每股票面价值为1万特别提款权，供会员国认购。会员国认购股本的缴付义务按1981年1月1日至1985年6月30日期间以美元标价的特别提款权的平均价值结算，即每一特别提款权等于1.082美元。

二、在接受一新会员国时，如现有法定股份不够供该会员国按第六条认股，则应增加资本。

三、理事会经特别多数票通过，可随时增加机构的资本。

第六条　认购股份

机构的每一创始会员国，须按本公约附录一中该会员国名下的股份数额以票面价格认股，其他会员国将按理事会决定的资本股份数额和条件认股，但在任何情况下均不得按低于票面的发行价格认购。会员国的认股数不得少于50股。机构可制定规则，使会员国得以增加法定股本的认购份额。

第七条　认购股份的区分和催缴

每一会员国首期认购股份应按下列条件缴付：

一、自本公约对该会员国生效之日起90天内，每股股金的10%须按第八条第一款中的规定用现金缴付，另有10%用不可转让的无息本票或类似的债券缴付，在机构需清偿其债务时，根据董事会的决定予以兑现；

二、余下部分由机构在需清偿其债务时催缴。

第八条　认购股份的支付

一、认购股份须用可自由使用货币支付，发展中国家会员国在按第七条第一款应缴股金的现金总分，25％可用本国货币支付。

二、未缴股份任何部分的催缴对所有股份应同等对待。

三、机构为偿付债务而需要催缴，而催缴所得金额不足以偿付其债务时，机构可对未缴股份连续催缴，直至所得总数足以偿付其债务。

四、股份承担的责任额以股份发行价格的催缴数额为限。

第九条　货币的估值

为本公约所需而必须确定一种货币以另一种货币表示的价值时，本机构将在与国际货币基金组织协商之后，合理地确定该价值。

第十条　退款

一、一旦可行，本机构将在下列情况下把催缴股份的已缴数额退还会员国：

（一）该催缴应是用于偿付因担保或再保合同而产生的索赔，但嗣后，机构已用可自由使用货币全部或部分地收回了这笔支付；或

（二）该催缴应是由于会员国未能按时缴付款项所致，但嗣后，该会员国缴付了该款项的全部或部分；或

（三）理事会经特别多数票确定，机构的财务状况允许用其收入把该催缴额的全部或一部分退还会员国。

二、按本条向一会员国所作的任何退款应以可自由使用货币支付，其金额应是该会员国缴付数额占此类退款前催缴实付总额的比例。

三、按本款向一会员国退款的数额，应按第七条第二款成为该会员国催缴资本义务的一部分。

第三章　业务活动

第十一条　承保险别

一、本机构在不违反下列第二和第三款规定的前提下，可为合格的投资就因以下一种或几种风险而产生的损失作担保：

（一）货币汇兑

东道国政府采取新的措施，限制其货币兑换成可自由使用货币或被保险人可接受的另一种货币，及汇出东道国境外，包括东道国政府未能在合理的时间内对该被保险人提出的此类汇兑申请作出行动。

（二）征收和类似的措施

东道国政府采取立法或行政措施，或懈怠行为，实际上剥夺了被保险人对其投资的所有权或控制权，或其应从该投资中得到的大量收益。但政府为管理其境内的经济

活动而通常采取的普遍适用的非歧视性措施不在此列。

（三）违约

东道国政府不履行或违反与被保险人签订的合同，并且 1. 被保险人无法求助于司法或仲裁机关对其提出的有关诉讼作出裁决，或 2. 该司法或仲裁机关未能在担保合同根据机构的条例规定的合理期限内作出裁决，或 3. 虽有这样的裁决但未能执行。以及

（四）战争和内乱

依照第六十六条本公约适用的东道国境内任何地区的任何军事行动或内乱。

二、应投资者与东道国的联合申请，董事会经特别多数票通过，可将本公约的担保范围扩大到上述第一款中提及的风险以外的其他的非商业性风险。但在任何情况下都不包括货币的贬值或降值。

三、下列原因造成的损失，不在担保范围之列：

（一）被保险人认可或负有责任的东道国政府的任何行为或疏忽；以及

（二）发生在担保合同缔结之前的东道国政府的任何行为疏忽或其他任何事件。

第十二条　合格的投资

一、合格的投资应包括股权投资，其中包括股权持有者为有关企业发放或担保的中长期贷款，和董事会确定的其他形式的直接投资。

二、董事会经特别多数票通过，可将合格的投资扩大到其他任何中长期形式的投资。但是，除上述第一款中提及的贷款外，其他贷款只有当它们同机构担保或将担保的具体投资有关时，才算合格。

三、担保限于要求机构给以担保的申请收到之后才开始执行的那些投资。这类投资包括：

（一）为更新、扩大或发展现有投资所汇入的外汇；以及

（二）现有投资产生的、本可汇出东道国的收益。

四、机构在担保第一项投资前，应弄清下列情况：

（一）该投资的经济合理性及其对东道国发展所作的贡献；

（二）该投资符合东道国的法律条令；

（三）该投资与东道国宣布的发展目标和重点相一致；以及

（四）东道国的投资条件下，包括该投资将受到公平、平等的待遇和法律保护。

第十三条　合格的投资者

一、在下列条件，任何自然人和法人都有资格取得机构的担保：

（一）该自然人是东道国以外一会员国民；

（二）该法人在一会员国注册并在该会员国设有主要业务点，或其多数资本为会员国或几个会员国或这些会员国民所有，在上述任何情况下，该会员国必须不是东道国；

（三）该法人无论是否是私营，均按商业规范经营。

二、如果投资者有一个以上的国籍，就上述第一款而言，会员国国籍应优先于非会员国国籍，东道国国籍应优先于任何其他会员国国籍。

三、根据投资者和东道国的联合申请，董事会经特别多数票通过，可将合格的投资者扩大到东道国的自然人，或在东道国注册的法人，或其多数资本为东道国所有的法人。但是，所投资产应来自东道国境外。

第十四条 合格的东道国

根据本章，只对在发展中国家会员国境内所作的投资予以担保。

第十五条 东道国的认可

在东道国政府同意机构就指定的承保风险予以担保之前，机构不得缔结任何担保合同。

第十六条 担保条件

每一担保合同的担保条件应由机构根据董事会发布的条例和规定予以确定，但机构不得担保承保投资损失的全额。担保合同在董事会指导下由总裁批准。

第十七条 索赔的支付

总裁在董事会指导下，应根据担保合同和董事会制定的政策，决定对被保险人索赔的支付。担保合同应要求被保险人在机构支付索赔之前，寻求在当时条件下合适的、按东道国法律可随时利用的行政补救办法。担保合同可要求在引起索赔的事件发生与索赔的支付之间要有一段合理的期限间隔。

第十八条 代位

一、在对被保险人支付或同意支付赔偿后，本机构应代位取得被保险人对东道国和其他债务人所拥有的有关承保投资的权利或索赔权。担保合同应包括关于代位的条款。

二、上述第一款规定的本机构的权利，全体会员国应予承认。

三、东道国对于本机构按上述第一款作为代位人所获得的东道国货币，在其使用和兑换方面给予本机构的待遇应和原被保险人取得这种资金时可得到的待遇一样。在任何情况下，机构均可将这笔资金用于支付其行政开支和其他费用；如该货币不是可自由使用的货币，机构还应设法就该货币的其他使用与东道国作出安排。

第十九条 同全国性和区域性实体的关系

会员国的全国性实体和多数资本与会员国拥有的区域性实体所开展的业务活动与机构活动相似。机构应与这些机构进行合作，并设法补充它们的业务。旨在使它们各自的业务发挥最大的效率，扩大它们在增加外国投资流动方面的贡献，为此目的，机构应就这类合作的细节，特别是分保和再保的方式同这些实体作出安排。

第二十条 全国性和区域性实体的再保

一、机构对会员国或会员国机构或多数资本为会员国所有的区域性投资担保机构已就一种或一种以上非商业性风险给予保险的具体投资，可以提供再保。董事会经特别多数票通过，应随时规定机构可承担再保的最大数额。对于那些收到再保申请12个月以前已经完成的具体投资,根据本章,机构允许担保的数额最初应限在机构所负债务总额的10%。第十一至第十四条中规定的合格条件适用于再保业务,但是,再保的投资不必在再保申请提出之后才能进行。

二、机构和再保会员国或再保机构双方的权利和义务应按董事会制定的规章制度在再保合同中阐明。那些机构在收到再保申请之前已经完成的投资,其各份再保合同需经董事会批准,旨在尽可能地减少担保风险,确保机构得到与其所分担的风险相适应的保险费,并确保再保实体致力于促进发展中国家的新投资。

三、机构应尽可能确保其自身或再保实体取得与作为初始担保人所可能拥有的相等的代位和仲裁权利,在再保条件中,应要求在机构支付索赔之前,需先根据第十七条寻求行政补救方法。对有关东道国的代位,必须是该国事先同意机构再保才有效。机构在其再保合同中应有规定,要求被保险人在行使有关再保投资的权利或索赔权方面采取审慎的态度。

第二十一条 同私人担保人和再保人的合作

一、机构可同会员国中的私人担保人签订协议,以加强本身的业务,并鼓励私人担保人对发展中国家会员国的非商业性风险按机构所使用的相似条件提供担保。这种合作包括机构对第二十条中规定的条件和程序提供再保服务。

二、以合适的再保实体所作的担保,机构可提供部分或全部的再保。

三、机构尤其要设法担保无法按合理条件得到私人担保人或再保人相应的担保的投资。

第二十二条 担保的限度

一、除非理事会以特别多数票另作决定,本机构依本章所担保的负债总数不应超过机构未动用的认缴资本、储备金以及董事会所确定的部分再保金之和的150%。董事会应根据其在索赔、风险多样化程度、再保数额和其他有关方面的经验,经常检查由机构提供担保的各笔投资的风险状况,确定是否应向理事会建议改变机构可承保的顶限。在任何情况下理事会决定的机构可承保的总数额不得超越机构未动用的认缴资本、储备金以及再保资金中被认为是合适部分的3项之和的5倍。

二、在不违反上述第一款规定的担保顶限的前提下,董事会可规定:

(一)机构依本章对属于同一会员国的投资者可以提供的担保限额。在决定该限额时,董事会应适当考虑各会员国在机构资本中所占股份,并应对来自发展中国家会员国投资予以更宽的规定;以及

(二)机构根据分散风险的各因素的情况所能承担的担保限额,这些因素包括各个项目、不同的东道国以及投资种类或风险类型。

第二十三条 投资的促进

一、机构应为促进投资流动进行研究和开展活动,并传播有关发展中国家会员国投资机会信息,旨在改善投资环境,促进外资流向这些发展中国家。机构应会员国请

求可提供技术咨询和援助以改善该会员国领土内的投资条件。在进行这些活动时，机构应：

（一）以会员国间有关的投资协定为指导；

（二）努力消除在发达国家和发展中国家会员国中存在的影响投资流向发展中国家会员国的障碍；并且

（三）与其他促进外国投资的有关机构，尤其是与国际金融公司进行协调。

二、机构还应：

（一）促成投资者和东道国之间争端的和解；

（二）努力同发展中国家会员国，尤其是同未来的东道国缔结协议，以确保机构在其担保的投资方面，所受到的待遇不应低于有关会员国在投资协议中向享有最优惠待遇的投资担保机构或国家提供的待遇，这类协议须由董事会特别多数票批准通过；并且

（三）推动和促进会员国之间缔结有关促进和保护投资的协定。

三、机构在发挥其促进投资的作用时，应特别注意发展中国家会员国之间增加投资融通的重要性。

第二十四条 倡议投资的担保

机构除按本章所开展的担保业务外，也可担保按本公约附件一规定的由会员国倡议所作的投资。

第四章 财务条款

第二十五条 财务管理

机构应按照健全的业务和谨慎的财务管理惯例开展活动，以便在所有情况下都能保持履行其财务义务的能力。

第二十六条 担保费和手续费

机构应规定并定期检查适用于各类风险的担保费率、手续费和其他收费。

第二十七条 净收入的分配

一、在不违反第十条第一款（三）项的前提下，以及机构的准备金额未达到其认缴资本的5倍之前，机构应将净收入划归准备金。

二、在机构的准备金额达到上述第一款所规定的水平后，理事会应决定机构的净收入是否以及如何划归准备金，或分配给机构的会员国，或作其他用途。分配机构会员国的净收入应依理事会特别多数票作出的决定，根据各会员国在机构资本中所占的股份按比例分配。

第二十八条 预算

总裁应编制机构的年度收支预算，提交理事会批准。

第二十九条 账户

机构应公布年度报告，该年度报告应包括经由独立的审计人审核的各项账目报表，以及本公约附件一中提及的倡议信托基金的账目报表。机构每隔适当时间应向会员国送交机构财务状况汇总表和业务损益书。

第五章 组织与管理

第三十条 机构的结构

机构设理事会、董事会、总裁和职员，以履行机构所确定的职责。

第三十一条 理事会

一、除本公约明确规定赋予本机构另一单位的权力外，机构的一切权力归理事会。理事会可委托董事会行使其任何权力，但下列权力除外：

（一）接受新会员国并决定其加入的条件；

（二）暂停会员资格；

（三）决定资本的增减；

（四）根据第二十二条第一款，提高担保总数的限额；

（五）根据第三条第三款，确定一会员国为发展中国家会员国；

（六）根据第三十九条第一款，为投票的需要，划分一新会员国属于第一类或第二类会员国，或对一现有会员国重新划分；

（七）确定董事和副董事的报酬；

（八）停止业务活动和清理机构的资产；

（九）资产清理后，把资产分给会员国；以及

（十）修改本公约及其附件和附录。

二、理事会由每一会员国按其自行确定的方式指派的理事及副理事各一人组成。副理事在理事缺席时行使投票权。理事会应推选一名理事为主席。

三、理事会将举行一次年会和经理事会决定或由董事会要求召开的其他会议。每当有5个会员国或持有占总投票权25%的投票权的会员国请求时，理事会应要求召开理事会会议。

第三十二条 董事会

一、董事会负责机构的一般业务，并且为履行这一职责，可采取本公约所要求或允许的任何行动。

二、董事会应由不少于12名董事组成。董事人数可由理事会根据会员国的变动进行调整。每位董事可指定一名副董事在董事缺席或不能行使权力的情况下，全权代行其职权。世界银行行长依职权为董事会主席，除在双方票数相等时投一决定票外，无投票权。

三、理事会决定董事的任命。第一届董事会由理事会在举行开业大会时组成。

四、董事会应在其主席本人提议下，或根据3位董事的请求，召开会议。

五、在理事会决定设立常驻董事会进行连续工作之前，董事和副董事只按其出席董事会会议及为机构履行其他官方职责所需费用而得到报酬。一旦建立了连续工作的董事会，董事和副董事将按理事会决定取得报酬。

第三十三条 总裁和职员

一、总裁将在董事会总的监督下，处理机构的日常事务。他负责职员的组织、任命和辞退。

二、总裁由董事会主席提名，由董事会任命。理事会决定总裁的薪金和任期条件。

三、总裁和职员在履行其职责时应完全对机构负责，而不对其他权力当局负责。机构的每一个会员国都应尊重这种职责的国际性，并应制止对总裁或职员在履行他们的职责时施加影响的任何企图。

四、总裁在任命职员时，在确保达到最高的工作效率和技术水平的前提下，要适当注意从尽可能广泛的地区录用人员。

五、总裁和职员对于在开展机构业务中所得到的情报，在任何时候均应予以保密。

第三十四条 禁止政治活动

机构及其总裁和职员不得干涉任何会员国的政治事务，在不影响机构考虑与投资有关的所有情况这一前提下，其一切决定均不应受有关会员国政治性质的影响。在权衡与决策有关的各种考虑因素时应无所偏倚，以达到第二条所阐明的宗旨。

第三十五条 与国际组织的关系

机构应在本公约条文范围内，与联合国和有关领域内负有专门责任的其他政府间组织合作，尤其是包括国际复兴开发银行和国际金融公司。

第三十六条 总部所在地

一、机构总部设在华盛顿哥伦比亚特区，除非理事会经特别多数票决定设在另一地点。

二、机构可因工作需要设立其他办事处。

第三十七条 资产存放机构

各会员国应指定其中央银行为存放机构，供机构存放所持有的该国货币或机构的其他资产。如无中央银行，则应为上述目的指定可为机构接受的其他部门。

第三十八条 通讯渠道

一、各会员国应指定一适当的权力机关使机构可与之就与本公约有关的事项进行联系。机构将视该权力机关的意见为会员国的意见。应会员国请求，机构应就第十九条至第二十一条所涉事项以及与该会员国的实体或担保人有关的事项，与该会员国进行磋商。

二、当机构在采取任何行动前需征得会员国的同意时，除非该会员国在机构给它的通知中规定的合理期限内提出反对意见，否则即可认为该会员已经同意。

第六章 投票、认购股数的调整和代表权

第三十九条 投票和认购股票的调整

一、为了使投票权的安排能够反映本公约附录一中所列两类国家在机构中的平等利益，以及各会员国的财务参与的重要性，每一会员国享有177张会员票，再按该会员国持有的股份，每一股增加一张股份票。

二、本公约附录一中所列两类国家中的任何一类会员国，如其会员票和股份票的总数在本公约生效后3年内的任何时间低于总投票权的40%，则该类会员国享有补充票应按该类会员国中每一会员国的股份票数占该类会员国股份票总数的比例进行分配。该补充票数应随时进行调整，以确保40%这一比例，并在上述3年期限结束时应予取消。

三、在本公约生效后的第3年，理事会应检查股份的分配并在下列原则指导下进行决策：

（一）会员国的投票数应反映对机构资本的实际认缴数以及本条第一款所规定的会员票数。

（二）分配给尚未签署本公约的国家的股份应重新作出分配，使上述两类会员国间的投票权可能取得相等。

（三）理事会将采取措施，提高会员国认购分配给它们的股份的能力。

四、在本条第二款所规定的3年期限内，理事会和董事会的所有决定均应经特别多数票数通过，公约规定的需更多的多数票通过的决定除外。

五、如按第五条第三款增加机构的资本，各会员国如有要求，应批准其认购一定比例的新增股本，该比例应相当于股本增加之前该会员国认购的股份在机构股本总额中所占的比例，但会员国无认购新增股本的义务。

六、理事会应制定按本条第五款增加认股的规则。此类规则应对会员国提交此类认购的申请规定合理的期限。

第四十条 理事会投票

一、每一理事有权为其所代表的会员国投票。除非本公约另有规定，理事会的决定均由实投票数的多数票通过。

二、理事会可通过发布条例的形式建立一种程序，使董事会认为其行动符合机构最高利益时，可要求理事会不必召开理事会会议而对某项特定问题作出决定。

第四十一条 董事的选举

一、董事的选举应按照附录二进行。

二、董事应继续任职至其继任人被选出为止。如果董事在其任期结束前缺职超过 90 天，由选举原董事的理事另选一董事继任原董事未满的任期。当选需经实投票数的多数票通过。在董事出缺期间，其职权由原副董事代行，但指派副董事的权力除外。

第四十二条　董事会投票

一、每一董事有权行使其当选的会员国在机构中的投票权，每一董事拥有的全部投票权应作为一个单位投票，除非本公约另有规定，董事会的表决均应经实投票数的多数票通过。

二、开董事会会议的法定人数必须由拥有总投票权半数以上的多数理事组成。

三、董事会可通过发布条例的方式建立一种程序，使董事会主席认为其行动符合机构最高利益时，可要求董事会不必召开董事会会议而对某项特定问题作出决定。

第七章　特权和豁免

第四十三条　本章目的

为使机构能完成其职能，在各会员国领土内应予机构本章所规定的豁免和特权。

第四十四条　法律程序

对机构非属第五十七、第五十八条范围的诉讼，只能向会员国领土内有权受理的法院提出。在该会员国领土内，机构须设有办事处或已指定可接受传票或诉讼通知书的代理机构。但是，1. 会员国、代表会员国或从会员国取得索赔权的个人，或 2. 有关个人问题，均不得对机构提出诉讼。对机构的财产和资产，不论其在何地为何人所保管，在对机构作最后判决或裁决之前，均不得采取任何形式的扣押、查封或执行。

第四十五条　资产

一、机构的财产和资产，无论在何地为何人所保管，均应免受搜查、征用、没收、征收或其他通过行政或立法行为的任何形式的扣押。

二、机构的所有财产和资产，出于根据本公约开展业务的需要，应不受任何性质的限制、管制、控制以及延期偿付；机构作为被保险人、再保实体或经再保实体担保的投资者的继位人或代位人所获得的财产和资产，按原被保险人、实体或投资者享有的待遇不受有关会员国领土内实施的对之适用的外汇限制、管制和控制。

三、就本章而言，"资产"一词包括本公约附件一中提到的倡议信托基金的资产以及机构为更好实现其目标所管理的其他资产。

第四十六条　档案和通讯

一、机构的档案无论在何地都不受侵犯。

二、各会员国对于机构所有的公务通信应与对国际复兴开发银行的公务通信同等对待。

第四十七条　税收

一、对机构及其资产、财产、收入和本公约授权经营的业务和交易，应豁免一切税收和关税。机构还享有不必交任何税收或关税的豁免。

二、机构的理事、副理事如非当地国家公民，对其自机构所得的费用津贴应免于纳税。机构的董事会主席、董事、副董事、总裁或职员，如非当地国家公民，对其自机构所得薪金、费用补贴和其他报酬也应免于纳税。

三、对于机构所担保或再保的任何投资（包括从中所得保收益），或机构所再保的任何保险项目（包括从中所得险费和其他收入），不论为何人所持有，均不得课征如下性质的税收：

（一）因该投资或保险项目由机构担保而课征的歧视性税收；或

（二）以机构的办事处或营业处所在地为法律根据而课征的税收。

第四十八条　机构的官员

机构的所有理事、董事、其副职、总裁和职员：

（一）在执行公务中所实施的行为，应有不受法律诉讼的豁免；

（二）倘非本国国民，则其所享受的移民限制、外国人登记法和国民兵役法义务豁免权，及其在外汇限制方面享有的便利，应与有关会员国给予其他会员国同等级的代表、官员及雇员的相同；并且

（三）在旅行方面所享有的便利待遇，应与有关会员国给予其他会员国同等级的代表、官员和雇员的待遇相同。

第四十九条　本章的施行

各会员国应在其领土内采取必要行动，使本章规定的原则得到其本国法律的承认，并应将已采取的具体行动通知机构。

第五十条　放弃

本章规定的豁免、免税和特权是为机构的利益而给予，如不损害其利益，机构可予以放弃这种豁免、免税和特权，放弃的程度及在何种条件下放弃由机构决定。如机构认为行使豁免权会妨碍司法的进程，而放弃豁免权不会损害机构的利益，机构则应放弃对其任何职员的豁免权。

第八章　会员国的退出、暂停会员国资格和停止业务

第五十一条　退出

任何会员国在本公约对之生效之日起3年期满后可随时以书面形式通知机构总部退出机构。机构应将收到该项通知一事告知作为本公约存放人的国际复兴开发银行。机构收到该项通知之日后90天，退出即开始生效。只要退出尚未生效，会员国仍可撤销该项通知。

第五十二条　暂停会员国资格

一、如果会员国不履行本公约规定的任何义务，理事会经持有多数总投票权的多数理事表决，可暂停其会员国资格。

二、在暂停资格期间，会员国除有权退出和有按本章及第九章给予的其他权利外，不再享有公约规定的任何权利，但将继续承担其全部义务。

三、为了确定根据本公约第三章或附件一所作的担保或再保的合格性，一个已暂停资格的会员国不应作为机构的会员国对待。

四、暂停资格的会员国自其暂停之日起1年后即自动终止为会员国，除非理事会决定延长暂停期限或恢复其会员国地位。

第五十三条 已停止为会员国的国家之权利和义务

一、当一国家停止为会员国后，对其会员国资格停止之前依本公约已生效的义务，包括（或因）机构因担保提供可能引起的义务，继续承担责任。

二、在不妨碍上述第一款的情况下，机构应与该国就各自的权利和义务的解决达成协议，并经董事会批准。

第五十四条 暂停业务

一、董事会认为有正当理由时，可在某一特定期间暂停提供新的担保。

二、在紧急情况下，董事会可暂停机构的一切活动，暂停期限不应超过该紧急情况延续的时间，但需作出必要安排以保护机构和第三方当事人的利益。

三、暂停业务的决定不应影响本公约所规定的会员国的义务，也不应影响机构对被保险人、再保单持有人或第三方当事人所负有的义务。

第五十五条 清理债务

一、理事会经特别多数票通过，可决定终止机构的业务，并清理其债务。机构终止业务后应立即停止一切活动，但有秩序地变卖、保存和保管机构的资产以及清算债务那些事项除外。在债务清理和资产分配完毕之前，机构应继续存在，依据本公约所规定的会员国之权利和义务继续有效。

二、在对被保险人和其他债权人的所有债务都已清偿或已作安排，且理事会已决定进行资产分配以前，不得将机构资产分配给会员国。

三、在不违反前款的前提下，机构应将剩余资产按各会员国在机构认缴资本中所占的比例分配给会员国。机构还应将本公约附件一中提及的倡议信托基金的任何剩余资产，按各倡议国所提议的投资数所占倡议投资总额的比例分配给倡议国。各会员国只有在清偿其欠机构的所有未偿还的债务后，方可分到机构或倡议信托基金资产中属于其的股份。资产分配的时间应由理事会决定，并按公平合理的方式进行。

第九章 争端的解决

第五十六条 本公约的解释和施行

一、机构的任何会员国和机构之间，或机构的会员国之间，有关本公约解释或施行的任何问题，均应提交董事会解决。如该问题对某一会员国有特殊影响而该国在董事会上没有其国民代表时，该国可派一名代表出席董事会对该问题进行考虑的任何会议。

二、虽然董事会已依据上述第一款作出裁决，任何会员国仍可要求将争端提交理事会作最终裁决。在理事会对所提交的争端未作裁决前，机构如认为必要，可先按董事会的裁决执行。

第五十七条 机构与会员国之间的争端

一、在不损害第五十六条和本条第二款的前提下，机构与一会员国或与该会员国中一机构之间以及机构与已停止为会员国的国家（或该国的机构）之间的任何争端，均应根据本公约附件二所规定的程序解决。

二、有关机构作为投资者代位人拥有债权的争端，应：

（一）按本公约附件二规定的程序解决；或者

（二）按机构与有关会员国达成的协议，采用其他方法解决。

在后一种情况下，此类协议应以本公约附件二为范文，并均需先以董事会特别多数票通过，此后，机构方可在有关会员国领土内开展担保业务。

第五十八条 涉及被保险人或再保人的争端

担保各方之间有关担保或再保合同的任何争端应提交仲裁，根据担保或再保合同规定或提及的规则进行最终裁决。

第十章 公约的修订

第五十九条 由理事会修订

一、本公约及其附件经 3/5 的理事并拥有占总投票权 4/5 的票数通过，可以修订，但是：

（一）对第五十一条所规定的退出机构的权利或对第八条第二款所规定的责任额限度作任何修改，须经全体理事投赞成票通过；

（二）对本公约附件一中第一、第三条所规定的损失分担安排将导致任何会员国义务增加的任何修改，须经各有关会员国的董事投赞成票通过。

二、本公约附录一和附录二经理事会特别多数票通过可予修改。

三、如果修订案影响本公约附件一中的任何条款，则总票数应包括根据该附件第七条分配给倡议会员国和接受倡议投资的东道国的追加票。

第六十条 程序

任何修订本公约的提议，无论其为会员国、理事或董事所提出，均应通知董事会主席，由他将该提议提交董事会。修订案经董事会通过后，须根据第五十九条提交理事会批准。理事会正式批准修订案后，机构应以正式函电通知所有会员国以资证明。除非理事会确定另一日期，修订案应于正式函电发出之后的 90 天起对所有会员国生效。

第十一章 最后条款

第六十一条 生效

一、本公约应开放供国际复兴开发银行所有会员国和瑞士的代表签字,并须由签字国根据其宪法程序予以核准、接受或批准。

二、本公约在代表第一类签字国交存的核准、接受或批准书达到 5 份,第二类签字国交存的核准、接受或批准书达到 15 份之日起开始生效;并要求这些国家的总认缴股数额不少于第五条规定的机构法定资本的 1/3。

三、对本公约生效后交存核准、接受或批准书的每一个国家,本公约自其交存之日起开始生效。

四、如本公约在开放签字后两年内仍未生效,国际复兴开发银行行长应召集有关国家举行会议,以确定下一步行动。

第六十二条 就职会议

本公约生效后,国际复兴开放银行行长应召开理事会就职会议。该会议应于本公约生效后 60 天内或尽早在机构总部召开。

第六十三条 保存人

本公约及其修订案的核准、接受或批准书应交存国际复兴开发银行,即本公约的保存人。保存人应将本公约经核准的副本送交国际复兴开发银行的会员国和瑞士。

第六十四条 注册

保存人应将按照《联合国宪章》第一百零二条和联合国大会据此通过的规定,将本公约向联合国秘书处注册。

第六十五条 通知

有关下列事项,保存人应通知所有签字国,并在本公约生效后通知机构:

一、本公约的签字国;

二、按照第六十三条交存的核准、接受或批准书;

三、依照第六十一条本公约生效的日期;

四、依照第六十六条不适用的领土;

五、依照第五十一条会员国退出机构。

第六十六条 适用领土

本公约应适用于会员国辖下的所有领土,包括会员国对其国际关系负有责任的领土,但不包括该会员国在核准、接受或批准公约时或其后以书面形式通知本公约保存人予以除外的领土。

第六十七条 定期检查

一、理事会应定期对机构的活动及其取得的结果进行全面的检查,旨在为了提高机构实现其宗旨的能力作出必要的变动。

二、首次检查应于本公约生效 5 年后进行。此后的检查日期由理事会确定。

本公约订于汉城，共一份，将一直存放于国际复兴开发银行档案库。该行已在下方签字，以表明它同意履行本公约所赋予的职责。

附件一 关于第二十四条倡议投资的担保

第一条 倡议

一、任何会员国均可倡议给任何国籍的一个投资者或任何一个或几个国籍的投资者进行的投资提供担保。

二、在不违反本附件第三条第二和第三款的前提下，如本附件第二条所提及的倡议信托基金不足以抵付倡议投资担保所受的损失，则每一倡议会员国应按其所倡议的投资担保所产生的责任额占所有会员国所倡议的投资担保所产生的责任额总数的比例与其他倡议会员国一起分担此类损失。

三、机构根据本附件提供担保时，应适当注意倡议会员国是否能够履行本附件所规定的义务，并应优先考虑由东道国联合倡议的投资。

四、机构应定期就其按本附件所开展的业务同倡议会员国进行磋商。

第二条 倡议信托基金

一、因提供倡议投资担保而取得的担保费和其他收入，包括将此担保费和收入用于投资所产生的收益，应单独设立账户，称倡议信托基金。

二、因按本附件提供担保而发生的所有行政费用以及索赔付款，均应由倡议信托基金支付。

三、倡议会员国应共同保管并管理倡议信托基金的资产，并应将其资产与机构的资产分开。

第三条 对倡议会员国的催缴

一、如机构因倡议担保受到损失需付金额，但用倡议信托基金的资产又不足以支付这一金额时，则机构应要求每一倡议会员国按本附件第一条第二款所确定的金额向该基金缴付各自的份额。

二、如会员国支付的总额将超出其倡议投资的担保总额，则在按本条规定对其催缴时，该会员国没有义务支付超出部分的任何金额。

三、当会员国所倡议的投资担保到期后，该会员国的责任额应该减少，减少的数额应与该担保的金额相等；当机构对任何有关倡议投资的索赔进行支付后，该会员国的责任额也应按比例减少，否则，该会员国所负的责任额将继续有效，直到机构在进行上述支付时的所有倡议投资的担保到期为止。

四、如任何倡议会员国因上述第二和第三款所规定的责任范围，没有承担按本条所规定的支付催缴款项的义务，或对任何此类催缴应付款项不履行义务，则应由其他倡议会员国按比例分担该款项的责任。本款所规定的会员国责任，应从属于上述第二和第三款所列的责任范围。

五、倡议会员国应及时地用可自由使用的货币支付按本条发出的催缴付款。

第四条 货币的估值和退款

本公约有关认购股本方面的货币的估值和退款的条件，在细节上作必要的修改后，应适用于会员国因倡议投资而支付的资金。

第五条 再保

一、机构可按本附件第一条所规定的条件，向会员国、会员国的一个机构、本公约第二十条第一款所规定的一个区域性机构或会员国的私营保险机构提供再保。本附件以及本公约第二十、第二十一条有关担保的规定，在细节上作必要的修改后，应适用于本款所规定的再保。

二、机构对其按本附件提供担保的投资，可取得再保，其费用应从倡议信托基金支付，董事会可按取得再保的情况决定是否减少本附件第一条第二款提到的倡议会员国的损失分担义务及减少多少。

第六条 业务原则

在不违反本附件规定的前提下，本公约第三章中有关担保业务的规定，以及本公约第四章有关财务管理的规定，在细节上作必要修改后，应适用于倡议投资的担保。但是，

（一）此类投资须由符合本附件第一条第一款的一个或几个投资者在任何会员国，尤其是在任何发展中国家会员国的领土上进行，才有取得被倡议的资格；

（二）机构对按本附件提供的担保或再保，没有以其自身资产承担责任的义务。根据本附件缔约的每一担保或再保合同，均应对此明确作出规定。

第七条 投票

对于有关倡议投资的决定，倡议会员国每倡议相当于1万特别提款权的担保或再保金额，获得一张追加票。倡议投资的东道会员国每接受相当于1万特别提款权的倡议投资的担保或再保金额，获得一张追加票。此类追加票的投票，仅适用于有关倡议投资的决定，不可用于确定会员国的投票权。

附件二 关于第五十七条机构与会员国之间争端的解决

第一条 附件适用范围

除机构依据第五十七条第二款第（二）项的规定，已同会员国达成协议外，本公约第五十七条范围内的所有争端，均应按照本附件所规定的程序解决。

第二条 谈判

本附件范围内产生的争端之各方，在寻求调解和仲裁之前，应致力于通过谈判解决这些争端。如果争端各方在要求谈判之日起的 120 天内未能达成协议，则这种谈判可被视为已竭尽所能。

第三条 调解

一、如果通过谈判未能解决争端，任何一方均可依据本附件第四条的规定，将争端提交仲裁，除非双方同意决定首先采用本条所规定的调解程序解决。

二、同意调解的协议应该就争端的问题、双方的申述和双方同意的调解人的姓名（如果可能的话）作出明确的说明。如果双方就调解人未能达成协议，则可请求解决投资争端国际中心（以下简称中心）的秘书长或国际法院的院长为他们指定一名调解人。如果同意付诸调解之日起的 90 天内仍没有指定调解人，则调解程序即行终止。

三、除非本附录另有规定或争端双方另有协议，调解人应依照《解决国家和其他国家国民之间投资争端公约》所采用的调停规则，确定调解程序的规则。

四、争端双方应同调解人进行真诚的合作，尤其应向调解人提供有助于其执行任务的一切情况和文件；并对调解人的建议给予最认真的考虑。

五、除非争端双方另有协议，调解人自其任命之日起 180 天内，应向双方提交一份报告，载明其努力的结果，指出双方争议的问题，并提出其解决争端的建议。

六、双方自收到该报告之日起 60 天内，应以书面形式向另一方表明其对该报告的看法。

七、参加调解的任何一方无权要求仲裁；除非：

（一）调解人未能在上述第五款所规定的期限内提交其报告；或

（二）争端双方未能在收到报告后 60 天内接受其中所含全部建议；或

（三）争端双方就调解人的报告互相交换意见后，未能在收到该报告的 60 天内就所有有争议的问题达成协议；或

（四）一方未能按上述第六款的规定对该报告发表意见。

八、除非争端双方另有协议，调解人的费用应参照中心收取的调停费率确定。调解工作的这些费用和其他开支由双方平均分担。各自的费用，由各方自付。

第四条 仲裁

一、采用仲裁解决争端，首先应由要求仲裁的一方（原告）向争端的另一方和多

方（一名或若干名被告）发出通知书。该通知书应具体说明争端的性质、所要求的解决办法，以及原告指定的仲裁人的姓名。被告自收到该通知书之日起30天内，应将其指定的仲裁人的姓名通知原告。双方自第二位仲裁人指定后的30天内，应选出第三位仲裁人，任仲裁庭庭长。

二、如在发出通知书之日起60天内，未能组成仲裁庭，应由中心的秘书长在争端双方的联合请求下任命尚未指定的仲裁人或尚未选出的庭长。如双方未提出联合请求，或秘书长未能在请求提出后30天内作出任命，争端的任何一方均可请求国际法院院长作出有关任命。

三、一旦争端的审理开始后，任何一方均无权更改已被任命的仲裁人。如果任何仲裁人（包括仲裁庭庭长）辞职、死亡或不能履行职责时，应按指定原仲裁人的方式指定其继任人。继任人具有原仲裁人的一切权力和职责。

四、仲裁庭应在庭长所指定的时间和地点开庭。此后，应由仲裁庭决定其开庭的地点和日期。

五、除非本附件另有规定，或争端双方另有协议，仲裁庭应依照《解决国家和其他国家国民之间投资争端公约》所适用的仲裁规则，确定其程序。

六、仲裁庭应是其本身权限的决定人，但是如有异议，认为该争端按第五十六条属于董事会或理事会的管辖范围，或属于按本附件第一条协议中指定的司法或仲裁机构的管辖范围，且仲裁庭确信该异议是真实的，仲裁庭应酌情向董事会或理事会或指定的机构提交该异议，并应在该问题作出决定之前暂缓仲裁的进行，仲裁庭受该决定的约束。

七、有关本附件范围内的任何争端，仲裁庭应适用本公约条款、争端双方之间的有关协议、机构的公约附则和规定、可适用的国际法规则、有关会员国的国内法以及投资合同中可适用的条款。在不违反本公约条款的前提下，经机构和有关会员国同意，仲裁庭可以按照公平合理的原则对争端作出裁决。仲裁庭不得因法律无明文规定或含义不清而作出"碍难明确"的裁决。

八、仲裁庭应公正地倾听当事各方的意见。仲裁庭所有裁决均需以多数票通过，并应阐述裁决的理由。仲裁庭的裁决应以书面作成，并至少应由两个仲裁人签字，其副本应送交双方。该裁决为最终裁决，对当事双方具有约束力，且不得上诉、被撤销或修改。

九、如果当事双方就裁决书的含义或范围产生任何争议，任何一方可以在该裁决书作出的60天以内，以书面形式向作出裁决的仲裁庭庭长提出申请，要求对裁决书作出解释。如果可能，该庭长应将这一请求提交作出裁决的仲裁庭，并应在收到该申请后的60天内，召集该仲裁庭会议。如果召开该仲裁庭会议已不可能，则应根据上列第一至第四条组成新的仲裁庭。在对要求对裁决书进行解释的申请作出决定之前，仲裁庭可以暂缓执行该裁决书。

十、第一会员国均应承认，根据本条所作的裁决在该国领土内与该会员国的法院所作的最终裁决具有同样约束力并予以执行。在执行该裁决中应遵循有关国家关于实施判决的现行法律,不应违反有关免予执行的现行法律。

十一、除非双方另有协议,付予仲裁者的费用和报酬应参照中心仲裁所收取的费用率确定。争端双方各自负担其在仲裁过程中的费用。除非仲裁庭另有规定,仲裁庭的费用由双方平均分担。有关仲裁庭费用的分摊或这些费用的支付程序方面的问题,由仲裁庭决定。

第五条 传票

与本附件程序有关的传票或通知的递送均应采用书面形式。机构应将该传票或通知送达依据有关会员国按本公约第三十八条指明的权力机关,该会员国应将该传票或通知送达机构的总部。

附录一　会员国和认股数

分类一

国家	股份数	认购数（百万特别提款权）
澳大利亚	1 713	17.13
奥地利	775	7.75
比利时	2 030	20.30
加拿大	2 965	29.65
丹麦	718	7.18
芬兰	600	6.00
法国	4 860	48.60
德国	5 071	50.71
冰岛	90	0.90
爱尔兰	369	3.69
意大利	2 820	28.20
日本	5 095	50.95
卢森堡	116	1.16
荷兰	2 169	21.69
新西兰	513	5.13
挪威	699	6.99
南非	943	9.43
瑞典	1 049	10.49
瑞士	1 500	15.00
英国	4 860	48.60
美国	20 519	205.19
总计	59 473	594.73

分类二①

国家	股份数	认购股（百万特别提款权）
阿富汗	118	1.18
阿尔及利亚	649	6.49
安提瓜岛和巴布达岛	50	0.50
阿根廷	1 254	12.54
巴哈马	100	1.00
巴林岛	77	0.77
孟加拉国	340	3.40
巴巴多斯	68	0.68
伯利兹	50	0.50
贝宁	61	0.61
不丹	50	0.50
玻利维亚	125	1.25
博茨瓦纳	50	0.50
巴西	1 479	14.79
布基纳法索	61	0.61
缅甸	178	1.78
布隆迪	74	0.74
喀麦隆	107	1.07
佛得角	50	0.50
中非共和国	60	0.60
乍得	60	0.60
智利	485	4.85
中国	3 138	31.38
哥伦比亚	437	4.37
科摩罗	50	0.50
刚果人民共和国	65	0.65
哥斯达黎加	117	1.17
塞浦路斯	104	1.04
吉布提	50	0.50
多米尼加岛	50	0.50
多米尼加共和国	147	1.47
厄瓜多尔	182	1.82
阿拉伯埃及共和国	459	4.59

---

① 分类二中所列国家是就本公约而言的发展中成员国。

续表

国家	股份数	认购股（百万特别提款权）
萨尔瓦多	122	1.22
赤道几内亚	50	0.50
埃塞俄比亚	70	0.70
斐济	71	0.71
加蓬	96	0.96
冈比亚	50	0.50
加纳	245	2.45
希腊	280	2.80
格林纳达	50	0.50
危地马拉	140	1.40
几内亚	91	0.91
几内亚比绍	50	0.50
圭亚那	84	0.84
海地	75	0.75
洪都拉斯	101	1.01
匈牙利	564	5.64
印度	3 048	30.48
印度尼西亚	1 049	10.49
伊朗伊斯兰共和国	1 659	16.59
伊拉克	350	3.50
以色列	474	4.74
象牙海岸	176	1.76
牙买加	181	1.81
约旦	97	0.97
民主柬埔寨	93	0.93
肯尼亚	172	1.72
韩国	449	4.49
科威特	930	9.30
老挝人民民主共和国	60	0.60
黎巴嫩	142	1.42
莱索特	50	50
利比里亚	84	0.84
阿拉伯利比亚民众国	549	5.49
马达加斯加岛	100	1.00
马拉维	77	0.77
马来西亚	579	5.79

续表

国家	股份数	认购股（百万特别提款权）
马尔代夫	50	0.50
马里	81	0.81
马耳他	75	0.75
毛里塔尼亚	63	0.63
毛里求斯	87	0.87
墨西哥	1 192	11.92
摩洛哥	348	3.48
莫桑比克	97	0.97
尼泊尔	69	0.69
尼加拉瓜	102	1.02
尼日尔	62	0.62
尼日利亚	844	8.44
阿曼	94	0.94
巴基斯坦	660	6.60
巴拿马	131	1.31
巴布亚新几内亚	96	0.96
巴拉圭	80	0.80
秘鲁	373	3.73
菲律宾	484	4.84
葡萄牙	382	3.82
卡塔尔	137	1.37
罗马尼亚	555	5.55
卢旺达	75	0.75
圣克里斯托弗和尼维斯联邦	50	0.50
圣卢西亚	50	0.50
圣文森特	50	0.50
圣多美与普林希比共和国	50	0.50
沙特阿拉伯	3 137	31.37
塞内加尔	145	1.45
塞舌尔	50	0.50
塞拉利昂	75	0.75
新加坡	154	1.54
所罗门群岛	50	0.50
索马里	78	0.78
西班牙	1 285	1.285
斯里兰卡	271	2.71

续表

国家	股份数	认购股（百万特别提款权）
苏丹	206	2.06
苏里南	82	0.82
阿拉伯叙利亚共和国	168	1.68
斯威士兰	58	0.58
坦桑尼亚	141	1.41
泰国	421	4.21
多哥	77	0.77
特立尼达拉岛和多巴哥岛	203	2.03
突尼斯	156	1.56
土耳其	462	4.62
阿拉伯联合酋长国	372	3.72
乌干达	132	1.32
乌拉圭	202	2.02
瓦努阿图	50	0.50
委内瑞拉	1 427	14.27
越南	220	2.20
西萨摩亚	50	0.50
阿拉伯也门共和国	67	0.67
也门人民民主共和国	115	1.15
南斯拉夫	635	6.35
扎伊尔	338	3.38
赞比亚	318	3.18
津巴布韦	236	2.36
总计	40 527	405.27
总计：分类一和分类二	100 000	1 000.00

附录二 董事的选举

一、董事候选人由理事提名,但每个理事只可提名一人。

二、董事的选举由理事采用无记名投票方式进行。

三、每一理事投票选举董事时,享有他所代表的会员国按第四十条第一款所有的投票数,选举一个候选人。

四、1/4 董事的选举单独进行,由持股最多的会员国的理事分别选派。如果董事总数不能用整数 4 相除,选派的董事数应按下一个可用整数 4 相除的董事总数确定。

五、其余董事由其他理事按本附录 6 至 11 段的规定选举产生。

六、如果候选人数和其余董事数相等,所有候选人均应在第一轮投票中当选,除非由于其他候选人获票比例超过理事会规定的最高比例,一个或若干候选人获票比例低于理事会规定的最低比例。

七、如果候选人数超过其余董事数,则由获票数最多的候选人当选,但获票比例低于理事会规定的最低比例。

八、如果第一轮投票未能选出所有董事,应进行第二轮投票。第一轮投票中落选的候选人有资格参加第二轮选举。

九、第二轮投票局限于 1. 那些在第一轮投票中投了落选的候选人票的理事,和 2. 那些在第一轮投票中,投了获票比例已经超过理事会规定的最高比例的候选人票而不作数的理事。

十、在确定候选人获票比例超过理事会规定的最高比例时,应先计持票数最多的理事之票,其次计持票数第二多的理事之票,依次类推,直至达到该比例为止。

十一、如果第二轮投票后仍未选出所有董事,应按同样原则继续下轮的投票,直到所有董事选出为止。但是,最后一名董事可按简单多数方式产生,并被认为是经全票赞同当选。

国际投资争端解决中心
公约及规章制度

目 录

引言 ·· 102
《关于解决国家与他国国民之间投资争端公约》 ·· 103
委员会有关《关于解决各国与他国国民之间投资争端公约》的报告 ························ 118
行政管理和财务制度 ··· 127
交付调解和仲裁程序规则（交付规则）·· 139
调解程序的程序规则（调解规则） ·· 143
仲裁程序的程序规则（仲裁规则） ·· 154

引　言

　　国际投资争端解决中心（以下简称 ICSID 或中心）是根据《关于解决国家与他国国民之间投资争端公约》建立的（以下简称 ICSID 公约或公约）。该公约由国际复兴开发银行（以下简称世界银行）董事会制定。1965 年 3 月 18 日，执行董事们向世界银行的政府成员们递交了该公约及一份报告，目的是让他们考虑该公约并获得他们的签字和批准。该公约于 1966 年 10 月 14 日生效，生效时它已获得了 20 个国家的批准。截至 2006 年 4 月 10 日，已经有 143 个国家批准了该公约，进而成为了缔约国。

　　根据该公约的规定，国际投资争端解决中心为缔约国与其他缔约国公民之间投资争端的调解和仲裁提供便利。根据公约第 6（1）（a）到（c）条的规定，由中心行政理事会所采用的规章制度对 ICSID 公约进行补充（以下简称 ICSID 规章制度）。

　　国际投资争端解决中心规章制度包括行政法规和金融法规；该机构的调解和仲裁诉讼程序议事规则（机构规则）、调解程序议事规则（调解规则）以及仲裁程序议事规则（仲裁规则）。中心行政理事会所采用的国际投资争端解决中心规章制度的最新修正案于 2006 年 4 月 10 日生效。

关于解决国家和他国国民之间投资争端公约

(1965年3月18日由国际复兴开发银行提交各国政府，
1966年10月14日生效)

目　录

序言	104
第一章　解决投资争端国际中心	104
第一节　建立和组织	104
第二节　行政理事会	104
第三节　秘书处	105
第四节　小组	106
第五节　中心的经费	107
第六节　地位、豁免和特权	107
第二章　中心的管辖	108
第三章　调解	109
第一节　请求调解	109
第二节　调解委员会的组成	109
第三节　调解程序	109
第四章　仲裁	110
第一节　请求仲裁	110
第二节　仲裁庭的组成	111
第三节　仲裁庭的权力和职能	111
第四节　裁决	112
第五节　裁决的解释、修改和撤销	113
第六节　裁决的承认和执行	114
第五章　调解员和仲裁员的更换及取消资格	114
第六章　诉讼费用	115
第七章　诉讼地	115
第八章　缔约国之间的争端	116
第九章　修改	116
第十章　最后条款	116

序　言

考虑到为经济发展进行国际合作的需要和私人国际投资在这方面的作用；

注意到各缔约国和其他缔约国的国民之间可能不时发生与这种投资有关的争端；

认识到虽然此种争端通常将遵守国内法律程序，但在某些情况下，采取国际解决方法可能是适当的；

特别重视提供国际调解或仲裁的便利，各缔约国和其他缔约国国民如果有此要求可以将此种争端交付国际调解或仲裁；

愿在国际复兴开发银行的主持下建立此种便利；

认识到双方同意借助此种便利将此种争端交付调解或仲裁，构成了一种有约束力的协议，该协议特别要求对调解员的任何建议给予适当考虑，对任何仲裁裁决予以遵守；

宣告不能仅仅由于缔约国批准、接受或核准本公约这一事实而不经其同意就认为该缔约国具有将任何特定的争端交付调解或仲裁的义务，

达成协议如下：

第一章　解决投资争端国际中心

第一节　建立和组织

第一条

一、兹建立解决投资争端国际中心（以下简称中心）。

二、中心的宗旨是依照本公约的规定为各缔约国和其他缔约国的国民之间的投资争端，提供调解和仲裁的便利。

第二条

中心的总部应设在国际复兴开发银行（以下称为银行）总行办事处。该总部可以根据行政理事会经其成员的三分之二多数作出的决定迁往另一地点。

第三条

中心应设有一个行政理事会和一个秘书处，并应有一个调解员小组和一个仲裁员小组。

第二节　行政理事会

第四条

一、行政理事会由每一个缔约国各派代表一人组成，在首席代表未能出席会议或

不能执行任务时，可以由副代表担任代表。

二、如无相反的任命，缔约国所指派的银行的理事和副理事应当然地成为各该国的代表和副代表。

第五条

银行行长应为行政理事会的当然主席（以下称为主席），但无表决权。在他缺席或不能执行任务时和在银行行长职位空缺时，应由暂时代理行长的人担任行政理事会主席。

第六条

一、行政理事会在不损害本公约其他条款赋予它的权力和职能的情况下，应：

（一）通过中心的行政和财政条例；

（二）通过交付调解和仲裁的程序规则；

（三）通过调解和仲裁的程序规则（以下称为调解规则和仲裁规则）；

（四）批准同银行达成的关于使用其行政设施和服务的协议；

（五）确定秘书长和任何副秘书长的服务条件；

（六）通过中心的年度收支预算；

（七）批准关于中心的活动的年度报告。

上述（一）、（二）、（三）和（六）项中的决定，应由行政理事会成员的三分之二多数票通过。

二、行政理事会可以设立它认为必要的委员会。

三、行政理事会还应行使它所确定的为履行本公约规定所必需的其他权力和职能。

第七条

一、行政理事会应每年举行一次年会，以及理事会可能决定的，或经理事会至少五个成员的请求由主席或由秘书长召开的其他会议。

二、行政理事会每个成员享有一个投票权，除本公约另有规定外，理事会所有的事项应以多数票作出决定。

三、行政理事会任何会议的法定人数应为其成员的多数。

四、行政理事会可由其成员的三分之二多数决定建立一种程序，根据该程序主席可以不召开理事会议而进行理事会表决，该项表决只有理事会的多数成员在上述程序规定的期限内投票，才能认为有效。

第八条

中心对行政理事会成员和主席的工作，不付给报酬。

第三节 秘书处

第九条

秘书处由秘书长一人、副秘书长一人或数人以及工作人员组成。

第十条

一、秘书长和任何副秘书长由主席提名，经行政理事会根据其成员的三分之二多数票选举产生，任期不超过六年，可以连任。主席在同行政理事会成员磋商后，对上述每一职位得提出一个或几个候选人。

二、秘书长和副秘书长的职责不得与执行任何政治任务相联系。秘书长或任何副秘书长除经行政理事会批准外，不得担任其他任何职务，或从事其他任何职业。

三、在秘书长缺席或不能履行职责时，或在秘书长职位空缺时，由副秘书长担任秘书长。如果有一个以上的副秘书长，应由行政理事会在事前决定他们担任秘书长的次序。

第十一条

秘书长是中心的法定代表和主要官员，并依照本公约的规定和行政理事会通过的规则负责其行政事务，包括任命工作人员。他应履行书记官的职务，并有权认证根据本公约作出的仲裁裁决和核证其副本。

第四节　小组

第十二条

调解员小组和仲裁员小组各由合格的人员组成，他们应根据以下规定指派，并愿意提供服务。

第十三条

一、每一缔约国可以向每个小组指派四人，他们可以是但不一定是该缔约国国民。

二、主席可以向每个小组指派十人，所指派人员应具有不同的国籍。

第十四条

一、指派在小组服务的人员应具有高尚的道德品质，并且在法律、商务、工业和金融方面有公认的能力，他们可以被信赖作出独立的判断。对仲裁员小组的人员而言，在法律方面的能力尤其重要。

二、主席在指派在小组中服务的人员时，还应适当注意保证世界上各种主要法律体系和主要经济活动方式在小组中的代表性。

第十五条

一、小组成员的任期为六年，可以连任。

二、如果小组的成员死亡或辞职时，指派该成员的机构有权指派另一人在该成员剩余的任期内服务。

三、小组成员应继续任职，直至其继任人被指派时为止。

第十六条

一、一个人可以在两个小组服务。

二、如果一个人被一个以上的缔约国，或被一个或一个以上的缔约国和主席指派在同一个小组服务，他应被认为是被首先指派他的机构所指派；或者如果其中一个指派他的机构是他国籍所属国家，他应被认为是被该国所指派。

三、所有的指派应通知秘书长，并从接到通知之日起生效。

第五节 中心的经费

第十七条

如果中心对使用其设施而收取的费用或其他收入不足以弥补其支出，那么属于银行成员的缔约国应各按其认购的银行资本股份的比例，而不属于银行成员的缔约国则按行政理事会通过的规则来负担超支部分。

第六节 地位、豁免和特权

第十八条

中心具有完全的国际法律人格。中心的法律能力应包括：

（一）缔结契约的能力；

（二）取得和处置动产和不动产的能力；

（三）起诉的能力。

第十九条

为使中心能履行其职责，它在各缔约国领土内应享有本节规定的豁免和特权。

第二十条

中心及其财产和资产享有豁免一切法律诉讼的权利，除非中心放弃此种豁免。

第二十一条

主席、行政理事会成员、担任调解员或仲裁员的人员或按照第五十二条第三款任命的委员会成员以及秘书处的官员的雇员：

（一）在履行其职责时的一切行动，享有豁免法律诉讼的权利，除非中心放弃此种豁免；

（二）如不是当地的国民，应享有缔约国给予其他缔约国相应级别的代表、官员和雇员在移民限制、外国人登记条件和国民兵役义务方面的同等豁免权，在外汇限制方面的同等便利以及有关旅行便利的同等待遇。

第二十二条

第二十一条的规定应适用于根据本公约在诉讼中出席作为当事人、代理人、顾问、辩护人、证人或专家的人，但该条第（二）项只适用于他们往返诉讼地的旅程和停留。

第二十三条

一、中心的档案不论其在何处，应不受侵犯。

二、关于官方通信，各缔约国给予中心的待遇，不得低于给予其他国际组织的待遇。

第二十四条

一、中心及其资产、财产和收入，以及本公约许可的业务活动的交易，应免除一切税捐和关税。中心还应免除征缴任何税捐或关税的义务。

二、除当地国民外，对中心付给行政理事会主席或成员的津贴或其他报酬，均不得征税。

三、对担任调解员或仲裁员，或按照第五十二条第三款任命的委员会成员，在本公约规定的诉讼中取得的报酬或津贴，均不得征税，倘若此项征税是以中心所在地、进行上述诉讼的地点或付给报酬或津贴的地点为唯一管辖依据的话。

第二章 中心的管辖

第二十五条

一、中心的管辖适用于缔约国（或缔约国向中心指定的该国的任何组成部分或机构）和另一缔约国国民之间直接因投资而产生并经双方书面同意提交给中心的任何法律争端。当双方表示同意后，任何一方不得单方面撤销其同意。

二、"另一缔约国国民"系指：

（一）在双方同意将争端交付调解或仲裁之日以及根据第二十八条第三款或第三十六条第三款登记请求之日，具有作为争端一方的国家以外的某一缔约国国籍的任何自然人，但不包括在上述任一日期也具有作为争端一方的缔约国国籍的任何人；

（二）在争端双方同意将争端交付调解或仲裁之日，具有作为争端一方的国家以外的某一缔约国国籍的任何法人，以及在上述日期具有作为争端一方缔约国国籍的任何法人，而该法人因受外国控制，双方同意为了本公约的目的，应看作是另一缔约国国民。

三、某一缔约国的组成部分或机构表示的同意，须经该缔约国批准，除非该缔约国通知中心不需要予以批准。

四、任何缔约国可以在批准、接受或核准本公约时，或在此后任何时候，把它将考虑或不考虑提交给中心管辖的一类或几类争端通知中心。秘书长应立即将此项通知转送给所有缔约国。此项通知不构成第一款所要求的同意。

第二十六条

除非另有规定，双方同意根据本公约交付仲裁，应视为同意排除任何其他救济方法而交付上述仲裁。缔约国可以要求以用尽该国行政或司法救济作为其同意根据本公约交付仲裁的条件。

第二十七条

一、缔约国对于其国民和另一缔约国根据本公约已同意交付或已交付仲裁的争端，不得给予外交保护或提出国际要求，除非另一缔约国未能遵守和履行对此项争端所作出的裁决。

二、在第一款中，外交保护不应包括纯粹为了促进争端的解决而进行的非正式的外交上的交往。

第三章 调 解

第一节 请求调解

第二十八条

一、希望交付调解程序的任何缔约国或缔约国的任何国民，应就此向秘书长提出书面请求，由秘书长将该项请求的副本送交另一方。

二、该项请求应包括有关争端的事项、双方的身份以及他们同意依照交付调解和仲裁的程序规则进行调解等内容。

三、秘书长应登记此项请求，除非他根据请求的内容认为此项争端显然在中心的管辖范围之外。他应立即将登记或拒绝登记通知双方。

第二节 调解委员会的组成

第二十九条

一、调解委员会（以下称为委员会）应在依照第二十八条提出的请求予以登记之后尽速组成。

二、（一）委员会应由双方同意任命的独任调解员或任何非偶数的调解员组成。

（二）如双方对调解员的人数和任命的方法不能达成协议，则委员会应由三名调解员组成，由每一方各任命调解员一名，第三名由双方协议任命，并担任委员会主席。

第三十条

如果在秘书长依照第二十八条第三款发出关于请求已予以登记的通知后九十天内，或在双方可能同意的其他期限内未能组成委员会，主席经任何一方请求，并尽可能同双方磋商后，可任命尚未任命的一名或数名调解员。

第三十一条

一、除主席根据第三十条进行任命的情况外，可任命调解员小组以外的人为调解员。

二、从调解员小组以外任命的调解员应具备第十四条第一款所述的品质。

第三节 调解程序

第三十二条

一、委员会应是其本身权限的决定人。

二、争端一方提出的反对意见，认为该争端不属于中心的管辖范围，或因其他原因不属于委员会权限范围，委员会应加以考虑，并决定是否将其作为先决问题处理，或与该争端的是非曲直一并处理。

第三十三条

任何调解程序应依照本节规定，以及除双方另有协议外，依照双方同意调解之日有效的调解规则进行，如发生任何本节或调解规则或双方同意的任何规则未作规定的程序问题，则该问题应由委员会决定。

第三十四条

一、委员会有责任澄清双方发生争端的问题，并努力使双方就共同可接受的条件达成协议。为此目的，委员会可以在程序进行的任何阶段，随时向双方建议解决的条件。双方应同委员会进行真诚的合作，以使委员会能履行其职责，并对委员会的建议给予最认真的考虑。

二、如果双方达成协议，委员会应起草一份报告。指出发生争端的问题，并载明双方已达成协议。如果在程序进行的任何阶段，委员会认为双方已不可能达成协议，则应结束此项程序，并起草一份报告，指出已将争端提交调解，并载明双方未能达成协议。如果一方未能出席或参加上述程序，委员会应结束此项程序并起草一份报告，指出该方未能出席或参加。

第三十五条

除争端双方另有协议外，参加调解程序的任何一方均无权在其他任何程序中，不论是在仲裁员面前或在法院或其他机构，援引或依仗参加调解程序的另一方所表示的任何意见或所作的声明或承认或提出的解决办法，也不得援引或依仗委员会提出的报告或任何建议。

第四章 仲　　裁

第一节　请求仲裁

第三十六条

一、希望采取仲裁程序的任何缔约国或缔约国的任何国民，应就此向秘书长提出书面请求，由秘书长将该项请求的副本送交另一方。

二、该项请求应包括有关争端事项、双方的身份以及他们同意依照交付调解和仲裁的程序规则提交仲裁等内容。

三、秘书长应登记此项请求，除非他根据请求的内容，认为此项争端显然在中心的管辖范围之外，他应立即将登记或拒绝登记通知双方。

第二节 仲裁庭的组成

第三十七条

一、仲裁庭应在依照第三十六条提出的请求登记之后尽速组成。

二、（一）仲裁庭应由双方同意任命的独任仲裁员或任何非偶数的仲裁员组成。

（二）如双方对仲裁员的人数和任命的方法不能达成协议，仲裁庭应由三名仲裁员组成，由每一方各任命仲裁员一名，第三人由双方协议任命，并担任首席仲裁员。

第三十八条

如果在秘书长依照第三十六条第三款发出关于请求已予以登记的通知后九十天内，或在双方可能同意的其他期限内未能组成仲裁庭，主席经任何一方请求，并尽可能同意双方磋商后，可任命尚未任命的仲裁员或数名仲裁员。主席根据本条任命的仲裁员不得为争端一方的缔约国的国民或其国民是争端一方的缔约国的国民。

第三十九条

仲裁员的多数不得为争端一方的缔约国国民和其国民是争端一方的缔约国的国民；但独任仲裁员或仲裁庭的每一成员经双方协议任命，本条上述规定则不适用。

第四十条

一、除主席根据第三十八条进行任命的情况外，可以从仲裁员小组以外任命仲裁员。

二、从仲裁员小组以外任命的仲裁员应具备第十四条第一款所述的品质。

第三节 仲裁庭的权力和职能

第四十一条

一、仲裁庭应是其本身权限的决定人。

二、争端一方提出的反对意见，认为该争端不属于中心的管辖范围，或因其他原因不属于仲裁庭的权限范围，仲裁庭应加以考虑，并决定是否将其作为先决问题处理，或与该争端的是非曲直一并处理。

第四十二条

一、仲裁庭应依照双方可能同意的法律规则对争端作出裁决。如无此种协议，仲裁庭应适用作为争端一方的缔约国的法律（包括其冲突法规则）以及可能适用的国际法规则。

二、仲裁庭不得借口法律无明文规定或含义不清而暂不作出裁决。

三、第一款和第二款的规定不得损害仲裁庭在双方同意时按公允及善良原则对争端作出裁决的权力。

第四十三条

除双方另有协议，如果仲裁庭在程序的任何阶段认为有必要时，它可以：

（一）要求双方提出文件或其他证据；

（二）访问与争端有关的场地，并在该地进行它可能认为适当的调查。

第四十四条

任何仲裁程序应依照本节规定，以及除双方另有协议外，依照双方同意提交仲裁之日有效的仲裁规则进行。如发生任何本节或仲裁规则或双方同意的任何规则未作规定的程序问题，则该问题应由仲裁庭决定。

第四十五条

一、一方未出席或陈述其案情，不得视为接受另一方的主张。

二、如果一方在程序的任何阶段未出席或陈述案情，另一方可以请求仲裁庭处理向其提出的问题并作出裁决。仲裁庭在作出裁决之前，应通知未出席或陈述案情的一方，并给以宽限日期，除非仲裁庭确信该方不愿意这么做。

第四十六条

除非双方另有协议，如经一方请求，仲裁庭应对争端的主要问题直接引起的附带或附加的要求或反要求作出决定，但上述要求应在双方同意的范围内，或在中心的管辖范围内。

第四十七条

除双方另有协议外，仲裁庭如果认为情况需要，应建议采取任何临时措施，以维护任何一方的权利。

第四节　裁决

第四十八条

一、仲裁庭应以其全体成员的多数票对问题作出决定。

二、仲裁庭的裁决应以书面作成，并由仲裁庭投赞成票的成员签字。

三、裁决应处理提交仲裁庭的每一个问题，并说明所根据的理由。

四、仲裁庭的任何成员可以在裁决上附上他个人的意见（不论他是否同意多数人的意见），或陈述他的不同意见。

五、中心未经双方的同意不得公布裁决。

第四十九条

一、秘书长应迅速将裁决核证无误的副本送交双方。裁决应视为在发出上述副本之日作出。

二、仲裁庭经一方在作出裁决之日后四十五天内提出请求，可以在通知另一方后对裁决中遗漏的任何问题作出决定，并纠正裁决中的任何抄写、计算或类似的错误。其决定应为裁决的一部分，并应按裁决一样的方式通知双方。第五十一条第二款和第五十二条第二款规定的期限应从作出决定之日起计算。

第五节 裁决的解释、修改和撤销

第五十条

一、如果双方对裁决的意义或范围发生争议,任何一方可以向秘书长提出书面申请,要求对裁决作出解释。

二、如有可能,应将该项要求提交作出裁决的仲裁庭。如果不可能这样做,则应依照本章第二节组织新的仲裁庭。仲裁庭如认为情况有此需要,可以在它作出决定前停止执行裁决。

第五十一条

一、任何一方可以根据所发现的某项其性质对裁决有决定性影响的事实,向秘书长提出书面申请要求修改裁决,但必须以在作出裁决时仲裁庭和申请人都不了解该事实为条件,而且申请人不知道该事实并非由于疏忽所致。

二、申请应在发现该事实后的九十天内,且无论如何应在作出裁决之日后三年之内提出。

三、如有可能,该项要求应提交作出裁决的仲裁庭。如果不可能这样做,则应依照本章第二节组织新的仲裁庭。

四、仲裁庭如认为情况有此需要,可以在作出决定前,停止执行裁决。如果申请人在申请书中要求停止执行裁决,则应暂时停止执行,直到仲裁庭对该要求作出决定为止。

第五十二条

一、任何一方可以根据下列一个或几个理由,向秘书长提出书面申请,要求撤销裁决:

（一）仲裁庭的组成不适当;

（二）仲裁庭显然超越其权力;

（三）仲裁庭的成员有受贿行为;

（四）有严重的背离基本程序规则的情况;

（五）裁决未陈述其所依据的理由。

二、申请应在作出裁决之日后一百二十天内提出,但以受贿为理由而要求撤销者除外,该申请应在发现受贿行为后一百二十天内,并且无论如何在作出裁决之日后三年内提出。

三、主席在接到要求时,应立即从仲裁员小组中任命一个由三人组成的专门委员会。委员会的成员不得为作出裁决的仲裁庭的成员,不得有相同的国籍,不得为争端一方国家的国民或其国民是争端一方的国家的国民,不得为上述任一国指派参加仲裁员小组的成员,也不得在同一争端中担任调解员。委员会根据第一款规定的任何理由有权撤销裁决或裁决中的任何部分。

四、第四十一条至第四十五条、第四十八条、第四十九条、第五十三条和第五十四条以及第六章和第七章的规定,在适用于委员会的程序时,应作必要的变动。

五、委员会如认为情况有此需要,可以在作出决定前,停止执行裁决。如果申请人在申请书中要求停止执行裁决,则应暂时停止执行,直到委员会对该要求作出决定为止。

六、如果裁决被撤销,则经任何一方的请求,应将争端提交给依照本章第二节组织的新仲裁庭。

第六节 裁决的承认和执行

第五十三条

一、裁决对双方具有约束力。不得进行任何上诉或采取除本公约规定外的任何其他补救办法。除依照本公约有关规定予以停止执行的情况外,每一方应遵守和履行裁决的规定。

二、在本节中,"裁决"应包括依照第五十条、第五十一条或第五十二条对裁决作出解释、修改或撤销的任何决定。

第五十四条

一、每一缔约国应承认依照本公约作出的裁决具有约束力,并在其领土内履行该裁决所加的财政义务,正如该裁决是该国法院的最后判决一样。具有联邦宪法的缔约国可以在联邦法院或通过该法院执行裁决,并可规定联邦法院应把该裁决视为组成联邦的某一邦的法院作出的最后判决。

二、要求在一缔约国领土内予以承认或执行的一方,应向该缔约国为此目的而指定的主管法院或其他机构提供经秘书长核证无误的该裁决的副本一份。每一缔约国应将为此目的而指定的主管法院或其他机构以及随后关于此项指定的任何变动通知秘书长。

三、裁决的执行应受要求在其领土内执行的国家关于执行判决的现行法律的管辖。

第五十五条

第五十四条的规定不得解释为背离任何缔约国现行的关于该国或任何外国执行豁免的法律。

第五章 调解员和仲裁员的更换及取消资格

第五十六条

一、在委员会或仲裁庭组成和程序开始之后,其成员的组成应保持不变;但如有调解员或仲裁员死亡、丧失资格或辞职,其空缺应依照第三章第二节或第四章第二节的规定予以补充。

二、尽管委员会或仲裁庭的某一成员已停止成为仲裁员小组的成员,他应继续在该委员会或仲裁庭服务。

三、如果由一方任命的调解员或仲裁员未经委员会或仲裁庭（该调解员或仲裁员是该委员会或仲裁庭的成员）的同意而辞职，造成的空缺应由主席从有关小组中指定一人补充。

第五十七条

一方可以根据明显缺乏第十四条第一款规定的品质的任何事实，向委员会或仲裁庭建议取消其任何成员的资格。参加仲裁程序的一方还可根据第四章第二节以某一仲裁员无资格在仲裁庭任职为理由，建议取消该仲裁员的资格。

第五十八条

对任何取消调解员或仲裁员资格的建议的决定应视情况由委员会或仲裁庭的其他成员作出，但如成员中双方人数相等，或遇到建议取消独任调解员或仲裁员的资格，或取消大多数调解员或仲裁员的资格时，则应由主席作出决定。如决定认为该建议理由充分，则该决定所指的调解员或仲裁员应依照第三章第二节或第四章第二节的规定予以更换。

第六章 诉讼费用

第五十九条

双方为使用中心的设施而应付的费用由秘书长依照行政理事会通过的条例予以确定。

第六十条

一、每一委员会和每一仲裁庭应在行政理事会随时规定的限度内并在同秘书长磋商后，决定其成员的费用和开支。

二、本条第一款的规定并不排除双方事先同有关的委员会或仲裁庭就其成员的费用和开支达成协议。

第六十一条

一、就调解程序而言，委员会成员的费用和开支以及使用中心的设施的费用，应由双方平均分摊。每一方应负担各自与程序有关的任何其他开支。

二、就仲裁程序而言，除双方另有协议外，仲裁庭应估计双方同程序有关的开支，并决定该项开支、仲裁庭成员的酬金和开支以及使用中心的设施的费用应如何和由何人偿付。此项决定应成为裁决的一部分。

第七章 诉讼地

第六十二条

调解和仲裁程序除以下的条文规定外，应在中心的所在地举行。

第六十三条

如果双方同意,调解和仲裁程序可以在下列地点举行:

(一)常设仲裁庭或任何其他适当的公私机构的所在地,中心可以同上述机构就此目的作出安排;

(二)委员会或仲裁庭在同秘书长磋商后所批准的任何其他地点。

第八章 缔约国之间的争端

第六十四条

缔约国之间发生的不能通过谈判解决的有关本公约的解释或适用的任何争端,经争端任何一方申请,可提交国际法院,除非有关国家同意采取另一种解决办法。

第九章 修 改

第六十五条

任何缔约国可建议修改本公约。建议修改的文本应在审议该修改案的行政理事会召开会议之前至少九十天送交秘书长,并由秘书长立即转交行政理事会所有成员。

第六十六条

一、如果行政理事会根据其成员的三分之二多数决定修改,则建议修改的文本应分送给所有缔约国予以批准、接受或核准。每次修改应在本公约的保管人向各缔约国发出关于所有缔约国已经批准、接受或核准该项修改的通知之后三十天开始生效。

二、任何修改不得影响任何缔约国或其任何组成部分或机构或该国的任何国民,在修改生效之日以前表示同意受中心管辖而产生的由本公约规定的权利和义务。

第十章 最后条款

第六十七条

本公约应开放供银行的成员国签字。本公约也向参加国际法院规约和行政理事会根据其成员的三分之二多数票邀请签署本公约的任何其他国家开放签字。

第六十八条

一、本公约须由签字国依照其各自的宪法程序予以批准、接受或核准。

二、本公约在交存第二十份批准、接受或核准书之日后三十天开始生效。对以后每一个交存批准、接受或核准书的国家,本公约在其交存之日后三十天开始生效。

第六十九条

每一缔约国应采取使本公约的规定在其领土内有效所必需的立法或其他措施。

第七十条

本公约应适用于由一缔约国负责国际关系的所有领土,但不包括缔约国在批准、接受或核准时,或其后以书面通知本公约的保管人予以除外的领土。

第七十一条

任何缔约国可以书面通知本公约的保管人退出本公约。该项退出自收到该通知六个月后开始生效。

第七十二条

缔约国依照第七十条或第七十一条发出的通知,不得影响该国或其任何组成部分或机构或该国的任何国民在保管人接到上述通知以前,由他们其中之一所表示的同意受中心的管辖而产生的,由本公约规定的权利和义务。

第七十三条

本公约的批准、接受或核准书以及修改的文本应交存于银行,它是本公约的保管人。保管人应将本公约核证无误的副本送交银行的成员国和被邀请签署本公约的任何其他国家。

第七十四条

保管人应依照联合国宪章第一〇二条和大会通过的有关条例向联合国秘书处登记本公约。

第七十五条

保管人应将下列各项通知所有签字国:

(一)依照第六十七条的签字;
(二)依照第七十三条交存的批准、接受和核准书;
(三)依照第六十八条本公约的生效日期;
(四)依照第七十条不适用本公约的领土;
(五)依照第六十六条对本公约的任何修改的生效日期;
(六)依照第七十一条退出本公约。

订于华盛顿,用英文、法文和西班牙文写成,三种文本具有同等效力。正本一份,存放在国际复兴开发银行档案库,银行已在下方签字,以表明它同意根据本公约履行其职责。

委员会有关《关于解决各国与他国国民之间投资争端公约》的报告

国际复兴开发银行

1965 年 3 月 8 日

目　录

Ⅰ - Ⅱ	119
Ⅲ	120
Ⅳ 国际投资争端解决中心	121
通则	121
执委会职能	121
秘书长职能	121
职能委员会	122
Ⅴ 中心司法管辖权	122
同意书	122
争议性质	122
争议双方	123
缔约国通报程序	123
仲裁作为唯一救济权	123
投资人所在国主张	123
Ⅵ 公约规程	124
启动司法程序	124
成立调解委和仲裁委	124
调解程序、仲裁委权限和职能	124
认可与执行仲裁裁决	125
Ⅶ 审理地点	125
Ⅷ 缔约国之间争端	125
Ⅸ 生效	126

I

1. 国际复兴开发银行理事会于 1964 年 9 月 10 日通过的第 214 号决议，规定如下：
"现决定：

（a）就此通过委员会于 1964 年 8 月 6 日编制的《委员会有关解决投资争端的报告》。

（b）兹授权委员会针对缔约国与其他缔约国公民之间投资争端的解决拟订公约草案，在自愿参与的基础上，确立通过调解和仲裁方式解决投资争端的机构和程序。

（c）在拟订公约草案的过程中，委员会应充分考虑各成员国政府的意见，始终将尽可能满足最多成员国意愿作为草案最终文本的编制准则。

（d）委员会应将公约草案提交成员国政府审议，纳入委员会认为适宜的相关建议。"

2. 世行委员会依照上述决议，拟订完毕《关于解决各国与他国之间国民投资争端公约》草案，详见本报告附件，并于 1965 年 3 月 18 日批准将公约草案提交世行各成员国政府审议。自然，委员会的这一行为概不表示，各常委所代表的多国政府已同意一致承担贯彻落实公约的义务。

3. 委员会在拟订草案之前，已做过广泛的前期准备工作，具体内容详见下文第 6 条至第 8 条。委员会认为，本报告所附公约草案的内容，代表了主张建立政府间协议框架，坚持通过调解或仲裁程序，解决各国与外国投资者投资争端的各国政府原则性广泛共识。委员会还认为，公约草案为相关机构和程序制订了适宜的框架。鉴此，决定向各成员国政府提交公约草案文本，供其审议后签署、批准、接受或认可。

4. 委员会提请各成员国关注第 68（2）款，其中规定公约草案将在世行公约档案库备案满 30 天、集满 20 份已通过审批、接受或认可的签字文本后，在各缔约国之间生效。

5. 公约草案分为英文版、法文版和西班牙文版，已在世行档案库作为档案资料归档，供各国政府公开签署。

II

6. 为解决各国与外国投资者之间的投资争端，在世行资金扶持下，筹建相关调解和仲裁机构的可行性和受众度，最初是由世行理事会于 1962 年 9 月在哥伦比亚特区华盛顿市召开的第十七届年会上所讨论的一项议题。在该届年会上，理事会于 1962 年 9 月 18 日通过第 174 号决议，指令委员会就这一问题展开调研。

7. 委员会在世行员工拟订的工作报告基础上展开了一系列非正式磋商，最终决定由世行牵头召开由各成员国政府法律专家出席的咨询会，深入探讨这一问题。在联合国经济委员会和联合国驻欧办事处的行政协助下，分别在亚的斯亚贝巴（1963年12月16－20日）、智利圣地亚哥（1964年2月3－7日）、日内瓦（1964年2月17—21日）和曼谷（1964年4月27日至5月1日）组织召开了区域性咨询会，在综合委员会讨论结果和各国政府意见的基础上，将其作为世行员工编制《关于解决各国与他国国民之间投资争端公约初步草案》的依据。来自86个国家的法律专家出席了咨询会。

8. 委员会就预备工作成果和咨询会上的专家意见，于1964年9月在东京召开的世行第十九届年会上，向理事会做了汇报，同时建议在政府间协议框架的范围内，设立相应职能机构。理事会通过本报告第1段之中的决议，并由委员会拟订现有公约。为确保最终文本能够得到尽可能多的成员国政府通过，世行邀请各成员国委派代表组成法律委员会，协助委员会完成此项任务。法律委员会于1964年11月23日至1964年12月11日期间在华盛顿召开会议，委员会对会上来自61个成员国的委员会委员所提出的宝贵建议表示感谢。

III

9. 在向各国政府提交附件公约之时，委员会将强化经济发展道路上的国际合作作为己任。建立相关机构，协助解决各国与外国投资者之间的投资争端，是促进互信氛围的一大重要举措，能够刺激国际私有资本大量涌入具有投资吸引力的相关国家。

10. 委员会认识到，作为一项惯例，投资争端是依照争议发生国法律，通过现行行政、司法或仲裁程序得以解决的。然而，经验显示，有时会发生争议双方希望通过其他方式解决争端的情况；近年来签署的投资协议表明，各国政府和投资人大都认为，诉诸跨国解决途径符合其共同利益。

11. 现有公约提供了跨国解决方案，兼顾了所涉及争端的特殊性以及争议双方的具体情况。由负责独立裁决的专业持证人员，按照仲裁规则和争议双方事先约定，提供调解和仲裁便利。尤其是，能够确保一旦政府或投资人在投资争端解决中心的主持下，同意调解或仲裁之后，此项决定无法单方面反悔。

12. 委员会认为，私有资本将持续涌入具有投资吸引力和安全投资环境等优异条件的国家，包括公约缔约国以外的国家以及虽然加入公约，但未享用投资争端解决中心服务便利的国家。另外，恪守公约的缔约国将享有更多投资吸引力，能够刺激大量国际私有资本流入国内，这一点正是订立公约的主要目的。

13. 虽然公约的广义目标是促进国际私人投资加速涌入，但在维护投资者和宗主国双方权益方面，公约条款仍保持着一种审慎平衡。此外，公约还允许宗主国和投资人各自均有权启动司法程序，委员会始终将维护公约修订案的均衡性、满足两种情况下的需求铭记在心。

14. 附件之中的公约条款，多数均清晰易懂、无须进一步解释。然而，对个别原则附加了简要说明，以便有助于成员国政府审议公约文本。

Ⅳ 国际投资争端解决中心

通则

15. 公约中明确，国际投资争端解决中心为一家国际自治机构（第18条至第24条）。该中心的宗旨是"为投资争端提供调解和仲裁便利……"（第1（2）款），中心本身并不直接参与调解或仲裁活动。此类活动将由依照公约条款组建成立的调解委员会和仲裁庭负责。

16. 作为筹建该机构的牵头人，世行将为中心提供办公场所（第2条）并依照两家机构之间的协定，提供其他行政管理资源和服务（第6（d）款）。

17. 中心经费来源方面（第17条），委员会决定在中心设在世行总部期间，由世行免费为中心提供办公场地，同时在一定限额内，由世行承担中心的基本管理费开支，经费负担年限将在中心建立后确定。

18. 中心组织结构的设计突出简单和经济性，便于高效履行其各项职能。中心下设机构由执委会（第4条至第8条）和书记处（第9条至第11条）组成。执委会由缔约国各派一名代表组成，中心不承担其薪资。执委会委员人均拥有一票表决权，除公约中另行规定多数票核算方式外，否则执委会事务均应由委员多数票通过决议。世行行长兼任执委会委员长，但不享有表决票。书记处由一名秘书长、一至多名副秘书长和职员组成。为了兼顾各方利益，公约规定可设置不止一名副秘书长，但委员会认为，中心目前尚不具备设置两名以上全职高管的必要性。公约第10条规定，秘书长和副秘书长的人选应由执委会在委员长提名的基础上，以三分之二以上委员多数票通过，其任期限定不超过六年但允许连任。委员会认为，公约颁布不久之后的首届选举应限定更短任期，以免剥夺公约缔约国在公约生效后参与中心高管选举的权力。第10条还对相关管理人员有权在其正式职务之外参与其他活动的范围作出了限定。

执委会职能

19. 执委会的主要职能是选举秘书长和副秘书长、通过中心预算、制定行政与财务管理制度、申请量裁规则以及调解和仲裁程序规则。所有上述决议均需执委会三分之二以上委员多数票方可获得通过。

秘书长职能

20. 公约规定，秘书长负责履行一系列行政管理职能，涵盖中心代表、受理处以及主要管理角色（第7（1）款、第11条、第16（3）款、第25（4）款、第28条、第36条、第49（1）款、第50（1）款、第51（1）款、第52（1）款、第54（2）款、第59条、第60（1）款、第63（b）款以及第65条）。此外，秘书长还有权根据申请人所提交的材料，在认定相关争议不属于中心管辖范围的基础上（第28（3）款和第36（3）款），拒绝受理调解或仲裁申请，因此有权制止相关程序的启动。秘书长还在筛选调解或仲裁申请方面，享有一定有限选择权，以免在一方（尤其是某国）尚未同意由中心受理的情况下，避免因其遭遇诉讼而令其陷入尴尬境地；同时针对明显不属于中心管辖范围的其他案例，例如对于申诉方或被告方不由公约管辖的情况，在启动中心仲裁调解机制方面享有一定程度的自主受理权。

职能委员会

21. 第 3 条规定，中心应组建调解委和仲裁委；第 12 条至第 16 条还就职能委员的任免程序和任期作出了规定。尤其是，第 14（1）款要求，职能委员必须具备高级资质以及独立判断能力。为使司法程序拥有一定程度上必要的灵活适应性，公约允许争议双方自行委托职能委员以外的调停人和仲裁员（第 31（2）款和第 40（2）款），但规定选派人员必须具备第 14（1）款中的各项素质（第 31（2）款和第 40（2）款）。委员长在接到第 30 条或第 38 条项下委派调停人或仲裁员的请求后，仅可选派职能委员担任调停人或仲裁员。

V 中心司法管辖权

22. "中心司法管辖权"是公约中所采用的一种便捷用语，系指公约条款适用范围以及中心所提供调解和仲裁便利的受理范围。中心所享有的司法管辖权，详见公约第二章规定（第 25 条至第 27 条）。

同意书

23. 双方签署同意书、约定由中心受理争议，是中心行使司法管辖权必备的一项基本条件。同意书须采用书面格式，一旦出具后，一方不得单方面撤出（第 25（1）款）。

24. 向中心提出申请，必须出具双方同意书（第 28（3）款和第 36（3）款），但公约并未规定同意书的具体出具时间。譬如，可在投资协议中，纳入双方同意由中心受理该协议所引发的日后纠纷条款，或就已经出现的争议达成此项折中方案，公约也未规定双方必须在同一份文件中表示同意。因此，宗主国可以在相关招商引资法律法规中建议，将特定类型的投资争议提交中心审理，投资者可通过书面认可的方式表示同意。

25. 虽然双方同意书是中心受理相关案件的必要前提，但同意书本身并不足以令中心受理案件。依照公约精神，中心所享有的司法管辖权还受争议性质和争议双方的具体情况所制约。

争议性质

26. 第 25（1）款规定，争议必须是"投资直接引发的法律争议"。此处使用"法律争议"一语，是为了明确虽然权益冲突隶属于中心管辖范畴，但纯利益冲突则在此范畴之外。争议必须涉及到实际存在或一定范围内的法律权利或义务，或违反法律义务情况下的赔偿性质或范围。

27. 鉴于双方必须同意由中心受理这一必要前提，以及缔约国能够在自愿的情况下，提前公布自身考虑或不考虑诉诸中心受理的争议类型（第25（4）款），因此未对"投资"一词做具体定义。

争议双方

28. 对于中心有权管辖范围内的争议，争议一方须为缔约国（或缔约国下设分支机构或代理机构），另一方须为"另一缔约国公民"。后者定义详见第25条第（2）款，其范畴涵盖自然人和法人。

29. 需要注意的是，依照第25（2）款（a）点规定，作为争议国公民的自然人概不享有中心所受理司法程序中的一方资质，甚至包括其本人同时拥有另一国国籍的情况。此项无资质认定为纯粹认定、无法变通，甚至包括争议国已经表示同意的情况在内。

30. 第25（2）款（b）点之中有关法人的规定，则更具有灵活性。拥有争议国国籍的法人有权作为中心受理司法程序中的一方，前提是由于外资控股，该国已经同意将其视为另一缔约国公民。

缔约国通报程序

31. 虽然未经缔约国同意，中心概不受理针对其的调解或仲裁申请，同时缔约国概不就此类程序承担核准义务，但通常意义上的恪守公约，即意味着缔约国会认真考虑投资者所提出、将争议诉诸中心审理的要求。这一点上，应当指出的是，一些国家政府可能会认为某些类型的投资争端不适宜提交中心审理，或受制于本国法律，被禁止诉诸中心受理。为避免此处造成误解，第25（4）款明文规定，允许缔约国在自愿的前提下，提前向中心通报其愿意考虑或概不考虑提交中心受理的争端种类。此条规定明确，缔约国所提交、不考虑交由中心审理特定类别争端的声明，仅用作信息通报目的，概不构成同意认可中心所享有的司法管辖权。自然，声明将特定种类争端排除在考虑范畴之外，也不构成对公约的保留意见。

仲裁作为唯一救济权

32. 可以认为，某国和投资人同意将争议诉诸仲裁程序解决时，并不保留申请其他救济的权利，或要求在其他补救方式均不奏效之后方可申请中心受理的权利，双方的意愿是在排除一切其他救济权的基础上申请仲裁。此条释义规则，详见第26条。为明确本条无意于修改国际法有关首先申请本国救济权的相关规则，第二句明确了一国可规定事先诉诸国内救济程序的权利。

投资人所在国主张

33. 宗主国同意将其与投资人之间的争端诉诸中心审理，因此使投资人能够直接运用国际司法程序时，投资人一概无权要求其所在国支持其主张，相应国家也不该获准提供支持。因此，第27条针对缔约国公民与另一缔约国依照公约同意仲裁或已提交仲裁的争端，禁止缔约国提供外交保护或提出国际索赔，对方缔约国未能就相关争端履行仲裁裁决的情况除外。

VI 公约规程

启动司法程序

34. 启动司法程序，须首先向秘书长提交申请书（第28条和第36条）。视具体情况，中心就申请书履行备案手续后，将成立调解委或仲裁委。以上第20条提到，秘书长有权驳回申请、不予备案。

成立调解委和仲裁委

35. 虽然公约在成立调解委和仲裁委一事上，为争议双方预留了很大的自由操作空间，但也同时确保了一旦双方未能就此事达成一致，或一方不愿配合的情况下，司法程序不会因此受阻（详见第29条至第30条以及第37条至第38条）。

36. 上文已经提到，双方有权在职能委员会之外，自由选聘调解员和仲裁员（详见以上第21条）。虽然公约在调解员选聘方面并未限制国籍，但第39条硬性规定，仲裁委多数委员不得为争议国公民或与争议方国籍相同的人员。此项规定的作用是，使得相关国籍人员无法担任三人及三人以下仲裁委的仲裁员。但该规则并不适用于双方约定委任仲裁委全部仲裁员的情况。

调解程序、仲裁委权限和职能

37. 总体而言，第32条至第35条针对调解程序作出规定，而第41条至第49条则规定了仲裁委的权限和职能以及裁决效力。这些条款内容均一目了然、无需解释。两套程序之间的差异，反映了调解委力图使双方达成一致而实施调解，与仲裁委旨在下达具有约束力裁决之间的根本区别。

38. 第41条重申了国际仲裁庭独立自主裁决的既定原则，而第32条则明确该原则同样适用于调解委。这里需要注意的是，秘书长拒绝受理调解或仲裁申请（详见以上第20条）的权限范围很窄，以免因此妨碍调解委和仲裁委在自行判断基础上所享有的自主决策权；另外，秘书长受理申请自然也不妨碍调解委或仲裁委后续认定，相关争端不属于中心管辖权范畴。

39. 为落实公约中有关司法程序的共识要求，调解或仲裁双方有权约定调解或仲裁程序的规则。但倘若双方未能达成约定的，则应适用执委会审议通过的调解规则和仲裁规则（第33条和第44条）。

40. 公约规定，仲裁委必须应用争议双方约定的规则。在不存在相关规则的情况下，仲裁委必须运用一方争议国法律（相关法律规定适用于他国法律的情况除外）以及在使用范围内的国际法规则。本报告中所采用的"国际法"一词，应以国际法庭审理规则第38（1）款中的释义为基础，在第38条所适用的跨国争端范围内做适当变通

认可与执行仲裁裁决

41. 第53条规定，争议双方受仲裁裁决所约束，概不享有申诉权或公约明文规定范围外的一切其他救济权。明文规定的救济权有申请修订（第51条）和宣布无效（第52条）。此外，一方还有权向仲裁委提出申请，要求其就未能裁决的自身申诉事项下达补充裁决书（第49（2）款），以及有权要求仲裁委就裁决书作出解释（第50条）。

42. 在符合公约之中有关上述程序延缓执行的各项条款前提下，双方有义务遵守和履行裁决书；第54条规定，各缔约国统一认可裁决书约束力并应落实其中的各项义务，视同于缔约国国内法院所下达的终审判决。但由于联邦制、中央集权或其他地方自治国家所采用的司法体系不同，不成文法和民法所沿用的法律机制各有不同，第54条并未就缔约国国内执行裁决的具体方式作出规定，但规定各缔约国须对照各自国内司法体系，落实该条要求。

43. 主权国豁免权规则，可能会阻挠一国对外国强制执行仲裁裁决，或申请外国法院执行。第54条要求各缔约国按照公约规定，将仲裁裁决效力视同于本国法院终审判决。但对于终审判决无法得以执行的情况，公约也未强制要求缔约国必须采取额外措施，强制执行依照公约仲裁程序所下达的裁决书。为进一步澄清这一点，第55条规定，第54条概不得理解为针对一国所享有的主权国豁免权或豁免外国执行权，贬损任何缔约国现行法律效力。

Ⅶ 审理地点

44. 对于中心驻地以外司法程序的审理，第63条规定，可在双方约定的前提下，由中心签署有合作关系的常设仲裁法院或一切其他相关机构的所在地进行审理。此项规定可能因机构性质而有所不同，涵盖从只提供审理场地到提供全面文书服务的广泛地域。

Ⅷ 缔约国之间争端

45. 第64条针对缔约国之间通过协商未能解决且未能约定其他解决方式，涉及到公约释义和应用的相关分歧，赋予了国际法院司法管辖权。虽然本条仅是泛泛而谈，

---

① 国际法院审案规则第38（1）款规定如下：
"1. 法院的职责是按照国际法，就所受理的争议案件作出判决，其审理依据是：
a. 国际公约，含一般性公约和专项公约在内，确立了争议国之间明文认可的审理规则；
b. 国际惯例，作为视同于法律的一般行为规范证明材料；
c. 各文明国家所广泛认可的一般司法原则；
d. 在符合第59条规定的前提下，法院判例以及各国权威媒体所传达的理念，作为确立执法规则的辅助方式。"

但必须对照公约上下文条款，作为一个整体来理解。尤其是，本条并未赋予国际法院就其所受理的争端，审议调解委或仲裁委是否有权下达裁决的权力，也未针对一国公民与另一缔约国已同意仲裁或已提请仲裁的相关争议，在违反第 27 条规定的情况下，赋予一国向国际法院直接提请诉讼的权利，对方缔约国未能遵守和履行相关争端裁决书的情况除外。

IX 生效

46. 公约现供世行下属的各成员国分行签署，同时也面向国际法院审理规则的一切其他缔约国代表，以及执委会以三分之二以上委员多数票通过、决定邀请的其他潜在签约国开放。签约时间不限，各国可在公约生效前或生效后通过签约形式加入（第 67 条）。公约文本还需要由各缔约国按照各自国内宪法程序审议、认可或批准（第 68 条）。上文已经提到，公约将在集满二十份已通过审批、认可或接受的签字文本后生效。

行政管理与财务制度

目　　录

第一章　执委会工作程序 ·· 129
　　第1条　年会日期和地点 ·· 129
　　第2条　会议通知函 ·· 129
　　第3条　会议议程 ·· 129
　　第4条　会议主席 ·· 129
　　第5条　执委会秘书 ·· 130
　　第6条　出席会议 ·· 130
　　第7条　表决 ·· 130
第二章　书记处 ·· 130
　　第8条　秘书长和副秘书长选举 ·· 130
　　第9条　代理秘书长 ·· 131
　　第10条　选聘员工 ··· 131
　　第11条　聘用条款 ··· 131
　　第12条　秘书长权限 ··· 131
　　第13条　职责分明 ··· 131
第三章　财务制度 ·· 131
　　第14条　案件受理直接成本 ··· 131
　　第15条　为当事方提供特殊服务 ··· 132
　　第16条　申请费 ··· 133
　　第17条　预算 ··· 133
　　第18条　出资额核算 ··· 133
　　第19条　审计 ··· 134
第四章　书记处一般职责 ·· 134
　　第20条　缔约国名录 ··· 134
　　第21条　成立职能委员会 ··· 134
　　第22条　信息公开 ··· 135
第五章　个案职能 ·· 135
　　第23条　卷宗 ··· 135

第 24 条　通信方式 ··· 135
　　第 25 条　秘书 ··· 136
　　第 26 条　审理地点 ··· 136
　　第 27 条　其他协助 ··· 136
　　第 28 条　档案管理职能 ·· 136
第六章　案件审理特殊规定 ·· 136
　　第 29 条　时限 ··· 136
　　第 30 条　辅助文件 ··· 137
第七章　豁免和特权 ·· 137
　　第 31 条　差旅证书 ··· 137
　　第 32 条　放弃豁免 ··· 137
第八章　其他 ·· 138
　　第 33 条　与缔约国通信 ·· 138
　　第 34 条　正式语言 ··· 138

国际投资争端解决中心的行政管理和财务制度，已由中心执委会依照《关于解决各国与他国国民之间投资争端公约》第6（1）（a）款审议通过。

对诉诸公约司法程序的争议双方具有特殊价值的条款为：第14条至第16条、第22条至第31条以及第34（1）款。这些条款旨在作为公约文本以及依照公约第6（1）（b）款和（c）款审议通过的《申请、调解和仲裁规则》补充规定。

第一章　执委会工作程序

第1条　年会日期和地点

（1）除执委会另行决定外，执委会年会应配合国际复兴开发银行（以下简称世行）理事会年会一同召开。

（2）秘书长应负责和世行相关管理人，协调执委会年会安排。

第2条　会议通知函

（1）秘书长应通过快速通信方式，就执委会每一届会议，通知每一位委员会议召开时间和地点。除特殊情况外，通知函应提前会议计划召开日期前不少于42天发出。特殊情况下，可在会议召开前不少于10天，通过电报或电传方式发出通知函。

（2）凡执委会会议现场不达法定人数，均可经由现场委员多数票决议休会与日后复会，且无须发送复会通知函。

第3条　会议议程

（1）秘书长可在委员长指令后，拟订执委会会议简要议程，并将议程随会议通知函一起，发送给各位委员。

（2）任意委员均有权提前会议召开日不少于七天之前，通过向秘书长送达通知函的方式，就相关执委会会议议程提议增加议题。特殊情况下，委员长或秘书长在咨询委员长后，有权随时就任意一届执委会会议议程，增加新的议题。秘书长应就任意一届会议的一切新增议题，尽快通知每一位委员。

（3）执委会有权随时批准将任意议题纳入任何一届会议议程，甚至包括未按照本条规定，向各位委员出具通知函的情况在内。

第4条　会议主席

（1）委员长应为执委会会议主席。

（2）凡委员长无法全程或部分出席执委会会议的，应由执委会其中一名委员担任会议临时主席。临时主席应按照公约签署、认可或批准日期先后顺序排列的缔约国名单，由其中排名最高的缔约国代表、候补代表或临时候补代表出任，并由上一届会议上担任临时主席的缔约国下方的各轮值国依次轮值。会议临时主席有权代表其归属国表决，或授权另一名委员代其表决。

第 5 条　执委会秘书

（1）秘书长应担任执委会秘书。

（2）除执委会另有规定外，否则秘书长在咨询委员长后，有权对执委会会议召开作出所有安排。

（3）秘书长应留存执委会会议纪要，并向全体委员提供纪要副本。

（4）秘书长应按照公约第 6（1）（g）款规定，在每一届执委会年会上做中心运营情况的年度报告，供会议审议批准。

第 6 条　出席会议

（1）秘书长和副秘书长有权出席所有执委会会议。

（2）秘书长在咨询委员长后，有权邀请观察员列席执委会会议。

第 7 条　表决

（1）除公约中另有明文规定外，否则执委会所有决议均可经由会议多数票通过。执委会一切会议上，主席均有权根据现场气氛作出决断，而不采用正式表决的方式，但如应任何委员要求，则应安排正式表决。凡安排正式表决的，应向各位委员提供书面议案。

（2）执委会委员一概无权通过代理人，或以本人投票以外的一切其他方式进行表决，但缔约国代表有权指定一名临时代表，在其未出席会议之时，代其在会上表决。

（3）凡经委员长认定，执委会必须尽快作出决议，不能拖延到下届执委会年会上解决，且相关议题不符合特别会议召开范畴的，秘书长应通过即时通信方式，向每一位委员提交意向性草案，要求执委会委员予以表决。委员们应在议案发出后的 21 天限期内表决，委员长核准更长期限的除外。规定限期到期后，秘书长应记录表决结果并通知执委会全体委员。凡收到的表决结果不足全体委员多数票的，则相关议案应视为未获通过。

（4）凡任意执委会会议未能由全部缔约国出席，相关议案未能获取三分之二以上执委会委员多数票通过的，委员长有权在该届执委会会议上决定，登记现场出席会议的委员票数，并依照本条第（3）款，邀请未出席会议的委员投票。已登记的会议投票结果，可由原投票委员在本条指定表决期限到期之前作出更改。

第二章　书记处

第 8 条　秘书长和副秘书长选举

委员长在向执委会提议由一名或多名候选人担任秘书长或副秘书长的同时，还应就下列事项提出建议：

（a）任期；

（b）相关候选人就职后，是否核准其受聘从事任何其他工作或任意其他职业；

（c）聘用条款，兼顾（b）点之中的相关意向。

第 9 条 代理秘书长

（1）凡任意时间在选举副秘书长之后，选出的副秘书长不止一人时，委员长应根据公约第 10（3）款，在选举结果揭晓后，随即向执委会建议由相关副秘书长依次担任秘书长的顺序。对于未能决定的情况，应按照副秘书长的资质，执行由高到低的顺序。

（2）秘书长应从中心员工之中指定代表，在其本人、副秘书长不在场或无法尽职之时，或副秘书长职位空缺之时，代为履行相关职责。对于秘书长和副秘书长职位同时空缺的情况，委员长应从中心员工之中指定代理秘书长。

第 10 条 选聘员工

秘书长应负责选聘中心员工，可以采用直接聘用或借调人员的形式。

第 11 条 聘用条款

（1）中心员工的聘用条款与世行员工相同。

（2）秘书长应在由执委会依照公约第 6（1）（d）款审定的一般人事管理框架内，会同世行一起做相应安排，将书记处员工纳入世行员工退休金方案，并使之享受世行员工的其他福利待遇和合同条款。

第 12 条 秘书长权限

（1）副秘书长和员工，无论直接聘用或借调形式，仅服从秘书长本人指挥。

（2）秘书长有权解雇书记处员工或采取纪律处罚措施。但副秘书长仅限经执委会批准后方可被解雇。

第 13 条 职责分明

秘书长、副秘书长和员工，概不得担任调解委、仲裁委委员或调解员、仲裁员。

第三章 财务制度

第 14 条 案件受理直接成本

（1）除公约第 60（2）款中另有约定外，否则在报销一切直接产生的合理成本之外，调解委、仲裁委以及由仲裁委依照公约第 52（3）款所设立的特别委员会（以下统称"委员会"），应统一收取下列费用：

（a）参加自身作为委员的相关机构会议，按日收费；

（b）就相关案件履行自身其他职责，按每天八小时折算收费；

（c）离开常住地出差期间，在不报销生活费的情况下，世行最新规定的常委日津贴；

（d）出席自身作为委员的相关机构会议期间差旅费，以世行常委最新差旅费标准为准。

以上（a）点和（b）点所列费用，以秘书长最新规定、委员长核准的金额为准。超额经费报销，应通过秘书长上报。

（2）下列所有款项，含报销费用在内，一概应由中心承担，不由案件当事方承担：

（a）调解委、仲裁委和委员会委员薪资；

（b）由调解委、仲裁委和委员会自行委托、而非当事方委托的鉴证费和专家收费；

（c）中心书记处员工，含中心为召开特别会议所专门聘用的人员在内（例如同声翻译、文本翻译、记者或笔录员）；

（d）依照公约第63条规定，用于案件审理的中心现场以外其他地点租赁费。

（3）作为中心承担第（2）点各项费用以及相关案件审理其他直接开支的前提（第15条所列各项费用除外）：

（a）争议双方应向中心预付以下款项：

（i）调解委或仲裁委最初组建成立后，秘书长应在咨询相应机构负责人以及尽可能多地咨询当事双方的基础上，预算未来三至六个月期间中心将会产生的费用，并要求当事双方预付该笔款项；

（ii）如秘书长在咨询相应机构负责人以及尽可能多地咨询当事双方之后认定，双方所缴纳的预付款无法满足相应期限或后续时期内的预算修订案的，秘书长应要求双方补足预付款。

（b）中心概不为案件审理提供任何服务或垫付费用，概不承担调解委、仲裁委或委员会委员的各项开支、津贴或费用，当事双方已事先足额预付相关费用的情况除外。

（c）对于最初预付款不足以支付日后费用预算的情况，在要求双方补足预付款之前，秘书长应明确实际支出以及中心就相关案件审理所承担的约定义务，并在此基础上向当事双方收费或计费。

（d）对于所有调解程序和仲裁程序，除仲裁规则规定、双方约定或仲裁委裁定由另一家机构负责审理外，否则双方应各自分摊预付款或补足款的一半金额，同时概不因此影响仲裁委依照公约第61（2）款，就仲裁费用承担方式所下达的最终裁决效力。所有预付款和各项收费均应按照秘书长指定的地点和币种，在接到秘书长付款要求后尽快付清。凡在30天内未全额付款的，秘书长通知双方违约行为，并给双方各自付款机会。秘书长在发出通知之后的15天内，有权针对通知函指定期限到期前，仍有部分款项尚未付清的情况，随时通知调解委或仲裁委暂停审理。凡案件因未付清款项而暂停审理期限连续超过六个月的，秘书长有权在送达通知以及尽可能咨询当事双方的基础上，决定相关机构停止审理案件。

（e）对于申请判定原裁决无效的情况，凡此项申请已经受理的，本款上述规定在做适当变通后依然适用，但申请人须单独承担秘书长所要求的预付款付款义务，以便支付组建成立委员会的各项费用，并依照公约第52（4）款规定，在不影响委员会固有权利的前提下，明确无效裁决案审理费用的支付方式和承担办法。

第15条 为当事方提供特殊服务

（1）中心仅限在当事方已事先缴存足额服务费款项的前提下，方可就在审案件为其提供特殊服务（例如提供翻译或复印件）。

（2）特殊服务的收费标准通常对照秘书长最新制定、向全体缔约国以及所有待审案件当事双方通报的费率价目表执行。

第16条　申请费

凡一方或（对于共同申请的情况）双方有意诉诸调解或仲裁程序、申请补充裁决、就裁决书申请公证、翻译、修订或判决无效，或在仲裁裁决被宣布无效后，再次申请组建新的仲裁委审议争端的，应一概按照秘书长制订的收费标准，向中心缴纳申请费，申请费概不退还。

第17条　预算

（1）中心所执行的财务年度，从每年7月1日起，至次年6月30日止。

（2）每财年年底前，秘书长应按照公约第6（1）（f）款，编制下一财年财务预算，并提交执委会于下一届执委会年会上审议通过。该预算须明确中心预期支出（可报销垫付费用预算）和预期收入（不含经费开支）。

（3）凡在某财年内秘书长认定，预期支出将超出已审议通过的预算的，或计划开支原先未审批过的经费的，秘书长应在咨询委员长的基础上编制补充预算，提交执委会在年会、其他会议或对照第7（3）款程序审议通过。

（4）预算获得通过后，即授权秘书长预算内的各项开支，承担预算内的各项义务并符合其规定限额。除执委会另有规定外，否则秘书长一概有权在不超出总预算的前提下，就任意预算内项目超额开支。

（5）在执委会通过预算之前，秘书长有权在其所提交执委会审议的预算限额内，就预算内用途开支经费，先期开支总额最高不得超过上一财年核准经费的四分之一，但无论任何情况，一概不得超出世行已批准的本财年划拨经费。

第18条　出资额核算

（1）预期支出相比预期收入的超额部分，一概应由各缔约国承担。世行成员国以外的国家应各自分摊核定总额的一部分，分摊额应在由各缔约国分摊国际法院审案经费预算的基础上，按照届时通行的国际法院经费预算中自身须承担的比例执行；核定总额所剩余额应按照世行成员国认购世行资本股的持股比例，在各成员国之间分配。分摊金额应由秘书长在年预算审议通过后，以中心成员国数量为基础立即核定并及时通报全体缔约国。核定分摊额应在接到通报后尽快支付。

（2）补充预算审议通过后，秘书长应立即核算出补足分摊额，在通知各缔约国之后尽快支付。

（3）公约缔约国加盟不满一个财年时所应承担的出资额，一律按照整个财年核算。凡某财年已核定出资额之后，有新国家加入公约的，其出资额一概按照原缔约国出资额同一核算系数核算，概不就其他缔约国已核定金额重新核算。

（4）如某财年结束后，经认定尚有盈余的，除执委会另行决议外，否则相关盈余应统一按照该财年各国缴纳出资额比例，记入缔约国名下贷方。贷记金额应用于扣缴盈余财年结束后两个财年的出资额。

第19条 审计

秘书长应就中心账目每年安排一次审计，并在审计结果的基础上，向执委会提交财务报表，供执委会年会审议通过。

第四章 书记处一般职责

第20条 缔约国名录

秘书长应留存缔约国名录（含原缔约国在内，注明档案室收到其撤出通知函的日期），不定期提交全体缔约国或应某国或相关人员要求出具，说明以下要素：

（a）签字加入公约的生效日期；

（b）公约第70条项下的不适用地区，以及档案室收到相关不适用地区通知函以及后续修订函的日期；

（c）依照公约第25（1）款，明确中心司法管辖权有权审理其投资争议的下属部门或代理机构的声明函；

（d）依照公约第25（3）款，声明下属部门或代理机构同意将相关案件诉诸中心审理，一概无需所属国批准的一切通知函；

（e）依照公约第25（4）款，明确相关国家将考虑或不会考虑提请中心审理的一种或多种争端通知函；

（f）依照公约第54（2）款，认可和执行仲裁裁决、享有司法管辖权的相关法院或其他权力机关；

（g）依照公约第69条，由各国向中心所提交的、为国内各地落实公约条款所采取的一切立法或其他措施的相关报告。

第21条 成立职能委员会

（1）凡缔约国有权为调解委或仲裁委委派一名或多名委员的，秘书长应邀请相关缔约国委派人员。

（2）缔约国或委员长在委派委员时，应通报其姓名、地址和国籍，附上其资质简历，尤其注明其本人在法律、商务、产业与财经领域的专长。

（3）秘书长在接到相关委任状后，应通知被委任人、明确其权限以及任期到期日期，同时核实被委任人愿意任职。

（4）秘书长应负责名单的维护，及时将更新名单提交全体缔约国，并应调解委或仲裁委委员要求，向相关国家和人员提供各位委员的下列信息：

（a）地址；

（b）国籍；

（c）当前任期到期日期；
（d）授权权限；
（e）本人资质。

第 22 条　信息公开

（1）秘书长应公开中心运营情况的相关信息，包括所有已受理的调解或仲裁申请在内，并及时公布各案件结案日期和方式。

（2）凡案件双方同意披露以下信息的：

（a）调解委报告；

（b）仲裁裁决书；或

（c）案件审理纪要或其他记录。

秘书长应安排以适当形式公开相关资料，以期实现促进利用国际法解决投资争端的目标。

第五章　个案职能

第 23 条　卷宗

（1）秘书长应按照自定规则，针对调解和仲裁申请留存单独卷宗，并在卷宗中记录个案有关审理机构组成、行为和决定的全部重要信息，尤其是各调解委、仲裁委、委员会的组建方式及其成员。秘书长应在仲裁案卷宗中，记录下每一份裁决书有关补充裁决、公证、翻译、修订或宣布裁决书无效的全部申请以及一切暂缓执行的决定。

（2）卷宗应面向一切人员开放查阅权。秘书长应制定卷宗查阅规则，以及提供公证与不公证节选件的收费标准。

第 24 条　通信方式

（1）一切案件在审期间，秘书长应为双方、调解委、仲裁委或委员会，以及执委会委员长之间的正式书面信函提供沟通渠道，以下情况除外：

（a）除依照公约或法律文书、调解或仲裁规则（以下简称规则）必须上报外，否则双方有权直接相互沟通；

（b）调解委、仲裁委、委员会委员之间应直接相互沟通。

（2）文件和法律文书应通过发送给秘书长的方式，纳入案件审理程序，秘书长应留存中心文件原件并安排发放相应副本。凡法律文书或文件不符合相关要求的，秘书长应：

（a）通知上报方所存在的不足，以及秘书长正在采取的一切后续措施；

（b）有权针对不足纯属程序性问题的情况，在后续纠正的前提下予以认可；

（c）有权针对副本数量不够或缺少翻译件的情况，在当事方承担费用的前提下，提供必要副本或翻译件。

第 25 条　秘书

秘书长应负责为各调解委、仲裁委和委员会委任秘书。秘书可以从中心书记处抽调，无论何种情况，在任职期间一概视为其正式职员。秘书负责：

（a）有权代表秘书长，针对个案司法程序，履行本制度或条例所赋予秘书长的所有职能，以及公约赋予秘书长并由其授权秘书行使的各项职能；

（b）作为争议双方申请中心提供具体服务的沟通渠道；

（c）记录会议纪要，双方与调解委、仲裁委或委员会另行预定其他记录方式的除外；以及

（d）应调解委、仲裁委或委员会主席要求，或依照秘书长的指令，履行与司法程序有关的其他职能。

第 26 条　审理地点

（1）秘书长应在中心办公地点安排调解或仲裁程序，或应双方要求，按照公约第 63 条规定，安排或监督中心以外地点的调解或仲裁程序。

（2）秘书长应在接到调解委或仲裁委要求后，为其赶赴争议处理地或展开现场调查提供协助。

第 27 条　其他协助

（1）秘书长应为调解委、仲裁委和委员会会议提供所需的其他协助，尤其是协助安排将中心官方语言翻译和同声传译为另一种语言的翻译服务。

（2）秘书长还有权动用中心员工和设备，或短期外聘人员和租赁设备，提供案件审理所需的其他服务，例如文件复印和翻译以及将中心官方语言传译为另一种语言等。

第 28 条　档案管理职能

（1）秘书长应在中心档案室存储并安排永久性保存以下原件：

（a）所有案件的备案申请书、全部已备案卷宗和文件，含一切听证会纪要在内；

（b）调解委全部报告以及仲裁委或委员会裁决或决定。

（2）在符合各项制度以及双方同意诉诸司法程序的前提下，在双方按照秘书长颁布的收费标准支付一切费用之后，秘书长应向双方出具报告和裁决书的公证函（其中反映一切补充决定、批准函、翻译件、修订案或无效裁决书，以及一切有效的延缓执行书），以及其他法律文书、文件和纪要。

第六章　案件审理特殊规定

第 29 条　时限

（1）公约或各项规章、调解委、仲裁委、委员会或秘书长所规定的所有时限，一概从向双方或双方代表当面宣布，或由秘书长发出相关通知函或法律文书的日期（以文件标注日期为准）起算。宣布或发函当日不含在内。

（2）凡一方发出的通知函或法律文书送达中心或由一方交付给中心所在地，或在中心以外其他地点会晤的合法调解委、仲裁委或委员会秘书，且于指定截止日期下午下班前送达，或对于适逢星期六、星期天或交付地公共节假日，或当日因故不提供常规投递业务的情况，于正常经营常规投递业务的次日下午下班前送达收件人的，即视为已经满足时限规定。

第30条 辅助文件

（1）案件审理过程中所提交备案的一切文件，凡用作任何要求、申诉、申请、书面守约承诺书或其他法律文书辅助支持材料的，应一律提交一份原件以及第（2）点指定数量的额外副本。除双方另有约定，或合法调解委、仲裁委或委员会另有指令外，否则原件一概应由完整文件或副本、节选件公证函组成，相关一方无法获取完整文件、副本或节选件公证函的情况除外（对于此类情况，须注明无法获取的原因）。

（2）一切文件附属副本数量，应为相关文件所适用的法定副本份数，但对于公开发布、可供随时下载的文件，无副本数量要求。每份副本均应由声明该副本真实、完整的出具方办理公证手续，但如相关文件篇幅冗长、仅有其中部分章节适用的，则办理相关章节公证手续，证明其真实、完整即可，但须明确标注章节号。

（3）每一份文件原件和所附副本，凡所使用的语言不为相关案件指定审理语言的，除合法调解委、仲裁委或委员会另有指令外，否则均应附带指定语言翻译件及其公证函。但对于文件冗长、仅有部分章节适用的情况，可以只提供有关章节的翻译件并明确标注章节号，同时相应职能机构有权要求当事方出具更多章节或全文翻译件。

（4）凡依照第（1）点提供文件原件节选件，或依照第（2）点或第（3）点提供部分章节副本或翻译件的，相关节选件、副本和翻译件应统一随附一则声明，声明未纳入文本其余章节概不会对已所提交章节理解产生误导。

第七章　豁免和特权

第31条　差旅证书

秘书长可以向调解委员会、仲裁庭或委员会成员、秘书处官员和雇员，以及参加程序的有关当事者、代理人、法律顾问、代讼人、证人和专家出具证书，表明上述人士是为了公约项下程序而出行。

第32条　放弃豁免

（1）秘书长可以放弃下述各方享有的豁免：

（a）中心；

（b）中心员工成员。

（2）理事会主席可以放弃下述各方享有的豁免：

（a）秘书长或副秘书长；

（b）调解委员会、仲裁庭或委员会成员；

（c）参加程序的有关当事者、代理人、法律顾问、代讼人、证人和专家，如果有关调解委员会、仲裁庭或委员会作出弃权推荐。

（3）执委会可以放弃下述各方享有的豁免：

（a）理事会主席和成员；

（b）参加程序的有关当事者、代理人、法律顾问、代讼人、证人和专家，即使有关调解委员会、仲裁庭或委员会没有作出弃权建议；

（c）中心或第（1）或第（2）款提及的任何人士。

第八章 其　他

第33条　与缔约国通信

除非有关国家具体规定了其他通信渠道，否则公约或条例要求发送至缔约国的所有通信必须发送至缔约国在执委会的代表处。

第34条　正式语言

（1）中心正式语言采用英语、法语和西班牙语。

（2）本条例以中心正式语言编制之文本应具有相同效力。

交付调解和仲裁程序规则

（交付规则）

目　录

第1条　申请书 …………………………………………………………… 140
第2条　申请书内容 ……………………………………………………… 140
第3条　申请书可选信息 ………………………………………………… 141
第4条　申请书副本 ……………………………………………………… 141
第5条　申请书确认 ……………………………………………………… 141
第6条　申请书登记 ……………………………………………………… 141
第7条　登记通知 ………………………………………………………… 141
第8条　撤销申请书 ……………………………………………………… 142
第9条　最后条款 ………………………………………………………… 142

国际投资争端解决中心（ICSID）《交付调解和仲裁的程序规则》（交付规则），已由中心执委会依照《关于解决各国与他国国民之间投资争端公约》第6（1）（a）款审议通过。

中心《行政管理和财务制度》，尤其是第16条、第22（1）条、第23条、第24条、第30条和第34（1）条对交付规则进行了补充。

交付规则在提交申请书至发送登记通知期间适用。上述期限后处理的所有事项必须根据调解规则和仲裁规则进行管理。

交付规则

第1条　申请书

（1）任何希望在公约项下提起调解或仲裁程序的缔约国或缔约国国民应以书面形式向中心秘书长提交相关申请书。申请书应具体指明希望提起调解程序或仲裁程序。申请书应以中心正式语言起草、注明日期并且应由请求方或其依法授权代表签字。

（2）争议各方可以联合提交申请书。

第2条　申请书内容

（1）申请书应：

（a）准确指明争议各个当事者，并详述各个当事者的地址。

（b）如果当事一方是缔约国的组成部分或代理机构，则声明该当事一方是由该缔约国根据公约第25（1）条规定向中心指派的当事者。

（c）指明同意日期以及记录同意日期的文件，如果当事一方是缔约国的组成部分或代理机构，还包括缔约国批准上述同意的相关数据，除非中心已经通知不要求作出上述批准。

（d）针对属于缔约国国民的当事者，指明：

（i）做出同意当日该当事者的国籍；和

（ii）如果该当事者是自然人：

（A）提交申请书当日该当事者的国籍；和

（B）该当事者在作出同意当日或提交申请书当时不拥有争议缔约国当事者的国籍；或

（iii）如果当事者是法人，且在作出同意当日拥有争议缔约国当事者的国籍，则各方当事者间达成的，规定将该法人当事者按照公约别的缔约国国民处理的协议。

（e）包含关于争议问题的信息，指明各方当事者间存在由投资直接产生的法律争议。并且

（f）如果提交申请书的当事者是法人，声明该当事者已经采取所有必要内部措施授权提交申请书。

（2）第（1）（c）分段、第（1）（d）（iii）分段和第（1）（f）分段要求的信息

应附文件支持。

(3)"同意日期"系指争议各当事者以书面形式同意将争议提交中心处理的日期;如果双方当事者并未在同一日作出同意,则指较迟同意的当事者作出同意的日期。

第3条 申请书可选信息

申请书可能额外规定各方当事者就调解员或仲裁员,以及调解员或仲裁员任命方式约定的条款,以及其他关于争议解决约定的条款。

第4条 申请书副本

(1)申请书应额外随附五份经签署的副本。秘书长可以要求提供其认为必要的其他副本。

(2)与申请书一并提交的文件应符合《行政管理和财务制度》第30条的要求。

第5条 申请书确认

(1)秘书长收到申请书后,应:

(a)向提交申请书的当事者发送一份回执;

(b)在收到规定费用付款前,不再就申请书采取任何进一步措施。

(2)秘书长收到提交申请书的费用后,应立即将申请书副本和随附文件副本转发给其他当事者。

第6条 申请书登记

(1)秘书长应根据第5(1)(b)条尽快:

(a)在调解或仲裁登记簿中登记申请,并于登记当日通知各方当事者提交的申请书已登记;或者

(b)如果秘书长基于申请书中所包含的信息发现争议明显超出中心管辖范围,则应告知各方当事者其拒绝登记申请书及其理由。

(2)登记申请书当日,公约项下的程序应被视为已经提起。

第7条 登记通知

申请书登记通知应:

(a)记录申请书已登记,并且指明登记日期和通知发送日期;

(b)通知各方当事者,除非向中心指示其他地址,否则与程序有关的所有通信和通知必须发送至申请书中注明的地址;

(c)除非已经提供信息,否则邀请协议各方向秘书长传达各方当事者间就调解员或仲裁员的人数及其任命方法达成的协议;

(d)邀请各方当事者尽快着手根据公约第29条至第31条组建调解委员会,或者根据第37条至第40条组建仲裁庭;

(e)提醒各方当事者申请书登记不影响调解委员会或仲裁庭就管辖权、权限和法律理据拥有的权力和具有的职能;以及

(f)随附一份中心调解员或仲裁员小组成员名单。

第 8 条　撤销申请书

提出申请书的当事者应在申请书登记前，以书面形式通知秘书处撤销申请书。秘书长应及时通知其他当事者，除非根据第 5（1）（b）条，尚未向其他当事者传达申请。

第 9 条　最后条款

（1）本规则以中心正式语言编制之文本应具有相同效力。

（2）本规则可作为中心之交付规则援引。

调解程序的程序规则

(调解规则)

目 录

第一章 成立委员会 ·· 145
    第 1 条 一般性义务 ··· 145
    第 2 条 临时组成委员会的方式 ································· 145
    第 3 条 依公约第 29（2）（b）条组成委员会之调解员任命 ······· 145
    第 4 条 执委会主席任命调解员 ································· 146
    第 5 条 接受任命 ··· 146
    第 6 条 成立调解委员会 ·· 146
    第 7 条 撤换调解员 ··· 147
    第 8 条 调解员无行为能力或辞职 ······························· 147
    第 9 条 调解员资格不符 ·· 147
    第 10 条 委员会空缺程序 ······································· 147
    第 11 条 委员会补缺 ··· 148
    第 12 条 补缺后恢复调解程序 ·································· 148

第二章 委员会工作 ·· 148
    第 13 条 委员会会议期 ··· 148
    第 14 条 委员会会议 ··· 148
    第 15 条 委员会评议 ··· 149
    第 16 条 委员会决议 ··· 149
    第 17 条 主席无行为能力 ······································· 149
    第 18 条 当事方代理 ··· 149

第三章 一般程序条款 ·· 149
    第 19 条 程序性决议 ··· 149
    第 20 条 审前程序事务的协商 ·································· 149
    第 21 条 工作语言 ··· 149

第四章 调解程序 ·· 150
    第 22 条 调解委员会的职能 ···································· 150
    第 23 条 各方当事者的合作 ···································· 150

第24条　请求书之传达 ·· 150
  第25条　书面声明 ·· 150
  第26条　证明文件 ·· 151
  第27条　听证会 ·· 151
  第28条　证人及专家 ·· 151
第五章　调解程序终止 ·· 151
  第29条　管辖权异议 ·· 151
  第30条　调解程序终止 ·· 152
  第31条　报告准备 ·· 152
  第32条　报告 ·· 152
  第33条　报告的传达 ·· 152
第六章　一般性条款 ·· 153
  第34条　最后条款 ·· 153

国际投资争端解决中心（ICSID）《调解程序的程序规则》（调解规则），已由中心执委会依照《关于解决各国与他国国民之间投资争端公约》第6（1）（c）款审议通过。

中心《行政管理和财务制度》，尤其是第14条至第16条、第22条至第31条和第34（1）条对调解规则进行了补充。

调解规则在发送调解申请书登记通知至报告起草完毕期间适用。上述期限之前处理的所有事项必须根据交付规则进行管理。

调解规则

第一章　成立委员会

第1条　一般性义务

（1）当事者收到申请调解予以登记之通知书后，应参照公约第三章第二节的规定，尽快成立调解委员会。

（2）除非请求书已经包括了当事者就有关调解员人数和调解员任命方式所达成的协议，否则当事者应尽快将此种情况通知秘书长。

第2条　临时组成委员会的方式

（1）在进行申请调解登记时，除当事者另有协议外，如其未就调解员人数及其任何方式达成协议，应遵循如下程序：

（a）申请方在进行申请调解登记后的十日内，应向他方当事者建议任命独任调解员或特定奇数调解员以及确定其任命的方式。

（b）他方当事者在收到申请方建议后的二十日内，应：

（i）接受此种建议；

（ii）提出有关调解员人数和其任命方式的其他建议。

（c）申请方在收到具有类似建议之答复后的二十日内，应通知他方当事者其是否接受此种建议。

（2）第（1）款规定之通信应以书面形式作成或及时予以书面确认，并且应通过秘书长送达，或当事者间直接送达，将副本送交秘书长。当事者应将达成协议之内容及时通知秘书长。

（3）在予以申请调解登记后的六十日内，如还未就其他程序达成协议，任何一方当事者可随时通知秘书长其选择公约第29（2）（b）条规定之方式。此后秘书长应及时通知他方当事者调解委员会将依上述公约条款成立。

第3条　依公约第29（2）（b）条组成委员会之调解员任命

（1）如委员会依公约第29（2）（b）条成立：

(a) 任何一方当事者在发往他方当事者之信函中应：
（i）提名两人，指定其中一名为其所任命之调解员；指定另一人为其建议担任调解委员会主席一职的调解员；并且
（ii）邀请他方当事者任命另一名调解员并共同任命建议为调解委员会主席之调解员。

(b) 他方当事者收到以上信函后，在其答复中应及时；
（i）提名一人作为其所任命的调解员；并且
（ii）同意任命建议担任调解委员会主席一职的调解员，或提名另一人为建议担任调解委员会主席一职的调解员。

(c) 原当事者在收到包含有此种建议之答复后，应及时通知他方当事者其是否同意任命由他方当事者所提议担任调解委员会主席一职的调解员。

（2）在规则规定之信函应以书面形式作出或及时予以书面确认，并且应通过秘书长送达，或双方当事者间送达，将副本送交秘书长。

第4条　执委会主席任命调解员

（1）如调解委员会未在秘书长送达准予登记通知书后的九十日内或未在当事者另行约定的期间内成立，任何一方当事者可通过秘书长向执委会主席提交书面申请，请求任命尚未任命之一名或数名调解员，并指定一名调解员为调解委员会主席。

（2）如双方当事者已经达成协议由调解员推选调解委员会主席而未选出，则经过必要细节修改后的第（1）款之规定应适用。

（3）秘书长应立即将申请书副本送达他方当事者。

（4）主席应参照公约第31（1）条，在作出任命或指定前尽量与双方当事者磋商，并且于收到请求书后的三十日内同意此项请求。

（5）秘书长应及时通知双方当事者有关主席作出的任命或指定。

第5条　接受任命

（1）有关一方或双方当事者应将各名调解员之任命通知秘书长，并应说明任命之方式。

（2）秘书长一旦收到当事者或执委会主席有关任命调解员之通知后，即应寻求被任命者之接受。

（3）如调解员在十五日内未接受任命，秘书长应及时通知双方当事者，如该调解员系主席任命者，还应通知主席，并且邀请他们依先前方式任命另一人为调解员。

第6条　成立调解委员会

（1）秘书长通知双方当事者全体调解员均已接受任命之日，应视为调解委员会已经组成并且调解程序已经开始。

（2）调解委员会开会前或第一次开会时，各名调解员应以如下方式签署声明：
"据本人所知，本人没有理由推辞在国际投资争端解决中心成立的有关_____和

_____之间争议的调解委员会内任职。"

"本人对由于本人参加本调解程序而知之所有情事及调解委员会作出的任何裁决之内容，将保守秘密。"

"本人将依准据法，在双方当事者间公正裁判，并且除《关于解决各国与他国国民之间投资争端公约》和依其制定的条例、规则之规定外，将不接受来自任何方面的有关调解程序的指示或报酬。"

"在此附上有关本人过去和现与当事者双方存在的职业、业务和其他关系（如系存在）之声明书。"

在调解委员会第一次开会结束时，任何未签署声明书之调解员应被视为已经辞职。

第7条 撤换调解员

调解委员会成立前，各方当事者可随时撤换任何其所指定的调解员，并且双方当事者可合意撤换任何调解员，以上撤换程序应根据规则1、规则5和规则6执行。

第8条 调解员无行为能力或辞职

（1）如调解员失去行为能力或不能履行职责，应适用第9条所规定的有关调解员资格不符之程序。

（2）调解员可通过向其他调解委员会成员和秘书长提交辞呈方式辞职。如调解员系一方当事者任命者，调解委员会应及时考虑其辞职之理由，并决定是否同意其辞职。调解委员会应及时将其决定通知秘书长。

第9条 调解员资格不符

（1）根据公约第57条，提议调解员资格不符之当事者应在调解委员会首次建议争议和解条款前，或者调解程序终结前的期间向秘书长及时提交建议，说明理由。

（2）秘书长应立即：

（a）将建议送达调解委员会成员，并且如建议涉及到独任调解员或大多数调解员会成员，将此项建议送交执委会主席；并且

（b）通知建议的他方当事者。

（3）一旦发生此种情况，与建议有关之调解员可立即向调解委员会或执委会主席（视具体情况而定）作出说明。

（4）除非建议涉及到调解委员会之大多数成员，其他成员应在有关调解员不参加的情况下对建议及时审议和投票。如赞成票与反对票相等，上述成员应通过秘书长及时将建议、有关调解员作出之说明以及未作出决定之情况通知执委会主席。

（5）主席必须在收到建议后的三十日内就调解员资格不符之建议作出决定。

（6）就建议作出决定后，调解程序方可继续进行。

第10条 委员会空缺程序

（1）秘书长应将调解员资格不符、死亡、无行为能力或辞职以及调解委员会准予辞职（如其发生），立即通知双方当事者，并如系必要，通知执委会主席。

（2）秘书长通知调解委员会产生空缺后至补缺完毕前，调解应中止或继续中止。

第 11 条　委员会补缺

（1）除第（2）款另有规定外，由于调解员资格不符、死亡、行为能力或辞职而产生的空缺应通过其被任命时的相同方法及时填补。

（2）执委会主席除了应对其任命之调解员补缺外，还应从调解员名单中任命一人：

（a）在调解委员会未达成一致意见时，填补由于一方当事者任命的调解员辞职所产生之空缺；或者

（b）如在秘书长通知空缺后的四十五日内，新的任命没有作出并且没有被接受时，根据任何一方当事者之请求，填补任何其他空缺。

（3）补缺之程序应适用第 1 条、第 4（4）条、第 4（5）条、第 5 条以及作出必要细节修改后的第 6（2）条。

第 12 条　补缺后恢复调解程序

一旦补缺完毕，调解委员会应继续进行因空缺而中止之调解程序。如听证会已经开始，新任调解员可要求重新进行全部或部分听证。

第二章　委员会工作

第 13 条　委员会会议期

（1）调解委员会应在成立后的六十日内或双方同意之相应期间首次开会，调解委员会主席应在与调解委员会成员和秘书长磋商后，指定开会日期。如由于双方当事者达成协议由调解委员会成员推选产生主席，而调解委员会成立后还未选出主席，秘书长应指定开会日期。在以上两种情形下，均应尽量与双方当事者磋商。

（2）调解委员会在尽量与秘书长及双方当事者磋商后，应确定后续开会日期。

（3）调解程序应在中心所在地或依照公约第 63 条由双方当事者协议之其他地点进行。双方当事者如果同意调解程序在中心或者中心作了必要安排之调解机构以外地点进行，应与秘书长协商，并请求调解委员会批准。如未获批准，调解程序应在中心所在地进行。

（4）秘书长应在适当期间内，将调解委员会开会的日期和地点通知调解委员会成员和双方当事者。

第 14 条　委员会会议

（1）主席应主持调解委员会之审理和评议工作。

（2）除双方当事者另有协议外，调解委员会多数成员出席会议应是调解委员会开会的必要条件。

（3）调解委员会主席应确定开会日期和开会时间。

第 15 条 委员会评议

（1）调解委员会评议应秘密进行并应保守秘密。

（2）只有调解委员会成员才可参加调解委员会评议。除调解委员会作出其他决定外，他人不得参加。

第 16 条 委员会决议

（1）调解委员会决议由全体成员之多数票决定。弃权应作为否决票计算。

（2）除以上规则有其他规定或调解委员会作出其他决定外，调解委员会可通过成员间通信方式作出任何决定，但必须与全体成员进行协商。这种决定应得到调解委员会主席之确认。

第 17 条 主席无行为能力

调解委员会主席一旦丧失行为能力，其职责应由调解委员会其他成员之一履行，其顺序依秘书长收到调解员接受任职通知书之先后确定。

第 18 条 当事方代理

（1）各方当事者可由代理人、法律顾问或律师代理或协助。该当事者将代理人、法律顾问或律师的姓名及权限通知秘书长。秘书长应及时通知调解委员会和他方当事者。

（2）根据本规则，"当事者"包括授权代表当事方代理人、法律顾问和律师。

第三章 一般程序条款

第 19 条 程序性决议

调解委员会应按进行调解程序之要求，作出决议。

第 20 条 审前程序事务的协商

（1）调解委员会成立后，主席应尽快查明双方当事者关于程序问题的意见。为此，主席可要求与双方当事者会谈。主席应特别征求当事者对下列事项的意见：

（a）构成调解委员会开庭之法定人数所必需的调解员人数；

（b）调解中使用的一种或数种语言；

（c）各方当事者意图准备或请求调解委员会调用的口头或书面证据，各方当事者意图提交的书面声明，以及准备上述证据或提交上述声明的期限；以及

（d）各方当事者要求他方当事者提交文件副本数额；

（e）保存听证记录之方式。

（2）调解委员会在调解程序中，应适用双方当事者有关程序问题的任何协议，但公约或行政管理和财务制度另有规定者除外。

第 21 条 工作语言

（1）双方当事者可达成协议，在调解中使用一种或两种语言，但如达成协议之语

言不是中心之正式语言，调解委员会在与秘书长协商后可以批准使用上述非中心正式语言。如双方当事者未就调解程序使用的语言达成协议，当事者为此可各自选择一种正式语言（即英语、法语和西班牙语）。

（2）如双方当事者选择两种工作语言，任何文件可以其中一种语言编制。调解委员会可使用其中任何一种语言，但调解委员会有此项要求，应提供两种语言之间的笔译和口译。调解委员会应以此两种语言提交建议和报告以及保存记录，两种文本有相同效力。

第四章　调解程序

第 22 条　调解委员会的职能

（1）为了澄清各方当事者之间的争议事项，调解委员会应听取双方当事者的意见并应尽力获取有帮助的信息。各方当事者应尽可能地与其工作密切联系在一起。

（2）为了使各方当事者能够达成协议，调解委员会可以在调解程序任意阶段不时以口头形式或书面形式向各方当事者提出建议。调解委员会可以建议各方当事者接受具体和解条款，或者在试图促使双方当事者达成协议时，建议双方当事者避免作出可能加剧争议的行为；调解委员会应向各方当事者指出支持其提出之建议的理由。调解委员会可以规定各方当事者应将其就上述建议作出的决定告知调解委员会的期限。

（3）为了获得调解委员会履行其职能所需的信息，调解委员会可以在整个调解期间：

（a）要求任意一方当事者作出口头说明，提供文件或其他信息；

（b）要求他人提供证据；并且

（c）在获得有关当事者同意后，勘察争议所涉及的现场，或在此现场进行调查，但是各方当事者可以参与上述勘察和调查。

第 23 条　各方当事者的合作

（1）双方当事者应本着善意原则与调解委员会合作，尤其是应调解委员会要求提供所有相关文件、信息和解释，并采取一切可用手段使调解委员会能够听取其希望传召之证人和专家的意见。各方当事者还应为调解委员会希望实施的，争议所涉及的现场的勘察，或在上述现场进行的调查提供便利。

（2）各方当事者应遵守调解委员会同意或规定的期限要求。

第 24 条　请求书之传达

调解委员会成立后，秘书长应向各成员发送请求书副本（据此，调解程序视为已开始）、证明文件副本、登记通知书副本和各方当事者就此收到的所有通信的副本。

第 25 条　书面声明

（1）调解委员会成立后，其主席应要求各方当事者在三十日内或其规定的其他期限内，提交一份关于其立场的书面声明。如果调解委员会成立时并未选出主席，则上述邀请应由秘书长发出，上述其他期限应由秘书长确定。在整个调解程序中，在委员会规定的期限内，任意一方当事者可以提交其认为有用的其他相关书面声明。

（2）除非调解委员会在咨询各方当事者及秘书长后另有规定，否则每份书面声明或其他文件应以已签字的原本形式提交，并随附数量多于调解委员会成员人数两份的附加副本。

第 26 条　证明文件

（1）一方当事者提交的每份书面声明或其他文件应随附证明文件，证明文件的格式和副本数量应根据《行政管理和财务制度》第 30 条确定。

（2）证明文件通常应与其关联文件一起提交，在任何情况下，不得超过关联文件提交期限。

第 27 条　听证会

（1）调解委员会听证会应秘密进行，除非双方当事者另有约定，否则应对此保密。

（2）调解委员会在获得各方当事者同意后，应决定除双方当事者、其代理人、法律顾问和律师、作证的证人和专家，以及调解委员会人员外的哪些人可以出席听证会。

第 28 条　证人及专家

（1）在整个调解期间，各方当事者可以要求调解委员会听取该方当事者认为掌握争议相关证据的证人和专家的意见。调解委员会可以规定举行上述听证会的期限。

（2）在调解委员会主席的领导下，双方当事者可当庭向证人和专家提出询问，调解委员会成员也可以向证人和专家提出询问。

（3）如果证人或专家无法出席听证会，则调解委员会在各方当事者同意后，可以作出适当安排，以便以笔录证词的形式提供证据，或者在别处讯问证人或专家。双方当事者可以参与上述询问。

第五章　调解程序终止

第 29 条　管辖权异议

（1）对于争议不属于中心管辖范围或不属于调解委员会职权范围之主张，应尽早提出。当事者应在确定首次提交书面声明前或首次听证会上（如果听证会早于首次提交书面证明）向秘书长提出异议，除非异议所基于之事实在此时不为当事者所知。

（2）在整个调解程序期间，调解委员会可主动审议向其提交之争议是否属于中心管辖范围和其本身之职权范围。

（3）有关争议之异议正式提出后，针对实质事项的程序即应中止。调解委员会应征求当事者对此项异议提出的意见。

（4）调解委员会可将此项异议作为一个先决问题加以解决，也可将其并入争议之实质事项一并审理。如调解委员会对异议作出裁定,或将其并入实质事项一并审理,则调解委员会应及时继续审理实质事项。

(5) 如调解委员会裁定争议不属于中心管辖范围或不属于调解委员会职权范围,则调解委员会应结束调解程序并起草相关报告,并在报告中说明结束程序的理由。

第 30 条　调解程序终止

(1) 如果双方当事者就争议事项达成约定,则调解委员会应结束调解程序并起草相关报告,并在报告中说明争议事项以及各方当事者所达成的协议。根据双方当事者的请求,报告应记录详细的协议条款和条件。

(2) 如果在调解程序中,调解委员会认为双方当事者无法达成协议,则调解委员会应在通知双方当事者后,结束调解程序并起草相关报告,并在报告中说明调解委员会对争议调解的意见并记录双方当事者无法达成协议。

(3) 如果一方当事者未能出席或参与调解程序,调解委员会应在通知双方当事者后,结束调解程序并起草相关报告,并在报告中说明调解委员会对争议调解的意见并记录一方当事者未出席或参与调解程序。

第 31 条　报告准备

委员会报告应在程序终止后六十日内起草并签署。

第 32 条　报告

(1) 报告应以书面形式作出,除第(2)款和第 30 条规定材料外,还应包括:

(a) 各方当事者的准确指派;

(b) 委员会是根据公约组件的声明,以及委员会组建方法的描述;

(c) 委员会成员的姓名,以及每位成员制定者的身份;

(d) 各方当事者代理人、法律顾问和律师的姓名;

(e) 委员会会议举行日期和地点;和

(f) 程序总结。

(2) 报告应记录各方当事者间根据公约第 35 条达成的,关于在其他程序中使用在调解委员会实施的调解程序中表达的观点、作出的声明或者同意或提出的和解,或者调解委员会作出的报告或建议的约定。

(3) 报告应由调解委员会成员签字;并注明每位调解员签署的日期。另外,如果任何成员拒绝签署报告,此等事实亦应载入报告中。

第 33 条　报告的传达

(1) 在全体调解员签署后,秘书长应及时:

(a) 查明报告原本之真实性并将其存入中心档案;并且

(b) 将核对无误之报告副本发送各方当事者,并在原本和所有副本上注明发送日期。

(2) 秘书长根据请求,应向当事者提供适当数量的附加报告副本。

(3) 未经双方当事者同意,中心不得公布裁决书。

第六章　一般性条款

第 34 条　最后条款
(1) 本规则以中心正式语言编制之文本应具有相同效力。
(2) 本规则可作为中心之调解规则援引。

仲裁程序的程序规则

（仲裁规则）

目 录

第一章　成立仲裁庭 ·· 156

　第 1 条　一般性义务 ·· 156
　第 2 条　临时组成仲裁庭的方式 ·· 156
　第 3 条　依公约第 37（2）（b）条组成仲裁庭之仲裁员之任命 ··········· 157
　第 4 条　执委会主席任命仲裁员 ·· 157
　第 5 条　接受任命 ·· 157
　第 6 条　成立仲裁庭 ·· 158
　第 7 条　撤换仲裁员 ·· 158
　第 8 条　仲裁员无行为能力或辞职 ······································ 158
　第 9 条　仲裁员资格不符 ··· 158
　第 10 条　仲裁庭空缺程序 ·· 159
　第 11 条　仲裁庭补缺 ·· 159
　第 12 条　补缺后恢复仲裁程序 ··· 159

第二章　仲裁庭工作 ·· 159

　第 13 条　仲裁庭开庭期 ·· 159
　第 14 条　仲裁庭开庭 ·· 160
　第 15 条　仲裁庭评议 ·· 160
　第 16 条　仲裁庭决议 ·· 160
　第 17 条　庭长之无行为能力 ··· 160
　第 18 条　当事方代理 ·· 160

第三章　一般程序条款 ·· 160

　第 19 条　程序性决议 ·· 160
　第 20 条　审前程序事务的协商 ··· 160
　第 21 条　预审会议 ·· 161
　第 22 条　工作语言 ·· 161
　第 23 条　文件副本 ·· 161
　第 24 条　证明文件 ·· 161
　第 25 条　纠正错误 ·· 161

第 26 条　期限 ·· 161
　　第 27 条　弃权 ·· 162
　　第 28 条　仲裁费用 ··· 162
第四章　书面审理和口头辩论 ·· 162
　　第 29 条　正常程序 ··· 162
　　第 30 条　申请书的送达 ·· 162
　　第 31 条　书面审理 ··· 162
　　第 32 条　口头辩论 ··· 163
　　第 33 条　提供证据 ··· 163
　　第 34 条　证据：一般原则 ··· 163
　　第 35 条　询问证人及专家 ··· 163
　　第 36 条　证人及专家：特殊规则 ·· 163
　　第 37 条　勘察与调查非争议当事者意见 ··· 164
　　第 38 条　仲裁程序的终止 ··· 164
第五章　特别程序 ·· 164
　　第 39 条　保全措施 ··· 164
　　第 40 条　附带请求 ··· 165
　　第 41 条　先决反对 ··· 165
　　第 42 条　缺席 ·· 165
　　第 43 条　和解与中止 ··· 166
　　第 44 条　一方当事者请求中止 ··· 166
　　第 45 条　双方当事者不作为的中止 ·· 166
第六章　裁决 ··· 166
　　第 46 条　裁决准备 ··· 166
　　第 47 条　裁决 ·· 166
　　第 48 条　编制裁决书 ··· 167
　　第 49 条　补充决定与修改 ··· 167
第七章　裁决的解释、修改及撤销 ·· 168
　　第 50 条　申请 ·· 168
　　第 51 条　解释或修改：后续程序 ·· 169
　　第 52 条　撤销：后续程序 ··· 169
　　第 53 条　程序规则 ··· 169
　　第 54 条　裁决执行的中止 ··· 169
　　第 55 条　撤销裁决后争议的复核 ·· 170
第八章　一般性条款 ·· 170
　　第 56 条　最后条款 ··· 170

国际投资争端解决中心《仲裁程序的程序规则》（仲裁规则），已由中心执委会依照《关于解决各国与他国国民之间投资争端公约》第6（1）（c）款审议通过。

中心《行政管理和财务制度》，尤其是规则十四至规则十六、第22条至第31条和第34（1）条对仲裁规则进行了补充。

仲裁规则在发送仲裁申请书登记通知至作出仲裁裁决以及对其所提出的所有质疑期间均适用。上述期限之前处理的所有事项必须根据交付规则进行管理。

仲裁规则

第一章　成立仲裁庭

第1条　一般性义务

（1）当事者收到申请仲裁予以登记之通知书后，应参照公约第四章第二节的规定，尽快成立仲裁庭。

（2）除非仲裁申请书已经包括了当事者就有关仲裁员人数和他们的任命方式所达成的协议，否则当事者应尽快将此种情况通知秘书长。

（3）除当事者就各名仲裁员之任命达成协议外，否则仲裁员多数应为非争议当事国国名，或者争议当事者之国家的国名。若仲裁庭由三名成员组成，未经争议另一方当事者同意，上述国家国民均不可被一方当事者任命为仲裁员。若仲裁庭由五名或以上成员组成，则只有双方争议当事者所任命之相同人数的仲裁员中争议当事国国民或者其国民是当事者之国家的国民不会形成具有以上国籍之仲裁员的多数，一方当事者才可任命以上国家之国民。

（4）在任何解决争议的先前程序中担任过调解员或仲裁员之人员均不得被任命为仲裁庭成员。

第2条　临时组成仲裁庭的方式

（1）在进行申请仲裁登记时，除当事者另有协议外，如其未就仲裁员人数及其任何方式达成协议，应遵循如下程序：

（a）申请方在进行申请仲裁登记后的十日内，应向他方当事者建议任命独任仲裁员或特定奇数仲裁员以及确定其任命的方式。

（b）他方当事者在收到申请方建议后的二十日内，应：

（i）接受此种建议；或者

（ii）提出有关仲裁员人数和其任命方式的其他建议。

（c）申请方在收到具有类似建议之答复后的二十日内，应通知他方当事者其是否接受此种建议。

（2）上述第（1）款规定之通信应以书面形式作成或及时予以书面确认，并且应通过秘书长送达,或当事者间直接送达,将副本送交秘书长。当事者应将达成协议之内容及时通知秘书长。

(3) 在予以申请仲裁登记后的六十日内,如还未就其他程序达成协议,任何一方当事者可随时通知秘书长其选择公约第 37(2)(b) 条规定之任命方式。此后秘书长应及时通知他方当事者仲裁庭将依上述公约条款成立。

第 3 条　依公约第 37(2)(b) 条组成仲裁庭之仲裁员之任命

(1) 如仲裁庭依公约第 37(2)(b) 条成立:

(a) 任何一方当事者在发往他方当事者之信函中应:

(i) 提名两人,指定其中一名既不具有任何一方当事者之国籍又不是任何一方当事者之国民者为其所任命之仲裁员;指定另一人为其建议的仲裁庭庭长之仲裁员;并且

(ii) 邀请他方当事者任命另一名仲裁员并共同任命建议为仲裁庭庭长之仲裁员。

(b) 他方当事者收到以上信函后,在其答复中应及时;

(i) 提名一人作为其所任命的仲裁员,但其既不得具有任何一方当事者之国籍,也不得为任何一方当事者之国民;

(ii) 同意任命建议为仲裁庭庭长之仲裁员,或提名另一人为建议的仲裁庭庭长之仲裁员。

(c) 原当事者在收到包含有此种建议之答复后,应及时通知他方当事者其是否同意任命由他方当事者所提议作为仲裁庭庭长之仲裁员。

(2) 在规则规定之信函应以书面形式作出或及时予以书面确认,并且应通过秘书长送达,或双方当事者间送达,将副本送交秘书长。

第 4 条　执委会主席任命仲裁员

(1) 如仲裁庭未在秘书长送达准予登记通知书后的九十日内或未在当事者另行约定的期间内成立,任何一方当事者可通过秘书长向执委会主席提交书面申请,请求任命尚未任命之一名或数名仲裁员,并指定一名仲裁员为仲裁庭庭长。

(2) 如双方当事者已经达成协议由仲裁员推选仲裁庭庭长而未选出,则应适当适用上述第(1)款之规定。

(3) 秘书长应立即申请书副本送达他方当事者。

(4) 主席应参照公约第 38 条和第 40(1) 条,在作出任命或指定前尽量与双方当事者磋商后,并且于收到申请书后的三十日内同意此项申请。

(5) 秘书长应及时通知双方当事者有关主席作出的任命或指定。

第 5 条　接受任命

(1) 有关一方或双方当事者应将各名仲裁员之任命通知秘书长,并应说明任命之方式。

(2) 秘书长一旦收到当事者或执委会主席有关任命仲裁员之通知后,即应寻求被

任命者之接受。

（3）如仲裁员在十五日内未接受任命，秘书长应及时通知双方当事者，如该仲裁员系主席任命者，还应通知主席，并且邀请他们依先前方式任命另一人为仲裁员。

第 6 条　成立仲裁庭

（1）秘书长通知双方当事者全体仲裁员均已接受任命之日，应视为仲裁庭已经组成并且仲裁程序已经开始。

（2）仲裁庭开庭前或第一次开庭时，各名仲裁员应以如下方式签署声明：

"据本人所知，本人没有理由推辞在国际投资争端解决中心成立的有关_____和_____之间争议的仲裁庭内任职。"

"本人对由于本人参加本仲裁程序而知之所有事情及仲裁庭作出的任何裁决之内容，将保守秘密。"

"本人将依准据法，在双方当事者间公正裁判，并且除《关于解决各国与他国国民之间投资争端公约》和依其制定的条例、规则之规定外，本人不接受来自任何方面的有关仲裁的指示或报酬。"

"在此附上（a）有关本人过去和现在与当事者双方存在的职业、业务和其他关系（如系存在）和（b）可能导致当事者对本人作出的独立判断之可靠性提出质疑的其他情况之声明书。本人确认通过签署本声明，本人负有及时将在程序进行过程中后续产生的上述关系或情况及时告知秘书长的持续性义务。"

在仲裁庭第一次开庭结束时，任何未签署声明书之仲裁员应被视为已经辞职。

第 7 条　撤换仲裁员

仲裁庭成立前，各方当事者可随时撤换任何其所指定的仲裁员，并且双方当事者可合意撤换任何仲裁员，以上撤换程序应根据规则 1、规则 5 和规则 6 执行。

第 8 条　仲裁员无行为能力或辞职

（1）如仲裁员失去行为能力或不能履行职责，应适用第 9 条所规定的有关仲裁员资格不符之程序。

（2）仲裁员可通过向其他仲裁庭成员和秘书长提交辞呈方式辞职。如仲裁员系一方当事者任命者，仲裁庭应及时考虑其辞职之理由，并决定是否同意其辞职。仲裁庭应及时将其决定通知秘书长。

第 9 条　仲裁员资格不符

（1）根据公约第五十七条，提议仲裁员资格不符之当事者应在仲裁宣布终结前的期间向秘书长及时提交建议，说明理由。

（2）秘书长应立即：

（a）将建议送达仲裁庭成员，并且如建议涉及到独任仲裁员或大多数仲裁庭成员，将此项建议送交执委会主席；

（b）通知建议的他方当事者。

（3）一旦发生此种情况，与建议有关之仲裁员可立即向仲裁庭或执委会主席作出说明。

（4）除非建议涉及到仲裁庭之大多数成员，其他成员应在有关仲裁员不参加的情况下对建议及时审议和投票。如赞成票与反对票相等，他们应通过秘书长及时将建议、有关仲裁员作出之说明以及他们未作出决定之情况通知执委会主席。

（5）主席必须在收到建议后的三十日内就仲裁员资格不符之建议作出决定。

（6）对建议之决定作出后，仲裁程序才可继续进行。

第10条 仲裁庭空缺程序

（1）秘书长应将仲裁员资格不符、死亡、无行为能力或辞职以及仲裁庭准予辞职（如其发生），立即通知双方当事者，并如系必要，通知执委会主席。

（2）秘书长通知仲裁庭产生空缺后至补缺完了前，仲裁应中止或继续中止。

第11条 仲裁庭补缺

（1）除第（2）款另有规定外，由于仲裁员资格不符、死亡、行为能力或辞职而产生的空缺应通过其被任命时相同方法及时填补之。

（2）执委会主席除了应对其任命之仲裁员补缺外，还应从仲裁员名单中任命一人：

（a）在仲裁庭未达成一致意见时，填补由一方当事者任命的仲裁员辞职所产生之空缺；或者

（b）如在秘书长通知空缺后的三十日内，新的任命没有作出并且没有被接受时，根据任何一方当事者之请求，填补任何其他空缺。

（3）补缺之程序应适用第1条、第4（4）条、第4（5）条、第5条和细节作出必要修正后的第6（2）条。

第12条 补缺后恢复仲裁程序

一旦补缺完毕，仲裁庭应继续进行因空缺而中止之仲裁程序。但如口头辩论已经开始，新任仲裁员可要求其重新进行。

第二章 仲裁庭工作

第13条 仲裁庭开庭期

（1）仲裁庭应在成立后的六十日内或双方同意之相应期间首次开庭，仲裁庭庭长应在与仲裁庭成员和秘书长磋商后，指定开庭日期。如由于双方当事者达成协议由仲裁庭成员推选产生庭长，而仲裁庭成立后还未选出庭长，秘书长应指定开庭日期。在以上两种情形下，均应尽量与双方当事者磋商。

（2）仲裁庭在尽量与秘书长及双方当事者磋商后，应确定后续开庭日期。

（3）仲裁程序应在中心所在地或依照公约第六十三条由双方当事者协议之其他地点进行。双方当事者如果同意仲裁程序在中心或者中心作了必要安排之仲裁机构以外

地点进行，应与秘书长协商，并请求仲裁庭批准。如未获批准，仲裁程序应在中心所在地进行。

（4）秘书长应在适当期间内，将仲裁庭开庭的日期和地点通知仲裁庭成员和双方当事者。

第 14 条　仲裁庭开庭

（1）仲裁庭庭长应主持仲裁庭之审理和评议工作。

（2）除双方当事者另有协议外，仲裁庭多数成员出庭应是仲裁庭开庭之必要条件。

（3）仲裁庭庭长应确定开庭日期和开庭时间。

第 15 条　仲裁庭评议

（1）仲裁庭评议应秘密进行并应保守秘密。

（2）只有仲裁庭成员才可参加仲裁庭评议。除仲裁庭作出其他决定外，他人不得参加。

第 16 条　仲裁庭决议

（1）仲裁庭决议由全体成员之多数票决定。弃权应作为否决票计算。

（2）除以上规则有其他规定或仲裁庭作出其他决定外，仲裁庭可通过成员间通信方式作出任何决定，但必须与全体成员进行协商。这种决定应得到仲裁庭庭长之确认。

第 17 条　庭长之无行为能力

仲裁庭庭长一旦丧失行为能力，其职责应由仲裁庭其他成员之一履行，其顺序依秘书长收到仲裁员接受任职通知书之先后确定。

第 18 条　当事方代理

（1）各方当事者可由代理人、法律顾问或律师代理或协助。该当事者将代理人、法律顾问和律师的姓名及权限通知秘书长。秘书长应及时通知仲裁庭和他方当事者。

（2）根据本规则，"当事者"包括：授权代表当事方代理人、法律顾问或律师。

第三章　一般程序条款

第 19 条　程序性决议

仲裁庭应按进行仲裁程序之要求，作出决议。

第 20 条　审前程序事务的协商

（1）仲裁庭成立后，庭长应尽快查明双方当事者关于程序问题的意见。为此，他可要求与双方当事者会谈。他应特别征求当事者对下列事项的意见：

（a）构成仲裁庭开庭之法定人数所必要之仲裁员人数；

（b）仲裁中使用的一种或数种语言；

（c）申辩文书的数额及顺序，以及它们提交之期限；

(d) 各方当事者要求他方当事者提交文件副本数额；

(e) 书面预审或口头辩论之免除；

(f) 仲裁费用之分担方式；以及

(g) 保存审理记录之方式。

(2) 仲裁庭在仲裁程序中，应适用双方当事者有关程序问题的任何协议，但公约或行政和财务条例另有规定者除外。

第21条 预审会议

(1) 根据秘书长要求或仲裁庭庭长决定，仲裁庭与双方当事者可举行预审会议，交换文件及确定无争议之事实，以便简化仲裁程序。

(2) 根据当事者请求，仲裁庭与当事者或经授权之合法代理人可举行预审会议，审查争议事项，以便达成和解。

第22条 工作语言

(1) 双方当事者可达成协议，在仲裁中使用一种或两种语言，但如达成协议之语言不是中心之正式语言，仲裁庭在与秘书长协商后可以批准使用上述非中心正式语言。如双方当事者未就任何仲裁程序使用的语言达成协议，当事者为此可各自选择一种正式语言（即英语、法语和西班牙语）。

(2) 如双方当事者选择两种工作语言，任何文件可以其中之一编制。仲裁庭可使用其中任何一种语言，但仲裁庭有此项要求，应提供两种语言之间的笔译和口译。仲裁庭应以此两种语言作出决定和裁决以及保存记录，两种文本有相同效力。

第23条 文件副本

除仲裁庭与双方当事者及秘书长磋商后另有规定外，申请书、申诉书、请求书、书面意见、证明文件或其他文件（如系存在）应以署名原本附加下列数额副本之方式提交：

(a) 仲裁庭人数确定以前，五份；

(b) 仲裁庭人数确定以后，多于人数两份。

第24条 证明文件

证明文件通常应与其有关的文件一同提交，并且必须在规定的期限内提交。

第25条 纠正错误

经他方当事者之同意或仲裁庭之许可，任何文件或证明文件中的错误可在裁决作出前予以改正。

第26条 期限

(1) 为完成仲裁程序各步骤之需要，仲裁庭应以指定日期之方式确定期限。仲裁庭可将此种权力授予庭长。

(2) 仲裁庭可延长其确定的任何期限。如仲裁庭不在开庭期，此种权力应由庭长行使。

（3）有效期限届满后，不得再继续任何行动。除非在特殊情况下并给予他方当事者陈述意见的机会后，仲裁庭才能作出相反的裁定。

第 27 条　弃权

一方当事者未遵守其知道或应当知道之行政和财务条例、本规则及任何其他规则之规定，或仲裁所适用之协议、仲裁庭裁定，并且未及时陈述其主张，应视为——依公约第 45 条—放弃了提出异议之权利。

第 28 条　仲裁费用

（1）除非双方当事者另有协议，仲裁庭在不影响关于支付仲裁费用之最后裁定的情况下，可决定：

（a）根据行政和财务条例第 14 条，各方当事者在整个仲裁期间应支付仲裁庭之酬金，支出以及使用中心设施之费用的份额；

（b）应由一方当事者完全承担或按特定比例分担之有关仲裁费用（由秘书长确定之）。

（2）仲裁程序终结后，各方当事者应及时向仲裁庭提交由合理产生或其担负之费用结算表，秘书长应及时向仲裁庭提交各方当事者向中心支付款项之总数以及中心在仲裁中支出之全部费用的账目。仲裁庭在裁决作出前，可以要求双方当事者和秘书长提供有关仲裁费用之附加资料。

第四章　书面审理和口头辩论

第 29 条　正常程序

除双方当事者另外达成协议外，仲裁程序应包括两个阶段：书面审理和口头辩论。

第 30 条　申请书的送达

仲裁庭一旦成立，秘书长即应将提交仲裁之申请书、证明文件、登记通知书以及收到之各方当事者应答信函的副本送达各名仲裁员。

第 31 条　书面审理

（1）除仲裁申请书外，书面审理应包括下列在仲裁庭规定之期限内提交的申诉书：

（a）申请方之纪要书；

（b）他方当事者之纪要答辩书。

并且，如果双方当事者达成此项协议或者仲裁庭认为必要：

（c）申请方之答辩书；和

（d）他方当事者之第二答辩书。

（2）如申请由双方共同提出，各方当事者应在仲裁庭规定之相同期间内，提交纪要书，并且如双方当事者达成此项协议或者仲裁庭认为必要，还应提交答辩书；但双方当事者为适用上述第（1）款之规定，可代之而同意其中一方当事者为申请方。

（3）纪要书应包括：有关事实之陈述；法律之陈述；意见。纪要答辩书、申请方之答辩书或第二答辩书应包括：对前申请书陈述事实之承认或否认；必要附加事实；对前申诉书之法律陈述的意见；其答辩对法律之陈述；意见。

第 32 条　口头辩论

（1）口头辩论应由双方当事者、其代理人、法律顾问和律师、证人和专家参加进行。

（2）除非任何一方当事者提出反对，否则可以允许除双方当事者、其代理人、法律顾问、律师、证人和专家以及仲裁庭工作人员以外其他人员根据合理的后勤辅助安排参加听证会。在这种情况下，仲裁庭应制定专有或秘密信息保护程序。

（3）仲裁庭成员在听证期间，可向双方当事者、其代理人、法律顾问和律师询问，并要求其作出说明。

第 33 条　提供证据

在不影响有关提供书证规则之情况下，各方当事者为达成仲裁庭和他方当事者建议之目的，应在仲裁庭规定的期限内，将准备提供之证据以及准备请求仲裁庭收集之证据，连同与证据有关之某些案情特征的确切情况通知秘书长。

第 34 条　证据：一般原则

（1）仲裁庭对于所提供的证据，应就其是否接受及其证明价值作出判断。

（2）仲裁庭在整个仲裁期间如认为必要，可：

(a) 要求双方当事者提供文件、证人和专家；并且

(b) 勘察争议所涉及的现场，或在此现场进行调查。

（3）双方当事者在提供证据和采取第（2）款规定之措施时，应与仲裁庭合作。仲裁庭应将一方当事者未履行本款规定之义务及未履行之理由作正式记录。

（4）提供证据和依第（2）款规定采取之其他措施所产生的费用应被认为构成公约第 61（2）条项下双方当事者开支的一部分。

第 35 条　询问证人及专家

（1）在仲裁庭庭长的领导下，双方当事者可当庭向证人、专家提出询问，仲裁庭成员也可提出询问。

（2）各证人在其作证前应作如下声明：

"本人谨以荣誉和良知慎重起誓：本人将陈述事实、全部事实，并且仅仅是事实。"

（3）各专家在其作鉴定书前应作如下声明：

"本人谨以荣誉和良知慎重起誓：本人将一秉信诚提供鉴定结论。"

第 36 条　证人及专家：特殊规则

尽管有第 35 条的规定，但仲裁庭也可以：

(a) 接受证人或专家在笔录证词中提供之证据。并且

(b) 征得双方当事者同意,以非当庭方式对证人和专家进行询问。仲裁庭应限定询问之项目、期限、遵循之程序以及其他细节。双方当事者可参加询问。

第 37 条　勘察与调查非争议当事者意见

(1) 如仲裁庭认为必须对有关争议现场进行勘察或调查,则应作出决议。此项决议应限定勘察之范围或调查之项目、期限、遵循之程序及其他细节。双方当事者可参加勘察或调查。

(2) 在咨询双方当事者后,仲裁庭可以允许不属于争议当事者的个人或实体(在本规则中被称为"非争议当事者")向仲裁庭提交关于争议范围内事项的意见。在确定是否允许提交上述意见时,仲裁庭还应考虑下述各项:

(a) 非争议当事者意见在通过提供有别于争议当事者的视角、具体知识或见解协助仲裁庭确定与程序有关事实或法律问题方面能够发挥的作用;

(b) 非争议当事者意见在争议范围内解决事项能够发挥的作用;

(c) 非争议当事者在程序中享有的利益程度。

仲裁庭应确保非争议当事者意见不会中断程序或对任何当事者产生不适当的负担或不公平的影响,并且双方当事者均有机会就非争议当事者意见呈交自己的意见。

第 38 条　仲裁程序的终止

(1) 双方当事者当庭申辩结束后,应宣布仲裁程序终止。

(2) 在裁决作出前的例外情况下,仲裁庭因发现对裁决有决定性影响的新证据或对澄清某些具体案情必要时,可进行再审程序。

第五章　特别程序

第 39 条　保全措施

(1) 在整个仲裁期间,一方当事者可请求仲裁庭采取维护其权利之保全措施。此种请求应列举被保全之权利、请求采取之措施以及需要采取此种措施之情形。

(2) 仲裁庭应优先审议依上述第(1)款提出之请求。

(3) 仲裁庭也可主动采取保全措施或者采取请求书列举之外其他措施。仲裁庭可随时修改和取消此种措施。

(4) 仲裁庭仅在给予各方当事者发表意见机会后,才可采取保全措施或者修改、取消此种措施。

(5) 如果当事者在组成仲裁庭之前根据第(1)款提出请求,则秘书长应在任何一方当事者提出申请后,确定当事者就请求呈交意见的期限,以便仲裁庭能够在成立后及时审议请求和意见。

(6) 本规则不得禁止双方当事者在开始仲裁程序前或在仲裁期间,请求任何司法机关或其他机关采取保全措施以保全其相应的权益,但其在载有自身承诺之协议中作出此类规定者除外。

第 40 条　附带请求

（1）除双方当事者另有协议外，一方当事者可直接对争议之标的提出附带请求、附加请求或反请求，但以此种附带请求在双方当事者同意之范围内或在中心管辖范围内为限。

（2）附带请求或附加请求应在提交答辩书前提出，反请求应在提交纪要答辩书前提出，除非仲裁庭考虑到提出附带请求之当事者之正当理由及他方当事者之反对理由，准予其在仲裁之较晚阶段上提出此项请求。

（3）仲裁庭应确定附带请求之他方当事者提出意见之期限。

第 41 条　先决反对

（1）对于争议或附带请求不属于中心管辖范围或其他认为不属于仲裁庭职权范围之主张，应尽早提出。当事者应在确定提交纪要答辩书期限届满前向秘书长提出异议，或者此种异议涉及附带请求，应在提交第二答辩书期限届满前提出——除非异议所基于之事实在此时为当事者所不知。

（2）在整个仲裁期间，仲裁庭可主动审议向其提交之争议或附带请求是否属于中心管辖范围和其本身之职权范围。

（3）有关争议之异议正式提出后，就实质事项之程序即应中止。仲裁庭庭长在与其他仲裁员协商后，应确定当事者对此项异议提出意见之期限。

（4）仲裁庭应决定根据第（1）款提出的异议之续行程序是否应是口头辩论。它可将此项异议作为一个先决问题加以解决，也可将其并入争议之实质事项一并审理。如仲裁庭对异议作出裁定，或将其并入实质事项一并审理，它应再次确定续行程序之期限。

（5）除非当事者同意采取其他加速程序提出先决反对，否则当事者可以在成立仲裁庭后 30 日内（在仲裁庭第一次开庭前）提出反对，说明主张明显缺乏法律依据。当事者应尽可能准确说明反对依据。仲裁庭在给予当事者就反对提出意见的机会后，应在首次开庭或其后及时将其就反对作出的决定通知各当事者。仲裁庭决定不得影响当事者根据第（1）款提出反对或在程序过程中反对缺乏法律依据的主张的权利。

（6）如仲裁庭裁定争议不属于中心管辖范围或不属于仲裁庭职权范围，它应就此作出裁决。

第 42 条　缺席

（1）如一方当事者（在本规则中称为缺席方）未出庭或在整个仲裁期间未作申辩，他方当事者在仲裁中止前，可随时请求仲裁庭审理提交之问题，并作出裁决。

（2）仲裁庭应及时将此项请求通知缺席方。除非该当事者显然无意出庭或在仲裁期间无意申辩，仲裁庭应同时给予一个宽限期，并且应：

（a）在该当事者如未于确定的期限内提交答辩状或其他文书的情况下，指定其提

交之新期限；或者

（b）在该当事者如未出庭或在仲裁审理中未作申辩的情况下，指定新的审理日期，未经他方当事者之同意，宽限期不得超过60日。

（3）宽限期届满后或依第（2）款规定无此宽限期时，仲裁庭应对争议进行重新审理。缺席方未出庭或未作申辩不应认为其接受了他方当事者之主张。

（4）仲裁庭应审查尚存异议之中心管辖权和仲裁庭本身之职权，并且如它们有管辖权，应裁定意见书在事实和法律上有无充分根据。为此，仲裁庭在整个仲裁期间可传唤当事者到庭提出意见、提供证据，或作口头说明。

第43条 和解与中止

（1）如在裁决作出前，当事者就解决争议或就中止仲裁达成协议，仲裁庭或秘书长（如仲裁庭还未成立）应依双方当事者之书面请求，作出中止仲裁之裁定书。

（2）如果当事者向秘书长提交完整的、经签署的和解材料，并且以书面形式请求仲裁庭在裁决中载入此项和解，仲裁庭可在其裁决书中载入此项和解。

第44条 一方当事者请求中止

如一方当事者请求中止仲裁，仲裁庭或秘书长（如仲裁庭还未成立）应在裁定书中确定他方当事者可陈述其是否反对此项中止之期限。如在此期限内他方当事者没有提出书面反对意见，应视为其已经默许了此项中止，并且仲裁庭或秘书长（如仲裁庭还未成立）应在裁定书中载入仲裁之中止。但如有异议，仲裁应继续进行。

第45条 双方当事者不作为的中止

如双方当事者在连续六个月期间或其达成协议并获仲裁庭或秘书长（如仲裁庭还未成立）批准之期限内，未实施任何法律行为，应视为当事者已经中止仲裁，并且仲裁庭或秘书长（如仲裁庭还未成立）应在通知双方当事者之后，在裁定书中载入此项中止。

第六章 裁　　决

第46条 裁决准备

仲裁裁决（包括任何个人意见或反对意见）应在仲裁终结后的120日内起草和签署。但如仲裁庭由于其他原因不能起草裁决书，可适当延长60日。

第47条 裁决

（1）裁决应以书面形式作出并且应包括：

（a）各方当事者确切名称；

（b）仲裁庭依公约成立的声明，及仲裁庭成立方式的说明；

（c）仲裁庭各名成员姓名，以及每位仲裁员指定机构的身份证明；

（d）双方当事方代理人、法律顾问和律师的姓名；

(e) 仲裁庭开庭日期和地点；
(f) 仲裁总结；
(g) 仲裁庭查明事实之陈述；
(h) 双方当事者之意见书；
(i) 仲裁庭对向其提交的每一问题之决定，以及决定所依据之理由；并且
(j) 仲裁庭就仲裁费用作出的全部裁定。
(2) 裁决书应由投赞成票之仲裁员署名；还应标明仲裁庭各名成员签署之日期。
(3) 仲裁庭之任何成员不论其是否与多数仲裁员存在分歧，还是陈述其反对意见，均可在裁决书后附其个人意见。

第48条　编制裁决书

(1) 在全体仲裁员签署后，秘书长应及时：
(a) 查明裁决书原本之真实性，并将其连同所有个人意见及反对意见之陈述存入中心档案；并且
(b) 将核对无误之裁决书（包括个人意见及反对意见之陈述）副本发送各方当事者，并在原本和所有副本上注明发送日期。
(2) 核对无误之裁决书副本发送之日，应视为裁决书已经作出。
(3) 秘书长根据请求，应向当事者提供适当数量的附加裁决书副本。
(4) 未经双方当事者同意，中心不得公布裁决书。但中心可将仲裁庭适用之法律规则之摘录刊登在其发行刊物上。

第49条　补充决定与修改

(1) 在裁决书作出后的四十五日内，任何一方当事者依公约第49(2)条之规定，可请求对裁决作补充决定或进行修改。此项请求应以书面形式提交秘书长。请求书应：
(a) 确定有关之裁决。
(b) 标明请求日期。
(c) 详细陈述。
(i) 请求方认为仲裁庭遗漏的问题；
(ii) 请求方要求修改的裁决之错误。和
(d) 支付请求手续费。
(2) 秘书长收到请求书和手续费后，应即时：
(a) 准予请求书登记；
(b) 将此项登记通知双方当事者；
(c) 将请求书和有关附件之副本送达他方当事者；并且
(d) 将准予登记通知书副本，连同请求书及有关附件之副本送达仲裁庭各成员。
(3) 仲裁庭庭长应与其成员协商有无必要开庭审理此项请求。仲裁庭应确定双方当事者就请求书发表意见之期限，并且应确定其审理之程序。
(4) 依本规则，在细节上作出必要修改后，第46条至第48条之规定应适用于仲

裁庭作出的任何决定。

(5) 如秘书长在裁决书作出的四十五日后收到请求书，秘书长应拒绝予以登记，并就此及时通知请求方。

第七章　裁决的解释、修改及撤销

第 50 条　申请

(1) 解释、修改及撤销裁决之申请应以书面形式提交秘书长，并且应：

(a) 确定有关之裁决。

(b) 确定申请日期。

(c) 详细陈述。

(i) 申请解释之尚存异议的明确要点。

(ii) 就根据公约第 51（1）条推出的修改申请而言，请求对裁决之修改、所发现对裁决有决定性影响之事实、此种事实在裁决作出时为仲裁庭和申请人所不知之证据、及申请人不知此种事实亦非其过失所致。

(iii) 以公约第五十二条第二款为根据之申请撤销裁决之理由。以上理由以如下为限：

——仲裁庭成立不当；

——仲裁庭明显越权；

——仲裁庭成员受贿；

——严重违反基本程序规则；

——裁决未说明理由。

(d) 支付申请手续费。

(2) 在不影响第（3）款规定的情况下，秘书长收到申请书和手续费后，应立即：

(a) 准予申请书登记；

(b) 将此项登记通知双方当事者；并且

(c) 将申请书副本及所有附件副本送达他方当事者。

(3) 秘书长对以下日期内提交之申请书应拒绝予以登记：

(a) 如其依公约第 51（2）条，未在新事实发现后的九十日内并且在裁决（或任何后续决定或其修改）作出后的三年内请求修改裁决。

(b) 如其依公约第 52（2）条，未在以下日期内请求撤销裁决：

(i) 裁决（或任何后续决定或其修改）作出后的一百二十日内，如申请书以如下理由为根据：

——仲裁庭成立不当；

——仲裁庭明显越权；

——严重违反基本程序规则；

——裁决未说明理由。

(ii) 有关仲裁庭成员受贿，在其被发现后的一百二十日内并在裁决（或任何后续决定或其修改）做出后的三年内。

(4) 如秘书长拒绝予以修改及撤销裁决之申请书进行登记，则其应立即通知申请方。

第51条 解释或修改：后续程序

(1) 秘书长准予解释或修改裁决之申请书登记后，应立即：

(a) 将准予登记通知书副本，连同申请书及所有附件之副本送达原仲裁庭成员；并且

(b) 要求各仲裁庭成员在指定期限内通知其是否愿意参加此项申请之审理。

(2) 如全体仲裁庭成员表示愿意参加此项申请之审理，秘书长应将其通知仲裁庭成员及双方当事者。在以上通知发出后，应视为仲裁庭重新成立。

(3) 根据第（2）款未能成立仲裁庭，秘书长应将此种情况通知双方当事者，并请其尽早成立与原仲裁庭相同仲裁员人数、相同任命方式之新仲裁庭。

第52条 撤销：后续程序

(1) 秘书长准予撤销裁决申请书登记后，应立即请求执委会主席依公约第52（3）条任命一个临时委员会。

(2) 秘书长通知双方当事者全体委员会成员均已接受任命之日，应视为委员会已经成立。在委员会第一次会议之前或会上，各成员应按照第6（2）条之规定，签署声明书。

第53条 程序规则

本规则之条款经过必要的细节修改后，应适用于任何有关裁决之解释、修改、撤销之程序及有关仲裁庭或委员会决定之程序。

第54条 裁决执行的中止

(1) 申请解释、修改或撤销裁决之当事者可在其申请书中，并且任何一方当事者可在最后审理此种申请前的任何时候，请求中止执行与申请书有关之部分或全部裁决。仲裁庭或委员会应优先审理此项请求。

(2) 如修改、撤销裁决申请书包括中止执行裁决之请求，秘书长应通知双方当事者暂时中止执行，并送达准予登记通知书。一旦仲裁庭或委员会成立，如经任何一方当事者之请求，其应在三十日内裁定是否继续此项中止；除非其决定继续此项中止，否则中止应自动结束。

(3) 如根据第（1）款已经准予中止执行，或根据第（2）款已经准予中止执行，经其一方当事者之请求，仲裁庭或委员会可随时更改或结束此项中止。所有中止应在申请书之最后决定作出之日自动结束。但准予部分撤销裁决之委员会可决定暂时中止执行未撤销之部分除外，以便给予任何一方当事者请求依公约第52（6）条成立之新仲

裁庭根据第55（3）条之规定准予中止执行之机会。

（4）根据第（1）款、第（2）款（第二句）或第（3）款，请求书应详细列出要求中止、中止之更改或中止之结束的情形。只有仲裁庭或委员会在给予各方当事者提出意见之机会后，才可准予此项请求。

（5）秘书长应将中止执行裁决、其更改及其结束及时通知双方当事者。此项中止、其更改或其结束应在发送此通知之日生效。

第55条 撤销裁决后争议的复核

（1）如委员会撤销了一部或全部裁决，任何一方当事者可向新仲裁庭请求复核争议。此项请求书应以书面形式提交秘书长，并且应：

（a）确定有关之裁决；

（b）标明请求日期；

（c）详细说明将提交仲裁庭之争议的情况；并且

（d）随附请求手续费。

（2）秘书长在收到请求书和手续费后，应立即：

（a）将其登记在仲裁登记簿上；

（b）将此项登记通知双方当事者；

（c）将请求书及所有附件之副本送达他方当事者；并且

（d）请双方当事者尽快成立与原仲裁庭相同仲裁员人数、相同任命方式之新仲裁庭。

（3）如仅仅部分撤销原裁决，新仲裁庭应不再审理裁决之未撤销部分。但根据第54条之程序，新仲裁庭可在其作出裁决前，中止或继续中止执行未撤销之裁决部分。

（4）除第（1）款至第（3）款另有规定外，本规则应适用于再次将争议提交仲裁之程序，如同根据组织规则将此项争议第一次提交仲裁之适用情形。

第八章　一般性条款

第56条　最后条款

（1）本规则以中心正式语言编制之文本应具有相同效力。

（2）本规则可作为中心之仲裁规则援引。

亚洲开发银行协定

注　释

（i）如第 65 条的规定，本协议于 1966 年 8 月 22 日生效。

（ii）由联合国秘书长保存的原文中存在的打印错误在秘书长于 1967 年 11 月 17 日发布的《修正会议记录》中被正式更正。这些更正处已被纳入当前的出版物中。

（iii）根据第 66 条的规定，就职会议于 1966 年 11 月 24 日至 26 日在东京举行，且根据理事会的第 9 号决议，该银行于 1966 年 12 月 19 日开始运营。

（iv）关于第 4 和第 5 条，核定股本：（a）由 1 亿美元增加至 11 亿美元（理事会第 10 号决议）；（b）由 16.5 亿美元增加至 27.5 亿美元（理事会第 46 号决议）；（c）由 0.4 亿美元增加至 27.9 亿美元（理事会第 55 号决议）；（d）由 1.375 亿美元增加至 29.275 亿美元（理事会第 79 号决议）；（e）由 0.5 亿美元增加至 29.775 亿美元（理事会第 80 号决议）；（f）由 0.7 亿美元增加至 30.475 亿美元（理事会第 89 号决议）；（g）由 2 510 万美元增加至 30.726 亿美元（理事会第 100 号决议）；（h）由 41.48 亿美元增加至 72.206 亿美元（理事会第 104 号决议）；（i）由 75.475 亿美元增加至 147.681 亿美元（理事会第 158 号决议）；（j）由 2.952 亿美元增加至 150.633 亿美元（理事会第 174 号决议）；（k）由 11.4 亿美元增加至 162.033 亿美元（理事会第 176 号决议）；（l）由 6.219 亿美元增加至 168.252 亿美元（理事会第 192 号决议）；（m）由 50 万美元增加至 168.257 亿美元（理事会第 201 号决议）；（n）由 70 万美元增加至 168.264 亿美元（理事会第 202 号决议）；（o）由 6 020 万美元增加至 168.866 亿美元（理事会第 205 号决议）；（p）由 270 万美元增加至 168.893 亿美元（理事会第 206 号决议）；（q）由 70 万美元增加至 168.9 亿美元（理事会第 212 号决议）；（r）由 20 万美元增加至 168.902 亿美元（理事会第 219 号决议）；（s）由 1.427 亿美元增加至 170.329 亿美元（理事会第 224 号决议）；（t）由 5 290 万美元增加至 170.858 亿美元（理事会第 225 号决议）；以及（u）由 177.05 亿美元增加至 347.908 亿美元（理事会第 232 号决议）；

（v）关于第 30 条的规定，自理事会第四次年会开始，董事会的规模增加到了十二（12）名成员，其中，八（8）名成员是由代表地区成员国的理事们选举，另外四（4）名是由代表非地区成员国的理事们选举（理事会第 27 号决议修订为第 37 号决议）。

（vi）截至 1994 年 12 月 31 日，该银行的成员及其认缴的核定股本见附录一附注。

目 录

第一章 宗旨、任务和成员资格 …………………………………………………… 175
第二章 资本 ………………………………………………………………………… 176
第三章 业务经营 …………………………………………………………………… 178
第四章 借款权及其他权力 ………………………………………………………… 182
第五章 货币 ………………………………………………………………………… 183
第六章 组织与管理 ………………………………………………………………… 185
第七章 成员的退出和中止；亚行业务的暂停和终止 …………………………… 189
第八章 法律地位、豁免权、免税权及特权 ……………………………………… 191
第九章 修改解释和仲裁 …………………………………………………………… 193
第十章 最后条款 …………………………………………………………………… 194
附录一 根据第六十四条可成为亚行成员的国家和地区的核定股本最初认
　　　　缴额 ……………………………………………………………………… 195
附录二 董事的选举 ………………………………………………………………… 199

建立亚洲开发银行协定

缔约各方：

签署本协定各方，考虑到密切的经济合作对于最有效地利用资源和加速亚洲与远东经济发展的重要意义；

认识到动员本地区内和本地区以外的资金和其他资源，创造和促成有助于增加国内储蓄和使更多的开发资金流入本地区的条件，以便使本地区可以得到更多的开发资金的重要意义；

承认要求促进本地区经济的协调发展和扩大成员的对外贸易的合理愿望；

相信建立一个以亚洲为基本特色的金融机构有助于达到上述目的；

同意建立亚洲开发银行（以下称为亚行）。亚行按照以下协定条款经营业务：

第一章 宗旨、任务和成员资格

第一条 宗旨

亚行的宗旨是促进亚洲和远东地区（以下称为本地区）的经济增长和合作，并协助本地区的发展中成员国集体和单独地加速经济发展的进程。本协定中凡提到"亚洲和远东地区"和"本地区"时，都包括《联合国亚洲及远东经济委员会职权范围》内所包含的亚洲和远东的各种领土。

第二条 任务

为实现其宗旨，亚行应有如下任务：

一、促进为开发目的而在本地区进行的公私资本的投资；

二、利用亚行拥有的资金来源，为本地区的发展中成员的发展提供资金，优先照顾那些最有利于整个地区经济协调发展的本地区的、分区的以及国别的工程项目和计划，并应特别考虑本地区较小的或较不发达的成员的需要；

三、满足本地区成员的要求，帮助它们进行发展政策和计划的协调，以便它们更好地利用自己的资源，更好地在经济上互为补充，并促进它们的对外贸易，特别是本地区内部贸易的逐步发展；

四、为拟订、资助和执行发展项目和计划提供技术援助，包括编制具体项目的建议书；

五、在本协定规定的范围内，以亚行认为适当的方式，同联合国及其机构和附属机构（特别是亚洲及远东经济委员会）以及参与本地区开发基金投资的国际公共组织、其他国际机构和各国公私实体进行合作。并向上述机构和组织展示投资和援助的机会，吸引它们的兴趣；

六、开展能实现亚行宗旨的其他活动和其他服务。

第三条　成员资格

一、下列国家可以取得亚行的资格：（一）联合国亚洲及远东经济委员会的会员和联系会员；（二）联合国或联合国专门机构成员中的本地区的其他国家和非本地区的发达国家。

二、符合本条第一款规定，但尚未按照本协定第六十四条加入亚行的国家，可以根据亚行规定的条件，在拥有至少 3/4 的投票权的全体理事中的 2/3 代表投赞成票时，被接纳为成员。

三、不负责处理自己的国际关系的联合国亚洲及远东经济委员会的联系会员，其加入亚行的申请，应由负责其国际关系的亚行成员提出，并由该成员担保，在申请国自己承担责任之前，由它保证对申请国因加入亚行而可能发生的一切义务和利益负责。本协定所使用的"国家"一词，应包括联合国亚洲及远东经济委员会的联系会员的领地在内。

第二章　资　本

第四条　核定股本

一、亚行的核定股本为 10 亿美元，以 1966 年 1 月 31 日的美元的含金量和成色计值。本协定凡提到美元时，均指按上述计值的美元。核定股本分为 10 万股，每股的票面价值为 1 万美元，只供成员按照本协定第五条的规定认缴。

二、首期核定股本分为实缴股本和待缴股本。实缴股本的票面总价值为 5 亿美元，待缴股本的票面总价值为 5 亿美元。

三、理事会认为时机合适时，可按照它规定的条件，增加亚行的核定股本，但须经代表至少 3/4 投票权的全体理事会中的 2/3 投赞成票通过。

第五条　股本的认缴

一、每个成员均须认缴亚行的股本。认缴首期的核定股本时，实缴股本与待缴股本各占一半。根据第六十四条规定获得成员资格的国家，首次认缴的股本数按本协定附录甲的规定执行。根据本协定第三条第二款加入的成员，其首期认缴的股本额由理事会确定，倘若这种认缴能使本地区成员占有股本总额的比例低于 60% 时，则不予批准。

二、理事会每隔 5 年以上审查一次本行的股本总额。如需增加核定股本时，每个成员都可以按理事会确定的条件，有机会公平合理地认缴，其认缴部分占增加股本的比例，与增资前其份额占股本总额的比例相同。但是，如果此项增资或部分增资影响了理事会按本条第一款和第三款所作的决定，则上述规定不适用，任何成员均无必须认缴增加股本的义务。

三、理事会可以应成员的要求按它认为适当的条件增加该成员的认缴额。但是，如果这种增加会使本地区成员的股本占股本认缴总额的比例减少到60%以下，则不得批准。认缴额不到认缴股本总额的6%的本地区任何成员要求增加其认缴额时，理事会应给予特别考虑。

四、成员首期认缴的股本应按面值发行。对其他股本，也应按面值发行，除非理事会以代表投票权过半数的全体理事的过半数作出决定，在特殊情况下另定发行条件。

五、股本不得以任何方式用作抵押品或抵债，除按本协定第七章的规定转让给亚行以外，不得作其他转让。

六、成员对股本的债务，仅限于以股本发行价格计算的未缴部分。

七、任何成员均不因亚行成员资格而对亚行的债务负责。

第六条　对认缴股本的支付

一、根据第六十四条获得成员资格的本协定签署国，其首期认缴的实缴股本分5次缴清，每次缴20%。第一笔或在本协定生效后30天内支付，或在根据第六十四条第一款递交批准书或接受之日或之前支付，视何者在后而定。第二笔在本协定生效期满1年时支付。其余三笔每满1年支付1次。

二、首期认购的最初实缴股本，每笔均应：

（一）50%以黄金或可兑换货币支付。

（二）50%以本国货币支付。

三、亚行可接受任何成员国政府或成员所指定的保管银行所发行的期票或其他证券，用以代替该成员按本条第二款（二）项规定应以本国货币支付的数额。条件是亚行在经营中不需要使用该成员的货币。上述期票或证券应为不可转让、无息、按面值见票即付的票证。在遵照第二十四条第二款（二）项规定的情况下，要求以可兑换货币支付上述期票或证券，应在合理的期间内，对所有这类期票或证券采取同一比率。

四、成员按本条第二款（二）项的规定用本国货币支付的每笔款项，其金额由亚行在认为需要时同国际货币基金组织进行磋商以后，按国际货币基金组织确定的平价计算，此项缴纳股本的金额应同按美元计算的金额完全等值。支付的金额先由成员自行确定应支付的金额，但要由亚行在付款到期日90天内作出必要的调整，以使所支付的金额和按美元计算的金额完全等值。

五、亚行的待缴股本，只是在亚行需要偿付其按第十一条（二）项和（四）项对外借款以增加其普通资本或为此类资本做担保而产生债务时，方予催缴。

六、本条第五款所指的待缴股本，成员可以选择用黄金、可兑换货币，或亚行偿债所需的货币支付。待缴股本的催缴额在全部待缴股本中的比例应该一致。

七、本条项下的各种支付的地点由亚行决定。但在理事举行首次会议之前，本条第一款所指的首次付款应支付给亚行托管人联合国秘书长。

第七条 普通资本

本协定中"普通资本"一词包括以下内容：

（一）根据本协定第五条规定认缴的亚行核定股本包括实缴股本与待缴股本，但是根据本协定第十九条第一款（二）项留用的一笔或数笔特别基金不在此内。

（二）亚行根据第二十一条（一）项的授权通过借款筹集的资金。对此种资金，适用本协定第六条第五款关于待缴资本的规定。

（三）用本条（一）、（二）两项资金发放的贷款或作担保而收回的偿还资金。

（四）用上述资金发放贷款或作担保所获收入。此项贷款或担保适用本协定第六条第五款关于待缴股本的规定。

（五）亚行所收到的不属于本协定第二十条规定的特别基金的其他任何资金或收入。

第三章 业务经营

第八条 资金的使用

亚行的资金和设施应完全只用于履行本协定第一条和第二条所规定的宗旨和任务。

第九条 普通业务与特别业务

一、亚行的业务分为普通业务与特别业务两种。

二、普通业务即指亚行普通资本进行的业务活动。

三、特别业务即指以本协定第二十条所述的各种特别基金进行的业务活动。

第十条 业务活动的分列

一、亚行普通资本和特别基金在保存、使用、贷出、投资或作其他处置时，应在任何时候和一切方面均截然分开。亚行的财务报表亦应将普通业务和特别业务分别列出。

二、使用特别基金进行的特别业务或其他活动的支出及因此而发生的亏损或负债，在任何情况下都不得以亚行普通资本来支付或清偿。

三、直接与普通业务活动有关的费用，应由普通资本支付。直接与特别业务活动有关的费用应由特别基金支付。其他费用如何支付由亚行确定。

第十一条 业务经营的对象和方法

根据本协定规定的条件，亚行可以向任何成员或其机构、所属单位或行政部门，或在成员的领土上营业的任何实体或企业，以及参与本地区经济发展的国际或区域性机构或企业，提供资金融通。亚行可以下列方式经营业务：

（一）使用未动用的实缴股本、储备、未分配的利润、未动用的特别基金，进行直接贷款或参加贷款。本协定第十七条规定的储备除外。

（二）使用亚行在资本市场上筹集到的资金、借款，或通过其他方式获得的增加到普通资本的资金，进行直接贷款或参加贷款。

（三）使用本条（一）、（二）两项所指的资金对公司或公业进行股票投资，但须经理事会全体理事中代表过半数投票权的过半数理事投票决定亚行可以开展这种业务之后才可进行这种投资。

（四）全部或部分地担保亚行参与的发展经济的贷款，不论亚行是直接或间接的债务人。

第十二条 普通业务经营的范围

一、亚行普通业务经营中尚未付清的贷款、股票投资和担保金的总金额，在任何时候都不得超过包括在普通资本中的未动用的认缴股本、储备金和利润的总金额。但本协定第十七条规定的特别储备金和其他不供普通业务经营用的储备金均不计入此项总金额内。

二、使用符合本协定第六条第五款规定的催缴条款的借款来发放贷款时，尚未向亚行缴付的某一种货币的本金总金额，在任何时候都不得超过应使用同一种货币来偿还的但尚未偿清的借款本金总金额。

三、使用亚行普通资本进行股票投资时，其总额不得超过当时亚行未动用的实收股本加上普通资本中的储备金和利润的总金额的10%。本协定第十七条规定的特别储备金不计算在储备金之内。

四、对公司或企业的股票投资额，不得超过该公司或该企业股票总额的一定比例，具体比例由董事会确定。亚行除了在需要保护它的投资的情况之外，不应通过股票投资寻求获得对该公司或企业的控制权。

第十三条 提供直接贷款所需的货币

在提供或参加直接贷款时，亚行可通过以下任何一种方式提供资金：

（一）向借款人提供项目所在地的成员国的货币（以下简称当地货币）以外的其他货币，用于项目所需的外汇费用。

（二）在可用当地货币而不必动用亚行的黄金或自由货币储备的情况下，为有关项目提供融资作当地费用。在特殊情况下，当亚行认为项目对项目所在的成员的国际收支会造成或可能造成不必要的损失或紧张时，可以用该成员货币以外的货币提供资金融通，用作当地开支，但为此目的而提供的此类贷款不得超过借款人全部当地费用的适当比例。

第十四条 业务经营原则

亚行应依据下列原则经营业务：

（一）亚行的业务经营主要是为具体的项目提供资金融通，包括国别、次区域或区域的发展规划内的项目。亚行的业务经营还包括向国家开发银行或其他适当机构提供贷款或贷款担保，以便它们可以为具体的发展项目提供资金融通，这些项目在亚行看来，其资金需求较小，不便于亚行直接监督。

（二）亚行在选择合适的项目时，须遵循本协定第二条（二）项的规定。

（三）如果成员反对向在其领土上的项目提供融资，亚行即不应提供这种融资。

（四）在贷款之前，申请人须递交一份理由充足的贷款申请。亚行行长根据其工作人员的研究成果就此项申请写出书面报告，连同他的意见送交董事会。

（五）亚行在审议一项贷款或担保申请时，应适当注意借款人以亚行认为合理的条件从别处获得资金或便利的能力，同时考虑到一切有关因素。

（六）亚行在提供或担保贷款时，应充分注意到借款人及其担保人将能按合同条件履行其义务的前景。

（七）在提供贷款和担保时，应采取亚行认为对该项贷款适宜的利率、其他费用和本金的偿还期限。

（八）亚行在为其他投资者发放贷款、提供担保或包销证券时，应适当地收取风险补偿。

（九）亚行在普通业务经营或根据第十九条第一款（一）项所建立的特别基金进行发放贷款、投资或其他融资活动所获收益，只能用在在成员国中购买成员所生产的商品或劳务。但在特殊情况下，例如，某一非成员国向亚行提供了大量的资金，理事会由代表 2/3 以上投票权的理事表决决定，可允许在该非成员国购买该非成员国生产的商品和劳务。

（十）对亚行的直接贷款，只允许借款人为支付跟项目有关的实际开支而提取资金。

（十一）亚行应采取必要的措施，保证它所提供、担保或参与的任何贷款的收益，只能用于原贷款所规定的目的，并应注意节约和效率。

（十二）亚行应充分注意，避免不均衡地将其资金用于某一成员的利益。

（十三）亚行应设法保持股票投资多样化，除了需要保护投资的情况外，亚行对所投资的公司或企业不承担任何管理责任。

（十四）亚行在业务经营中应遵循健全有效的金融方针。

第十五条 直接贷款和担保的条件

一、亚行发放或参与直接贷款或担保贷款时，应根据本协定第十四条提出的经营原则和本协定的其他条款，在合同内规定有关贷款或担保的条件，包括支付货款本金、利息及其他费用的条件、贷款的期限与支付日期，或担保的酬金及其他费用。合同尤其应该规定，按照本条第三款，所有根据合同偿付给亚行的款项，都应以原贷款采用的货币偿付。但按第十九条第一款（二）项的规定，作为特别业务经营的组成部分而发放的直接贷款或贷款担保，亚行的规章另有规定。亚行对担保也应该规定：在借款人和担保人（如果有的话）未履行债务时，如亚行出价（按票面价格加上出价指定日期的累计利息）购买它担保的债券或其他证券，则亚行可终止其对利息的责任。

二、若贷款或贷款担保的受益人本身不是亚行成员，而有关项目是在该成员领土上执行，如亚行认为适宜，可要求该成员或亚行可接受的该成员的官方机构或任何机构担保按规定的条件偿付贷款本金、利息及其他费用。

三、贷款合同或担保合同应明确规定对亚行一切付款所使用的货币种类，但借款人亦可选择使用黄金或可兑换货币支付。

第十六条 佣金及收费

一、亚行在普通业务经营中发放或参与的直接贷款，除收利息外，应收佣金。这种佣金定期交付，按每笔贷款或参与贷款的尚未清偿的数额计算，年率不少于1%。亚行经过最初5年营业后，根据代表不少于成员投票权总数3/4的2/3多数成员表决决定，可降低这一最低佣金率。

二、亚行在普通业务经营中的担保贷款，应收担保费。费率由董事会决定，按贷款尚未清偿余额定期偿付。

三、亚行普通业务经营的其他收费，及特别业务经营的佣金、酬金或其他收费，均由董事会决定。

第十七条 特别储备金

亚行按照本协定第十六条所收的佣金和担保费，应留作特别储备金。此项储备金将按照本协定第十八条的规定用来偿付亚行的债务。特别储备金应以董事会决定的流动资产形式存放。

第十八条 亚行偿付债务的方法

一、亚行在普通业务经营中所发放、参与或担保的贷款出现违约时，亚行应采取适当措施，修改贷款条件，但不修改还款的货币种类。

二、亚行使用普通资本来清偿根据第十一条（二）项、（四）项进行的借款或担保时所产生的债务。亚行在清偿此类债务时应：

（一）首先，从第十七条规定的特别储备金中支付；

（二）其次，亚行认为必要时可从亚行可动用的其他储备金、盈余和资金中支付。

三、亚行在其普通业务经营中须按合同支付借款利息，其他费用或分期偿还借款时，或须清偿与担保贷款有关的类似债务时，可以根据本协定第六条第六、七两款催缴适量的待缴资本。

四、亚行在普通业务经营中以借入资金发放或担保的贷款，如出现借款人无力偿还的情况，而且亚行认为可能是长期无力偿还时，可增催待缴股本。但在1年中增催的待缴股本不得超过成员认缴的待缴股本总额的1%。增催的待缴股本用于：

（一）在由亚行担保而借款人无力偿还的贷款到期前，全部或部分清偿亚行对未偿本金的债务。

（二）全部或部分清偿亚行本身未偿借款的债务。

五、如亚行的待缴股本依照本条第三、四款需要全部催缴，而且又有需要履行本条第三款的规定时，亚行可不受限制地使用或兑换任何成员的货币，包括不受第二十四条第二款（一）、（二）项规定的限制。

第十九条 特别基金

一、亚行可以：

（一）经代表成员投票权总数 3/4 以上的 2/3 理事表决，从各成员依照第六条第二款（一）项和（二）项缴纳的未动用的实缴股本中各拨出不超过 10% 的款项，建立一个或多个特别基金；

（二）承担管理为实现亚行宗旨而建立的并包括在亚行任务范围之内的各种特别基金。

二、亚行依照本条第一款（二）项建立的特别基金，可用于担保或发放高度优先的开发贷款。这类贷款比普通业务经营的贷款期限长、宽限期长、利率低。这些基金也可以按亚行建立基金时所规定的其他条件使用，但不得与本协定的有关规定相矛盾，也不得与亚行在建立此基金时可能规定的作为一种循环基金的性质相矛盾。

三、亚行根据本条第一款（二）项承担管理的各种特别基金，在与本行宗旨及有关这些基金的协定不相矛盾的情况下，可用任何方式，按任何条件使用。

四、亚行应为每一特别基金的建立、管理和使用制定特别的规则和条例。此类规则和条例应与本协定的规定一致，仅适用于亚行普通业务经营的规定除外。

第二十条 特别基金的资金来源

本协定中使用的"特别基金的资金来源"一词，系指任何特别基金的资金来源，包括：

（一）从实缴股本中拨出给某项特别基金的资金或本来就是捐给特别基金的资金；

（二）亚行接受的增添在任何特别基金的资金；

（三）用特别基金发放或担保贷款所收回的资金，如这种资金根据亚行管理该特别基金的规章应由该特别基金接受；

（四）亚行使用上述任何资金来源或资金经营业务所获得的收入，如果根据亚行管理有关特别基金的规章，这种收入应属于该特别基金；

（五）任何可供特别基金使用的其他资金来源。

第四章 借款权及其他权力

第二十一条 一般权力

除本协定其他条款规定的权力外，亚行还应具有以下权力：

一、在成员国或其他地方借款，并为此提供亚行所确定的附属担保品或其他担保品，条件是：

（一）亚行在某一个国家发行债券前，应获得该国同意；

（二）亚行的债券以某一成员货币为计价单位时，应获得该成员的同意；

（三）亚行应获得本款（一）、（二）两项所涉及的国家的同意，允许其收入可不受限制地兑换成任何成员货币；

（四）亚行决定在某一个国家发行债券之前，应考虑到过去在该国借款的数额（如果有的话）和在其他国家已借款的数额，以及在上述其他国家中得到资金的可能性，并应适当注意下述的一般原则，即亚行应尽最大可能分散地向贷款国借款。

二、买卖亚行所发行的、担保的，或者已投入资本的证券，无论买卖在哪个国家进行，必须取得该国的同意。

三、担保亚行已投入资本的证券，以便出售。

四、包销或参与包销由任何经济实体或企业发行的、与亚行宗旨一致的证券。

五、亚行可决定将亚行业务经营中不需要的资金投资于成员国，购买该国或该国国民的债券；将亚行持有的用于年金或类似目的的资金投资于成员国，购买该国或该国国民发行的可供出售的证券。

六、提供为实现亚行宗旨、属于亚行任务之内的技术咨询和援助，如提供这些服务的费用得不到补偿时，可从亚行的纯收入中支出；亚行在营业的头5年中，至多可用2%的实缴股本无偿提供此类服务。

七、在符合本协定规定的情况下，行使为进一步实现其宗旨和任务所需要的适当的其他权力，并制定与此有关的规章。

第二十二条　证券上的说明

亚行发行或担保的各种证券，必须在票面上明显地注明该证券不是任何政府的债券。若确实是某一政府的债券时，票面须有说明。

第五章　货　　币

第二十三条　关于可兑换的确定

每当根据本协定有必要确定某种货币是否可兑换时，应由亚行与国际货币基金组织磋商后作出决定。

第二十四条　货币的使用

一、成员对亚行或任何接受亚行款项的人所持有的或使用的下列资金在任何国家内进行支付，均不得采取或施加限制：

（一）亚行收到的对其认缴股本进行支付的黄金或可兑换货币，但依照第六条第二款（二）项由成员国付给亚行并按照本条第二款（一）、（二）两项受到限制的款项例外；

（二）用上述黄金或可兑换货币购买的成员国货币；

（三）亚行为增加普通资本依照本协定第二十一条（一）项通过借款得到的各种货币；

（四）亚行收到的因偿付本款（一）至（三）项所述的任何资金所提供的贷款或投资的本金、利息、红利或其他费用，或偿付亚行提供担保的手续费而得到的黄金或货币；

（五）根据本协定第四十条，成员从亚行的纯收入分配中获得的非本国货币。

二、成员对亚行或接受亚行款项的人持有或使用亚行收到的不属前项规定的某一成员国的货币在任何国家内进行支付，不得采取或施加任何限制，除非：

（一）某个发展中成员经与亚行磋商后，全部或部分限制这种货币用于支付在该国境内生产并拟在其境内使用的商品与劳务。亚行定期检查这种限制。

（二）任何其他成员国，其认缴额已在本协定附录一第一部分中确定，而且其工业产品的出口在其出口总额中所占的比例不大，在交存批准书或接受书时声明，它愿将根据第六条第二款（二）项所缴纳的股本全部或部分地限制偿付在其领土内生产的货物或劳务。条件是，这些限制须受到亚行的定期检查并须同亚行协商后决定；同时，在该成员国境内购买商品和劳务，应按照竞争性投标的通常考虑，首先以该成员根据第六条第二款（二）项所缴纳股本支付。或

（三）这种货币属于第十九条第一款（二）项下亚行"特别基金"的组成部分，在使用时须遵循特定的条例和规定。

三、对亚行持有的通过收回普通资本直接贷款而得到的各种货币，或用这些货币进行分期摊付、预付或购回全部或部分亚行债券，各成员国不得采取或施加任何限制。但在亚行的待缴资本全部催缴完毕之前，上述的持有或使用货币，除以有关成员国货币支付的债券外，应受到按本条第二款（一）项规定的各种限制。

四、亚行不得用其持有的黄金或货币去购买成员国或非成员国的其他货币，但以下情况除外：

（一）为了偿付亚行正常业务过程中的债务；

（二）经董事会以代表成员国总投票权数2/3以上的董事通过决定。

五、以上规定不得妨碍亚行使用任何成员国的货币来支付亚行在该成员国境内的行政费用。

第二十五条 亚行持有的各种货币的保值

一、每当（一）成员国货币在国际货币基金组织的平价按照本协定第四条规定的美元计算有所减少时，或（二）亚行在与国际货币基金组织磋商后，认为某一成员国货币的外汇贬值已达到相当程度时，该成员国应在合理时间内向亚行增付一笔本国货币，以保持亚行持有的所有的上述货币的价值。但以下情况除外：

（一）亚行从借款得到的货币；

（二）亚行根据第十九条第一款（二）项接受的特别基金，除非建立这类基金的协定另有规定。

二、每当（一）成员国货币在国际货币基金组织的平价按上述美元计算有所增加时，或（二）亚行与国际货币基金组织磋商后，认为某一成员国货币的外汇增值已达相当程度时，亚行应在合理时间内向该成员国支付一笔该国货币，以调整亚行所持的所有上述货币的价值。但以下情况除外：

（一）亚行从借款得到的货币；

（二）亚行根据第十九条第一款（二）项下的特别基金，除非建立这类基金的协定中另有规定。

三、当亚行所有成员国货币的平价都按统一的比例改变时，亚行可放弃本条的各项规定。

第六章 组织与管理

第二十六条 机构

亚行应设理事会、董事会、行长1人、副行长1人或数人以及所需要的官员和工作人员。

第二十七条 理事会的组成

一、各成员国均应在理事会中有自己的代表，并应任命1名理事和1名副理事。理事和1名副理事的任期由任命国自定。除理事缺席情况外，副理事无投票权。在年会上，理事会应指定1名理事担任主席，任期直至选出下届主席和理事会举行下届年会为止。

二、理事和副理事任职期间，亚行不付酬金，但可付给他们因出席会议所需的合理开支。

第二十八条 理事会的权力

一、亚行一切权力归理事会。

二、理事会可将其任何权力或全部权力授予董事会，但以下权力除外：

（一）接纳新成员和确定接纳条件；

（二）增加或减少亚行的核定股本；

（三）中止成员资格；

（四）对董事会解释或实施本协定中所提出的上述作出决定；

（五）批准与其他国际组织缔结合作总协定；

（六）选举亚行董事和行长；

（七）决定董事、副董事的酬金和行长服务合同内所定的薪金及其他条款；

（八）在审查审计员的报告后，批准亚行的总资产负债表和损益报告书；

（九）决定亚行的储备金以及纯收益的分配；

（十）修改本协定；

（十一）决定亚行停业和分配亚行的资产；

（十二）行使本协定明确规定属于理事会的其他权力。

三、理事会按本条第二款授权给董事会办理的任何事项均保留行使最高权力的全权。

四、为实现本协定的宗旨，理事会应根据占成员国总投票权至少3/4的全体理事的2/3赞成票，确定哪些国家或亚行的哪些成员可看作是发达国家（成员）或发展中国家（成员）。在确定时，要恰当地考虑它们的经济情况。

第二十九条　理事会的议事程序

一、理事会应举行年会以及理事会规定的或董事会要求召开的其他会议。董事会在收到5个亚行成员提出的要求时，即可要求召开理事会会议。

二、代表成员国投票权总数的2/3的过半数理事，即构成理事会任何会议的法定人数。

三、理事会可建立一种议事程序，允许董事会在它认为适当时无须召开理事会会议而取得理事对某一特定的问题投票。

四、理事会为处理亚行业务可设立必要的或适当的附属机构。董事会在授权范围内也可这样做。

第三十条　董事会的构成

一、（一）董事会由10名（译注：现已改为12名）不担任理事会理事的成员组成，其中：甲、7名（译注：现已改为8名）将由代表亚太地区成员的理事选出；乙、3名（译注：现已改为4名）由代表非本地区成员的理事选出。

董事应为在经济与金融事业上有高深造诣的人士，并应依照本协定附录乙进行选举。

（二）在成立后的第二届理事会年会上，理事会应重新审查董事会的规模与构成，适当增加董事会的人数。审查时，视当时情况特别要考虑在董事会中增加较小的和较不发达的成员的代表权的必要性。本款所述的决定，应由理事总人数的过半数（代表不少于成员投票权总数的2/3）投票通过。

二、每名董事应任命1名副董事，在董事缺席时行使董事的全部权力。董事和副董事应是成员国的国民。一国不得有两名或两名以上董事，也不能有两名或两名以上副董事。副董事可以参加董事会会议，但只有在代理董事行事时才有表决权。

三、董事的任期为两年，可以连选连任。他们应继续任职到选出合格的继任者时为止。若1名董事在任期结束前出缺180天以上，应由选举这名董事的理事根据附录乙选出1名继任人，任职到任期结束。这类选举须有有关理事的过半数票通过。若1名董事在任期结束前出缺180天或少于180天，同样可由选举这名董事的理事以过半数票通过，选出1名继任人，在余下的任期内任职。在董事出缺期间，其副董事行使除任命副董事权力之外的所有权力。

第三十一条　董事会的权力

董事会负责指导亚行的一般业务经营，为此目的，除行使本协定明确赋予它的权力之外，还行使理事会授予它的一切权力，特别是：

（一）理事会的准备工作；

（二）根据理事会的总方针，就有关贷款、担保、股票投资、亚行借款、提供技术援助及亚行其他业务作出决定；

（三）在每届理事会年会上，提请理事会批准财政年度报告；

（四）批准亚行预算。

第三十二条　董事会的议事程序

一、董事会通常应在亚行总部办公并根据亚行业务的需要随时召开会议。

二、代表成员国投票权总数的 2/3 以上的过半数董事，即构成董事会任何会议的法定人数。

三、理事会应订立规章，规定如果董事中无某一成员国的国民，则在审议特别与该国有关的问题时，该成员可派一名代表出席会议，但无表决权。

第三十三条　投票

一、每一成员的总投票权包括基本投票权数和比例投票权数。

（一）每一成员的基本投票权数是全体成员的基本投票权数和比例投票权数总和的 20% 在全体成员中平均分配的结果。

（二）每一成员的比例投票权数应等于该成员持有的亚行股本数。

二、在理事会的投票中，每名理事应有权投他所代表投票权数。除本协定另有明确规定者外，理事会讨论问题时，由出席会议的理事的过半数投票权作出决定。

三、在董事会投票时，每名董事有权按其当选时所代表的投票权总数投票，但不可将全部投票权数作为一个单位来投票。除本协定另有明确规定者外，董事会讨论问题时，由出席会议的董事的过半数投票权作出决定。

第三十四条　行长

一、理事会以全体理事的过半数（代表成员总投票权的过半数）通过选出亚行行长。行长应是亚太地区成员的国民。行长任职期间，不得兼任理事、董事或二者的副职。

二、行长任期 5 年，可连选连任。但当理事会以全体理事的 2/3（代表成员总投票权数的 2/3 以上）投票通过作出终止其职务的决定时，行长即应终止任职。若行长职位不论任何原因在任期结束前出缺 180 天以上，理事会应根据本条第一款的规定，选出 1 名继任人，在余下的任期内任职。若行长职位不论任何原因在任期结束前出缺 180 天或少于 180 天，理事会亦可同样选出 1 名继任人，在余下的任期内任职。

三、行长任董事会主席，但除在双方票数相等时投决定票外，不应参加表决。行长可参加理事会会议，但无投票权。

四、行长为亚行合法代表。

五、行长为亚行工作人员的首长，在董事会的指导下处理亚行日常业务，并根据董事会制定的规章，负责亚行官员和工作人员的组织、任命及辞退。

六、行长任命官员和工作人员时，首先要确保最高水平的效率和专业能力，并应适当注意从尽可能广泛的地区基础上录用人员。

第三十五条　副行长

一、董事会应根据行长的推荐任命 1 名或几名副行长。副行长的任期、行使的权力及其在亚行管理中的职责由董事会决定。在行长出缺或不能履行职务时，由副行长，在有几名副行长时则由第一副行长行使行长的权力，履行行长的职责。

二、副行长可参加董事会会议，但在会上无投票权。但当根据情况由副行长或第一副行长代理行长职务时，可投决定票。

第三十六条　禁止参与政治活动：亚行的国际性

一、亚行不得接受可能对其宗旨或任务产生任何损害、限制、歪曲或改变的贷款或援助。

二、亚行、亚行行长、副行长、官员及工作人员不得干预任何成员的政治事务；也不得在作决定时受成员的政治性的影响。作决定时只应考虑经济因素。这种考虑应不偏不倚，以完成和履行亚行的宗旨和任务。

三、亚行行长、副行长、官员和工作人员在任职期间，完全对亚行负责，而不对其他当局负责。亚行的每个成员都应尊重这一职务的国际性，在上述人员履行职责时，不得企图对他们施加影响。

第三十七条　亚行的办公处所

一、亚行总部设在菲律宾马尼拉。

二、亚行可在其他地方设立代理机构或分行。

第三十八条　联系渠道、保管机构

一、每个成员应指定一适当的官方机构，以便亚行可就有关执行本协定的任何问题与之联系。

二、每个成员应指定其中央银行或与亚行商定的其他机构作为保管银行，以便亚行将它持有的该成员的货币及亚行的其他资产交其保管。

第三十九条　工作语言，报告

一、英语为亚行的工作语言。

二、亚行应向其成员发送含有经过审计核查的账目的年度报告，并应公布这种年报。亚行还应每季度向其成员发送一份财务状况简要报告和一份表明业务情况的损益报告书。

三、亚行还可以根据实现其宗旨和任务的需要，发表其他报告。此类报告应发送亚行成员。

第四十条　净收益的分配

一、理事会每年应决定在亚行的净收益中（包括从特别基金得到的净收益），在留出储备金之后，哪一部分作为公积金，哪一部分（如有的话）分配给成员。

二、前款涉及的分配，应按成员所持股本的比例进行。

三、支付方法和货币种类由理事会决定。

第七章　成员的退出和中止；亚行业务的暂停和终止

第四十一条　退出

一、任何成员可随时以书面通知亚行总部退出亚行。

二、成员的退出从上述通知中规定的日期起生效，其成员资格同日中止。但这一日期必须是在亚行接到该项通知的 6 个月之后。在退出最终生效前，成员可随时以书面通知亚行，取消原来打算退出的通知。

三、退出的成员对它在递交退出通知时对亚行负有的所有直接的和或有的债务继续负责。如退出最终生效，则该成员对亚行在接到退出通知后进行的业务活动所引起的债务不承担任何责任。

第四十二条　成员资格的中止

一、成员如不履行其对亚行的义务，理事会可以全体理事 2/3（代表成员总投票权数的 3/4 以上）投票通过，中止其成员资格。

二、自中止之日起，该成员即在 1 年之内停止作为亚行成员的资格，但理事会可在这 1 年内以通过中止时的同样的多数票方式决定恢复该成员的资格。

三、在中止期间，成员除有权行使退出权外，无权行使本协定规定的任何权利，但将继续承担其全部义务。

第四十三条　账目清算

一、成员在成员资格中止之后，对中止前亚行所签订的贷款或担保的合同中尚未偿清的部分，继续对亚行承担的直接债务和或有债务负责。但对亚行在此后办理的贷款和担保不再承担义务，也不再分享亚行的收入或分担其支出。

二、成员在中止成员资格时，亚行应按照本条第三款和第四款的规定作出安排，购回其股本，作为与之清算账目的一部分。购回股本的价值应是该成员中止会员资格当日在亚行账簿上所列的价值。

三、亚行根据本条购回股本时，按以下条件付款：

（一）在有关国家或其中央银行、代理机构、机关或行政部门作为借款人或担保人仍对亚行负债时，亚行可扣留应付给该国股本的一定数额，并有权用所扣款项抵偿到期的此类债务。但不得根据本协定第六条第五款催缴认购股本的规定而扣留上述款项，作为该国的或有义务。因购回股本而应付给成员的款项，在任何情况下都只能在该国中止会员资格 6 个月之后方予支付。

（二）根据本条第二款应付的购回股本的金额超过本款（一）项所指的贷款和担保的负债总额时，其超过部分可随时付款，直到该国收到亚行购回其股本应付的全部款项为止。付款时，有关国家须交回股票。

（三）付款使用的货币，由亚行根据其财务状况决定。

（四）在某一国家中止成员资格之日，如果亚行尚未收回的贷款或贷款担保遭受了损失，而且损失的金额超过了同1天的亚行的损失准备金数额，该有关国家一经亚行要求，就应交还因此项损失而原应从购回股本价格中减少的金额。此外，前成员国应继续对根据本协定第六条第五款而催缴的待缴股本承担义务，其应缴付款额，与亚行决定购回股本价格时因遭受资本损失而应催缴的款额相同。

四、如果亚行在任何国家中止成员资格后的6个月内，依照本协定第四十五条歇业，该国的一切权力应根据本协定第四十五条至第四十七条中的规定予以确定。该国对上述条文而言应仍被视作成员，但无表决权。

第四十四条 暂停业务

在紧急情况下，董事会在等待理事会作出进一步的考虑和采取进一步的行动之前，可暂停新的贷款和担保业务。

第四十五条 歇业

一、亚行可根据理事会的决议，宣布歇业。此决议须经理事总人数的2/3（代表成员总投票权数的3/4以上）投票通过。

二、歇业后，除与有步骤地变卖、保存和保管资产以及清偿债务等有关的活动外，亚行应即停止一切活动。

第四十六条 成员的责任及债权的清偿

一、如果亚行歇业，所有成员对亚行的待缴股本所负的债务，以及因本国货币贬值而发生的债务继续有效，直到债权人的所有债权，包括或有债权，都已全部清偿为止。

二、持有直接债权的所有债权人首先应从亚行资产中得到偿付，然后从亚行的应收而未收的股本和待缴股本所收款项中偿付。在对持有直接债权的债权人进行任何偿付之前，董事会应根据自己的判断作出必要的安排，以保证在各直接债权持有人和各或有债权持有人之间按比例进行付款。

第四十七条 资产的分配

一、按成员认缴的股本额分配资产，须在对债权人的所有负债已经清偿或作出安排之后方可进行，而且，须由理事会以理事总数2/3的票数（代表成员总投票权数的3/4以上）表决通过。

二、亚行对成员分配的资产，应与各成员持有的股本成比例，并应在亚行认为公平合理的时间和条件下进行。所分配的资产，在资产类型上各份不必一致。任何成员在结算对亚行的所有债务之前，无权接受资产分配。

三、成员对根据本条分配到的资产所享有的权利，应与分配前亚行对这些资产享有的权利相同。

第八章 法律地位、豁免权、免税权及特权

第四十八条 本章之目的

为使亚行能有效地实现其宗旨，履行其所负的职责，亚行在各成员境内享有本章所规定的法律地位、豁免权、免税权及特权。

第四十九条 法律地位

亚行具有完整的法律人格，特别是有全权：

一、签订契约；

二、取得与处置动产和不动产；

三、提起诉讼。

第五十条 司法程序的豁免

一、亚行对一切形式的法律程序均享受豁免，但由于亚行行使其借款权、债务担保权、买卖或包销债券权而引起的案件，或者与亚行行使这些权力有关的案件除外。凡属这类案件，在亚行设立了总部或分支机构的国家境内，或在亚行任命了1名代理人专门接受诉讼传票或通知，或者发行过或担保过债券的国家境内，可向有充分司法权力的主管法院对亚行提起诉讼。

二、尽管有本条第一款的各项规定，但任何成员、成员的任何代理机构或执行机构、任何直接或间接代表一个成员或成员的代理机构或执行机构的实体或个人、任何直接或间接从成员或成员的代理机构或执行机构取得债权的实体或个人，均不得对亚行提起诉讼。成员应采用本协定、亚行的附则及各种条例或与亚行签订的契约中可能规定的特别程序，来解决亚行与成员之间的争端。

三、亚行的财产和资产，不论在何地和由何人所持有，在对亚行作出最后宣判之前，均不得施以任何形式的没收、查封或强制执行。

第五十一条 资产的豁免

亚行的财产和资产，不论在何地和由何人所保管，均应免受搜查、征用、充公、没收或通过行政或立法措施采取的任何其他形式的抵押或取消赎回抵押品的权利。

第五十二条 档案的豁免

亚行的档案及属于亚行或由亚行持有的所有文件，不论存放于何地，一律不受侵犯。

第五十三条 资产的不受限制

在有效地实施亚行宗旨和任务所需要的范围内，并在遵照协定规定的情况下，亚行的一切财产和资产不受任何性质的限制、管理、管制和延缓偿付的约束。

第五十四条 通信特权

各成员给予亚行的官方通信的待遇，应不低于它给予其他成员官方通信的待遇。

第五十五条　亚行人员的豁免权与特权

亚行的全体理事、董事、副理事、副董事、官员和雇员，包括为亚行执行任务的专家，应享有下列豁免权和特权：

（一）对于他们以公务身份采取的行为应免除法律程序。但亚行放弃此项豁免权时不在此限。

（二）如果他们不是当地公民或国民，则他们在移民限制、外国人登记和兵役义务方面，应享有其他成员国相当等级的代表、官员和雇员所享有的同样的豁免权，并在外汇管制方面享有同样的便利。

（三）在旅行方面享受的便利应与成员给予其他成员同等级别的代表、官员及雇员的待遇相同。

第五十六条　免税权

一、亚行及其资产、财产、收益、业务和交易，应免除一切捐税和关税。亚行并应免除有关支付、预扣或征收任何捐税或关税的义务。

二、对亚行付给董事、副董事、官员和雇员（包括为亚行执行任务的专家）的薪金和津贴不得征税。除非成员在递交批准书或接受书时，声明对亚行向其本国公民或国民支付的薪金和津贴该成员及其行政部门保留征税的权力。

三、对于亚行发行的任何债券或证券，包括与此有关的红利和利息，不论由何人持有，均不得因下列原因而征收任何种类的税收：

（一）仅仅因为此类债券或证券是由亚行发行而给予歧视待遇；或

（二）如果征税的唯一法律依据是该项债券或证券的发行、偿付或支付的地点或所使用的货币种类，或因亚行设办事处或进行业务的地点。

四、对于亚行担保的任何债券或证券，包括有关的红利和利息，不论由何人持有，均不得因下列原因而征收任何种类的税收：

（一）仅仅因为此类债券或证券是由亚行担保而给予歧视待遇；或

（二）仅以亚行办事处或进行业务的地点为唯一法律根据而征税。

第五十七条　实施

各成员应根据其司法制度，迅速采取必要的行动，使本章各项条文在其境内生效，并将已采取的行动通知亚行。

第五十八条　豁免权、免税权与特权的放弃

亚行根据自己的意愿可在任何情况或事例中，以自己认为最有利于亚行的方式和条件，放弃本章给予它的任何一种豁免权、免税权和特权。

第九章　修改解释和仲裁

第五十九条　修改

一、本协定只有在理事会经全体理事 2/3 以上多数（至少代表会员总投票权的 3/4）表决作出决议方可修改。

二、虽有本条第一款的规定，但对以下各项的修改须经理事会一致同意批准：

（一）退出亚行的权力；

（二）第五条第六款和第七款规定的关于负债的各种限制；

（三）第五条第二款规定的关于购买股本的各项权力。

三、有关修改本协定的任何建议，不论是由成员或董事会提出，均应送交理事会主席，再由他提交理事会。修正案一经通过，亚行应以公函将修正案通知所有成员。修正案应于公函发出 3 个月之后对所有成员生效，但理事会在公函中另外有规定者不在此限。

第六十条　解释或实施

一、成员与亚行之间或成员之间在解释或实施本协定的条文发生问题时，应提交董事会决定。如审议中的问题与某个成员有特殊关系而又无该成员国籍的董事时，该成员有权派代表直接参加董事会会议。但这种代表没有表决权。这种代表的权力由董事会规定。

二、董事会作出本条第一款项下的决定后，任何成员仍可要求将问题提交理事会讨论，由理事会作出最终裁决。在理事会作出裁决之前，亚行如果认为必要，可根据董事会的决定行事。

第六十一条　仲裁

如亚行已与中止成员资格的国家之间发生争执或在通过终止亚行业务的决议之后，亚行与成员之间发生争执，这种争执应提交由 3 名仲裁人组成的法庭仲裁。仲裁人之中，1 名由亚行任命；另 1 名由有关国家任命；除双方另有协议外，第 3 名由国际法院院长或亚行理事会通过的条例规定的其他专局指定。仲裁人以简单多数票作出的决定是最终裁决，对双方均有约束力。双方在程序问题上有争议时，第 3 仲裁人应有权处理全部程序问题。

第六十二条　默许同意

亚行采取任何行动前，如需要得到任何成员同意，应将拟议中的行动通知该成员。如该成员在亚行通知中规定的合理时间内没有提出反对意见，即应视作业已获得该成员的同意。

第十章　最后条款

第六十三条　签字和保管

一、本协定原件一份,用英文写成,在 1966 年 1 月 31 日前,存放在驻曼谷的联合国亚洲及远东经济委员会,供本协定附录甲所列各国政府签字。此后,此文件交由联合国秘书长(以下称为保管人)保管。

二、保管人应将本协定经过核实无误的副本寄给所有签字国及其他已成为亚行成员的国家。

第六十四条　批准或接受

一、本协定须经签字各国批准或接受。批准书或接受书应于 1966 年 9 月 30 日之前向保管人交存。保管人应及时将每次交存及交存日期通知其他签字国。

二、在本协定生效日之前交存批准书或接受书的签字国,在协定生效之日成为亚行成员。履行前款规定的其他签字国,在交存批准书或接受书之日起成为亚行成员。

第六十五条　生效

至少有 15 个签字国(其中不少于 10 个本地区国家)交存了批准书或接受书,而且这些签字国按本协定附录一规定首次认缴的股本额总计不少于亚行核定股本的 65%,本协定即开始生效。

第六十六条　开业

一、本协定一经生效,各成员应即任命一名理事,联合国亚洲及远东经济委员会执行秘书应即召集首次理事会会议。

二、理事会在首次会议上应:

(一)根据本协定第三十条第一款为选举本行董事作出安排;

(二)就决定亚行开业日期作出安排。

三、亚行应将其开业日期通知各成员。

1965 年 12 月 4 日订于菲律宾马尼拉,正本 1 份,用英文写成。根据本协定第六十三条,本文本应送驻曼谷的联合国亚洲及远东经济委员会,然后交存纽约联合国秘书长。

附录一 根据第六十四条可成为亚行成员的国家和地区的核定股本最初认缴额

第一部分 亚洲国家和地区

I

（单位：百万美元）

	国家和地区	认缴金额
1	阿富汗	3.36
2	澳大利亚	85.00
3	柬埔寨	3.00
4	锡兰	8.52
5	台湾地区	16.00
6	印度	93.00
7	伊朗	60.00
8	日本	200.00
9	韩国	30.00
10	老挝	0.42
11	马来西亚	20.00
12	尼泊尔	2.16
13	新西兰	22.56
14	巴基斯坦	32.00
15	菲律宾	35.00
16	越南	7.00
17	新加坡	4.00
18	泰国	20.00
19	西萨摩亚	0.06
总额		642.08

II

下列亚洲地区国家若在签字时分别按以下金额认缴亚行股本，便可根据第六十三条成为本协定签字国：

（单位：百万美元）

	国家	认缴金额
1	缅甸	7.74
2	蒙古	0.18
总额		7.92

第二部分　非本地区国家

I

（单位：百万美元）

	国家	认缴金额
1	比利时	5.00
2	加拿大	25.00
3	丹麦	5.00
4	联邦德国	30.00
5	意大利	10.00
6	荷兰	11.00
7	英国	10.00
8	美国	200.00
总额		296.00

II

下列非本地区国家于1965年10月21日至11月1日参加了在曼谷召开的亚洲开发银行筹备委员会会议，并在会上表示对取得亚行会员资格有兴趣。它们只要在签字时各认缴不少于500万美元的亚行股本，便可根据第六十三条成为本协定签字国：

1. 奥地利　　　　　3. 挪威
2. 芬兰　　　　　　4. 瑞典

III

本附录第二部分（I）列的任何非本地区国家可于1966年1月31日或以前，通知设在曼谷的联合国亚洲及远东经济委员会执行秘书，增加其认缴金额。但本附录第二部分（I）和（II）所列的非本地区国家最终认缴总金额不得超过3亿5千万美元

（350 000 000美元）。①

亚洲开发银行的法定股本认缴额
截至1994年12月31日②   认缴额（百万美元）

	以1966年1月31日有效的美元的重量和纯度表示，即，0.888671克纯金	以特别提款权单位折合为现值美元的价值表示，即每特别提款权单位为1.45985美元
第A部分　　区域内国家和地区		
阿富汗共和国	11.95	17.44
澳大利亚	1 023.70	1 494.45
孟加拉国	361.28	527.41
不丹	1.10	1.61
柬埔寨	8.75	12.77
中华人民共和国	1 140.00	1 664.23
库克群岛	0.47	0.69
斐济	12.03	17.56
中国香港	96.35	140.66
印度	1 120.05	1 635.10
印度尼西亚	963.50	1 406.57
日本	5 522.10	8 061.44
哈萨克斯坦	142.68	208.29
基里巴斯	0.71	1.04
韩国	891.23	1 301.06
吉尔吉斯斯坦	52.91	77.24
老挝	2.46	3.59
马来西亚	481.75	703.28
马尔代夫	0.71	1.04
马绍尔群岛	0.47	0.69
密克罗尼西亚联邦	0.71	1.04
蒙古	2.66	3.88

---

①　（一）根据附录一中B3部分的授权，德意志联邦共和国（现德国）、意大利联邦共和国和英国的认缴额分别增加了4 000 000美元、10 000 000美元和20 000 000美元；（二）根据理事会第4号决议的授权，阿富汗、柬埔寨、越南共和国（现越南社会主义共和国）和新加坡共和国的认缴额增加；（三）分别根据理事会第4、11、23、31、32、38、48、54、57、63、74、95、113、138、148、168、176、201、202、205、206、212、219、224和225号决议的授权，批准印度尼西亚、瑞士、中国香港、法国、斐济、巴布亚新几内亚、汤加、孟加拉国、所罗门群岛、缅甸（现缅甸联邦共和国）、基里巴斯、库克群岛、马尔代夫、瓦努阿图、不丹、西班牙、中华人民共和国、马绍尔群岛共和国、密克罗尼西亚联邦、土耳其共和国、蒙古人民共和国（现蒙古）、瑙鲁共和国、图瓦卢、哈萨克斯坦和吉尔吉斯共和国成为会员；（四）理事会第46、104和158号决议规定的额外认缴额；以及（五）分别根据理事会第55、79、80、89、99、100、112、114、174、193、194和195号决议授权的加拿大、芬兰、法国、德意志联邦共和国（现德国）、印度尼西亚、意大利、日本、韩国、马来西亚、荷兰、瑞典、瑞士、美国和西萨摩亚的认缴额增加，以下是认缴额清单：

②　按照1994年12月31日所采用的汇率。

续表

第 A 部分	区域内国家和地区	
缅甸	96.35	140.66
瑙鲁共和国	0.71	1.04
尼泊尔	26.01	37.97
新西兰	271.70	396.64
巴基斯坦	770.80	1 125.25
巴布亚新几内亚	16.60	24.23
菲律宾	421.52	615.36
新加坡	60.20	87.88
所罗门群岛	1.18	1.72
斯里兰卡民主社会主义共和国	102.60	149.78
中国台湾	192.70	281.31
泰国	481.74	703.27
汤加	0.71	1.04
图瓦卢	0.25	0.36
瓦努阿图	1.18	1.72
越南	60.38	88.15
西萨摩亚	0.58	0.85
合计	14 342.78	20 938.31

第 B 部分	非区域内国家	
奥地利	60.20	87.88
比利时	60.20	87.88
加拿大	925.43	1 350.99
丹麦	60.20	87.88
芬兰	60.20	87.88
法国	411.78	601.14
德国	765.34	1 117.29
意大利	319.75	466.79
荷兰	181.47	264.92
挪威	60.20	87.88
西班牙	60.20	87.88
瑞典	60.20	87.88
瑞士	103.25	150.73
土耳其	60.20	87.88
英国	361.31	527.46
美国	2 781.05	4 030.72
合计	6 310.98	9 213.08
总计	20 653.76	30 151.39

附录二 董事的选举

第一节 由代表亚洲地区成员的理事所选举的董事

1. 每个代表亚洲地区成员的理事,应将其所代表的成员的全部票权数投予1个人。

2. 得票最多的7人当选为董事。但所得投票权数少于亚洲地区成员总投票权数10%者不应视为当选。

3. 若第一轮投票当选者不足7人,须进行第二轮投票,在第二轮投票中,上一轮投票中得票最少者无被选资格。可以投票的只有:

(甲)在上一轮投票中曾为一未当选人投票的理事;

(乙)为一当选者投票,但其所投票权数根据本节第4段,被认为该当选者所得的投票权数超过亚洲地区成员总投票权数的11%的理事。

4. (甲)在确定一理事的投票是否使某人得投票权数超过11%时,此11%首先包括对该人投票的投票权数最多的理事的投票权数,然后是投次多投票权数的理事,依次类推,直至达到11%。

(乙)任何理事,如果他所投的投票权数的一部分是为了使某人得票总数过10%所必须计入者,则其全部票数均应视为都投给了此人,即使此人因此所得投票权总数超过了上述所称的11%。

5. 如在第二次投票后,当选者仍不足7人,应按照此节规定的原则和程序再行投票。但如已选出6人,则第7人(尽管有本节第2段的规定)可凭亚洲地区成员余下票数的简单多数选出。而此种余下票数均应视为已全部计入第7名董事的选举。

6. 如由代表亚洲地区成员的理事所选举的董事人数有增加,则本附录第一节第2、3、4段规定的最低和最高百分比应由理事会做相应调整。

第二节 由代表非本地区成员的理事所选举的董事

1. 每个代表非本地区成员的理事,应将其所代表的成员的全部票权数投予1个人。

2. 得票最多的3人当选为董事。但得票权数少于非本地区成员总投票权数的25%者不应视为当选。

3. 若第一轮投票当选者不足3人,须进行第二轮投票,在第二轮投票中,上一轮投票中得票最少者无被选资格。可以投票的只有:

(甲)在上一轮投票中曾为一未当选人投票的理事;

(乙)为一当选人投票,但其所投票权数根据本节第4段,被认为该当选人所得的投票权数超过非本地区会员总投票权数的26%的理事。

4. (甲)在确定一理事的投票是否使某人得投票权数超过26%时,这26%首先包括对该人投票的投票权数最多的理事的投票权数,然后是投次多投票权数的理事,依次类推,直至达到26%。

（乙）任何理事,如果他所投的投票权数的一部分是为了使某人得票总数过25%所必须计入者,则其全部票数均应视为投给了此人,即使此人因此所得投票权总数超过了上述所称的26%。

5. 如在第二次投票后,当选者仍不足3人,应按照本项规定的原则和程序再行投票。但如已有2人当选后,则第3人（假如非本地区成员的认缴金额已达到3.45亿美元的最低额,尽管有本节第2段的规定）可凭余下票数的简单多数选出,此种余票应视作全部计入了第3人的选举。

6. 如由代表非本地区会员的理事选举的董事人数有增加,则本附录第二节第2、3、4段所规定的最低和最高百分比须由理事会做相应调整。

注①理事会在其第二届年会上根据第三十条第一款（二）项审查了董事会的规模和组成,决定从第四届年会起由代表亚洲地区成员的理事选出八名董事,并决定在第四届年会上将附录二第一节2、3、4段规定的最低与最高百分比分别调整为8%和10%（理事会第27号决议）。

注②理事会在其第二届年会上根据第三十条第一款（二）项审查了董事会的规模和组成,决定从第四届年会起由代表非本地区成员的理事选出四名董事,并决定在第四届年会上将附录二第二节2、3、4段规定的最低与最高百分比分别调整为16%和19%（理事会第27号决议）。后来,理事会把最低百分比从16%修正为17%（第37号决议）。

欧亚开发银行协议

（阿斯塔纳，2006年1月12日）

各缔约方为促进本协议成员国经济的发展、扩大贸易和经济关系，特此达成如下协议：

第1条

欧亚开发银行（以下简称本行）设立的宗旨是通过投资活动，促进本协议成员国市场经济的增长和发展，并加强它们之间的贸易和经济一体化。

本行应通过参与其他国际金融和银行机构和联盟的活动，推动国际金融和经济合作。

第2条

在开展活动时，本行应受普遍公认的国际法原则和标准、适用国际条约、本协议和本行章程的管辖。

本行应按照普遍公认的银行原则运营。

本行章程由本协议批准，并应成为本协议不可分割的组成部分，并将签署为本协议附件。

为履行其职能，本行可与本协议成员国政府签署协议，规定有本行现有条款，并与成员国的中央（国家）银行或其他授权机构签署其他协议。

第3条

本协议生效后，其他遵守本行章程规定要求和程序的国家或国际组织可加入本协议。

从加入国家或国际组织向保管人递交加入文书之日起，本协议应对加入国家或国际组织具有约束力。从首次提交加入文书之日起，只要本协议仍然为多边协议，俄罗斯联邦外交部应一直履行保管人职责。

第4条

本协议一方可以通过向保管人提交终止本行成员资格的书面通知，并履行本行章程规定的条件后，终止本行成员资格。

从一方和本行按照本行章程最终清算之日起，本协议对该方应不再具有约束力。

第5条

各方一致同意后，本协议可以修改或补充，该等修改或补充应以单独备忘录形式签署。

第6条

对于因本协议条款的适用和解释而引起的任何争议，各方应通过协商谈判解决。

第7条

本协议自通过外交途径收到最终书面确认函之日起生效，确认函应当确认缔约方已完成本协议生效所需的内部程序。

本行章程第8.4条规定应自本协议签订之日起暂时适用。

2006年1月12日以俄语签署于阿斯塔纳，一式两份。

俄罗斯联邦代表： 哈萨克斯坦共和国代表：

［签名］ ［签名］

附件　欧亚开发银行章程

目　录

第一章　本行宗旨、职能和成员资格 ··· 206
　　第 1 条　本行宗旨 ··· 206
　　第 2 条　本行职能 ··· 206
　　第 3 条　本行法律地位和所在地 ··· 206
　　第 4 条　本行成员资格 ··· 207

第二章　本行股本 ·· 207
　　第 5 条　法定股本 ··· 207
　　第 6 条　法定股本首次认购 ·· 207
　　第 7 条　变更法定股本规模 ·· 207
　　第 8 条　认购付款 ··· 207

第三章　本行的资源、业务和交易 ··· 208
　　第 9 条　本行资源 ··· 208
　　第 10 条　投资活动 ··· 208
　　第 11 条　信息收集和分析 ··· 209
　　第 12 条　本行的借款和其他业务 ··· 209

第四章　本行管理机构 ·· 209
　　第 13 条　本行理事会 ·· 209
　　第 14 条　理事会权力 ·· 210
　　第 15 条　理事会投票权 ··· 211
　　第 16 条　本行执行委员会 ··· 211
　　第 17 条　执行委员会主席 ··· 212

第五章　本行业务的某些方面 ·· 213
　　第 18 条　本行的国际性　禁止参与政治活动 ·································· 213
　　第 19 条　联系渠道 ··· 213
　　第 20 条　本行秘密 ··· 213
　　第 21 条　本行的工作语言和官方语言 ··· 213
　　第 22 条　本行财务年度 ··· 213

第 23 条	收益分配	213
第 24 条	本行报告的审计和公布	213
第 25 条	本行运营修订	214

第六章 退出、中止业务和清算 214

第 26 条	退出	214
第 27 条	与本行前成员的清算账目	214
第 28 条	中止成员资格	215
第 29 条	暂时中止业务	215
第 30 条	业务终止和清算	215

第七章 本行的豁免权、免责和特权 216

第 31 行	本行豁免权和特权	216
第 32 条	免税	217
第 33 条	放弃豁免权和特权	217

第八章 最后条款 217

第 34 条	修订	217
第 35 条	本章程解释或适用产生的争议解决	217
第 36 条	因本行业务产生的争议解决	217

本行创始人认购法定股本 218

欧亚开发银行（以下简称本行）依据 2006 年 1 月 12 日签署的《建立欧亚开发银行协议》（以下简称协议）组建和运营。

本章程是协议不可分割的组成部分。

第一章　本行宗旨、职能和成员资格

第 1 条　本行宗旨

本行宗旨是通过投资活动，促进各成员国市场经济的发展和增长，并加强它们之间的贸易和经济一体化。

本行应秉承本行成员资格对新国家和国际组织开放原则，开展活动，旨在加强国际金融和经济合作。

第 2 条　本行职能

为实现本行宗旨，本行应具备以下职能：

为成员国社会经济发展利益进行投资活动，通过资助项目和方案，提供担保和持有其他组织的法定股本权益，为此目的使用自有资本、国际或国内金融市场筹集的资金或其他可利用资源；

咨询成员国经济发展、资源有效利用相关事项，加强经贸关系，收集和分析国家和国际金融领域信息；

与对经济发展融资方面感兴趣的国际组织、国家、成员国国家机构和单位或其他国家保持联络；和

本协议或本行和成员国或其中央（国家）银行或其他授权机构之间的双边协议所规定的、其他不抵触本行宗旨活动或国际银行业务。

第 3 条　本行法律地位和所在地

1. 本行是国际法规定的国际组织和主体，并具有国际法行为能力，特别是按照其权力范围订立国际条约的权利。

2. 本行可行使成员国法律实体的权利，特别是以下权利：

（a）从事不抵触本章程的任何交易。

（b）承租、购买、让与或以其他方式处置动产或不动产。

（c）在法院或仲裁庭行事。在成员国中，本行可行使各成员国法律授予法人实体的同样的程序性权利，以保护自己的利益。和

（d）采取其他措施，以实现本章程规定的宗旨。

3. 本行对本行成员的义务不承担任何责任，本行成员国也对本行的义务不承担任何责任。成员将以自己所持有的股份价值为限，对本行活动的相关损失风险承担责任。

4. 本行所在地应为哈萨克斯坦共和国阿拉木图。

5. 本行在成员国的活动应受国际条约、协议、本章程、成员国现行的本行和成员

国政府之间规定有本行条款的协议以及本行与成员国中央（国家）或其授权机构的其他协议约束，对于上述规定未尽事宜，应遵守各成员国的法律。

成员国管理任一组织的设立、许可、监管和终止的法律规定不应适用于本行。

6. 根据本行理事会决议并经成员国批准，本行可设立分支机构、代表机构和/或附属银行或公司。

第4条 本行成员资格

1. 本行创始人是俄罗斯联邦和哈萨克斯坦共和国，代表各自的政府。

2. 本行的创始人在按照本章程第8.2条缴足本行股份后，应成为本行成员。

3. 本行的成员资格向有兴趣并认同本行宗旨的其他国家或国际组织开放。新加入的国家或国际组织按照本章程通过的理事会决议，在加入协议并按照理事会规定的方式缴足本行股份后，成为本行的成员。

第二章 本行股本

第5条 法定股本

本行的法定股本应为十五亿（1 500 000 000）美元，分为一百五十万（1 500 000）股，每股面值壹仟（1 000）美元。每份已缴股本应授予一票表决权。

第6条 法定股本首次认购

1. 本行的创始人应首次认购本章程组成部分之附件中标明的本行的法定股本股份股数。

2. 如果本行的任一创始人宣布认购或认购的股数比本章程附件规定的少，本行理事会应及时提议另一方创始人行使权利，认购剩余数量股份。认购权利必须在收到相应提议之日起一年内行使。在另一方创始人放弃认购权利的情况下，本行理事会应决定是否继续提供此股份供认购或相应减少法定股本规模。

第7条 变更法定股本规模

1. 可根据本行理事会决议，通过按照本章程和本行理事会规定的方式增发股份，增大本行的法定股本规模。

该等增发股份必须以追加认购的方式进行分配。

本行成员应拥有按照增股之前成员在法定股本中的各自股份比例，通过追加认购的方式获得股份的优先购买权。但是，本行成员没有认购增发股份的义务。如果任一成员放弃全部或部分优先购买权，应由本行理事会决定认购未分配股份的程序。

2. 可根据本行理事会决议，通过按照本章程和本行理事会规定的方式减少股份，减少本行的法定股本规模。

第8条 认购付款

1. 首次认购股份应按照票面价值付款。

2. 本行每位创始人应按照本章程附件规定，在创始人开始使用本章程生效后下一年的年度预算起三十（30）日内，缴足为其保留的法定股本的百分之二十（20%）。

3. 对于剩余部分股份，每位创始人应在两（2）年内每年支付等额分期付款，前提是首期分期付款必须在本条第 2 款规定的款项后十二（12）个月内予以支付。

4. 本条第 2 款规定的法定股本首次出资可在协议签订后提前缴纳。法定股本的此类出资，应转账到在哈萨克斯坦共和国国家银行开立的临时存款账户。

创始人将上述临时账户资金转账到本行根据本条第 9 款开立的账户，视为创始人已履行其缴纳法定股本的义务。

5. 成员可提前缴足法定股本。

6. 如果创始人未按照本条第 3 款规定，在两（2）年内全额缴足首次认购股份，本行理事会应确定其他成员获得该等未缴纳股份的程序。如果所有成员放弃认购权，本行理事会应决定是否继续提供股份认购或相应减少注册资本规模。

7. 股份应以美元支付。

8 各成员可以按照理事会决定的条款，以非货币形式（财产）部分缴纳法定股本股份。前提是，出资的财产总价值不超过成员法定股本股份的 10%。

作为法定股本出资交付本行的任何财产，必须无任何产权负担。

出资财产的价值应当由本行理事会选定的独立评估师确定，本行理事会应批准据此确定的价值。

9. 创始人认购股份所得款项，应转账至本行在哈萨克斯坦共和国国家银行开立的账户。

第三章　本行的资源、业务和交易

第 9 条　本行资源

1. 本行应使用自有或借入资金经营。

2. 本行应按照本行理事会批准的规则、程序和规定，将资源和服务仅用于实现本章程规定的本行宗旨并履行本行职能。

本行应保证，向成员国提供资源和服务的条件，符合各成员国的国家法律，并受到保护，以排除本行经营、偿还本行债务，或履行本行合理索赔的所有障碍。

3. 本行可为其特定职能设立专项资金。

本行应依照本行理事会批准的程序，建立和管理本行盈利设立的储备金和其他专项资金。

4. 本行可根据理事会的决议，为符合本行宗旨和职能目的，承担管理由成员、成员小组或其他组织设立的专项资金的合同义务。管理此等专项资金的费用应由相应的资金支付。

第 10 条　投资活动

1. 在本行的投资活动框架内，本行将资助项目和方案，并始终优先考虑成员国的国际和政府间协议设定事项；提供担保，包括银行保函和告慰函；持有其他组织的法定股本权益。

2. 本行应以硬通货和成员国的国家货币提供贷款。该等贷款的提供和还款条款应根据借款人的有关协议确定。

本行可与国际金融机构、商业银行或其他有关机构联合联合提供贷款。

3. 本行应当按照本行理事会批准的投资活动管理办法开展其投资活动。

当进行投资活动时，本行应保障其己方利益；特别是，本行应组织和参与拟投资项目评估，并评价各受益人的偿债能力。

4. 本行在其他组织的法定股本投资金额，不得超过本行实收法定股本、利润和储备金的总额。

5. 本行还应向希望利用此等投资服务的成员国和其他国家，提供项目融资相关其他服务。

第11条 信息收集和分析

1. 本行应收集、整顿和分析经济和金融市场状况信息、投资机会、金融和货币关系、成员国的银行和货币管理法。经此收集、整顿和分析的结果应用于为成员国和其他用户编制信息和分析资料。

2. 本行可与其他组织就信息交流订立协议。

第12条 本行的借款和其他业务

1. 为实现本章程规定的本行宗旨和职能，本行可以从事以下活动：

（a）按照本行理事会规定的条款，发行、配售、流通、赎回和收回自己的证券；

（b）配售或参与其他机构发行证券的配售；

（c）在国际和国内金融市场筹集资金；

（d）将当前不使用款项进行投资或存款（包括其专项资金资源）；

（e）咨询服务；

（f）租赁；

（g）买卖货币或外币权利/请求权；

（h）贵金属、宝石或其他贵重货币交易；和

（i）本章程不禁止的、实现本行宗旨所需的其他交易。

2. 本行不得接受零售存款。

第四章 本行管理机构

本行的管理机构是本行理事会、执行委员会和执行委员会主席。

第13条 本行理事会

1. 理事会是负责本行整体管理的最高管理机构。

2. 本行各成员应任命一名理事会全权代表及其副手,理事会全权代表及其副手应为理事会成员,并应正式通知本行上述任命。

每位全权代表可以投出其所代表的本行相应成员所拥有的所有选票。如果全权代表缺席理事会会议,其副手应代为行事,如投票。

3. 理事会应每年选出一名全权代表作为理事会主席,主席将一直担任此职务,直至选任出新主席。

理事会还可以选举理事会其他成员为理事会副主席。

4. 理事会主席和副主席、全权代表和候补委员的职务均无报酬。

第14条 理事会权力

1. 理事会权力应包括以下事项:

(a) 按照本行的宗旨和任务,确定本行活动的主要领域,包括信贷政策;

(b) 接受新成员加入,确定加入条款;

(c) 通过分配新成员股份方式,接受新成员加入;

(d) 作出增加或者减少本行法定股本的决定;

(e) 作出在成员之间重新分配法定股本股份的决定

(f) 根据创始人的建议,任命和解除执行委员会主席;

(g) 决定执行委员会主席的薪酬;

(h) 根据执行委员会主席建议,批准执行委员副主席提名;

(i) 批准本行的组织结构;

(j) 按照审计报告,批准执行委员会年度报告、本行年度资产负债表和损益表;

(k) 批准本行下一个财务年度的年度预算;

(l) 批准选择本行外部审计机构的程序、外部审计师和本行内部审计处和修订委员会的程序;

(m) 作出建立本行内部资金、储备金额和其他基金的规模和利润分配的决定;

(n) 选择本行在国际合作中的优先权,决定与国际组织订立合作协议;

(o) 作出于设立分支机构和附属银行/企业决定;

(p) 中止本行成员业务;

(q) 作出中止本行业务或清算的决定,包括成员之间分配其净资产法人时间表和条件;

(r) 作出修改本章程的决定;

(s) 批准本行投资活动管理办法;

(t) 按照本行投资活动管理办法,审议和批准理事会权力范围所包括的本行投资项目;

(u) 决定本行清算的程序;

(v) 批准理事会规则;和

(w) 按照本章程,理事会权力范围内的任何其他事项。

2. 理事会可以将自己对某些事项的权力授予执行委员会，但需成员国政府权力和/或决定的事项除外。

3. 对于本条第 1 款第（b）、（d）、（e）、（f）、（o）、（p）、（q）和（r）项所述事项的投票权，理事会成员必须拥有相应的成员国政府权力和/或决定。

4. 理事会主席或理事会成员应根据理事会成员书面指示，与执行委员会主席签订合同。

第 15 条　理事会投票权

1. 本行成员每股法定股本缴纳股份应有一票表决权。

2. 理事会应根据需要，至少每年召开两次会议。

执行委员会、执行委员会主席或持有本行四分之一实收法定股本的本行成员可召集理事会特别会议。

3. 如果持有所有选票四分之三的成员的全权代表出席理事会会议，会议有效。

4. 本章程第 14 条第 1 款（a）、（b）、（d）、（e）、（o）、（p）、（q）、（r）和（u）项所述事项的决定，只能由四分之三多数选票通过。如果理事会通过的终止任一成员的决定，该成员的反对票不应计入票数。

5. 如果本行的法定股本包括不超过两名成员，本章程第 14 条第 1（k）款规定事项的决定，只能经全票通过。

6. 与本行运营相关的其他事项的决定，可以由理事会简单多数投票通过。

7. 理事会成员可通过信函投票。以通信表决的决定必须以理事会会议纪要方式记录，该等会议纪要必须分发给理事会所有成员。

8. 为了本行的运营，理事会可以设立非本行管理机构的辅助机构。

第 16 条　本行执行委员会

1. 执行委员会是本行的常设合议执行机构。

执行委员会的职能应由理事会规定。执行委员会应按照本章程和理事会决议行事。

执行委员会须向理事会负责。

2. 执行委员会的权力应当包括以下事项：

(a) 制定本行项目活动，包括本行的投资活动和解决战略任务的建议。

(b) 筹备委员会的会议，提交年度财务报告，并起草本行年度预算供理事会批准。

(c) 组织本行投资组合的评估；评估本行的资源潜力；编制待资助项目宗旨优先顺序提案；根据理事会判定，对其权力范围内的资助项目作出决定；编制投资额超过理事会规定限额项目宗旨意见，供理事会审议。

(d) 评估投资或筹集资金的提案；确定本行资产和负债的有效组织结构，以保持偿债能力并创造利润；控制风险和偿债能力。

(e) 批准本行服务费价格。

(f) 批准本行的规则和程序。

(g) 保管本行股东名册。和

（h）理事会权力范围之外其他事宜。

3. 执行委员会成员人数应由理事会决定。执行委员会成员应由理事会任命和解除职位。执行委员会成员不得在同一时间担任理事会成员。

理事会可按照执行委员会主席提议，任命本行组成部门的负责人。执行委员会主席应分配执行委员会成员的职责。如果有必要，理事会可以修改执行委员会成员的组成或人数。

4. 执行委员会应在必要时开会，但至少两月一次。如果三分之二以上执行委员会全体成员出席，执行委员会会议有效。

执行委员会会议决议须由过半数的表决票通过。执行委员会的每个成员都应有一票表决权。在票数相等的情况，执行委员会主席应有一票表权决。执行委员会通过的决议应具有强制性。

执行委员会的成员可以在执行委员会会议纪要中记录他们的意见或建议。执行委员会的会议纪要，应由执行委员会主席签名。

第 17 条 执行委员会主席

1. 执行委员主席应按照本章程和理事会决议规定的执行委员主席的权利和权力范围，管理本行和执行委员会的活动。

2. 执行委员会主席当选后任期为四年，并可连选连任。理事会全体成员四分之三以上投票同意，可解除执行委员会主席职务。

执行委员会主席应出席理事会会议，并有权投决定票。

执行委员会主席不得同时担任理事会成员的全权代表或其副手。

3. 执行委员会主席应是本行的官方代表，且拥有以下权力：

（a）按照理事会和执行委员会决议，管理本行日常业务。

（b）无须授权委托书代表本行订立交易，并在与各国和国际金融机构及其他组织关系中代表本行利益。

（c）批准本行的人员编制；聘任与解聘本行员工，并确定其职责和理事会批准的预算范围内的薪酬。

（d）提出内部审计处的候选人。和

（e）发出对本行全体员工具有约束力的命令和指示。

4. 执行委员会主席应向理事会负责，负责执行理事会的决议，组织本行的经营和行动。

5. 理事会应根据执行委员会主席的建议，任命执行委员会副主席，理事会主席应确定副主席的职责和权力。执行委员会副主席应是执行委员会成员。如执行委员会主席缺席，主席的职责和权力应由主席指定的一名副主席行使。如果执行理事会主席不能履行其职责，理事会主席选定的副主席将代为行使其权力。

第五章　本行业务的某些方面

第 18 条　本行的国际性　禁止参与政治活动

1. 当作出任何决定时，本行、执行委员会主席、执行委员会副主席、执行委员成员和本行员工都应完全按照本章程规定的本行利益、宗旨和职能行事。

2. 当履行职责时，执行委员会主席、副主席和成员和本行员工应完全为本行利益行事。

本行的各成员应尊重自己职责的国际性，应禁止试图影响上述人员履行职责。

3. 本行不得接受可能以任何方式损害或改变本行宗旨或职能的贷款或援助。

4. 本行、执行委员会主席、执行委员会副主席、执行委员成员和本行员工应避免参与发生在本行成员国的所有政治活动。本行机构通过的决定必须免受本行成员的政治压力。

在作出决定时，本行机构唯一考虑的应是实现本章程规定的目标。

第 19 条　联系渠道

每个成员应指定适当的官方实体，本行可将本章程相关的所有任何事宜与该官方实体联系。

第 20 条　本行秘密

本行应确保在任何时候都遵守成员国管辖本行秘密的法律。

第 21 条　本行的工作语言和官方语言

本行的工作语言和官方语言应是俄语。

第 22 条　本行财务年度

本行的财务年度应从每年 1 月 1 日开始，12 月 31 日结束。

第 23 条　收益分配

1. 根据理事会决议，只有在储备金金额达到法定股本百分十五（15%），才可在本行成员中分配利润。可根据理事会的决议，在外部审计师认证的年度报告批准后分配利润，尤其是，将利润用于对本行储备金或其他资金增资。

2. 应按照本行成员在利润生成财务年底支付的股份股数的比例，向成员分配利润。

第 24 条　本行报告的审计和公布

1. 为了管理本行财务和业务，本行应在本行结构中设立内部审计处；服务处的组成应由本行理事会批准，期限一年（可延长）。内部审计处应对理事会负责。

2. 本行应每年进行独立外部审计，以检查并确认年度报告的可靠性。

选择提供审计服务并且对本行或其任何成员无任何专有利益的独立国际专业注册审计员的程序，应由理事会决定。

本行理事会应每年委任选拔过程中最好的独立国际审计公司，并授权执行委员会主席与其签订合同。

3. 本行应在报告年度后下一年第一季度之前，将年度报告和相应审计报告送达各成员。

本行应公布实现本行宗旨和职能所需的财务会计报告和其他报告，并适当考虑普遍公认的银行原则。

第 25 条　本行运营修订

1. 本行运营修订应由理事会委任的修订委员会（任期四年）进行。修订委员会应由一名主席和数名修订委员会成员组成。

2. 修订委员会主席和成员不得在本行担任任何职位。

3. 修订的组织和程序，应由理事会决定。

4. 执行委员会主席应向修订委员会提供任何及所有必要的修订材料。

5. 修订委员会的报告至少应每年向理事会提交。

第六章　退出、中止业务和清算

第 26 条　退出

1. 本行成员可向理事会发出退出书面通知后退出本行。

自本行收到该等退出通知之日起：

（a）应终止本协议和本章程授予该成员的所有权利，不含退出本行的权利。

（b）退出成员不得对执行委员会或理事会通过的决议进行投票。但是，只要退出之前，向退出成员提供的法定股本或者担保的任何贷款、投资仍然未偿还，退出成员应继续向本行承担其所有直接和或有债务。

（c）退出成员对本行收到其退出通知之后的法定股本或者担保的任何贷款、投资不应承担任何义务，也不应参与本行利润和损失的分配。

2. 本行和退出成员之间规定清算时限和程序的协议，应在本行收到该成员的退出通知日期后 6 个月内签署。

3. 退出成员可在本行收到该成员的退出通知日期后 6 个月内或者退出成员和本行之间规定清算时限和程序的协议日期之前，通过书面通知本行，撤回退出通知。

4. 向本行发出退出通知的成员，从退出成员和本行之间规定清算时限和程序的协议日期（但不得晚于本行收到退出通知后 6 个月），不应再参与本行业务。

5. 退出成员和本行应对它们之间银行和客户的义务继续承担责任。

第 27 条　与本行前成员的清算账目

1. 退出成员不再参与本行业务日期之前，本行和退出成员可在互利条款基础上同意，回购该成员持有的本行的法定股本股份。

2. 在本行收到退出成员的退出通知之日后 6 个月内，未能就回购该成员所持有的本行法定股本股份达成一致，本行应按照以下条款，回购该成员的股份：

（a）回购价格应根据本行收到退出成员的退出通知之日，本行的资产净值和退出成员缴足的法定股本股份设定；

（b）相关前成员可在其向本行交还股份时不时支付该等股份款项，支付金额、时间和货币应由理事会在考虑本行的财务状况后决定；

（c）款项可不时以回购价格到期金额超过本章程第 26.1（b）条所述本行总债务的范围内支付；

（d）只要退出成员或其组织拖欠本行款项，退出成员的股份到期款项应予以扣留，本行可自行选择在该款项到期时抵销本行到期款项；

（e）如果交易已经按照本章程签订，本行因成员资格停止日期未解决的交易而遭受净损失，而且损失金额超过为交易损失提供的储备金金额，退出成员应在要求时补缴（如确定回购价格时已考虑损失）股份回购价格会减少的金额；和

（f）退出成员不得早于本行收到成员退出通知日期起 6 个月支付股份到期款项，如果从退出本行之日起 6 个月，理事会根据本章程第 14.1（q）条通过清算本行的决议，该成员的所有权利和该成员和本行之间关系事项，应受本章程第 30（4）条规定约束。

3. 根据与退出成员的清算账目结果，本行回购的退出成员的法定股本股份，可以根据理事会的决定提供给本行其他成员。

第 28 条　中止成员资格

1. 如果成员未向本行履行任何义务，本行可中止该成员资格。中止成员资格需理事会按照本章程第 15.4 条规定通过决议。

2. 在中止期间，上述第 1 款所述的成员活动，应遵守本章程第 26.1 条的规定。

3. 如果理事会在一年内决定不恢复已中止资格成员的良好信誉，该成员应视为被本行开除。

该成员和本行之间的进一步关系应遵守本章程第 26 条和第 27 条规定。

第 29 条　暂时中止业务

在紧急情况下，执行委员会可以通过不少于所有投票总数四分之三的投票，暂时中止法定股本的新贷款和担保、证券配置、技术援助或投资业务，等待理事会进一步的审议和行动。

第 30 条　业务终止和清算

1. 开始本行清算的决议应属于理事会的权力。清算本行的决议应属于本行成员的权力。

2. 理事会通过决议开始清算后，本行应立即停止一切活动，但除了为有序实现、保护和保存本行资产和履行其义务的相关活动。

直至最终完成债务清偿和资产分配前，本行和其成员的所有相互权利和义务应仍然有效。

3. 债权人索赔应以本行资产清偿。在支付索赔金额之前，执行委员会应采取措施，确保按比例向所有债权持有人分配付款。

4. 应按以下方式分配本行资产：

（a）在向本行债权人清偿完所有债务或为该等债务设立了储备金后，可向本行成员分配资产。

（b）本行资产应按本行各成员缴足的法定股本比例和理事会批准的时限和条款予以分配。本行成员之间分配的资产可以是不同类型。本行的任何成员均无权接收分配资产的份额，除非及直至其清偿了对本行的所有债务。和

（c）按照本条规定收到本行分配资产的成员，应拥有本行在该等资产分配之前对其拥有的相同权利。

第七章 本行的豁免权、免责和特权

为使本行能够有效实现其宗旨并开展赋予本行的职能，本节规定的、本行与成员之间协议确定的豁免权、免责和特权，应在各成员境内授予本行。

第31条 本行豁免权和特权

1. 本行应在各种形式的法律程序中享有豁免权，但非因行使其权力引起的或与之相关的情况除外。针对本行的诉讼，只能向下述领域内有管辖权的法院提起，即，本行设有主要办事处或分支机构、分行或代表处，或已委任接受送达或诉讼通知的代理人，或已发行或担保证券的一国领域内。

2. 尽管有本条第1款规定，任何成员或其任何代理机构，或任何直接或间接代为或从成员处获得索赔的实体或个人，均不得向本行提起任何诉讼。成员国应有解决本行及其成员之间争议的如下特殊程序中的追索权，即本章程、本行规章制度或本行和其成员或国际组织订立的合同规定的特殊程序。

3. 本行成员国的财产和资产应免受搜查、征用、扣押、没收、征用或任何其他形式的没收或终止回赎权，除非和直到对本行作出最终判决。

4. 为有效实施本行宗旨和职能以及依据本章程规定，本行的财产和资产应无任何形式的限制、管制或冻结。

5. 本行档案以及通常属于本行或由本行持有的所有文件，应在其成员领土内不可侵犯。

6. 各成员授予本行官方通信的待遇应不低于其给予任何其他政府包括外交使团的官方通信待遇，如邮政邮件、海底电缆、电报、无线电报、电话或其他通信方式的优先级、关税、利率或价格，以及为将信息传递给大众媒体，适用降低价格。这种服务的费用应从本行资金中支付。

7. 本行全权代表及其副手、执行委员会主席、副主席及委员,以及本行的全体员工因其公职行为面临的起诉,应免除其诉讼程序。该等豁免权不得延伸到车祸造成损害的民事赔偿责任。

第 32 条　免税

1. 本行、其收入、财产、资产和按本章程在成员国领土内进行的业务和交易,应免缴一切税收、关税、征税或费用,但特殊服务的费用除外。

2. 本行支付给执行委员会主席、副主席及委员和员工的工资和薪酬,应免于征收任何税项。

各成员对于在成员领土内的本国公民或国民或永久居民,保留不适用上述豁免的权利。

3. 在下列条件下,本行向成员国发行的债务或证券(包括该等债务或证券的股息或利息),不管由谁持有,均不得进行征税:

(a) 只因该等债务或证券由本行发行而歧视该等债务或证券;或

(b) 如果确定该税项的唯一法律依据是发布该税项(应支付或已支付)的处所或缴纳该税项的货币,或本行的办公场所或营业场所所在的位置。

第 33 条　放弃豁免权和特权

理事会可在其认为符合本行最佳利益的情况下,根据其自行决定的范围和条件,放弃本章程规定的豁免权、免责和特权。

如其认为,该等豁免权、免责或特权妨碍司法公正,执行委员会主席应有义务在不损害本行利益下放弃本行员工(不含执行委员会主席、副主席及成员)的豁免权、免责或特权。在同样情况和条件下,本行理事会应有义务放弃执行委员会主席、副主席和成员的豁免权、免责或特权。

第八章　最后条款

第 34 条　修订

任何由成员全权代表提起的修订本章程的提议应传达至理事会主席,由其将提议提交至理事会审议。

经成员同意,本章程可以予以修订或补充,该等修订或补充须以单独备忘录的形式签署,并按照备忘录规定的方式生效。

第 35 条　本章程解释或适用产生的争议解决

成员之间或成员与本行之间对本章程解释或适用产生的争议,应由相关方协商解决。

第 36 条　因本行业务产生的争议解决

1. 如通过一项决议中止或终止本行业务后,本行和所有成员,或本行和终止成员资格的一方,或本行和任一成员产生争议,该争议应尽可能由相关方协商解决。

2. 如果未能通过协商解决该争议,各方都可以适当的方式将该争议提交至理事会裁决。

3. 如不服理事会作出的决定,各方可将该争议提交至由三名仲裁员组成的仲裁庭仲裁,一名仲裁员由本行指定,一名仲裁员由本行相关成员指定,第三名仲裁员由前两名仲裁员共同指定,如前两名仲裁员达不成一致意见,则由联合国国际法院主席指定。仲裁员多数票应足以达成裁决,裁决是终局的,应对各方均有约束力。

本行创始人认购法定股本

俄罗斯联邦:一百万(1 000 000)股,法定股本的三分之二。

哈萨克斯坦共和国:五十万(500 000)股,法定股本的三分之一。

非洲开发银行协定

目　录

序文	222
第一章　宗旨、任务、成员资格和结构	223
第二章　资本	223
第三章　经营	226
第四章　借贷和其他附加的权力	230
第五章　组织和管理	232
第六章　成员国的退出和中止；银行经营的暂时中止和终止	236
第七章　地位、豁免、免除和特权	238
第八章　修改、解释和仲裁	240
第九章　最后条款	241
附录1　银行法定股本的初次认缴表	242
附录2　董事的选举	243

序　文

本协议的缔约政府，

决定通过非洲国家之间的经济合作来加强非洲的团结，

鉴于为促进非洲地区的经济发展与社会进步而加快发展非洲丰富的人文与自然资源的必要性，

实现协调国家的经济与社会发展计划，来推进非洲经济整体上的协调发展并扩大非洲外贸，特别是非洲国家间外贸的重要性，

认为成立全体非洲国家共同的金融机构将有利于实现这些目的，

相信非洲与非洲之外国家间的合作关系将通过这个以非洲地区的经济发展、社会进步为宗旨的金融机构，进一步促进国际资本流动，有利于实现本协议所有缔约方的共同利益。

第一章　宗旨、任务、成员资格和结构

第一条　宗旨

银行的宗旨是协助成员国单独地和集体地发展经济和促进社会进步。

第二条　任务

一、银行为实现其宗旨，具有下列各项任务：

（一）利用拥有的资源为成员国有关经济和社会发展的投资项目和计划提供资金，特别对以下项目和计划给予优先考虑：

甲、其性质和范围涉及几个成员国的项目或计划；

乙、旨在使成员国经济更加互为补充和使其对外贸易逐步扩大的项目或计划。

（二）承担或参加选择、研究和拟订有助于上述发展的项目、企业和活动。

（三）在非洲内外动员和增加向上述投资项目和计划提供资金的财源。

（四）普遍地促进公私资本在非洲对有助于成员国经济发展或社会进步的项目或计划进行投资。

（五）为研究、拟订、资助和执行发展项目或计划提供非洲所需要的技术援助。

（六）从事可以实现银行宗旨的其他活动和提供其他服务。

二、银行在履行其任务时应谋求同非洲的国家、地区和分区的发展机构进行合作。为了同一目的，银行还应同具有类似宗旨的其他国际组织和参与开发非洲的其他机构进行合作。

三、银行在作出所有决定时，应以本协定第一条和第二条的规定作指导。

第三条　成员资格和地理区域

一、凡具有独立国家地位的任何非洲国家都可以成为银行成员国。它应按照本协定第六十四条第一款或第二款的规定取得成员资格。

二、银行的成员资格和开发活动所适用的地理区域（在本协定中视情况分别称为"非洲"或"非洲的"）应包括非洲大陆和非洲诸岛屿。

第四条　结构

银行应设有理事会、董事会、行长一人、副行长至少一人以及其他为履行银行可能确定的职责所需的官员和普通职员。

第二章　资　本

第五条　法定资本

一、（一）银行的法定股本为2.5亿记账单位，分为2.5万股，每股的票面价值为一万个记账单位，供成员国认缴。

（二）每一记账单位价值为0.88867088克纯金。

二、法定股本分为缴入股本和催缴股本。1.25亿账单位为缴入股本；1.25亿记账单位为催缴股本，按照本协定第七条第四款（一）项规定的目的而缴付。

三、理事会认为适当时可以增加法定股本数额。理事会的决定须经占成员国总投票权至少3/4的全体理事中的2/3多数票通过，但如增加股本只是为了成员国的首次认缴，则不在此限。

第六条 股本的认缴

一、每一成员国都应在最初认缴银行股本，每一成员国首次认缴股本应为缴入股本和催缴股本各半。按照本协定第六十四条第一款取得成员资格的国家首次认缴的股本数在本协定附录1中做了规定，该附录构成本协定的一个组成部分。其他成员国首次认缴的股本数应由理事会决定。

二、如果增加股本不是只为了成员国的首次认缴，每一成员国都有权根据理事会确定的统一条款和条件，按其以前认缴股本对银行资本总额的比例，认缴所增加股本中的份额。但任何成员国没有义务认缴上述增加股本的任何部分。

三、成员国可以要求银行按照理事会确定的条款和条件增加其认缴股本。

四、按照本协定第六十四条第一款取得成员资格的国家首次认缴的股本应按票面价格发行。其他股本也应按票面价格发行，除非理事会在特殊情况下根据占全体成员总投票权的多数票决定按其他条件发行。

五、对股本的债务应限于未缴的部分，按发行价格计算。

六、股本不得以任何方式用作抵押品或用来抵债，而只能转让给银行。

第七条 对认缴股本的支付

一、（一）按照第六十四条第一款取得成员资格的成员国，对首次认缴的缴入股本，应分六次摊付。第一次付5%，第二次付35%，其余四次各付15%。

（二）第一期付款应由有关政府在按照第六十四条第一款交存本协定的批准书或接受书之日或之前支付。第二期付款则在本协定生效后六个月的最后一天或在上述交存之日（视何者在后而定）支付。第三期付款在本协定生效后18个月的最后一天支付。其余三期相继于前一期付毕后一年的最后一天支付。

二、银行成员国首次认缴的缴入股本应以黄金或可兑换货币支付。理事会应确定成员国对所认缴的其他缴入股本的支付方式。

三、理事会应确定银行成员国所认缴的不适用本条第一款规定的缴入股本的支付日期。

四、（一）对认缴的银行催缴股本，只有在银行根据第十四条第一款第（二）、（四）两项将借款增添在其普通资本资源中，或以上述资源作担保，因而产生了债务，须以催缴股本清偿这些债务时才可催付。

（二）遇有上述催缴情况时，有关成员国可选择以黄金、可兑换货币或以银行进行催缴以清偿其债务所需要的货币来支付。

（三）对未缴付的认缴股本的催缴，应对所有催缴股本采取同一比率。

五、银行应确定本条规定的任何支付的接受地点，但本条第一款提到的第一期付款应在本协定第六十六条规定的理事会举行的首次会议以前，付给第六十六条所称的受托人。

第八条 特别基金

一、银行可以建立或受托管理特别基金，该项基金是用来实现银行的宗旨，并属于银行的任务范围。银行可以接受、持有、利用或处理属于这种特别基金的资源，或以其承担债务。

二、这种特别基金的资源应按照本协定第十一条的规定同银行的普通资本资源分开存放。

三、银行应采用为管理和使用每一笔特别基金所需的特殊规则和条例，但总须具备下列条件：

（一）这种特殊规则和条例应服从第七条第四款、第九条到第十一条的规定以及明文规定适用于银行的普通资本资源或普通经营的本协定的各项条款；

（二）这种特殊规则和条例必须与明文规定适用于银行的特别资源或特别经营的各项条款相一致；

（三）在这种特殊规则和条例不能适用时，特别基金应受本协定各项条款的管理。

第九条 普通资本资源

在本协定内，银行的"普通资本资源"一词包括：

一、根据本协定第六条的规定认缴的银行法定股本；

二、根据本协定第二十三条第一款赋予的权力由银行借得的资金，对此项资金应适用本协定第七条第四款规定的催缴义务；

三、偿还用本条第一、二两款所述的资源提供的贷款时收到的资金；

四、从上述资金发放的贷款所得到的收益，从适用本协定第七条第四款规定的催缴义务的担保所得到的收益；以及

五、银行所收到的不属于特别资源构成部分的任何其他资金或收益。

第十条 特别资源

一、在本协定内，"特别资源"一词是指特别基金的资源，包括：

（一）向任何特别基金首次提供的资源；

（二）为任何特别基金而借得的资金，包括本协定第二十四条第六款规定的特别基金；

（三）偿还由任何特别基金资源所提供的贷款或担保而获得的资金，该项资金根据管理该特别基金的规章，应由该特别基金接受；

（四）从银行使用上述任何资源或资金或以其承担债务的经营中而取得的收入，如果根据管理有关的特别基金的规章，这笔收入应归上述特别基金取得；以及

（五）归任何特别基金支配的任何其他资源。

二、在本协定内，"属于一项特别基金的特别资源"一词应包括前款所提到的资源、资金和收入，并且按照管理该项特别基金的规则和条例，视情况是向该特别基金提供的、由该基金借得或接受的、属于该基金或归其支配的。

第十一条 资源的分开

一、银行的普通资本资源在持有、使用、承担债务、投资或以其他方法处置时，应在任何时候和一切方面同特别资源完全分开。每一项特别基金及其资源和账目都应同其他特别基金及其资源和账目完全分开保存。

二、银行的普通资本资源在任何情况下都不应对任何特别基金的经营或其他活动而引起的损失或债务负责或用这些资源来清偿。属于任何特别基金的特别资源，在任何情况下都不得对银行普通资本资源或属于任何其他特别基金的特别资源所资助的银行经营或其他活动而引起的损失或债务负责，或用这些资源来清偿。

三、在任何特别基金的经营和其他活动中，银行应只对由银行支配的该项特别基金的特别资源承担债务。

第三章 经　　营

第十二条 资源的利用

银行的资源和设施只能用于履行本协定第一条和第二条规定的宗旨和任务。

第十三条 普通经营和特别经营

一、银行的经营分为普通经营和特别经营两种。

二、普通经营是指以银行的普通资本资源提供资金的经营。

三、特别经营是指以特别资源提供资金的经营。

四、银行的财务报告应分开说明银行的普通经营和特别经营。银行应采用保证有效地分开这两种经营所必要的其他规章。

五、直接同普通经营有关的费用应从银行的普通资本资源中支付；直接同特别经营有关的费用应从有关的特别资源中支付。其他费用应按银行的决定支付。

第十四条 接受人和经营方法

一、银行在经营时可以向任何成员国及其有关的行政部门或任何代理机构，或在任何成员国领土上的任何机构或企业以及参与非洲发展的国际或地区性代理处或机构提供资金或促使提供资金。在遵守本章规定的情况下，银行可以采取下列任何方式进行经营：

（一）用下列资金提供或参加直接贷款：

甲、用相当于未动用的认缴缴入资本，以及除本协定第二十条的规定外，用相当于其储备金和未分配的盈余的资金；或

乙、用相当于特别资源的资金。或

（二）用银行借来的或用其他方法取得并增添在银行普通资本资源或特别资源中的资金提供或参加直接贷款。或

（三）用本款（一）或（二）项中所述的资金投入企业或机构的合股资本。或

（四）对其他人提供的贷款予以全部或部分的担保。

二、本协定中凡适用于银行根据上款（一）、（二）两项而提供的直接贷款的各项规定也适用于银行根据上述任一项而参与的任何直接贷款。同样，本协定中凡适用于银行根据上款（四）项对贷款所作担保的规定也适用于银行只对上述部分贷款所作的担保。

第十五条 经营的限制

一、银行在普通经营中尚未付清的总额，在任何时候都不得超过其未动用的认缴资本、储备金和增添在其普通资本资源中的盈余的总额，但本协定第二十条规定的特别储备金除外。

二、银行在对任何特别基金的特别经营中尚未付清的总额，在任何时候都不得超过属于该项特别基金的未动用的特别资源总额。

三、如果以银行借来的资金提供贷款而对于这种资金应适用本协定第七条第四款第（一）项的催缴义务时，尚未向银行偿付并应以一种特定货币付给银行的本金总额，在任何时候都不得超过应由银行以同一货币支付的尚未清偿的借款的本金总额。

四、（一）如果是依照本协定第十四条第一款（三）项用银行的普通资本资源投资时，尚未付清的总额在任何时候都不得超过银行的缴入股本同储备金和增添在普通资本资源中的盈余的总和的百分之十，但本协定第二十条规定的特别储备金除外。

（二）在投资时，前项所述的任何特定投资的数量不得超过理事会对根据本协定第十四条第一款（三）项进行的任何投资所确定的有关机构或企业的合股资本的百分比。在任何情况下，银行都不得谋求通过上述投资取得对有关机构或企业的控制地位。

第十六条 提供直接贷款所需的货币

在进行直接贷款时，银行向借贷人提供的货币应不是将在其领土内修建有关工程的成员国的货币（此种货币以下称为当地货币），而是用来偿付该项工程的外汇费用所需要的其他货币。但总须具备下列条件，即银行在直接贷款时，能够提供资金来偿付该项工程的当地费用，如果：

一、不需出售它所持有的任何黄金或可兑换货币而能提供当地货币来偿付该项工程的当地费用；或

二、银行认为该项工程的当地费用可能给修建该工程的国家的国际收支造成过度的损失或紧张，并且银行提供资金的数量没有超过该项工程所需的全部当地费用中的适当部分。

第十七条 经营原则

一、银行应按照下列原则进行经营：

（一）甲、除特殊情况外，银行的经营应向特定的项目或几组项目，特别是向银行成员国的经济和社会发展所急需的构成某一国家或地区发展计划的一部分的那些项目提供资金。但也可以包括对非洲国家开发银行或其他适当机构的综合性贷款或贷款担保，以便上述开发银行和机构可以对各自活动范围内为银行宗旨服务的某一特定类型的项目提供资金；

乙、银行在选择合适的项目时，应始终遵循本协定第二条第一款（一）项的规定并着重考虑有关项目对银行宗旨的可能贡献，而不是只考虑项目的类型。但是，应特别注意选择适当的多国项目。

（二）如果某成员国反对向其领土内的某一项目提供资金，银行不得对该项目提供资金。

（三）如银行认为接受人可以从其他地方按照银行认为对接受人合理的条件得到资金或便利，银行不得对该项目提供资金。

（四）在遵照本协定第十六条和第二十四条的规定的情况下，银行不得强加条件规定由普通经营提供的任何资金的收入必须在某一特定国家境内使用，也不得规定这种收入不得在某一特定国家境内使用。

（五）在提供或担保贷款时，银行应适当注意到借贷人和担保人（如果有的话）将能履行贷款赋予的义务的前景。

（六）在提供或担保贷款时，银行应认为利率和其他费用是合理的，并且这种利率、费用和偿还本金的期限对有关项目来说也是适宜的。

（七）在银行直接贷款的情况下，银行应允许借贷人只为支付同项目实际开支有关的费用而提取资金。

（八）银行应作出安排保证它所提供或担保的任何贷款的收入只能用于给予贷款时规定的目的，并应对经济和效率问题加以适当考虑。

（九）银行对其合股资本的投资，应谋求保持合理的多种经营。

（十）银行在其经营中，特别是在其合股资本的投资中应实行合理的银行原则。银行对它所投资的任何机构或企业的经营不承担责任。

（十一）银行在担保其他投资人提供的贷款时，应为其承担的风险收取适当的补偿。

二、银行应制定为审议提交给它的项目所必需的规章。

第十八条　直接贷款和担保的条款和条件

一、在银行提供直接贷款的情况下，订立合同应包括下述内容：

（一）应在符合本协定第十七条第一款规定的经营原则和遵照本章其他规定的条件下，订立有关该项贷款的一切条款和条件，包括有关分期偿还、利息和其他费用，以及有关到期和支付日期的规定；特别是

（二）在遵照本条第三款（三）项的情况下，应规定用贷款的货币向银行进行分期偿还、支付利息、佣金和其他费用，除非在提供直接贷款作为特别经营的一部分的

情况下，规章上另有规定。

二、在银行担保贷款的情况下，担保合同应包括下述内容：

（一）应在符合本协定第十七条第一款规定的经营原则和遵照本章其他规定的条件下，订立有关担保的一切条款和条件，包括有关银行的手续费、佣金和其他费用；特别是

（二）在遵照本条第三款（三）项的情况下，应规定用贷款的货币向银行支付按照担保合同规定的一切款项，除非在担保的贷款作为特别经营的一部分的情况下，规章上另有规定；

（三）还应规定，在借款人和担保人（如果有的话）不履行债务时，如果银行提议按票面价格和按此项提议中指定之日为止已到期的利息，购买其所担保的证券或其他债券，银行可以终止其关于利息的债务。

三、在银行提供直接贷款或担保贷款的情况下，银行：

（一）在确定经营的条款和条件时，应适当考虑银行取得相应资金的条款和条件；

（二）当接受人为非成员国时，如果银行认为适当，应要求在其境内修建工程的成员国或银行可接受的该成员国的公共机关或机构，担保偿还贷款的本金并支付贷款的利息以及其他费用；

（三）应明确规定根据有关合同向银行作出一切支付的货币，但借贷人往往可以选择以黄金或可兑换货币进行支付或征得银行的同意用任何其他货币支付；

（四）在考虑到同工程直接有关的成员国的利益和全体成员国的利益的情况下，可以附加它认为适当的其他条款或条件。

第十九条 佣金和手续费

一、银行对于作为它普通经营的一部分而提供的直接贷款和给予的担保应收取佣金。佣金应定期支付，按每笔贷款或担保的尚未清偿的数额计算，收费率每年不得少于1%，但经过头10年的经营，银行根据占成员国总投票权至少3/4的成员国2/3多数票决定改变这一最低的收费率时不在此限。

二、银行在担保一项贷款作为其普通经营的一部分时，应收取担保手续费，按未清偿的贷款数额定期支付，收费率由董事会确定。

三、银行在普通经营中的其他费用，特别经营中的佣金、手续费和其他费用应由董事会确定。

第二十条 特别储备金

银行根据本协定第十九条收取的佣金数额应留作特别储备金，用来按照第二十一条的规定偿还银行的债务。特别储备金应采取本协定所允许并由董事会决定的流动形式加以保存。

第二十一条 银行履行债务的方法（普通经营）

一、每当需要履行合同偿付银行借款的利息、其他费用，或分期偿还银行借款，

或为了履行由银行普通资本资源支付并由银行担保的贷款的类似债务时,银行可依照本协定第七条第四款催缴适当数额的未支付的催缴资本。

二、如果未能偿还银行自借来的款项中提供的贷款或银行担保的贷款,而此项贷款构成银行普通经营的一部分,并且银行认为此种不偿还债务的情况可能延续一个长时期时,则银行可以为下述目的催付上述催缴资本中增加的一笔款项,其数额在任何一年中都不得超过成员国认股总数的1%:

(一)在到期前清偿或以其他办法履行由银行担保而债务人未能偿还的任何贷款中未偿付的本金的全部或一部分债务;

(二)购回或以其他办法履行银行自己的借款中尚未清偿的全部或一部分债务。

第二十二条　为特别基金借款履行债务的方法

为清偿增添在属于特别基金的特别资源而借得资金的债务,应从下列各项进行支付:

一、首先,为此目的或在有关的特别基金内设立的任何储备金;

二、其次,属于该项特别基金的特别资源中可供使用的任何其他资产。

第四章　借贷和其他附加的权力

第二十三条　一般权力

除本协定各项条款中规定的权力外,银行应具有下述权力:

一、向成员国或其他各处借入资金,并为此提供银行所确定的附属的或其他担保品,但总须具备下列条件:

(一)在某一成员国市场出售其债券时,银行应事先取得该国的同意;

(二)当银行的债券以某一成员国的货币表示时,银行应取得该国的同意;

(三)如果借入的资金将增添在银行的普通资本资源中,银行在适当时应取得本款第(一)和第(二)项所述的成员国的同意,允许借款收入可不受限制地兑换成任何其他货币。

二、买卖银行所发行或担保或投入资本的证券,但银行应取得在其境内买卖证券的国家的同意。

三、担保或签字保证银行所投资的证券,以便于出售。

四、将其经营中所不需要的资金投入银行确定的债券中,并将银行持有的用作年金或类似目的的基金投入可供出售的证券中。

五、从事同银行经营有联系的活动,如促使成立实现银行宗旨和在银行职权范围内提供资金的借款团。

六、(一)提供为实现其宗旨和在其职权范围内的一切技术意见和援助;

(二)当上述服务所需的费用未偿还时,则从银行有关的纯收益中开支,在银行经营的头五年中,可将其缴入资本的1%用于上述费用,但是银行在上述期间每一年用于上述服务的总额不得超过该百分比的 1/5。

七、行使为进一步实现其宗旨和任务所必需或可取的符合本协定的其他权力。

第二十四条　特别借款权力

一、银行可以要求任一成员国以其本国货币借给银行一笔贷款，以便提供资金取得该成员国境内生产的货物或服务，以供在另一成员国境内修建工程之用。

二、除非有关成员国认为借给银行上述款项可能引起或加剧经济和财政困难，否则，该成员国应接受银行的要求。贷款的期限应与银行商定，但应与贷款拟资助的工程的期限相关联。

三、除非成员国同意另一种情况，根据本条向银行贷款的未偿清的总额，在任何时候都不得超过它向银行认缴股本的数额。

四、根据本条给予银行的贷款应由银行向给予贷款的成员国支付利息，利率应相当于银行在缔结贷款协定前一年内为特别基金所借贷款支付的平均利率。此项利率在任何情况下都不得超过理事会通常确定的最高利率。

五、银行应以给予贷款的成员国的货币或该成员国可接受的货币偿还贷款和支付到期的利息。

六、银行因本条规定而得到的一切资源应构成一项特别基金。

第二十五条　证券上的通知

银行发行或担保的每一张证券都应在其正面载有明显的声明，说明该证券不是任何政府的债券，除非它确定是某一政府的债券，在此情况下，则应声明是该政府的债券。

第二十六条　货币的价值和关于可兑换的决定

每当根据本协定认为有必要时：

一、可以用另一国的货币、黄金或本协定第五条第一款（二）项规定的记账单位，来确定任何货币的价值；或

二、可以决定任何货币是否可兑换。

银行在同国际货币基金协商后应根据情况作出上述货币价值或可兑换的决定。

第二十七条　货币的使用

一、成员国对银行或任何接受银行款项的人持有或使用的下列资金在任何国家内进行支付，不得采取或施加任何限制：

（一）银行收到的各成员国对其认缴的银行股本进行支付的黄金或可兑换货币；

（二）用前项所述的黄金或可兑换货币购进的成员国的货币；

（三）根据本协定第二十三条第一款，银行通过借贷而增添在银行普通资本资源中的货币；

（四）银行收到的因偿付本款（一）至（三）项所述的任何资金所提供的贷款或投资的本金、利息、红利或其他费用，或偿付银行提供担保的佣金或手续费而得到的

黄金或货币；以及

（五）按照本协定第四十二条在分配银行的纯收益中，成员国从银行得到的非本国的货币。

二、成员国对银行或任何接受银行款项的人持有或使用银行收到的不属前项规定的某一成员国的货币在任何国家内进行支付，不得采取或施加任何限制，除非：

（一）该成员国宣布愿将其货币的使用限于支付在其领土内生产的货物或提供的服务；或

（二）上述货币构成银行特别资源的一部分，并须依照特别规章予以使用。

三、对于银行持有从普通资本资源提供直接贷款而收回的货币，或使用上述货币分期偿还或提前偿付或全部或部分买回银行的债券，成员国不得采取或施加任何限制。

四、银行不得使用它所持有的黄金或货币购买其成员国的其他货币，除非：

（一）为了偿付现有债务；

（二）根据董事会以占成员国总投票权 2/3 的多数票作出的决定。

第二十八条　银行持有的货币价值的保持

一、当某一成员国的货币按本协定第五条第一款（二）项规定的记账单位计算，其票面价值减少时，或银行认为其外汇贬值已达到相当程度时，该成员国应在合理的期限内以其本国的货币向银行支付一笔款项，以保持银行持有的所有上述货币的价值，但银行自借款中得来的货币除外。

二、当某一成员国的货币按上述记账单位计算，其票面价值增加时，或银行认为其外汇增值已达到相当程度时，银行应在合理的期限内以该国的货币向该成员国支付一笔款项，以调整银行持有的所有上述货币的价值，但银行自借款中得来的货币除外。

三、如所有成员国货币的票面价值都按统一的比例改变时，银行可以废弃本款的规定。

第五章　组织和管理

第二十九条　理事会的权力

一、银行的全部权力属于理事会。特别是理事会应就银行的信贷政策作出总的指示。

二、理事会可以将其一切权力授予董事会，但下列权力除外：

（一）减少银行的法定股本；

（二）建立或接受特别基金的管理；

（三）授权同尚未取得独立地位的非洲国家当局缔结一般的合作协议，或同尚未取得银行成员资格的非洲国家政府缔结一般的合作协定，以及同其他政府和其他国际组织缔结这种协定；

（四）决定董事和候补董事的报酬；

（五）遴选本机构外的稽核，以核定银行的资产债务表和损益报告，并遴选所需要的其他专家，以审查银行的一般经营管理和就此作出报告；

（六）在审查稽核的报告后，批准银行资产债务表和损益报告；

（七）行使本协定中明文规定的理事会具有的其他权力。

三、理事会保留对本条第二款授权给董事会处理的任何事项行使最高权力的全权。

第三十条　理事会的组成

一、每一成员国都应有代表参加理事会，并应指派理事和候补理事各一人。理事和候补理事应在经济和财政问题上具有高深的造诣和丰富的经验，同时必须是成员国的国民。理事和候补理事的任期各为五年，应按照指派的成员国的意愿，在任何时候解除职务或重新指派。候补理事除在其现任理事缺席时外，没有投票权。理事会在其年会上应指派其中一名理事为主席，任职至下届理事会年会选出主席为止。

二、银行对理事和候补理事的工作不予报酬，但可付给他们因参加会议所需的合理费用。

第三十一条　理事会的程序

一、理事会应举行年会和它可能规定或由董事会召集的其他会议。经银行的五个成员国或经占成员国总投票权1/4的成员国的请求，应由董事会召开理事会会议。

二、占成员国总投票权至少2/3的理事或其候补理事的总人数中的多数，构成理事会任何会议的法定人数。

三、理事会可以通过规章制定一项程序，允许董事会在它认为适当时，可以不召开理事会会议而取得理事对某一特定问题的投票。

四、理事会和董事会在其权限范围内，可以设立进行银行业务所需要的或适当的辅助机构和制定为此所需要的或适当的规章。

第三十二条　董事会的权力

在不损害本协定第二十九条规定的理事会权力的情况下，董事会应负责指导银行的一般经营，并为此目的，除本协定明文规定的权力外，还行使理事会委托给它的一切权力，特别是：

一、选举行长，并经行长提名选举银行副行长一人或数人，并确定他们的任期；

二、准备理事会的工作；

三、按照理事会总的指示，就特定的直接贷款、担保、向合股资本投资和银行借贷等问题作出决定；

四、确定直接贷款的利率和担保的佣金；

五、向每届年会提出每一财政年度的账目和年度报告供理事会批准；

六、确定银行行政部门的一般结构。

第三十三条　董事会的组成

一、董事会由不担任理事或候补理事的九名成员组成，由理事会按照作为本协定的一个组成部分的附录 2 的规定选出。在选举董事会时，理事会应适当地考虑到担任该职所要求的对经济和财政问题的高深造诣。

二、每一名董事都应指派一名候补董事，在他缺席时代他行事。董事和候补董事应为成员国的国民，但任何候补董事都不得与其董事具有同一国籍。候补董事可以参加董事会会议，但只有在代替董事行事时才有投票权。

三、董事任期为三年，连选得连任。他们应继续任职到选出继任者时为止。如果董事在其任期届满前出缺超过 180 天，应由理事会在下届会议上，按照本协定附录 2 的规定选出继任者在余下的任期内任职。在上述职位仍然空缺时，上述董事的候补人应行使该董事的权力，但指派候补董事的权力除外。

第三十四条 董事会的程序

一、董事会应在银行总行经常举行的会议上执行职务，并根据银行业务的需要经常举行会议。

二、占成员国总投票权至少 2/3 的全体董事中的多数，构成董事会任何会议的法定人数。

三、理事会应订立规章规定，如果董事中没有某一成员国的国民，在该国提出要求时，或在审议特别与该国有关的问题时，该成员国可以派代表参加董事会的会议。

第三十五条 投票

一、每一成员国有 625 个投票权，此外，按该成员国所持有的银行股本，每一股本另加一个投票权。

二、在理事会投票时，每一理事应有权按他所代表的成员国的票数投票。除本协定中另有明文规定外，理事会受理的一切问题应以会上投票权的多数作出决定。

三、在董事会投票时，每一董事有权按选出他时所得的票数投票，上述票数应作为一个单位投票。除本协定另有规定外，董事会受理的一切问题应以会上投票权的多数作出决定。

第三十六条 行长的任命

董事会根据成员国总投票权中的多数票选出银行行长。行长对有关银行活动、经营和管理的一切事务，应有高深造诣，并应为成员国的国民。行长或任何副行长在任职期间都不得担任理事或董事，或候补理事或候补董事。行长的任期为五年。连选得连任。如董事会根据成员国总投票权 2/3 的多数票，决定终止行长的职务，行长应终止任职。

第三十七条 行长的职位

一、行长应为董事会主席，但无投票权，除非在双方票数相等时投决定票。行长可以参加理事会的会议，但无投票权。

二、行长应为银行职员的首长，在董事会的指导下处理银行的日常业务。行长应负责人员的编制工作，按照银行制定的条例任命和解雇银行的官员和普通职员，并按照合理的管理条例和财政政策确定雇佣的条件。

三、行长应为银行的合法代表。

四、银行应制定条例，规定在行长缺席或行长职位出缺时何人应为银行的合法代表并履行行长的其他职责。

五、行长在任用官员和普通职员时，应首先考虑具备最高标准的效率、技术上的造诣和正直。他应充分注意在非洲各国的国民中间召用人员，特别是对行政性质的高级职位而言。他应在尽可能广泛的地理基础上招用职员。

第三十八条 禁止政治活动；银行的国际性

一、银行不得接受任何可能损害、限制、偏离或以其他方式改变其宗旨或任务的贷款或援助。

二、银行及其行长、副行长、官员和普通职员不得干预任何成员国的政治事务；也不得在作出决定时受有关成员国的政治性质的影响。只有经济上的考虑才是他们作出决定的重要因素。这种考虑应不偏不倚，以完成和履行银行的任务。

三、行长、副行长和银行的官员和普通职员在履行职务时，完全对银行负责，而不对任何其他当局负责。银行的每一成员国都应尊重这一职务的国际性，并在上述任何人员履行职务时，不得抱有对他们施加影响的任何企图。

第三十九条 银行的办公处所

一、银行的总行应设在一个成员国境内。银行总行的所在地应由理事会在第一次会议上选定，选择时需考虑到银行正当行使职能的便利条件。

二、尽管有本协定第三十五条的规定，理事会应按照采用本协定的条件选择银行总行的地点。

三、银行可以在其他地点设立分行或代理机构。

第四十条 联系的渠道；保管处

一、每一成员国应指定一适当机构，以便银行就有关本协定的任何事项与之联系。

二、每一成员国应指定其中央银行或银行可能同意的其他机构作为银行保存它所掌握的该成员国的货币和银行其他资产的保管处。

三、银行可在董事会确定的保管处保存其资产，包括黄金和可兑换货币。

第四十一条 协定的公布、工作语言、情报和报告的提供

一、银行应努力将本协定的文本及其全部重要文件译成非洲的主要语言。银行的工作语言，如有可能，应为非洲语言、英文和法文。

二、成员国应向银行提供所要求的一切情报，以便利银行履行任务。

三、银行应公布并向成员国送交一份包括经过核查的账目的年度报告。它还应按季度向成员国提交一份关于其财政情况的简要说明和表明经营结果的损益报告。年度报告和季度报告都应按照本协定第十三条第四款的规定予以制订。

四、银行还可以公布它认为为履行其宗旨和任务所需要的其他报告，这些报告也

应送交银行成员国。

第四十二条　纯收益的分配

一、理事会应每年作出决定，在银行的纯收益中（包括从特别基金得到的纯收益）在留出储备金后，哪一部分应作为盈余，哪一部分（如果有的话）应予分配。

二、前款所述的分配，应按照每一成员国所持有的股本数额的比例进行。

三、支付应依照理事会决定的方式和使用理事会规定的货币进行。

第六章　成员国的退出和中止；银行经营的暂时中止和终止

第四十三条　退出

一、任何成员国在向银行总行提交书面通知后，可在任何时候退出银行。

二、成员国的退出应依照通知书中载明的日期生效，但无论如何应在银行收到通知书之日起六个月以后。

第四十四条　中止

一、如果董事会认为某一成员国未履行它对银行的任何一项债务，董事会应中止该成员国的成员资格，除非在由董事会为该目的召开的下一次理事会会议上，理事会根据占成员国总投票权多数的理事中的多数票作出另外的决定。

二、上述被中止成员资格的成员国应自中止之日起一年后即自动停止为银行的成员国，除非理事会以相同的多数票作出决定，恢复其成员资格。

三、在中止期间，成员国除有退出权外，无权行使本协定规定的任何权利，但仍应履行它的一切义务。

第四十五条　账目的清算

一、在某一国家停止成员资格之日（本条以下称为终止日）以后，该国仍应承担其对银行的直接债务和有条件的债务，只要在终止日以前所借的贷款或所作的担保的任何部分尚未清偿；但对此后银行所借的贷款和所作的担保，该国则不负担任何责任，并不分享银行的收益或分担银行的费用。

二、在某一国家停止为成员国时，银行应作出安排买回该国的股本，作为按照本条第三款和第四款的规定，与该国清算账目的一部分。为此目的，买回股本的价格应依照终止日银行账簿上标明的价格计算。

三、依本条的规定由银行买回的股本应按下列条件支付：

（一）因买回股本而应付给有关国家的任何款项，只要该国、其中央银行或任何代理机构作为借贷人或担保人而继续对银行负有债务，就应予以扣留。留的款项可依照银行的选择用以偿付上述任何已到期的债务。但不得以该国按照本协定第七条第四款认缴股本而负有债务为理由将款项扣留。在任何情况下，由于买回股本而欠某一成员国的任何款项须自终止日后六个月才予以支付。

（二）在有关国家的政府交出股本后，随时可以对股本进行支付，其限度是按照本条第二款规定的买回价格而支付的款项须超过本款（一）所述的贷款和担保债务的总和，直到该前成员国获得全部买回的价格。

（三）应以接收支付国家的货币进行支付，如果不能提供这种货币，可用黄金或可兑换货币进行支付。

（四）如果在终止日尚有任何担保或借贷未予清偿致使银行受到损失，而损失的款项超过在该日为弥补损失而提供的储备金数额时，则有关国家经要求后，应偿还银行在确定股本回收价格时即已将损失计算在内而须降低股本价格的数额。此外，该前成员国仍应按照本协定第七条第四款对未缴付的认缴股本的任何催缴负有义务，其应缴付的数额正如资本损失已经发生，并且在确定股本回收价格时已发出催付通知，它应对此缴付的款项。

四、如果银行在终止日后六个月之内根据本协定第四十七条终止其经营，则应按照第四十七条至四十九条的规定确定有关国家的全部权利。

第四十六条 经营的暂时中止

在紧急情况下，董事会可以暂时中止有关新的贷款和担保的经营，直到理事会有机会进一步考虑和采取行动。

第四十七条 经营的终止

一、银行根据理事会以成员国总投票权的多数作出的决定可以终止其有关新的贷款和担保的经营。

二、在终止经营后，银行应立即停止一切活动，但有关其资产的有步骤的变卖、保存和保管以及清偿债务的活动除外。

第四十八条 成员国的责任和债权的清偿

一、如果银行终止经营，所有成员国对银行股本未缴付的认缴部分的责任和对于它们的货币贬值的责任，应继续承担到债权人的所有债权，包括所有有条件的债权都得到清偿为止。

二、所有享有直接债权的债权人应先从银行的资产中得到偿付，然后从对银行的尚未支付的待催认缴的付款中得到偿付。在对享有直接债权的债权人作任何支付前，董事会应作出它认为必要的安排，以保证享有直接债权和有条件债权的债权人按比例得到分配。

第四十九条 资产的分配

一、如银行终止经营，不得因成员国认缴银行股本而将资产分配给它们，直到
（一）对债权人的所有债务已清偿或安排完毕；
（二）理事会作出决定予以分配。这一决定须经理事会以成员国总投票权的多数作出。

二、按照前款规定作出分配的决定后，董事会可以根据2/3的多数票向成员国连续分配银行的资产，直到所有资财都被分配完毕为止。这种分配必须在事前将每一成员国对银行的所有未了结的债务都予以清偿后才能进行。

三、在对资产作出任何分配之前,董事会应根据每一成员国持有的股份在银行总的未清偿股份中所占的比例,确定其相应的份额。

四、董事会应对在分配日分配的资产作出估价,然后按下列方式进行分配:

(一)应以每个成员国自己的债券,或其官方机构或其境内的合法实体的债券向该成员国进行支付,但须具有此项债券以供分配,其数额应同该成员国在分配总额中所占份额的价值相等。

(二)在按照前款进行支付以后,欠某一成员国的任何差额应以该成员国本国货币进行支付,但银行须持有该成员国货币,其数额可以达到同上述差额的价值相等。

(三)在按照本款(一)和(二)项进行支付以后,欠某一成员国的任何差额应以该国所接受的黄金或货币进行支付,但银行须持有上述黄金和货币,其数额可以达到同上述差额价值相等的数量。

(四)按照本款(一)至(三)项向成员国进行支付以后,银行所持有的任何剩余资产应在成员国之间按比例分配。

(五)任何成员国在接受银行按照前款分配的资产时,应享有银行在分配资产以前对此项资产所享有的同样权利。

第七章 地位、豁免、免除和特权

第五十条 地位

为了使银行能够实现其宗旨和完成委托给它的任务,银行应具有完全的国际人格。为此目的,它可以同成员国、非成员国和其他国际组织签订协定,并为同一目的,银行应在各成员国境内享有本章所规定的地位、豁免、免除和特权。

第五十一条 在成员国中的地位

在各成员国境内,银行具有完全的法律人格,特别是具有下列完全的法律能力:

一、订立契约;

二、取得和处置动产和不动产;以及

三、提起诉讼。

第五十二条 司法程序

一、银行应豁免各种形式的法律程序,但行使借贷权力的情况除外,在后一情况下,只有在银行设有总行的成员国境内或派有接受诉讼传票或通知的代理人,或曾发行或担保证券的成员国或非成员国境内,其主管法院可以对银行提起诉讼。但成员国或代表成员国或从成员国承受债权的个人不得提出诉讼。

二、银行的财产和资产,不论在何地和由何人持有,在对银行作出最后败诉判决以前,应豁免一切形式的查封、扣押或执行。

第五十三条 资产和档案的豁免

一、银行的财产和资产,不论在何地和由何人持有,应免除搜查、征收、没收、征用或通过行政或立法行为采取的任何其他形式的扣押或取消赎回抵押品的权利。

二、银行的档案，和一般属于它的或由它持有的所有文件，不论在何处，都应不受侵犯。

第五十四条 资产的不受限制

在实施银行的宗旨和任务并在遵照本协定规定的范围内，银行的全部财产和其他资产应免受任何性质的限制、管理、管制和延缓支付的约束。

第五十五条 通信特权

每一成员国给予银行官方通信的待遇应与它给予其他成员国官方通信的待遇相同。

第五十六条 人身豁免和特权

一、银行的全体理事、董事、候补理事和董事、官员和雇员应享有下列豁免和特权：

（一）对于他们以公务身份采取的行为应免除法律程序；

（二）如他们不是当地国民，应在移民限制、外国人登记手续和国民兵役义务方面，享有其他成员国相当等级的代表、官员和雇员所享有的同样豁免，并在外汇管理方面享有同样的便利；

（三）在旅行便利方面，享有其他成员国相当等级的代表、官员和雇员所享有的同样待遇。

二、为银行执行任务的专家和顾问在执行任务期间，包括与此有关的旅行期间，应享受银行认为他们为独立执行任务所需要的豁免和特权。

第五十七条 税收的免除

一、银行、银行财产、其他资产、收益及其经营和交易，应免除一切捐税和关税。银行并应免除有关支付、扣留或征收任何税捐的任何义务。

二、对于银行发给董事、候补董事、官员和银行其他专业工作人员的薪金和津贴不得征税。

三、对银行发行的任何债券或证券，包括有关的任何红利和利息，不论由何人持有，均不得因下列原因而征收任何种类的税收：

（一）仅仅因为是由银行发行而对上述债券或证券给予歧视待遇；或

（二）如果行使上述征税权的唯一法律基础是该项债券或证券的发行地或在其发行时、清偿时或支付时所用的货币，或银行设有的任何办事处或营业所的地点。

四、对于银行担保的任何债券或证券，包括有关的任何红利和利息，不论由何人持有，均不得因下列原因而征收任何种类的税收：

（一）仅仅因为是由银行担保而对上述债券或证券给予歧视待遇；或

（二）如果行使上述征税权的唯一法律基础是由于银行设有任何办事处或营业所的地点。

第五十八条 实施的通知

每一成员国应将它已采取的为使本章的各项规定在其领土内生效的具体行动迅速

通知银行。

第五十九条　豁免、免除和特权的适用

本章规定的豁免、免除和特权是为银行的利益而给予的。董事会根据它确定的范围和条件可以放弃本协定第五十二条、五十四条、五十六条和五十七条规定的豁免和免除，如果董事会认为放弃对银行更为有利。行长有权和有责任放弃给予任何官员的豁免，如果他认为给予豁免会有损于公正的做法，而废除豁免又不致损害银行的利益。

第八章　修改、解释和仲裁

第六十条　修改

一、有关修改本协定的任何建议，不论是由某一成员国、某一理事或董事会提出，都应通知理事会主席，由他将建议提交理事会。如理事会通过修改方案，银行应以通知书或电报询问各成员国是否接受此项修改方案。当占成员国总投票权3/4的2/3的成员国同意此项修改方案时，银行应以正式文书将此事通知各成员国。

二、尽管有本条第一款的规定，第三章第三条所形成的多数票决议仅能由此条款项下的投票人所修订。

三、尽管有本条第一款的规定，但有关下列各项的任何修改，仍需得到全体成员国的同意：

（一）根据本协定第六条第二款获得的权利；

（二）本条第五款规定的对责任的限制；

（三）本协定第四十三条规定的退出银行的权利。

四、修改应自本条第一款规定的正式通知之日起三个月后对全体成员国生效，除非理事会规定了另外的期限。

五、尽管有本条第一款的规定，但在本协定生效后最迟不超过三年，并根据银行的经验，应由理事会对每一成员国具有一票的规定进行审查，或在成员国的首脑会议上按照适用于通过本协定的条件进行审查。

第六十一条　解释

一、本协定的英文本和法文本应视为具有同等效力。

二、在任何成员国与银行之间或在任何银行成员国之间对本协定规定的解释所发生的任何问题，应提交董事会决定。与讨论的问题有特别利害关系的成员国如在董事会没有属该国国籍的董事时，应有权指派代表直接参加这些讨论。这种代表的权利应由理事会规定。

三、在董事会根据本条第二款的规定作出决定的情况下，任何成员国可以要求将该问题提交理事会，按照本协定第三十一条第三款制定的程序由理事会在三个月内作出决定。这项决定应是终结性的。

第六十二条 仲裁

如银行与某一停止成为成员国的国家政府之间,或银行与任何成员国之间在银行终止经营时发生分歧,应将分歧提交一个由三名仲裁人组成的法庭仲裁。其中一名仲裁人由银行指定,另一名由有关国家指定,第三名除非当事各方另有协议,应由理事会通过的条例所规定的其他当局指定。如果当事双方对于任何程序问题发生分歧,第三名仲裁人应有解决所有程序问题的全权。

第九章 最后条款

第六十三条 签字和保存

一、本协定交存于联合国秘书长(以下称为保存人),于1963年12月31日以前对本协定附录1中开列的国家政府开放签字。

二、保存人应将本协定核证无误的副本送交所有签字国。

第六十四条 批准、接受、加入和成员资格的取得

一、(一)本协定须经签字各国批准或接受。签字国政府应在1965年7月1日以前将批准书或接受书交给保存人。保存人应将每次交存和交存日期通知其他签字国。

(二)在本协定生效前交存批准书或接受书的国家,在本协定生效之日起即成为银行成员国。履行前款规定的其他任何签字国在交存批准书或接受书之日起,即成为成员国。

二、未按照本条第一款规定取得银行成员资格的国家,在本协定生效后,可以按照理事会规定的条款加入而成为成员国。上述任一国家的政府在理事会指定之日或在此以前,应将加入书交给保存人,保存人应将此项交存及交存日期通知银行和本协定的缔约国。交存加入书后,该国即在指定之日成为银行的成员国。

第六十五条 生效

本协定在附录1中开列的首次认缴总额不少于银行法定股本65%的12个签字国政府交存批准书或接受书后立即生效,但是按照本条的规定而生效的日期不得早于1964年1月1日。

第六十六条 经营的开始

一、一旦本协定生效,每一成员国应指定一名理事,为此目的和本协定第七条第五款所述目的而任命的受托人应召开理事会的首次会议。

二、在首次会议上,理事会应:

(一)按照本协定第三十三条(一)款的规定,选出银行的九名董事;

(二)就确定银行开始经营的日期作出安排。

三、银行应将开始经营的日期通知各成员国。

1963年8月4日订于喀土穆,正本一份,用英文和法文写成。

附录1 银行法定股本的初次认缴表

	成员	已缴股份	赎回股份	总认缴股数（百万）
1	阿尔及利亚	1 225	1 225	24.5
2	布隆迪	60	60	1.2
3	喀麦隆	200	200	4
4	中非共和国	50	50	1
5	乍得	80	80	1.6
6	刚果（布拉柴维尔）	75	75	1.5
7	刚果民主共和国	650	650	13
8	达荷美共和国（贝宁）	70	70	1.4
9	埃塞俄比亚	515	515	10.3
10	加蓬	65	65	1.3
11	加纳	640	640	12.8
12	几内亚	125	125	2.5
13	象牙海岸（科特迪瓦）	300	300	6
14	肯尼亚	300	300	6
15	利比里亚	130	130	2.6
16	利比亚	95	95	1.9
17	马达加斯加岛	260	260	5.2
18	马里	115	115	2.3
19	毛里塔尼亚	55	55	1.1
20	摩洛哥	775	775	15.1
21	尼日尔	80	80	1.6
22	尼日利亚	1 205	1 205	24.1
23	卢旺达	60	60	1.2
24	塞内加尔	275	275	5.5
25	塞拉利昂	105	105	2.1
26	索马里	110	110	2.2
27	苏丹	505	505	10.1
28	坦噶尼喀（坦桑尼亚）	265	265	5.3
29	多哥	50	50	1
30	突尼斯	345	345	6.9
31	乌干达	230	230	4.6
32	阿拉伯联合共和国（埃及）	1 500	1 500	30
33	上沃尔塔（布基纳法索）	1 225	1 225	1.3

附录2 董事的选举

1. 不可分割表决权

在选举董事时,每个管理者需要将其所代表股东的所有表决权投给一个人。

2. 区域董事

a. 从代表区域股东的管理者处获得最高表决数的十二人应当选董事,但获得的表决数在区域股东总表决权百分之八[①]以下的人员不应被视为当选。

b. 如果在第一次表决中未选出十二人,则应进行第二次表决,在前一次表决中获得最低票数的人员在此次表决中不具有被选资格,并且此次表决仅应由以下人员投出:

i. 在前一次表决中对未当选人员表决的管理者;及

ii. 为当选人员表决,且根据本附录第2(c)款规定被视为把对该人员的表决提高到区域股东总表决权百分之十*以上的管理者。

c. i. 在确定某个管理者的表决是否应被视为把对任何人的表决总数提高到百分之十*以上方面,该百分之十*应被视为首先包括对该人员投出最高票数的管理者的表决,然后以递减顺序为投出下个最高票数的各管理者的表决,直到达到百分之十*为止。

ii. 为了把对任何人员的表决提高到百分之八*以上而必须将表决计算在内的任何管理者部分,应被视为对该人员投出所有自己的表决,即使对该人员投出的总票数因此超过百分之十*。

d. 如果在第二次表决后,仍然未选出十二人,则应当依照本附录规定的原则进行后续表决,但是,在选出十一人后,才可通过剩余表决的简单多数原则选举第十二人,即使存在本附录第2(a)款的规定。所有上述剩余表决均应被视为已计入第十二名董事的选举中。

3. 非区域董事

a. 从代表非区域股东的管理者处获得最高表决数的六人应当选董事,但获得的表决数在非区域股东总表决权百分之十四*以下的人员不应被视为当选。

---

① 首席法律顾问备注(1979):通过了使银行董事会成员人数从九人增加到十八人的第33条的变更内容和规定了仅由区域股东执行十二名董事的选举与仅由非区域股东执行六名董事的选举,使得有必要在本协议附录2为区域和非区域董事的选举制定单独的规定。该变更内容还使得管理者委员会有必要重新考虑原版附录2中就董事选举而制定的最小和最大百分比。在考虑上述变更内容时,管理者委员会决定,在附录2涉及区域董事选举的内容中,各自的百分比应为百分之八和百分之十,而不是原规定的百分之十和百分之十二,同时,将非区域董事选举用的最小和最大百分比分别固定在百分十四和百分十九。上述决定在变更银行协议的决议通过前已经作出,由此产生的变更被视为包括通过新的最小和最大百分比数字。但是,应当参考执行董事选举规则和批准该选举的相关决议,其中可能包含本附录2所列最小和最大百分比的变动内容。

首席法律顾问备注(2010):由于通过了变更执行董事选举规则的第B/BG/2002/04号决议,区域董事选举的最小百分比从百分之八变到百分之六,而最大百分比则保持在百分之十。将董事人数从十八名增加到二十名的第B/BG/2010/10号决议的通过,意味着区域董事选举所需的正常总表决权的最小百分比变成百分之五点五,而最大百分比则从百分之十降低到百分之七。若为非区域董事的选举,则所需的最小和最大百分比目前分别为百分之十二和百分之十七。

b. 如果在第一次表决中未选出七人，则应进行第二次表决，在前一次表决中获得最低票数的人员在此次表决中不具有被选资格，并且此次表决仅应由以下人员投出：

i. 在前一次表决中对未当选人员表决的管理者；及

ii. 为当选人员表决，且根据本附录第3（c）款规定被视为把对该人员的表决提高到非区域股东总表决权百分之十九*以上的管理者。

c. i. 在确定某个管理者的表决是否应被视为把对任何人的表决总数提高到百分之十九*以上方面，该百分之十九*应被视为首先包括对该人员投出最高票数的管理者的表决，然后以递减顺序为投出下个最高票数的各管理者的表决，直到达到百分之十九*为止。

ii. 为了把对任何人员的表决提高到百分之十四*以上而必须将表决计算在内的任何管理者部分，应被视为对该人员投出所有自己的表决，即使对该人员投出的总票数因此超过百分之十九*。

d. 如果在第二次表决后，仍然未选出六人，则应当依照本附录规定的原则进行后续表决，但是，在选出五人后，才可通过剩余表决的简单多数原则选举第六人，即使存在本附录第3（a）款的规定。所有上述剩余表决均应被视为已计入第六名董事的选举中。

欧洲复兴开发银行基本文件

于1991年4月第一次出版
于2006年10月修订——第1条
于2012年9月修订——第18条
于2013年9月修订——第1条

目 录

前言	248
建立欧洲复兴开发银行协议	249
第一章　宗旨、职能和成员资格	250
第二章　资本	251
第三章　业务	253
第四章　借款及其他权力	257
第五章　货币	258
第六章　组织管理	258
第七章　退出和中止成员资格：运营暂停和终止	262
第八章　法律地位、豁免权、特权及免税权	264
第九章　修正、解释和仲裁	267
第十章　最终条款	268
附件 A	269
附件 B	271
关于建立欧洲复兴开发银行的主席报告	275
注释	276
大会主席写给代表团的信函	282
欧洲复兴开发银行章程	283
理事会议事规则	287
董事会议事规则	290
总部协议	293

前　言

　　建立欧洲复兴开发银行协议于 1990 年 5 月 29 日在巴黎签署，并于 1991 年 3 月 28 日生效。

　　本协议第 1 条修正案经理事会决议批准，已于 2004 年 1 月 30 日被采纳，并于 2006 年 10 月 15 日生效。

　　本协议第 1 条后续修正案经理事会决议批准，已于 2011 年 9 月 30 日被采纳，并于 2013 年 9 月 12 日生效。

　　本协议第 18 条修正案经理事会决议批准，已于 2011 年 9 月 30 日被采纳，并于 2012 年 8 月 22 日生效。

　　理事会成立大会于 1991 年 4 月 15 日至 17 日在伦敦举行。

　　在理事会成立大会上，理事会选出本行的董事长和董事，并采纳《8 号决议》，授权本行于 1991 年 4 月 15 日开始营业。

　　理事会自生效日 1991 年 4 月 15 日起采纳《银行章程》和《理事会议事规则》。

　　英国政府与本行于 1991 年 4 月 15 日签订《总部协议》，并且根据本协议第 24 条的规定，此协议一经签名，立即生效。

建立欧洲复兴开发银行协议

缔约各方，

遵守多党民主基本原则、法律规定、尊重人权和市场经济；

回顾欧洲安全与合作会议（欧安会）的《赫尔辛基最后文件》，尤其是其《原则宣言》；

欢迎中欧及东欧国家进一步切实落实多党民主制、强化民主制度、法律规则和尊重人权并愿意实施改革、以向市场导向型经济发展的意图；

考虑到密切协调合作的重要性，以促进中欧和东欧国家的经济进步，帮助其经济在国际上更富有竞争力，协助其重建和开发，进而适时降低与经济融资相关的风险；

确信建立具有欧洲基本性质且具有广泛国际资格的多边金融机构，为这些国家服务，并在欧洲建立一个全新的、独一无二的合作组织；

特此同意建立欧洲复兴开发银行（以下简称本行），本行须按如下要求进行经营。

第一章　宗旨、职能和成员资格

第1条　宗旨

在促进经济进步和重建时，本行的宗旨在于，向开放性市场为导向的经济发展转型，并在贯彻多党民主、多元主义和市场经济的中欧和东欧国家中提高个人和企业的积极性。在相同条件下，本行的宗旨同样可在本行不少于三分之二的理事的赞成票（代表不少于成员总表决权的四分之三）厘定的蒙古和地中海东部和南部成员国内贯彻执行。相应地，本协议及其附件中提及"中欧和东欧国家""中东欧国家""接收国"或"接收成员国"应指的是蒙古和其中一个地中海东部和南部成员国。

第2条　职能

1. 为长期实现中欧和东欧国家向开放型市场为导向的经济发展的转型并提高个人和企业的积极性，本行须协助接收成员国实施结构和部门经济改革，包括反垄断、权力下放和私有化；采取以下措施促使其经济完全整合到国际经济中：

i）通过私人及其他权益投资人，促进建立、改进和扩展多产的、有竞争力的私营部门活动，尤其是中小型企业；

ii）调动（i）中所述的国内外资本和有经验的管理；

iii）在需要支持个人和企业积极性的地方发展服务、金融行业及相关基础设施内的生产性投资，从而帮助创造有竞争力的环境，并提高生产力、生活水平，改善劳动条件；

iv）无论是个人还是在特定投资项目的背景下，在相关项目准备、融资和实施上提供相应的技术性援助；

v）刺激和鼓励资本市场的开发；

vi）为涉及多个接收成员国的稳定、经济可行的项目提供支持；

vii）促进本行业务活动范围内环保、可持续的发展；以及

viii）从事此类其他活动，并提供可进一步扩展这些职能的此类其他服务。

2. 在执行本条第1款所提及的职能时，本行须以本协议条款内适用的方式与其所有成员国、国际货币基金组织、国际复兴开发银行、国际金融公司、多边投资担保机构和经济合作与发展组织、联合国及其专门机构及其专门机构和与中欧和东欧国家经济发展和投资相关的公共或私营实体密切合作。

第3条　成员资格

1. 本行的成员资格应向下列机构开放：

i）（1）欧洲国家和（2）作为国际货币基金组织成员的非欧洲国家；以及

ii）欧洲经济共同体和欧洲投资银行。

2. 本条第1款中列出的具备成为本行成员资格，但根据本协议第61条未成为本行

成员的国家可按照本行厘定的条款在获得不少于三分之二的理事的赞成票（代表不少于成员总表决权的四分之三）时成为本行的成员。

第二章 资 本

第 4 条 法定股本

1. 原始法定股本为壹佰亿（10 000 000 000）欧元。须将此股本划分为一百万（1 000 000）股，每股面值为壹万（10 000）欧元。根据本协议第 5 条规定，仅成员才可认购这些股份。

2. 原始股本须划分为实缴股份和催缴股份。实缴股份的最初总面值须为叁拾亿（3 000 000 000）欧元。

3. 此时，根据不少于三分之二的理事投票表决（代表不少于成员总表决权的四分之三）认为此类条款可行，法定股本可能有所增加。

第 5 条 应募股本

1. 每位成员须认购本行股本的股份，以履行成员的法律要求。原始法定股本的认购须按三比七（3:7）的比例认购实缴股份和催缴股份。本协议签署国（即按第 61 条或本协议规定成为本行成员）可认购的最初股份数须与附件 A 中的规定相符。每个成员最初认购的股份数不得低于一百（100）股。

2. 按本协议第 3 条第 2 款规定成为本行成员的国家所认购的最初股份数须由理事会厘定；但前提是不得对未达到总认购股本多数的欧共体成员以及欧共体和欧洲投资银行持有的股本百分比起到降低作用的认购予以授权。

3. 每隔不到五（5）年时间，理事会须对本行的股本进行审查。如果法定股本增加的话，按理事会厘定的条款，每位成员按股份增长比例（此比例等效于认购股份增长前总认购股本所占的比例）均有正当机会认购。任何成员均无义务认购增长的股本。

4. 根据本条第 3 款的规定，理事会可按某成员的要求增加该成员的认购量或向该成员分配其他成员未接受的、法定股本范围内的股份。但前提是不得对未达到总认购股本多数的欧共体成员以及欧共体和欧洲投资银行持有的股本百分比起到降低作用的认购予以授权。

5. 成员最初认购的股份须按面值发行。除非理事会通过不少于三分之二的理事投票表决（代表不少于成员总表决权的三分之二）决定在特殊情况下按其他条款发行其他股份，否则须按面值发行。

6. 按本协议第七章的规定，股份不得以任何形式抵押，并且除了本行外，这些股份不可转让。

7. 这些成员对股份的责任仅限于发行价的未付部分。任何成员不因其资格原因对本行有义务。

第 6 条 认购股份的支付

1. 本协议每位签署国最初认购的实缴股份须按此金额的百分之二十（20%）分五（5）次付清。根据第 61 条规定，每笔分期付款须在本协议签订日期后或在校准、验收或批准的文书的交存日期后（若后者迟于签订日期）的六十（60）天内支付。剩余的四（4）笔分期付款须在前一笔分期付款到期日期起的一年后到期，并且根据每位成员的立法要求，必须支付每笔分期付款。

2. 根据本协议第 3 条第 2 款，本条第 1 款项下的每笔分期付款须由批准的成员以本票或此成员发行的，以欧元、美元或日元为基础债务支付百分之五十（50%），以在本行因经营所产生的支付款项而需要资金时进行提现。此类本票或债务不可转让且不计息，并且可按面值即期支付给银行。在合理时间内须提出即期支付这些本票或履行义务，以便每位成员按照其认购持有、用于预付债务本票的实缴股份数的比例用欧元即期支付所需金额。

3. 成员对认购初始股本内的股份所应负的所有付款义务按 1989 年 9 月 30 日至 1990 年 3 月 31 日（含这两日）按欧元兑换相关货币的平均汇率，须用欧元、美元或日元结清。

4. 考虑到本协议第 17 条和第 42 条的规定，在本行要求其履行义务时，认购本行催缴股本的金额需催缴支付。

5. 如果发生本条第 4 款所提及的催缴行为时，须由该成员用欧元、美元或日元进行支付。在催缴时计算出的催缴股份的欧元值上，此类催缴金额是相同的。

6. 本行须在理事会成立大会后的一个月内按本条厘定付款地点，前提是作出此类决定前，须向欧洲投资银行（作为本公司托管人）兑现本条第 1 款所提及的第一笔分期付款。

7. 对于本条第 1、第 2、第 3 款所述除外的认购，由成员以现金或本票或者其他债务的形式，用欧元、美元或日元的形式对法定股本内认购的实缴股份进行支付。

8. 本条款中，用欧元表示的款项或面值须包括用可完全自由兑换的货币表示的付款或面值，与付款或兑换时与欧元表示的相关债务的价值相等。

第 7 条 普通资本来源

本协议中使用的本行"普通资本来源"的术语须包括如下：

i）本行法定股本，包括了按本协议第 5 条认购的实缴股份和催缴股份；

ii）通过本协议第 20 条第（i）款所赋予的权利，以向本行借款的方式筹集的资金（本协议第 6 条第 4 款规定的催缴承诺适用的资金）；

iii）与本条第（i）和（ii）子款所述的来源一起进行的股本投资的处理中所得的贷款或担保和收益的偿还期间所接收的资金；

iv）对本条第（i）和（ii）子款所述的来源作出贷款和股本投资的所得以及不构成本行特殊业务一部分的担保和证券包销的所得；以及

v）本行所获得的、不构成本协议第 19 条所提及的特殊资金来源部分的任何其他资金或所得。

第三章 业 务

第8条 资源的接收国和使用

1. 本行资源和设施仅用于实现此宗旨,并分别履行本协议第1条和第2条所规定的职能。

2. 本行可能会在中欧和东欧内正稳定地向市场导向型经济转型并且提高个人和企业的积极性且适合采取本协议第1条规定的具体步骤和原则的国家开展业务。

3. 如果成员可能实施与本协议第1条不一致的政策或在特殊情况下,董事会须考虑是否暂停或修改成员获得本行资源的权限,并且相应地向理事会提出建议。按照不少于三分之二的理事投票表决(代表不少于成员总表决权的四分之三),理事会须作出这些事宜的决定。

4. i)任何潜在的接收国可在本协议生效起三(3)年内请求本行授予为特定的目的使用资源的权限。此类请求在发出后须立即作为本协议完整的一部分且随本协议附上。

ii)此期间内:

a)本行须按国家及其领土内的企业的请求提供私营企业融资的技术及其他方面的援助,以促进国营企业向私有化和控制的转型,帮助企业运营更具竞争力,以及根据本协议第11条第3款规定的比例转向参与市场导向型经济。

b)提供的总援助金额不得超出该国家对其股份已支付的现金和发行的本票的总额。

iii)在本期间末,按照不少于四分之三的理事投票表决[代表不少于成员总表决权的百分之八十五(85%)],理事会须采纳允许此国家获得超出第(a)款和第(b)款规定的范围的权限的决定。

第9条 普通业务和特殊业务

本行的业务须包括通过本协议第7条所述的本行普通资本来源融资的普通业务以及通过本协议第19条所述的特殊资金资源融资的特殊业务。可将这两种业务组合起来。

第10条 业务划分

1. 须始终持有、使用、委托、投资本行普通资本来源和特殊资本来源或将两者分开处理。本行的财务报表须列出本行的准备金及其普通业务和特殊业务。

2. 本行普通资本来源在任何情况下不得用于支付最初使用的特殊资金来源的特殊业务或其他活动所引起的损失或债务。

3. 须向本行普通资本来源收取与普通业务直接有关的费用。须向本行特殊资本来源收取与特殊业务直接有关的费用。根据本协议第18条第1款,任何其他费用按本行厘定收取。

第 11 条　经营方式

1. 本行须开展业务，以便通过以下方式促成本协议第 1 条和第 2 条规定的宗旨和职能：

ⅰ）与多边机构、商业银行或其他权益来源联合融资或通过加入经营上存在竞争优势的私营企业的贷款和任何国营企业的贷款以及转向参与市场导向型经济和促进向私有化和控制转型的任何国营企业的贷款；特别是促进或增强参与这些企业的私营和/或对外资本。

ⅱ）（a）投资私营企业的股本；

（b）投资经营上存在竞争优势的国营企业的股本和转向参与市场导向型经济以及投资促进向私有化和控制转型的任何国营企业的贷款；特别是促进或增强参与这些企业的私营和/或对外资本；以及

（c）在其他融资方式不适用时，为实现本款所述的目的对第（b）款中提及的此类国营企业和私营企业发行的证券进行包销。

ⅲ）在其他融资方式不适用时，为实现本款所述的目的，通过提供担保以及通过理财咨询及其他形式的援助，帮助本款的子款（ⅰ）中提及的其他企业或私营企业进入国内和国际资本市场。

ⅳ）按确定特殊资金来源使用的协议规定对其进行部署。以及

ⅴ）为基础设施重建或发展进行贷款并提供相应的技术援助，包括了私营企业发展及向市场导向型经济转型所需的环保项目。

本款中，国营企业不得视为经营上存在竞争优势，除非该企业可在竞争激烈的市场环境中自主经营以及该企业受到破产法的限制。

2. ⅰ）董事会每年须对每个接收国在本行的业务和借款策略至少审查一次，确保本协议第 1 条和第 2 条规定的宗旨和职能得以实现。任何此类审查应通过不少于三分之二的理事的投票表决（代表不少于成员总表决权的四分之三）。

ⅱ）上述审查工作尤其还须考虑参与市场导向型经济或私有化的转型过程中，为了基础设施、技术援助以及其他目的，每个接收国在分散化、反垄断化和私有化上取得的进展以及本行在私营企业和国营企业的借款的相对份额。

3. ⅰ）向国营企业提供的金额不得超出本行贷款、担保和股本投资总额的百分之四十（40%），并且不会对本条所提及的本行其他业务造成任何影响。此百分比限值在自本行业务开始日期起的两（2）年内适用，并在随后每个财务年使用。

ⅱ）对于任何国家而言，在过去五（5）年之后，向国营企业提供的金额不得超出本行贷款、担保和股本投资总额的百分之四十（40%），并且不会对本条所提及的本行其他业务造成任何影响。

ⅲ）本款目的，

a）国营企业包括国家和地方政府及政府机关拥有或其控股的企业；

b）对实现私有化和控制的目的而实施某项目的国营企业的贷款、担保或股本投资

不得视为对国营部门作出的担保或投资；

c）对转贷到私营企业的目的而对金融中介机构的贷款不得视为对国营部门的贷款。

第 12 条　对普通业务的限制

1. 本行对普通业务作出的未偿还贷款、股本投资和担保的总额在任何时候均不得增长，前提是在此增长下，超出了普通资本来源中包含的未动用认购资本、准备金和盈余的总额。

2. 任何股本投资的金额通常不得超出由董事会相应厘定的相关企业股本的百分比。除了实际上或可能不偿还投资或其投资的企业实际上或可能破产的情况或从本行的角度来看可能危及此类投资致使本行可能采取保护其权益所需的措施和行使相应的权利的其他情况以外，本行不得通过投资寻求控制相关企业的利益，并且不得行使此类控制或承担管理其投资的企业的直接责任。

3. 本行已拨股本投资的金额在任何时候均不得超出未动用认购资本、准备金和盈余的总额。

4. 本行不得对出口信贷作出担保，也不得开展保险活动。

第 13 条　经营原则

本行应按照以下原则进行经营：

i）本行须对所有的业务采用健全的银行原则；

ii）本行的业务须提供特定项目的融资（个别的或在特定投资项目背景下）以及提供针对履行本协议第 1 条和第 2 条规定的宗旨和职能的技术援助；

iii）本行不得对成员领土内反对融资的任何业务融资；

iv）本行不得允许为实现任何成员的利益而使用其资源不成比例的金额；

v）本行须保持所有投资的合理多元化；

vi）在提供贷款、担保或股本投资之前，申请人须提交适当的建议书，并且本行董事长须基于对员工的研究向董事会提交有关此建议书的书面报告以及相关建议书；

vii）在申请人能够在别处按本行认为合理的条款获得足够的融资或设施时，本行不得从事任何融资活动或提供任何设施；

viii）在提供或担保融资时，本行须注意借款人及其担保人（若有，将能够履行融资合同项下的义务）的预期；

ix）如果本行直接贷款的话，则本行仅允许借款人提现以支付实际产生的支出；

x）本行须通过向私营投资人投资促进资金的流动，只要能符合条款就可适当进行；

xi）在投资个别企业时，本行须按其认为合适的条款进行融资，这些条款考虑到企业的要求、本行承担的风险以及私营投资人为获得类似的融资所依据的条款；

xii）本行不得对参与本行普通或特殊业务的贷款、投资或其他融资所得的收益的任何国家的产品和服务的采购作出任何限制，并且在适当时须对安排的国际招标通知

的贷款和其他业务进行条件限制；以及

xiii）本行须采取必要措施确保贷款、担保或参与的收益仅用于授予的贷款或股本投资的目的，并且充分考虑经济和效率。

第 14 条　贷款和担保的条款和条件

1. 如果本行贷款、参与其中或者作出担保的话，合同须确立相关贷款和担保的条款和条件，包括分别缴纳与贷款或担保相关的本金、利息和其他费用、手续费、期限和付款日期。在设置此类条款时，本行须充分考虑保障其收入的需要。

2. 如果贷款接收人或担保人不是成员国，而是国营企业，本行需要记住向私有化和控制转型的公共和国营企业适用的不同途径，要求在其领土内开展相关项目的成员国或者成员国的公共机构或工具可使本行接受，确保按相关条款偿还本金、缴纳利息和其他费用和手续费。董事会须每年对本行对此事宜的实践审查一次，从而充分注意到本行的资信情况。

3. 贷款或担保合同须明确规定向本行支付所有款项时应使用的货币或欧元。

第 15 条　佣金和费用

1. 除了利息以外，本行在普通业务所占的份额或贷款上收取佣金。本佣金的条款须由董事会厘定。

2. 在担保贷款作为普通业务的一部分或包销证券的销售时，本行须按董事会厘定的时间和利率收取应付费用，以对风险提供相应的赔偿。

3. 董事会可厘定本行在普通业务上的其他费用和其特殊业务中的所有佣金、费用或其他手续费。

第 16 条　特殊储备金

1. 本行按本协议第 15 条规定收到的佣金和费用金额须作为特殊储备金，即按本协议第 17 条规定须用于补救本行损失。特殊储备金须按本行决定的流动形式持有。

2. 如果董事会厘定特殊储备金的规模已足够，可确定所有或部分上述佣金或费用计入本行收入的一部分。

第 17 条　解决本行损失的方法

1. 在本行的普通业务中，如果本行延迟付款、参与或作出担保并且在包销股本投资时发生损失，则本行须采取认为适当的行动。本行须按可能的损失保留适当的准备金。

2. 须承担本行因普通业务产生的损失：

i）第一，本条第 1 款提及的规定；

ii）第二，净收益；

iii）第三，从本协议第 16 条规定的特殊准备金扣除；

iv）第四，从普通准备金与盈余扣除；

v）第五，从未动用实缴资本中扣除；以及

vi）第六，按照本协议第 6 条第 4 款和第 5 款规定须催缴的未催缴认购资本。

第18条 特殊基金

1. i) 本行可接受对在接收国及潜在接收国内实现宗旨和职能的特殊基金的管理。管理此类特殊基金的全部成本须向特殊基金收费。

ii) 子款（i）中，理事会可按非接收国的成员的要求决定此成员为有限期限和可行条款项下的潜在接收国。按照不少于三分之二的理事的赞成票（代表不少于成员总表决权的四分之三），作出此类决定。

iii) 允许成员国作为潜在接收国的决议仅在此类成员能够满足成为接收国要求时作出。这些要求见本协议第1条，正如在决议期间或在决议时经理事会批准的修正案生效时所见。

iv) 如果潜在接收国在子款（ii）中提及的期限到期时未成为接收国，除了依次实现的事件、特殊基金资产的保护以及产生的相关债务结算外，本行须中止在该国的特殊业务。

2. 本行接受的特殊基金可通过任何方式，按照与本行的宗旨和职能相一致的条款以及与此类基金相关的协议，用于接收国以及潜在接收国。

3. 本行须采纳建立、管理和使用特殊基金可能需要的此类规章制度。除了仅适用于本行普通业务的条款外，此类规章制度还须与本协议规定相一致。

第19条 特殊基金来源

"特殊基金来源"指的是任何特殊基金的来源，包括：

i) 本行接受的、任何特殊基金中所包含的资金；

ii) 根据管制特殊资金的规章制度，从任何特殊资金来源中融资的股本投资所得、贷款或担保相关的所偿还资金被此类特殊基金所接收；以及

iii) 特殊基金来源投资中的所得。

第四章　借款及其他权力

第20条 常规权力

1. 除了本协议另行规定的权力外，本行须具有以下权力：

i) 在成员国或其他国家借款的前提是：

a) 在某国家的领土内销售债务之前，本行须已获得批准；以及

b) 如果本行的债务将用某成员国的货币表示，则本行须已获得批准。

ii) 投资或存放业务中不需要的资金。

iii) 购买和销售二级市场中本行发行或担保或投资的证券。

iv) 对促进销售的目的所投资的证券提供担保。

v) 为实现与本行宗旨和职能相一致的目的，包销或参与包销任何企业发行的证券。

ⅵ）提供实现其宗旨和职能的技术建议和援助。

ⅶ）行使此类权利并采纳促成与本协议条款相一致的宗旨和职能时必要的或适当的此类规章制度；以及

ⅷ）与公共或私营实体达成合作协议。

2. 除非此证券确实为某政府或成员国的债务，本行均须对担保或发行的每种证券作出此证券不是政府或成员国的债务的明确声明。

第五章 货　　币

第 21 条　货币的确定和使用

1. 如果本条款项下需要确定本协议中任何货币是否可完全自由兑换，则此厘定须由本行作出，考虑到在咨询国际货币基金后保护其金融利益的最重要的需求。

2. 成员不得对本行以下接收、控股、使用或转让方面作出限制：

ⅰ）本行收到有关股本认购的货币或欧元与本协议第 6 条一致；

ⅱ）本行借款所采用的货币；

ⅲ）本行管理的、作为特殊资金出资的货币和其他资源；以及

ⅳ）本行收到本款的第（ⅰ）款到第（ⅲ）款中提及的所有资金中投资所得、贷款、投资相关的本息红利或其他费用的付款货币。

第六章 组织管理

第 22 条　结构

本行须设立理事会、董事会、董事长、一位或多位副董事长以及可能需要的此类其他高级管理职员和员工。

第 23 条　理事会：组成

1. 各成员应在理事会上具有代表，并应任命一名理事和一名候选理事。各理事和候选理事应全心为其成员国服务。除了其正式理事缺席外，候选理事不得投票。在每次年度会议上，理事会应选出一名理事担任主席，任期至选举出下一届主席止。

2. 本行不支付理事和候选理事的报酬。

第 24 条　理事会：权力

1. 本行的一切权力应属于理事会。

2. 除了以下权力，理事会可将其任何或所有权力授予董事会：

ⅰ）接纳新成员并厘定其接纳条件；

ⅱ）增加或减少本行的法定股本；

ⅲ）暂停成员资格；

iv）决议董事会就本协议的解释及应用提出的申请上诉；

v）授权与其他国际组织合作订立一般协议；

vi）选举董事及本行董事长；

vii）厘定董事及候选董事薪酬及薪金以及与董事长的服务合同的其他条款；

viii）审议及批准本行审计报告书、一般资产负债表和损益表；

ix）厘定本行的准备金和净利润的分配与分发；

x）修订本协议；

xi）决议终止本行的运营并分配其资产；以及

xii）行使本协议明确赋予理事会的其他权力。

3. 就理事会根据本条第 2 款或本协议其他部分的规定下放或赋予董事会的任何事件，理事会应保留全部的行使权。

第 25 条　理事会：程序

1. 理事会应召开年会，以及可能由理事会规定或董事会提议召开的其他相关会议。一旦本行不少于五（5）名成员国或持有成员国的总表决权不少于四分之一的成员国要求，应由董事会召开理事会的会议。

2. 理事会的任何会议的法定人数为理事成员的三分之二，且与会的多数成员的表决权不得低于理事成员总表决权的三分之二。

3. 理事会可根据规范设定一个程序，董事会可依据该程序，在认定行动明智可取时，可就某个具体事件获得理事的投票，而无须召开理事会会议。

4. 因本行经营业务需要或事宜，理事会和董事会（在授权范围内）可以采纳相关规章制度及建立附属机构。

第 26 条　董事会：组成

1. 董事会应当由二十三（23）名成员组成，且均不得为理事会的成员，其中：

i）十一（11）名须由理事选举产生，代表比利时、丹麦、法国、德国、希腊、爱尔兰、意大利、卢森堡、荷兰、葡萄牙、西班牙、英国、欧洲经济共同体和欧洲投资银行。以及

ii）十二（12）名须由理事选举，代表其他成员，其中：

a）四（4）名由理事选举，代表附件 A 中列举的符合本行援助资格的中欧和东欧国家；

b）四（4）名由理事选举，代表附件 A 中列举的欧洲其他国家；

c）四（4）名由理事选举，代表附件 A 中列举的其他非欧洲国家。

董事以及由理事选举出的代表成员也可代表分配其选票的成员。

2. 董事应在经济和金融方面能力出众，并应按照附件 B 选举产生。

3. 经代表成员总表决权不少于四分之三的理事投票，且经不少于三分之二的赞成投票，为考虑本行成员数目变更，理事会可扩大或缩小董事会规模，或修改董事会组成。在不妨碍行使后续选举权力的条件下，第二届董事会的人数和组成应如本条第 1

款所述。

4. 每名董事应委任一名候选董事，以便在其不能出场时，由候选董事全权代表其行事。董事及候选董事应为成员国国家的国民。任何成员国的董事代表不得超过一名。候选董事可参加董事会会议，但只能在代表其委托人时方可投票。

5. 董事的任期应为三（3）年，并可连选连任；但首届董事会由理事会在其首次会议上选举产生，任期至理事会的下一届年度大会结束时或（如果董事会应在该年度大会上作出此决定）直到其之后的下次年度会议。在其继任已经选定并上任前，董事会成员应继续任职。如果一名董事在职时出现空缺超过一百八十（180）天，则在其任期结束前，应由选举出该董事的理事再次根据附件 B 选举出继任者，并由继任者完成余下的任期。在选举时，投票的相关理事人数应为大多数。如果一个董事的职位出缺一百八十（180）天或以下，则在其任期结束前，可以用类似方法由选举出该董事的理事再次选举出继任者，并由继任者完成余下的任期。在选举时，投票的相关理事应为大多数。当职位依旧空缺时，原董事的候选董事行使其权力，委任另一名候选董事除外。

第 27 条　董事会：权力

在不妨碍理事会行使其在本协议第 24 条中所规定权力的情况下，董事会应负责本行一般运营方向，为此目的，除了行使本协议明确赋予董事会的权力，董事会可行使理事会委托给它的一切权力，具体而言：

i）准备理事会的工作；

ii）与理事会的总体方向一致，制定有关贷款、担保、股权投资、本行借款、技术援助及本行其他业务的政策及决策；

iii）在每次理事会年度大会提交每个财政年度的经审计的账目以获批准；以及

iv）批准本行的预算。

第 28 条　董事会：程序

1. 董事会通常应在本行的总办事处工作，并应尽可能经常根据本行业务需要召开会议。

2. 董事会的任何会议的法定人数应为董事成员的三分之二，且与会的多数成员的表决权不得低于董事成员总表决权的三分之二。

3. 理事会应通过其下的规定，如董事中没有某成员国的国籍者，于审议某项影响该成员国的具体事务时，该成员国可派遣代表出席董事会的任何相关会议，但并无表决权。

第 29 条　投票

1. 每个成员的表决权应等于其在本行股本中认购的股份数目。就本协议中第 6 条有关缴足股份的义务而言，倘若任何成员未能支付任何其应付的款项，成员若依旧无法支付，则其不可行使的选举权比例为：成员应付但未付的股份额占其在本行股本中认购的应付缴足股份总额的比例。

2. 在理事会投票时，各理事应有权投其所代表的成员国的选票。除本协议另有明文规定外，理事会的所有事项应由代表多数表决权的成员国通过表决决定。

3. 在董事会表决中，各董事有权投的选票数目应该与选举其理事选票数目一致，也应该与任何将自身选票根据 D 节或附件 B 分配给其理事的选票数目一致。代表多个成员国的董事可以分别投其所代表的各个成员国的选票。除本协议另有明文规定，以及除一般的政策决定且该种政策决定情况下这种政策决定由投票成员以表决权不少于三分之二的大多数决定外，一切董事会事宜应当由投票成员国以表决权过半数决定。

第 30 条　董事长

1. 理事会，由多数理事总人数的选举，代表不低于多数成员的总表决权，应选举本行的董事长。董事长在任期不得同时担任理事或董事或两者任一候选人。

2. 董事长的任期为四（4）年。董事长可连选连任。尽管如此，倘若理事会不少于三分之二的理事通过赞成票决定且不少于成员国总表决权的三分之二作出停止任职决定时，董事长应停止任职。若董事长职位以任何理由出现空缺，理事会应按照本条第 1 款的规定，选出继任者且最长任期为四（4）年。

3. 董事长不得参加投票，除非其在平均分配的情况下可能投下决定性的一票。其可出席参加理事会的会议，并应由其主持董事会会议。

4. 董事长应为本行的法定代表人。

5. 董事长应为本行工作人员之首。董事长应根据董事会采纳的规定负责高级管理职员和普通职员的组织和任免。在任命高级管理职员和普通职员时，在遵守效率和技术能力的首要原则之上，董事长可适当考虑基于本行成员国地理广泛性招聘。

6. 董事长须按照董事会指示开展本行当前的业务。

第 31 条　副董事长

1. 应由董事长提议并任命一名或多名副董事长。副董事长的相关任期、行使权力、执行本行的管理事务等均可由董事会决定。倘若董事长缺席或无法履行职责，副董事长应代为行使权力并履行董事长的职责。

2. 副董事长可参加董事会会议，但在这些会议上没有表决权，除非其代替董事长行事时，可投决定性的一票。

第 32 条　本行的国际性

1. 本行不得接受可能以任何方式损害、转移或改变其宗旨或功能的特殊资金或其他贷款或援助。

2. 本行、本行的董事长、副董事长、高级管理职员和普通职员在其作出决定时，应考虑权衡本协议中所述本行的宗旨、功能和业务。这些权衡应公正、公平，以达到本行的宗旨并实践本行的宗旨。

3. 本行的董事长、副董事长、高级管理职员和普通职员在各自的办事处时，应完全对本行负责，而不对任何其他机构负责。本行的各成员应尊重这一职责的国际性，并应避免所有试图影响任何本行职员履行其职责的事件。

第33条 办事处地点

1. 本行的总办事处应设在伦敦。

2. 本行可在本行任何成员国的领土内建立代理机构或分办事处。

第34条 保存处和沟通渠道

1. 各成员国应指定其中央银行或其他机构与本行约定的机构作为保存处，存放本行持有的所有本国货币以及本行拥有的其他资产。

2. 各成员国应指定一个适当的官方机构，以便于本行与该机构就本协议项下所引起的任何问题进行沟通。

第35条 公布报告及提供信息

1. 本行应公布包含其经审计的账目报表的年度报告，并应在三（3）个月或更少的期间内向各成员发送财务状况概要以及反映其经营结果的损益表的通函。财务报表应使用欧元进行保存。

2. 本行应对其经营活动的环境影响发布年度报告，并可发表其认为推进其宗旨所需的其他报告。

3. 所有根据本条公布的报告、报表以及出版物的副本应分发给各成员。

第36条 净收入的分配及分发

1. 理事会应至少每年在计提准备金以及根据本协议第17条第1款弥补可能的亏损（如必要）后，厘定本行的部分净收益分配至盈余或其他用途，以及厘定应分发的部分净收益（如有）。任何将本行的净收益分配至其他用途的相关决定应由不少于三分之二的大多数理事通过，并超过成员总表决权的三分之二。所计提的一般准备金达到本行法定股本的百分之十（10%）之前，不得作出任何相关分配及分发的决定。

2. 前款所指的任何分配应按各成员所持缴足股份数目的比例作出；但在计算上述数量时，应仅仅考虑在相关财政年度或之前就股份收到的现金支付和兑现期票付款。

3. 向各成员的支付方式应由理事会厘定。任何成员不得限制相关支付方式以及款项在接收国的用途。

第七章 退出和中止成员资格；运营暂停和终止

第37条 退出成员资格的权利

1. 任何成员在向本行总部办事处递交书面通知后，均可随时退出本行。

2. 成员的退出应在其递交的通知上指定的日期生效，但任何情况下在本行收到该通知后不得少于六（6）个月。但是，在退出最后生效之前的任何时间，成员可以书面通知本行撤回其退出意向的申请。

第 38 条 中止成员资格

1. 如果成员未能履行任何对本行的义务，本行可通过由不少于三分之二的大多数理事通过，并不少于三分之二的成员总表决权的决定中止该成员资格。被中止资格的成员应在中止其一年后自动终止成员资格，除非由不少于同等数目的大多数通过恢复该成员良好身份的决定。

2. 资格被中止时，除退出权外，成员无权行使本协议项下的任何权利，但仍应履行其所有义务。

第 39 条 与既往成员的结算

1. 成员终止成为成员的日期后，该名既往成员应继续履行其对本行的直接义务，且在其终止成为成员前的任何部分的贷款、股权投资或合约担保存在未偿还的情况下，既往成员仍应负责在本行的或有负债；但之后，该成员应停止继续与本行订立并产生关于贷款、股权投资和担保的责任，并不再享受本行的收入或承担本行的费用。

2. 在成员的资格停止时，本行应依照本条款的规定安排回购此类既往成员的股份，作为该类既往成员结算的一部分。为此，该股份的购买价格应是本行的该成员资格的终止日期时的账面价值，每股股份的最大值是其初始购买价格。

3. 根据本条规定由本行回购股份时支付方式应受下列条件支配：

ⅰ）倘若既往成员、其中央银行或任何代理机构或部门作为借款人或担保人仍对本行负有债务责任，本行可就其股份扣留应付该成员的款项，并可于债务到期时将款项用于偿还。根据本协议第 6 条第 4 款、第 5 款和第 7 款，倘若既往成员因认购股份产生债务，则不得扣留任何款项。在任何情况下，就股份应付成员的款项将于其终止成为本行成员之日起六（6）个月后支付。

ⅱ）前成员退出时，按照本条第 2 款规定回购股份，如果应付给前成员的金额超过子款（ⅰ）中所指的贷款债务、股权投资和担保之总额时，款项可随时支付，直至该前成员收回其股份回购的全部款项。

ⅲ）付款应据此条件全部以可兑换货币或欧元进行，日期由本行决定。以及

ⅳ）在成员资格终止之日，如果本行因其仍持有的对本行任何未清偿担保、参与贷款或贷款而蒙受损失，或者本行对其于该日持有的股权投资蒙受净亏损，且损失金额超过资格终止当日本行计提的损失准备金金额，应本行要求，该前成员应交还其股份回购金额，如果确定回购金额时考虑了上述损失，股份回购价应相应减少。此外，该前成员应依照本协议第 6 条第 4 款继续对认缴股份中未缴付部分承担缴付责任，如出现资本亏损且本行决定股份回购价格时要求所有成员缴付待缴股份情况下，其应缴付。

4. 如本行在任何成员终止资格后的六（6）个月内，依照本协议第 41 条终止其业务，该前成员的一切权利应依照本协议第 41 条至第 43 条中的规定予以确定。

第 40 条 业务暂时中止

在紧急情况下，董事会在等待理事会作出进一步考虑和采取进一步行动之前，可

暂停发放新的贷款、担保、认购、技术援助和股权投资的相关业务。

第 41 条 业务终止

通过理事会不少于三分之二的理事投票，代表不少于四分之三的成员总表决权，本行可以终止其业务。业务终止后，除有序变卖、保护和保存资产以及清偿债务相关的活动外，本行应立即停止一切活动。

第 42 条 成员债务与债权支付

1. 本行终止业务后，所有成员应继续承担对本行待缴股本的认缴责任，直至债权人的所有债权都已全部清偿；包括所有或有债权。

2. 持有直接债权的普通业务债权人应首先从本行资产中得到偿付，然后依次从本行未付实收股票、可赎回股本款项中偿付。在对持有直接债权的债权人进行任何偿付之前，董事会应根据自身判断作出必要的安排，确保所有直接债权和债权持有人按比例得到偿付。

第 43 条 资产分配

1. 根据本章规定，不得向成员分配其认缴的本行股本，直至：

ⅰ）对债权人的所有负债已清偿完毕或作出了安排；以及

ⅱ）理事会已经通过不少于三分之二的理事投票，代表不少于四分之三的成员总表决权，决定进行分配。

2. 本行向成员分配资产，应与各成员持有的股本成比例，并应在本行认为公正平等的时间和条件下生效。各种资产类型间的分配比例不必一致。任何成员在结清对本行的所有债务之前，无权获得资产分配。

3. 任何成员依照本条获得资产分配时，其对所分配资产享有的权利，应与分配前本行对这些资产享有的权利相同。

第八章　法律地位、豁免权、特权及免税权

第 44 条 本章目的

为使本行能有效地实现其宗旨，履行其职能，本行在各成员国境内享有本章所规定的法律地位、豁免权、特权及免税权。

第 45 条 本行的法律地位

本行应具备完整的法人资格，尤其是具备针对以下方面的完整法定资格：

ⅰ）订立合同；

ⅱ）采购和处理动产和不动产；以及

ⅲ）制定法定程序。

第 46 条 本行在司法程序中的地位

仅在本行设有办事处的国家境内，或在本行已任命代理人专门接受诉讼传票或通

知的国家境内，或者在已发行或担保债券的国家境内，可向有充分管辖权的主管法院对本行提起诉讼。但是成员或者代表或从成员处获得债权的个人均不得向本行提起诉讼。本行的财产和资产，不论在何地由何人所持有，在对本行作出最终裁决之前，均不得施以任何形式的没收、查封或执行。

第47条 资产没收豁免

本行的财产和资产，不论在何地由何人所持有，均应免于任何行政或司法的搜查、征用、充公、征收或任何其他形式的占用或禁止赎回。

第48条 档案豁免

本行的档案，一般而言属于本行或由本行持有的所有文件，均不得侵犯。

第49条 资产免受限制的自由

在有效实施本行宗旨和职能所需范围内，并在遵照本协议规定的情况下，本行的一切财产和资产不受任何性质的限制、管理、管制和延缓偿付的限制。

第50条 沟通特权

成员国给予本行的官方沟通待遇，应与其给予其他成员国的官方沟通待遇相同。

第51条 高级管理职员和普通职员的豁免

本行的全体理事、董事、代理人、高级管理职员和普通职员，以及担任本行职务的专家，对于其以公务身份从事的行为应享有法律程序的豁免，除非本行主动放弃此项豁免，且其持有的官方文件和文档不可侵犯。但是，此项豁免不适用于理事、董事、代理人、高级管理职员、普通职员或专家因道路交通事故造成伤害引起的民事责任。

第52条 高级管理职员和普通职员的特权

1. 本行的全体理事、董事、代理人、高级管理职员、普通职员和担任本行职务的专家：

  i）如不是当地的国民，应享有成员国给予其他成员国相应级别的代表、高级管理职员和普通职员在移民限制、外国人登记条件和国民兵役义务方面的同等豁免权；以及

  ii）享有其他成员国相应级别的代表、高级管理职员和普通职员有关旅行便利的同等待遇。

2. 居住在本行总部所在国家的本行董事、代理董事、高级管理职员、普通职员和专家的配偶和直系亲属，应当享有在该国同等的就业机会。居住在本行机构或分支机构所在国家的本行董事、代理董事、高级管理职员、普通职员和专家的配偶和直系亲属，在可能情况下，根据该国国家法，应享有与在该国类似的机会。本行应与本行总部所在国家及酌情与其他相关国家商议本款具体的实施规定。

第53条 免税

1. 在本行官方活动范围内，其资产、财产和收入应免征一切直接税。

2. 当本行购买或使用包含实质价值和开展本行官方活动所必需的产品或服务，且

购买或服务价格包含了税和关税，成员已经计征了税或关税，则应采取适当措施给予税或关税豁免或者提供偿付，如果可以鉴别。

3. 本行进口商品和其官方活动必需的实践应豁免于所有进口禁令和限制的进口关税和税项。本行出口的类似商品和其官方活动必需的实践应豁免于所有出口禁令和限制的出口关税和税项。

4. 根据本条取得或进口和豁免的商品不得出售、出租、外借或免费赠送，除非根据成员建立的条件，获得了豁免或偿付。

5. 本条规定不适用于不超过公共事业服务收费的税项或关税。

6. 本行董事、代理董事、高级管理职员和普通职员应为本行利益就本行支付的工资和报酬遵守内部有效税，遵守理事会在本协议生效后一年期限内建立的条件和采用的规则。自此税项应用之日起，工资和报酬应免收国民所得税。但是，成员可以在评估用于其他收入来源的税额时，考虑因此豁免的工资和报酬。

7. 尽管有本条第6款的规定，成员可以交存批准书、接受书或核准书声明，保留该成员政府分支机构或其地方当局由本行向成员公民或侨民支付工资税的权利。本行应免于任何付款、扣缴或收取税项的义务。本行不得对税项作出任何偿付。

8. 本条第6款不得用于本行支付养老金和年金。

9. 本行债务或发行证券不得计征任何类型的税，包括由此产生的分红或利息，不论由何人持有：

ⅰ）债务或债券的区别仅仅因为由本行发放；或者

ⅱ）仅以发行、兑付或支付的地点或所使用的货币种类，或因本行建立办事处或开展业务的地点为行使税收管辖权的唯一依据而征税。

10. 本行债务或发行证券不得计征任何类型的税，包括由此产生的分红或利息，不论由何人持有：

ⅰ）债务或债券的区别仅仅因为由本行担保；或者

ⅱ）仅以本行建立办事处，或开展业务的地点为行使税收管辖权的唯一依据而征税。

第 54 条　本章的实施

各成员国应迅速采取必要的行动，实施本章各项规定，并将已采取的详细行动通知本行。

第 55 条　豁免权、特权和免税权的放弃

本章给予的豁免、特权和免税权出于本行利益进行授予。如果董事会认为放弃本章给予的任何豁免、特权和免税权会适当实现本行利益的最大化，可以在此种程度和条件下决定予以放弃。若董事长认为该等豁免权、特权和免税权会妨碍司法公正，董事长应有权利和职责在不损害本行利益的前提下放弃任何本行高级管理职员、普通职员或专家（不含董事长和副董事长）的豁免权、特权和免税权。在处理类似且条件相同时，董事会应有权并且有义务放弃与董事长和各位副董事长相关的任何豁免权、特权或免税权。

第九章 修正、解释和仲裁

第 56 条 修正

1. 有关本协议的任何修正建议，不论是由成员还是理事或董事会提出，均应送交理事会主席，再由其提交理事会。相关修订一经通过，本行应以快速沟通手段，询问所有成员是否接受修正提案。当有不少于四分之三成员（包括至少两个附件 A 所列中欧和东欧国家），代表不少于五分之四成员总表决权接受了修正提案，本行应通过正式沟通地址向所有成员证实。

2. 尽管本条第 1 款有规定：

i) 如果修正提案涉及以下任何变动，应取得所有成员的同意：

a) 从本行退出的权利；

b) 本协议第 5 条第 3 款规定的关于购买股本的权利；

c) 本协议第 5 条第 7 款规定的债务限制；以及

d) 本协议第 1 条和第 2 条定义的本行宗旨和职能。

ii) 如果修正提案涉及本协议第 8 条第 4 款的变动，应要求不少于四分之三成员接受，代表不少于百分之八十五（85%）的成员总表决权。

任何修正提案满足了接受的要求时，本行应通过正式沟通地址向所有成员证实。

3. 修正应于本条第 1 款和第 2 款规定的正式沟通日期后三（3）个月对所有成员生效，除非理事另有不同的期限规定。

第 57 条 解释与适用

1. 任何成员与本行之间或本行的成员之间就本协议规定的解释或应用产生的问题，应提交董事会决定。如果董事会中无受在议问题影响的成员国董事，其有权在审议期间直接出席董事会。但是，该成员国代表不得投票。该出席权应由理事会进行管理。

2. 如果董事会已经根据本条第 1 款作出了决议，任何成员均可要求将问题提交理事会，且理事会决议为最终决定。等待理事会决议时，如果本行认为目前有必要，可在董事会决议基础上开展行动。

第 58 条 仲裁

在本行与已终止成员资格的成员之间，或者在本行通过终止本行业务的决议之后本行与成员之间发生争议，应提交由三（3）名仲裁员组成的仲裁庭进行仲裁。仲裁员中，一名由本行任命，一名由成员或相关前成员任命；除双方另有协议外，第三名由国际法院院长或本行理事会通过的规章中规定的其他当局指定。仲裁员以简单多数作出决定，该仲裁决定为最终裁决，对双方均有约束力。双方在程序问题上有争议时，第三名仲裁员应有权处理全部程序问题。

第 59 条 默许同意

除本协议第 56 条规定之外，本行采取任何行动前，如需征得任何成员同意或接受,应将拟议中的行动通知该成员。如该成员未在本行通知中规定的合理期限内提出反对意见,即应视为已获得该成员的同意或接受。

第十章 最终条款

第 60 条 签名与保存

1. 本协议应由法兰西共和国政府(以下简称保存人)保存,应于 1990 年 12 月 31 日前向本协议附件 A 列出的潜在成员开放。

2. 保存人应向所有签署国传达本协议的认证副本。

第 61 条 批准、接受或核准

1. 本协议需经签署国批准、接受和核准。批准书、接受书或核准书应按本条第 2 款的规定,于 1991 年 3 月 31 日前向保存人交存。保存人应及时将每次交存及交存日期通知其他签署国。

2. 加入生效后或者如有必要,代表成员总表决权多数的多数理事决定的日期之后一年内,任何签署国均可通过交存批准书、接受书或核准书成为本协议一员。

3. 在本协议生效日之前交存本条第 1 款的批准书、接受书或核准书的签署国,在协议生效之日成为本行成员。任何其他履行本条前款规定的签署国,在交存批准书、接受书或核准书之日起成为本行成员。

第 62 条 生效

1. 本协议应于签署国交存批准书、接受书或核准书时生效,且交存签署国的初始认缴应不少于附件 A 规定总认缴的三分之二,至少包括两个附件 A 中列出的中欧和东欧国家。

2. 如果本协议未于 1991 年 3 月 31 日生效,保存人可召开意向潜在成员会议,确定未来行动方针,并决定新的批准书、接受书或核准书交存日期。

第 63 条 成立大会和开业

1. 一旦本协议按第 62 条规定生效,每一成员应指定一名理事。保存人应于本协议按第 62 条规定生效后六十(60)日内尽快召集首次理事会会议。

2. 在首次会议上,理事会应当:

i)选举董事长;

ii)根据本协议第 26 条选举本行董事;

iii)安排确定本行开业日期;以及

iv)作出本行开业准备其他的必要安排。

3. 本行应向成员通知开业日期。

于 1990 年 5 月 29 日在巴黎完成,正本一份,该正本的英语、法语、德语和俄语文本应具有同等效力,并存入保存处档案,同时向附件 A 所列的每一个其他潜在成员发放经正式认证的副本。

附件 A

可能成为成员国的潜在成员国，其法定股本的初始认购应遵守第 61 条规定。

	股份数目	认购资本（百万欧元）
A – 欧洲共同体（a）		
比利时	22 800	228.00
丹麦	12 000	120.00
法国	85 175	851.75
德国联邦共和国	85 175	851.75
希腊	6 500	65.00
爱尔兰	3 000	30.00
意大利	85 175	851.75
卢森堡	2 000	20.00
荷兰	24 800	248.00
葡萄牙	4 200	42.00
西班牙	34 000	340.00
英国	85 175	851.75
（b）		
欧洲经济共同体	30 000	300.00
欧洲投资银行	30 000	300.00
B – 其他欧洲国家		
奥地利	22 800	228.00
塞浦路斯	1 000	10.00
芬兰	12 500	125.00
冰岛	1 000	10.00
以色列	6 500	65.00
列支敦士登	200	2.00
马耳他	100	1.00
挪威	12 500	125.00
瑞典	22 800	228.00
瑞士	22 800	228.00
土耳其	11 500	115.00
C – 资本接收国		
保加利亚	7 900	79.00

续表

	股份数目	认购资本（百万欧元）
捷克斯洛伐克	12 800	128.00
德意志民主共和国	15 500	155.00
匈牙利	7 900	79.00
波兰	12 800	128.00
罗马尼亚	4 800	48.00
苏维埃社会主义联盟	60 000	600.00
南斯拉夫联盟共和国	12 800	128.00
D－非欧洲国家		
澳大利亚	10 000	100.00
加拿大	34 000	340.00
埃及	1 000	10.00
日本	85 175	851.75
韩国	6 500	65.00
墨西哥	3 000	30.00
摩洛哥	1 000	10.00
新西兰	1 000	10.00
美国	100 000	1 000.00
E－非分配股份		
	125	1.25
总计	1 000 000	10 000.00

注：潜在成员在上述分类下方列出，仅供本协议使用。资本接收国是指本协议其他地方所述的中欧和东欧国家。

附件 B

A 节 – 由理事选出代表比利时、丹麦、法国、德意志联邦共和国、希腊、爱尔兰、意大利、卢森堡、荷兰、葡萄牙、西班牙、英国、欧洲经济共同体和欧洲投资银行的理事会董事（以下简称 A 节理事）

1. 本节所述的规定仅适用于本节。

2. 董事候选人由 A 节理事提名，条件是一名理事仅可提名一人。董事选举应由 A 节理事投票表决。

3. 有资格作出投票表决的每位理事须为任命其成员投上本协议第 29 条第 1 款和第 2 款下应享有的所有票数。

4. 根据本节第 10 款，得到最高票的 11 人应担任董事，除非没有得票少于可投票（有资格票）总票数 4.5% 的被视为当选人。

5. 根据本节第 10 款，如果第一次投票没有选出 11 个人，应进行二次投票，除非候选人不足 11 人，在一次投票中得票最低的人无资格参与投票，仅以下人员可投票：

a）为向未当选的董事在第一次投票表决期间投票的理事；和

b）按本节第 6 款和第 7 款投给当选人，视为提高了 5.5% 有资格票的投票率的理事。

6. 在确定是否理事的已投票视为提高了对任何人的上述 5.5% 有资格票的投票率时，这 5.5% 应视为包括，第一，理事对这个人投票的最大数量，然后是第二大数，如此下去，直至达到 5.5%。

7. 为使某人的总票数超出 4.5% 必须算上其票数的任何理事须视为为此人投出其所有的票数，即使此人的总票数超出了 5.5%，并且不具备在之后的投票中作出表决的资格。

8. 根据本节第 10 款，如果在第二次投票表决期间，未选出 11 位董事的话，则须按本节规定的原则和程序另外再进行几次投票表决，直到选出 11 位董事为止，但前提是在选出 10 位董事的阶段，尽管本节第 4 款有规定，但第 11 位董事可通过剩余票数的过半数投票方式选出。

9. 如果理事选出的董事人数有增加或减少，本节第 4、第 5、第 6 和 7 款规定的最小百分比和最大百分比须由理事会适当调整。

10. 只要附件 A 中提供的其认购股份的资本总额超出 2.4% 的任何签署国或一组签署国尚未送存批准、认可或验收文书，则无需选出签署国或一组签署国相关的董事。代表此签署国或此组签署国的理事须在作为该组签署国成员的签署国成为成员国之后立即选出与每位签署国或每组签署国相关的董事。根据本协议第 26 条第 3 款的规定，此董事须视为在成立大会上由理事会选出的董事，前提是其于召开第一次董事会期间选出。

B 节 – 由理事选出代表其他国家的董事

B（i）节 – 由理事选出代表附件 A 中列出的中欧和东欧国家（接收国）（以下简称为 B（i）节）的董事

1. 本节所述的规定仅适用于本节。

2. 董事候选人由 B（i）节理事提名，条件是一名理事仅可提名一人。董事选举应由 B（i）节理事投票表决。

3. 有资格作出投票表决的每位理事须为任命其成员投上本协议第 29 条第 1 款和第 2 款下应享有的所有票数。

4. 根据本节第 10 款，得到最高票的 4 人应担任董事，除非没有得票少于可投票（有资格票）总票数 12% 的被视为当选的人。

5. 根据本节第 10 款，如果第一次投票没有选出 4 个人，应进行二次投票，除非候选人不足 4 人，在一次投票中得票最低的人无资格参与投票，仅以下人员可投票：

a）在第一次投票表决期间为未当选的董事投票的理事；和

b）按本节第 6 款和第 7 款投给当选人，视为提高了超过 13% 有资格票的投票率的理事。

6. 在确定是否理事的投票可视为提高了对任何人的上述 13% 有资格票的投票率时，这 13% 应视为包括，首先，理事对这个人投票的最大数量，然后是第二大数，如此下去，直至达到 13%。

7. 为使某人的总票数超出 12% 必须算上其票数的任何理事须视为为此人投出其所有的票数，即使此人的总票数超出了 13%，并且不具备在之后的投票中作出表决的资格。

8. 根据本节第 10 款，如果在第二次投票表决期间，未选出四位董事的话，则须按本节规定的原则和程序另外再进行几次投票表决，直到选出四位董事为止，但前提是在选出三位董事的阶段，尽管本节第 4 款有规定，但第四位董事可通过剩余票数的过半数投票方式当选。

9. 如果 B（i）节理事选出的董事人数有增加或减少，本节第 4、第 5、第 6 和第 7 款规定的最小百分比和最大百分比须由理事会适当调整。

10. 只要附件 A 中提供的其认购股份的资本总额超出 2.8% 的任何签署国或一组签署国尚未送存批准、认可或验收文书，则无需选出签署国或一组签署国相关的董事。理事或代表一位或一组签署国的理事须在签署国成为一位成员或该组签署国都成为成员之后立即选出每位或每组签署国相关的董事。根据本协议第 26 条第 3 款的规定，此董事须视为在成立大会上由理事会选出的董事，前提是其于召开第一次董事会期间当选。

B（ii）节由理事选出代表附件 A 中列出的中欧和东欧国家（接收国）（以下简称为 B（ii）节）的董事

1. 本节所述的规定仅适用于本节。

2. 董事候选人由 B（ii）节理事提名，条件是一名理事仅可提名一人。董事选举应由 B（ii）节理事投票表决。

3. 有资格作出投票表决的每位理事须为任命其成员投上本协议第 29 条第 1 款和第 2 款下应享有的所有票数。

4. 根据本节第 10 款，得到最高票的四人应担任董事，除非没有得票少于可投票（有资格票）总票数 20.5% 的被视为当选的人。

5. 根据本节第 10 款，如果第一次投票没有选出四个人，应进行二次投票，除非候选人不足四人，在一次投票中得票最低的人无资格参与投票，仅以下人员可投票：

a）在第一次投票表决期间为未当选的董事投票的理事；和

b）按本节第 6 款和第 7 款投给当选人，视为提高了超过 21.5% 有资格票的投票率的理事。

6. 在确定是否理事的投票可视为提高了对任何人的上述 21.5% 有资格票的投票率时，这 21.5% 应视为包括，第一，理事对这个人投票的最大数量，然后是第二大数，如此下去，直至达到 21.5%。

7. 为使某人的总票数超出 20.5% 必须算上其票数的任何理事须视为为此人投出其所有的票数，即使此人的总票数超出了 21.5%，并且不具备在之后的投票中作出表决的资格。

8. 根据本节第 10 款，如果在第二次投票表决期间，未选出四位董事的话，则须按本节规定的原则和程序另外再进行几次投票表决，直到选出四位董事为止，但前提是在选出三位董事的阶段，尽管本节第 4 款有规定，但第四位董事可通过剩余票数的过半数投票方式当选。

9. 如果 B（ii）节理事选出的董事人数有增加或减少，本节第 4、第 5、第 6 和第 7 款规定的最小百分比和最大百分比须由理事会适当调整。

10. 只要附件 A 中提供的其认购股份的资本总额超出 2.8% 的任何签署国或一组签署国尚未送存批准、认可或验收文书，则无需选出签署国或一组签署国相关的董事。理事或代表一位或一组签署国的理事须在签署国成为一位成员或该组签署国都成为成员之后立即选出每位或每组签署国相关的董事。根据本协议第 26 条第 3 款的规定，此董事须视为在成立大会上由理事会选出的董事，前提是其于召开第一次董事会期间选出。

B（iii）节由理事选出代表附件 A 中列出的非欧洲国家（以下简称为 B（iii）节）的董事

1. 本节所述的规定仅适用于本节。

2. 董事候选人由 B（iii）节理事提名，条件是一名理事仅可提名一人。董事选举应由 B（iii）节理事投票表决。

3. 有资格作出投票表决的每位理事须为任命其成员投上本协议第 29 条第 1 款和第 2 款下应享有的所有票数。

4. 根据本节第 10 款，得到最高票的四人应担任董事，除非没有可以考虑当选的得票少于可投票（有资格票）总票数 8% 的人。

5. 根据本节第 10 款，如果第一次投票没有选出四个人，应进行二次投票，除非候选人不足四人，在一次投票中得票最低的人无资格参与投票，仅以下人员可投票：

a）在第一次投票表决期间为未当选的董事投票的理事；和

b）按本节第 6 款和第 7 款投给当选人，视为提高了超过 9% 有资格票的投票率的理事。

6. 在确定是否理事的投票可视为提高了对任何人的上述 9% 有资格票的投票率时，这 9% 应视为包括，第一，理事对这个人投票的最大数量，然后是第二大数，如此下去，直至达到 9%。

7. 为使某人的总票数超出 8% 必须算上其票数的任何理事须视为为此人投出其所有的票数，即使此人的总票数超出了 9%，并且不具备在之后的投票中作出表决的资格。

8. 根据本节第 10 款，如果在第二次投票表决期间，未选出四位董事的话，则须按本节规定的原则和程序另外再进行几次投票表决，直到选出四位董事为止，但前提是在选出三位董事的阶段，尽管本节第 4 款有规定，但第四位董事可通过剩余票数的过半数投票方式选出。

9. 如果 B（iii）节理事选出的董事人数有增加或减少，本节第 4、第 5、第 6 和第 7 款规定的最小百分比和最大百分比须由理事会适当调整。

10. 只要附件 A 中提供的其认购股份的资本总额超出 5% 的任何签署国或一组签署国尚未送存批准、认可或验收文书，则无需选出签署国或一组签署国相关的董事。理事或代表一位或一组签署国的理事须在签署国成为一位成员或该组签署国都成为成员之后立即选出每位或每组签署国相关的董事。根据本协议第 26 条第 3 款的规定，此董事须视为在成立大会上由理事会选出的董事，前提是其于召开第一次董事会期间当选。

C 节 – 为选出代表附件 A 中未列出的国家的董事所作的安排

如果理事会按本协议第 26 条第 3 款的规定扩大或缩小董事会的规模或改变其组成以考虑本行成员的数量，则理事会须首先考虑是否需要对本附件作出任何修改，并且在理事会认为合适时将此类修改作为本决议的一部分。

D 节 – 票数的分配

未参与投票表决或其投票对本附件 A 节、B（i）节、B（ii）节或 B（iii）节下董事选举不起作用的任何理事可向具有成为选出董事的其分配票数，前提是首先选出董事的所有理事同意这些分配。

任何理事将不参与投票选举董事的决议不得影响按本附件 A 节、B（i）节、B（ii）节或 B（iii）节计算出合格的票数。

关于建立欧洲复兴开发银行的主席报告

欧洲复兴开发银行源于法国总统密特朗（Mitterrand）的倡议，经 1989 年 12 月 9 日在斯特拉斯堡召开的欧洲委员会批准，成为欧共体应对中欧和东欧显著政治和经济变革的积极应对政策。

从一开始，讨论建立本行的会议设想将欢迎其他国家以及中欧和东欧国家的参与。潜在成员第一次会议于 1990 年 1 月 15 日至 16 日在巴黎召开，会议代表们均来自欧洲经济和发展组织的 24 个成员国。马尔他和塞浦路斯；八个中欧和东欧国家；欧洲经济共同体和欧洲投资银行。在 1990 年 3 月 8 日至 11 日的会议上，加入了来自埃及、以色列、韩国、列支敦士登和摩洛哥的代表，并且 4 月 8 日和 9 日还加入了墨西哥代表。于 1990 年 5 月 20 日在巴黎进行最终的协商会议。

在讨论欧洲复兴开发银行条款的会议期间，代表团认为，欧洲复兴开发银行需要记录能代表普通共识的构想，但不适用于条款的除外。因此，同意大会主席制定本报告，以概括这些共识，并同意此报告将成为欧洲复兴开发银行的基本文件，以供未来解释这些条款的参考使用。此引言随附的解释条款，构成本报告的大部分内容，应考虑相关背景。本协议的签名仪式于 1990 年 5 月 29 日在巴黎召开，法国总统密特朗（Mitterrand）及参与本行的各国部长出席。

注 释

第 2 条

1. 代表团迫切希望展示本行作为私营企业的作用核心,但鉴于潜在接收国内私营企业的规模较小或尚未成形,因此本行还支持公有企业从完全集中控制向非垄断、非集中或私有化、竞争性企业环境转型,并且支持接收成员国仅通过本条款第 1(i)至 1(viii)款中所述的条款实施结构和经济变革。

2. 在第 1(i)款中,代表团均认为"其他权益投资人"包括了国内和国外的投资商。

3. 在第 1(iii)款中,代表团认为"基础设施"可能包括了管理和技术技能方面的培训。

4. 在第 1(vii)款中,代表团发现了中欧和东欧严重的环境问题,并强调将环境稳定发展的原则整合到本行业务范围中。代表团有意在"本行业务活动范围"中包括技术援助以及所有的特殊业务,而不仅仅是本行应该能够直接为特定的环境项目提供援助。

5. 在第 2 款中,代表团们认为本行应与国际货币基金组织和世界银行集团(包括国际金融公司和多边投资担保机构)密切合作,确保其活动的兼容性,并且从其经验和专业知识中获益,以及确保接收成员国奉行健全的经济计划。

6. 代表团深知,在继续与"所有成员国"密切合作过程中,欧洲经济共同体和欧洲投资银行的重要作用。

7. 在同一款中,代表团还认为,"欧洲委员会其他相关的公共或私营机构和实体"包括了欧洲委员会(特别是社会发展资金)、国际投资银行、北欧投资银行以及欧洲经济委员会。代表团指出,根据本协议第 20 条第 1 款子款(viii)规定,本行可自由签订与任何此类机构合作的协议。

第 3 条

1. 代表团认为,鉴于欧洲经济共同体和欧洲投资银行(EIB)在最早支持本行构想的欧盟国家首脑或政府中所起到的作用,因此它们理应成为本行成员。但其成员身份不应该是其他组织或银行成为本行成员的先例或者其成员身份不应成为它们用来成为其他组织或其他银行成员的身份。

2. 代表团们指出,欧洲投资银行及其参与成员确信,欧洲投资银行具备《欧洲投资银行条例》项下对本行实施资本认购的法律权力。

第 4 条

本行的欧洲性质适用于以欧元单位的原始授权股本的面值。代表团将欧元视为欧洲货币系统的重心,并且与一系列欧共体货币的制定相关。如果任何货币的重量已改变了25%的话，则欧共体财务团长每五年将对这些货币的重量再次检查。

第5条

1. 第3款要求理事会至少每五年对本行股本的资金充足性和组成进行检查。然后可能作出是否增加股本或其他方面的决议。本款制定了增加股本时所有成员的优先权，并规定任何新成员没有义务认购新股份。这些权利受到《协议书》第56条第2款的保护。

2. 第4款规定了允许个别成员增加本行股权决议的可能性。如果不增加总股本时不可能增加股权，则优先权和第3款的其他要求将起到作用。

第6条

1. 第2款中，代表团同意，应根据按考虑基于历史资源资金流的净融资需求的董事会所建立的计划按比例支取本票。

2. 在第3款中，代表团们同意欧元、美元或日元之间的最初选择由各成员决定，应适用于支付第1款中所提及的分期付款以及因催缴原始股本而作出的支付。

第8条

在本条第3款的实施方面，代表团认为，本条所述的针对暂停或修改成员对本行资源的使用的相同程序和选举安排应适用于不利的情况，即鉴于恢复实施与本协议第1条相一致的政策而重新考虑成员对本行资源的使用。

第11条

1. 本条确立了本行须贯彻其宗旨和职能的方式，包括与区域项目相关的宗旨和职能。在描述本行融资和援助的接收国以及规定本行对国家部门的融资和援助的限制时，本条应当考虑不同国家内安排的不同。

2. 代表团强调，本条所述的私有化和控制的参考方面，私营投资者的控制是指有效确定企业决策和政策的能力。

3. 在第1款子款（v）中，代表团意识到，潜在接收国在基础设施需求巨大，而且存在针对此目的的双边和多边援助来源。因此，代表团有意将本行与基础设施重建和发展相关的可能性活动局限在私营企业发展以及向市场导向型经济转型所需要的活动上。

4. 代表团认为，应结合第13条第（ii）款理解本条第1款子款（ii）（c）。在私营证券公司或其他能够合理提供相关融资、服务或融资工具时本行不参与包销业务。

第12条

1. 代表团认为本条可加强本行的财务稳健性。

2. 在解释第1款中"未偿还贷款、股本投资和担保的总额"时，代表团与董事会共同认为，应按本条第1款下债务批准此类事项。

3. 第2款中，代表团建议董事会制定本行应接受任何企业的股本的最大股权的规定，但此规定应包括似乎需要或必需的特定情况下针对意外情况的条款。例如，在融资合伙人决定减少相关股本中固有股权时可能产生此种情况。

4. 在第 3 款中，代表团将"已拨股本投资"解释为排除随后可处理为通过此种变现方式所获取的价值的任何投资。

第 13 条

1. 代表团预期，本条中规定的工作原理应通过董事会将采用的工作原理的更详细、更全面的声明得以补充。政策声明还应包括：本行预期满足高效经济地使用其投资的资金，且此类资金用于按照合理条件在优惠市场上采购商品；所有项目鉴定、评估、监测、实施和评估的详细要求，包括了经济、技术、金融和环境方面。

2. 在第（i）款中，本行应将本行原则贯彻于所有业务的规定应涵盖所有活动，包括了金融原则（如汇率风险管理），而不只是本条剩余部分所列出的活动。

3. 在第（ii）款中，代表团将本行可能参与的确切形式的贷款方案描述为"个别的或特定投资方案背景下的项目"，以说明不包括快速拨款的政策型贷款。

4. 在第（vii）款中，代表团认为，本行不得与其他组织竞争；而应该对现有融资的可能性加以完善。代表团还将"融资"和"融资工具"视为包括包销在内与整个银行业务范围相关的广义术语。代表团认为本子款应结合子款（xi）（若后者适用）一起理解。

5. 在第（x）款中，代表团认为"投资"一词涵盖了本行贷款和担保以及股本投资。在这些条款中的本规定的方面，似乎需要避免写入优先考虑特定类别的采购方的要求。但进行投资时，本行可能需要在合理的期限内向私营投资方提供与该企业相关的购买本行权益的优先购买权。而且，如果本行有机会按相同条款出售某项投资，在做决定时应牢记培育本地资本市场的愿望。

6. 在第（xii）款中，代表团根据国际招投标（若适用）同意完全开放的采购（而不是仅向成员开放的采购），并认为此类标书与关税暨贸易总协定政府采购协议相一致，确实富有竞争性。本行持有股本或债务的私营企业可能受到激励，但没有义务利用国际招投标高效、经济地获取产品服务。代表团迫切希望在本行成员平等的条件上，向可能不会成为本行成员的欠发达国家提供投标本行合同的机会，以作为援助其发展的手段，以及通过原姿态（即不会在开发中减少传统合伙人的权益）为其提供保障的手段。

第 14 条

1. 第 1 款要求在制定融资业务的条款时，本行需全面考虑保障其收益的需求。代表团设想，此要求应该避免成员国实缴认购股份在本行提供免费的资源中得以补助的正在实践的业务中的风险。

2. 本条第 2 款的用词使本行灵活应对具体情况，并且允许董事会在决定担保国营企业贷款担保政策时考虑到所有的要素。

3. 在这些问题上达成一致意见时，董事会需要牢记一点，本行的根本性目标是在合格的成员国内发展稳健的私营企业。为确保私营企业家承担商业活动的所有责任，董事会应遵循国际金融公司的现行做法，即不需要成员国政府对私营企业贷款作出担保。可考虑到国营企业可能快速响应市场力量以及向导向型经济转型的事实，但前提是该企业无法依赖于履行本行贷款项下责任的政府担保。如果决定不需要成员国政府作出担保，则董事会可能还需要根据第 13 条第（xi）款制定贷款条款，以在商业或其他风险上对本行作出担保。

4. 第 11 条第 3 款中，在本行需要针对国营企业的成员国担保时（即成员国或公共机构作出的担保），则须向该国营企业放贷，除非国营企业正在向私有化和控制上转型。已实现私有化和控制的前国营企业须视为私营企业，并且本行不得要求成员国对该企业的新贷款作出担保。

第 17 条

代表团尚未制定特殊业务产生可能损失的规定。代表团设想，本行应在管制其使用方面的协议中作出相关特殊资金来源的具体安排，以便按照第 10 条第 2 款保护每种资源的区分。

第 18 条

代表团认为，本行接受的特殊资金应成为本条款特权与豁免规定中的资产。代表团设想，应单独考虑和使用各个特殊资金，但因这一点未确定，因此应与本行协商按照此类资金来源决定。

第 20 条

1. 在授予本行按本条款进行包销的一般性权力时，代表团牢记一点，本行同意提供佣金、一些议定的股份部分以及因公共或私有企业发行权益股本或证券而未售出的证券的记录簿（若需要）。如果此议题取得成功，则本行无需占用此股份和证券。但如果某些证券仍未售出的话，以及如果调用了本行的包销事项的话，则此类股份和证券构成相关国家的本行整体风险敞口，并且受制于任何适用的限制。

2. 代表团同意，考虑到涉及的金融风险，包销业务仅应代表本行业务的一部分；并同意，仅在需要缩小市场差距时才需要参与包销服务；而且还同意，一般的包销权力应受到第 11 条和第 13 条中包销规定的限制。

3. 在第 1（iii）款中，代表团不希望，在不存在这些证券适用的二级市场时，本规定可能阻止本行使用私人配售。

4. 代表团同意，在本行采购的证券作为流动资产一部分时不得使用本条（iv）款中规定的、为本行投资的证券作出担保的机构。

第 24 条

代表团同意，本行应承担不超过四位管理职位的全职人员的薪酬成本。

第 26 条

1. 本条第 2 款中，代表团希望董事尽可能对中欧和东欧有广泛、均衡的了解，以便实现第 1 条和第 2 条规定的本行的宗旨和职能，并能够履行第 8 条第 3 款规定的义务。

2. 董事会意识到，保持此小组四位董事对附件 A 中列出的接收国中的原成员国非常重要，以便在修改此类国家列表时增加此国家自己的董事或候选人。代表团同意，在决定扩大或缩小董事会的规模或改变其组成时，为考虑到本条第 3 款中规定的本行成员数量的变化，理事会应考虑到此种设想。

3. 代表团同意，董事及其候选人应常驻在本行总部。

第 28 条

在第 3 款中，代表团指出，其他国际金融机构通常的做法是不允许在董事会会议上代表潜在贷款对象。

第 29 条

1. 代表团打算，在本行实缴股份相关日期款项（包括本票兑现）到期且未达到全额的成员应丧失相应的投票权，除非此短缺有利。

2. 在第 3 款中，将允许代表不止一位成员的董事分裂投票，而无需进行此类投票。

3. 代表团打算在涉及"一般性政策"的议题上的意见不一致时，由董事会基于法律顾问提供的建议作出决策。通常，个别业务的决策不涉及此类问题，但"一般政策性问题"尤其包括预算；业务的年度计划；贷款政策，包括贷款限额；利率政策；汇率风险管理政策；本票的提现；本行的包销政策和组织结构。

第 30 条

代表团认为在招聘过程和服务、培训、推广和职业发展上应给予平等的机会。

第 35 条

1. 代表团同意，不需要对条款中的工作语言作出规定。大会在主席写给代表团的信函（本报告随附的副本）中陈述了代表团对工作语言的理解。

2. 代表团意识到，可能最初很少对本行环境影响进行报告，并且针对此主题的首次年度报告的形式可能与之后的版本有所不同。

第 36 条

代表团认为第 2 款后面的原则是现金分配应严格与每位成员在实缴股份上支付的现金和兑现的本票成正比。

第 39 条

在第 2 款中，代表团设想，所有潜在的新成员在不考虑累计准备金的情况下，通过按面值认购股本加入本行。代表团因此担心，之后因某些原则选择脱离本行不得通过此种方式不正当地获取利润或自初始购头后股份价值显著增长的面值而存在这样做的利润刺激。因此，本条措辞的目的在于，确保其获取的利润不会比其实缴的金额更高。"本行面值所示"的参考可允许本行报表中作出适当的调整，以反映出流动的累计损失。

第 46 条

代表团指出，本条基本与本协议国际复兴开发银行第七条第 3 节的规定相同。他们希望法院在法学基础上对其进行解释，即按照国际复兴开发银行条款解释。

第 52 条

代表团根据本行的业务考虑的位置接受了第 52 条第 2 款。

第 51 条和第 55 条

这些条款的措辞，按照代表团的强烈愿望反映了最新的国际思路和实践。

第 53 条

1. 在第 53 条第 1、第 2、第 3 款，代表团与成员们共同认为，应该给予本行"官方"活动或为本行"官方"活动采购必要的商品和服务最大的尊重，例如正式授权采购的商品应推定为对本行"官方"活动必要。除此之外，代表团共同认为，按适用于具有类似规定的国际组织的国家实践对第 2 款进行解释。

2. 可以接受的是第 53 条中的任何内容均未解释为妨碍任何成员授予本条规定的更大程度的免税。

3. 代表团共同认为第 3 款中的关税（"进口关税"和"出口关税"）包括了海关关税。

4. 第 6 款中，代表团认为"内部有效税"不是税收协议、国家税收实践等中常用的术语，并且也不是在行使主权时强加的税收。此外，他们认为本行雇佣合同应包含于"内部有效税"相关的规定。

5. 在第 6 款和第 7 款方面，代表团共同认为，本行将定期按照安排通知相关成员支付给董事、候选人、高级管理职员和普通职员的薪酬和酬金（第 7 款）以便为这些薪酬和酬金收取税收或适当对其他来源的收入征税以对薪酬和酬金进行免税（第 6 款）。

6. 代表团注意到一些成员国对本身是本行高级管理职员或普通职员的居民所得收入征税的权利所体现的重要性。根据国际法，第 53 条第 6 款和第 7 款的规定未妨碍这些成员进行适当保留。

第 60 条和第 61 条

代表团认为这些条款应结合第 3 条一起理解。按照这些条款，在第 60 条规定的日期之前签订本协议并在第 61 条第 1 款或第 2 款规定的日期前交存批准书、接受书或核准书的潜在成员须成为本协议相关方，并且有权认购附件 A 分配的股份数量。按第 3 条第 2 款规定，在第 60 条规定的日期后签订本协议或在第 61 条第 1 款或第 2 款规定的日期后交存批准书、接受书或核准书的潜在成员的成员资格条款将由本行决定。在这些成员将认购的原始股份方面，第 3 条第 2 款应结合第 5 条第 2 款一起理解。

第 62 条

代表团认为，在代表团团长采纳协议后应立即就转型安排的可能性上开始讨论，以使本行在协议生效后立即开始运营。

大会主席写给代表团的信函

在欧洲复兴开发银行研讨会期间，我方同意遵守常规做法，即不参考本行法律的工作语言。因此，此信函将记录我方所达成的共识，即考虑到效率和经济上的效益及本行日常需要，证言中提及的本协议正文部分的四种语言应成为本行的工作语言，为本行所使用。

欧洲复兴开发银行章程

本章程将在建立欧洲复兴开发银行协议（以下简称本协议）授权的条件下采纳，并且旨在对其进行补充说明；并相应进行解释。

如果本章程与本协议条款存在争议，应以本协议规定为准。如果本章程与按本协议采纳的规章制度存在争议，应以本章程为准。

第1节 本行总部及其他办事处

a）本行总部应设在伦敦。

b）董事会可授权在任何成员国境内的任何地方建立本行的代理机构或分支办事处（如需要），以便促进本行业务的高效执行。

第2节 理事会议事规则

理事会所遇到的所有事宜均需按照《理事会议事规则》进行管制。

第3节 理事的任职条件

理事及其候选人应各司其职，且本行不需向其支付薪酬。参加理事会议所产生的费用不得由本行承担。

第4节 董事的任职条件

A）服务

a）各董事及其候选人须以该机构利益所需要的时间和注意力致力于本行活动，并且通常情况下常驻本行总部。

b）如果其无意愿担任本行的全职董事的话，此董事须在就职后尽快在必要的时候与董事长协商其及其候选人能为本行事务所奉献的时间。

c）在董事或其候选人因健康问题或类似原因不能参与本行事务时，该董事可任命临时候选人代其行事。临时候选人在其任职期间不得因此收取任何工资或薪酬。

B）薪酬

a）本行须承担与各董事职位相关的任意四位人员的薪酬。如果董事会在四位人员之间选择其董事及其候选人，他们须按理事会随时确定的年利率为其任职期间收取相应的薪酬，并由本行支付。规定的薪酬须继续有效，直到理事会作出变更。此类薪酬应按照董事会随时审批的规定、董事或其候选人在本行任职期间所奉献的时间并经确定其确切的服务时间的详细证明按比例进行分配。须按照本行既定的程序支付薪酬。

b）常驻伦敦的全职董事和董事候选人可参加此类医疗、养老、退休及为本行员工建立的其他福利。非全职或未常驻在伦敦的董事和董事候选人参加此类医疗、养老退休及董事长同意的其他福利需视情况而定，目的是，在适当考虑董事及其候选人在本行事务上所奉献的时间后，确保向董事和董事候选人提供的福利是合理的。

C）费用（差旅和假期）

a）董事会可特此规定如下：

i）各位董事和董事候选人应有权享有本行认为其经董事会同意到所代表的国家公职出差期间或执行董事长可能要求本行执行的其他任务所产生费用的合理津贴。

ii）常驻在伦敦的各位全职董事和董事候选人在完成连续两（2）年的全职服务后，有权获得对其本人及其直系亲属在其本国享受年假期间的单程旅行的合理费用补贴，前提是如果是董事的话，该董事在旅途开始时任期不会在此日期后的六（6）个月到期；如果是董事候选人，则其在旅途开始时正处于其任职期间，即使变更董事，预期任职期限也不会在之后的六（6）个月内到期。

b）请求本行报销其履行本行任务期间所产生费用的董事或董事候选人须在此请求中提供其尚未收到且以后也不会从其他来源收到此类费用报销的声明。

c）按照本行确立的指导方针，任何董事或董事候选人有权报销本行认为与其本行公务相关的合理费用。

d）"全职"一词须视为本行的全职服务，不包括本行总部特殊场合的缺席以及本小节（a）部分所指的缺勤。上述 C（a）（i）中所提及费用的"合理津贴"包括相应的差旅费和交通费用，并且此津贴须以本行确立的政策和上限为基础。

e）为了本行的利益，与本章程及目的相符的其他适用安排可按董事会的决定以个人案例的形式进行。

D）办公服务

本行须按照本节 B 小节的规定提供履行董事及其候选人职责所需的秘书及其他员工服务、办公空间和其他设施。

第 5 节 董事长的任职条件

董事长的工资和其他方面薪酬及津贴应由理事会依据董事会的提议决定，且应列入其合同中。董事长可参加此类医疗、养老、退休及为本行员工建立的其他规划。

第 6 节 副董事长任职条件

副董事长的工资和其他方面薪酬、津贴和任职期限、权力及职能应由董事会决定，并列入其合同中。副董事长可参加此类医疗、养老、退休及为本行普通职员建立的其他规划。

第 7 节 行为规范

在成立大会上，理事会可采纳并可随时修改与个人投资控股及对本行所有董事及其候选人和临时候选人、董事长、副董事长、高级管理职员和普通职员均有约束力的交易相关的《行为规范》。

第 8 节 权力委托

a）董事会由理事会授权行使本行的所有权力，本协议第 24 条第 2 款及其他条款和本章程规定的理事会明确保留的权力除外。董事会不得依据理事会下放的权力采取与理事会采取的行动不相符的任何行动。

b）董事长应按照董事会的指示开展本行当前的业务。董事会应依据董事长可提交快捷程序项下待考虑的各种事宜的情况，确立（包括报告规定）条件、程序和阈值。

第9节　董事会会议上成员的特殊代表

在董事会考虑影响不具有其本国国籍的董事或董事候选人的成员事宜时，须通过最快捷的通信方式通知该成员此考虑事宜的设定日期，并且该成员须有权派遣出席大会的代表。董事会不得采取最后行动且不得向理事会提交任何影响成员的问题，直到已向该成员提供合理的机会以便于其在收到通知的董事会会议上发表意见和听取意见。当选的任何成员均可放弃此职位。

第10节　空缺的董事职位

a）根据本协议第26条第5款，在因产生空缺而必须选出新董事时，董事长须通知当选前董事空缺职位的成员。董事长可召开这些国家的理事会议，以选出新董事；或董事长可要求任命候选人并以最快的通信方式进行投票选举。之后须按本协议附件B中的原则进行投票，直到其中一位候选人获得绝对多数的选票；并且每次投票之后票数最少的候选人须退出下一次投票。

b）在选出新董事时，前董事的候选人须继续担任此职务，直到对其进行重新任命或对其继承人进行任命。

第11节　董事会报告

在理事会的每次年度大会上，董事会须提交本行业务和政策年度报告，其中应包括按本协议第18条确立或通过的银行专项资金活动的独立报告。

第12节　财政年度

本行的财务年度应从每年1月1日开始，并于每年12月31日结束，除非本协议生效日期晚于1月1日，在这种情况下，财务年度应于生效日期开始，并于同年12月31日结束。

第13节　审计和预算

a）应依据普遍认可的会计原则，由具有国际声誉的独立外部审计员对本行账目进行至少每年一次审计（该审计员由董事会在董事长议案的基础上选择），并且董事会应依据此审计在年度大会上将账目表（包括总资产负债表和损益表）提交至理事会审批。应提交专项资金业务的独立财务报表。

b）董事长须编制年度管理预算，以提交至董事会进行审批。经审批，此预算应在下一届年度大会上提交给理事会。尽管有上述规定，董事长应在理事会成立大会后的3个月内向董事会提交本行第一个财务年度业务管理预算以进行审批。

第14节　本行成员资格申请

在向理事会提交申请以及允许申请国加入本行成员的推荐书时，按照董事会的意见，董事会应在报告之后经由董事长与申请国协商，向理事会提议认购股本的股份数以及理事会规定的其他条件。

第 15 节　暂停成员资格

在暂停任何成员的本行成员资格前，特别是董事长提出议案后，应由董事会处理此类事宜。董事长应提前通知此成员，并给予此成员合理的时间对其情况进行口头和书面解释。

董事会须向理事会提议其认为适当的任何行动。应通知该成员理事会考虑该事件的建议和日期，并给予此成员合理的时间，在理事会大会之前对其情况进行口头和书面解释。任何成员可均可放弃此权利。

第 16 节　章程修订

根据《理事会议事规则》第 10 节的规定，理事会可在任何会议或以非会议投票的形式对本章程进行修订。

理事会议事规则

第1节 定义

a)"理事"包括代替理事行事的候选人或临时候选人(除非理事担任第6节项下的年度大会的主席或副主席)。

b)"理事会"表示理事会。

c)"董事"包括代替董事行事的候选人(除非另有规定)。

d)"董事长"是指本行董事长或代替董事长行事的副董事长。

e)"协议"是指建立欧洲复兴开发银行协议。

f)"章程"指的是《欧洲复兴开发银行章程》。

g)"议程"是指大会上拟审议的事项列表。

h)"成员"是指本行的一名成员。

i)"秘书"是指本行的秘书长或在秘书长缺席时由董事长正式任命的代替秘书长行事的人员。

第2节 会议

a)理事会应按其决定的时间和地点召开年度会议;但董事会可在特殊情况下或产生合理化此类行为的原因时更改年度大会的日期和地点。

b)此外,理事会可在决定召开特殊会议时或在董事会依据本协议第25条第1款的规定召集特殊会议时召开此类会议。

c)该秘书应通过可用的最快通信方式通知所有成员理事会议召开的日期和地点。必须在年度大会日期前至少四十五(45)天及特殊会议日期前至少三十(30)天发出此类通知。在紧急情况下,应在大会规定的日期前十(10)天通过传真、电报或其他快速通信方式进行通知。

d)理事会任何会议的法定人数应为理事成员的三分之二,且该等与会的多数成员的投票权不得低于理事成员总投票权的三分之二。未达到法定人数的理事会议可由与会的多数理事决定对其进行延期。经与会的多数理事决定,未达到法定人数的理事会议最多可延期两(2)天。无需提供此类延期会议的通知。

e)理事会可下达命令,临时延期会议并稍后重新召集会议。

f)除非董事会另有指示,否则董事长及董事会主席须与主办国合作管理主持董事会会议的所有安排。

第3节 出席会议

a)董事及其候选人可出席任何理事会议并参与其中。但董事及其候选人无权进行投票表决,除非其有权作为临时候选人或理事参与投票。

b)理事会主席与董事会进行协商决定可邀请观察员出席理事会议。

第 4 节　理事会议议程

a）依据董事会指示，董事长须制定理事会任何会议的议程，并将此议程及会议通知提前发送给各成员。

b）理事可在理事会议议程上制定附加事项，前提是该理事须在会议日期前的至少十五（15）天通知董事长。董事长应在收到理事的此类通知后 48 小时内通过待传达补充名单通知各成员此类附加事项。

c）此议程及任何补充名单应由理事会主席在各会议的第一次商务会话上提交至理事会进行审批。

d）在召集特殊会议时，议程应受限于董事长所通知的事项。

e）在理事会的任何会议期间，理事会可修改、添加或删除本议程中的事项。

f）在特殊情况下，董事长可依据董事会的指示，在任何时间将附加事项列入理事会任何会议的草拟议程中。董事长应尽快通知各理事此类附加事项。

第 5 节　成员代表

在理事会的每一次会议上，秘书应提交其任命已正式通知本行的理事、候选人或临时候选人成员的名单。

第 6 节　主席和副主席

a）在成立大会上，理事会应依据主办国理事会主席资格，选举其中一名理事担任会议主席，其他两名理事担任副主席，并且他们应各司其职，直到第一届年度理事会议结束。在主席缺席时，该主席指定的副主席应代其行事。

b）在年度理事会议结束时，理事会应选举一名理事担任主席，另外两名担任副主席，并且他们应各司其职，直到下一届年度理事会议结束。在主席缺席时，该主席指定的副主席应代其行事。

c）主席或代替会议主席的副主席不可以进行投票表决，但其候选人或临时候选理事可代其作出表决。

第 7 节　秘书

本行秘书长应担任理事会秘书。

第 8 节　委员会

理事会可在必要或合适的时候在任何会议上建立此类委员会，以便进行工作，并且此类委员会应向理事会汇报工作。

第 9 节　投票

a）除本协议另有明文规定外，理事会的所有事项应由投票成员以投票权的绝大多数决定。在任何会议上，主席可通过正式的投票确定会议的主题，但正式投票须在理事的要求下才可进行；此种情况下，待投票表决议案的书面文本应分发给各理事。

b）在理事会任何会议上，任何成员的投票必须由理事及其候选人亲自进行表决，或由其正式指定的临时候选人（在他们缺席时）进行投票表决，以在理事及其候选人都缺席的情况下参与理事会并进行投票表决。

第 10 节　非会议投票

a）不论何时，对于应由理事会决定的具体问题，董事会认为都不得延期至下一届年度理事会议，并且不批准召集理事会特殊会议，则董事会应将关于此问题议案及对此议案的投票请求迅速一并移交至各理事。

b）依据该等请求，选票应在董事会确定的期限内送达本行。期限届满，董事长应如同召开理事会议一般向董事会汇报投票情况，董事会依据本协议第 29 条第 1 款和第 2 款的规定记录投票结果。董事长应与所有理事沟通此结果。除非收到不少于三分之二理事（代表不少于三分之二的投票权）的回复，否则该议案无效。

第 11 节　会议记录

理事会应在本行保存会议的摘要记录并存档，以便所有成员使用。

董事会议事规则

第 1 节 本规则的权限

董事会议事规则（以下简称本规则）根据本协议第 25 条第 4 款、第 28 条及章程第 8 节规定通过。

第 2 节 定义

a)"董事"，除第 3（a）节规定的担任主席的董事外，包括根据具体情况行使董事职责的候选人或临时候选人。

b)"董事会"代表董事会。

c)"董事长"是指本行的董事长。

d)"协议"是指建立欧洲复兴开发银行协议。

e)"章程"指的是《欧洲复兴开发银行章程》。

f)"议程"是指大会上拟审议的事项列表。

g)"主席"是指根据第 3（a）节的规定在董事会会议上担任主席的人。

h)"秘书"是指本行的秘书长或在秘书长缺席时由董事长正式任命的代替秘书长行事的人员。

第 3 节 会议

a）董事长，或董事长缺席时的第一副董事长，或两者均缺席时由董事长指定的副董事长应担任董事会主席。如果以上人员缺席会议，董事会应推选一名董事担任主席。

b）董事会会议应在本行业务有需求时由董事长召集。董事会可随时由董事长主动要求召开会议。董事长应依任一董事的书面请求随时召集董事会。在特殊情形下，董事长和第一副董事长均缺席或丧失行为能力时，秘书可依据至少三（3）名董事的请求召集会议。

c）除特殊情况下应尽快发出会议通知外，秘书应于每次会议至少三（3）个工作日前通知各董事及其候选人。

d）董事会应于本行总部开会，除非董事会决定在其他地方召开特别会议。

e）董事会任何会议的法定人数应为董事成员的大多数，且该等与会的多数成员的投票权不得低于董事成员总投票权的三分之二。

f）除董事及其候选人、董事长、副董事长和秘书外，只有董事长指定的本行雇员成员，依据本协议第 28 条第 3 款任命的成员代表，以及其他董事会邀请的人员可以出席。

g）在不影响本协议第 28 条第 3 款规定的情况下，应董事长或任一董事的请求，可以秘密会议的形式举行会议，仅允许董事及其该候选人、董事长、副董事长、秘书以及董事会每次秘密会议经单独授权具体指名批准的其他人员参加。

第 4 节 会议议程

a) 董事会每次会议议程应由董事长或依据其指示进行准备,且此类议程副本应于会议至少前三(3)个工作日发给各董事及其候选人。如果在特殊情况下召集会议,此类议程应于会议前至少二十四小时发至各董事。如果有董事提出请求,董事会有权行使的事项应列入每次董事会会议议程。

b) 如有董事提出此等请求,不论其是否列在特殊会议议程内,董事会对于任何事项的决议的推迟都不得超过一次,推迟时间最少两(2)个工作日。

c) 在董事会认为合适的期间,可以推迟任何议程的讨论或决议。

d) 可在会议上讨论未列于会议议程上的事项,除非有董事或主席反对。

e) 除董事会另行决定外,任何未在会上审议的会议议程事项,应于下一届会议议程开始时自动收录。

f) 董事会讨论用文档应于日程讨论前至少二十一(21)个日历日提交至董事,包含在商业机密信息中的文档或董事会已决定以快速程序处理的其他类别文件除外,这些文档应于排定的讨论前至少十(10)个工作日提交至各董事。

第 5 节 投票

a) 主席通常应确定并宣布有关事项的会议主题,董事会应视为已经根据主席的公告,采取了行动,而不必经过正式投票。不同意董事会决议的董事可要求将其意见记录在会议程序的摘要记录内。任何董事均可根据本协议第 29 条第 3 款的规定要求进行正式投票。

b) 董事仅可亲自投票。

第 6 节 董事通知

a) 本规则要求发送至董事或其候选人的任何通知,应视为已经在银行营业时间以书面、电话或当面的形式送至董事办公室、本行总部,或按照上述第 3(d)节要求提供的其他会议地点。

b) 本规则要求发送至董事或其候选人的文档(若存档),应视为已在银行营业时间送至董事办公室、本行总部,或按照上文第 3(d)节要求提供的其他会议地点。

c) 本规则要求发给或送至任何董事或其候选人的通知发出或文档送达,可由董事随时通过合理快速的通信方式或本人亲自以书面形式放弃。

第 7 节 秘书

本行秘书长应担任董事会秘书。

第 8 节 会议记录

a) 秘书应负责准备董事会程序中的会议记录和摘要记录。

b) 会议程序中的草拟会议记录和摘要记录应尽快分发给所有董事,且不得晚于会议结束后四十八(48)小时。并应于合理时间期限内提交董事会进行审批。

c) 会议记录应包含:(i)与会者姓名;(ii)上次会议记录的审批记录;(iii)议

程项目主题；及（iv）达成的协议和决议。

d）任何董事均可要求将其意见记录在会议程序的摘要记录内。

e）秘书应负责保存会议记录、会议程序摘要记录和其他与董事会程序相关的文档，并应作为唯一被授权者证实此类复印件。

第 9 节 公开

会议记录应予以公开。董事会会议程序摘要记录为机密，不得公开，除非董事会决定授权董事长对相关事项安排适当的公开。董事会应建立特殊程序，确保商业交易的机密性。

第 10 节 修订

在任何会议中，如果拟议修订案通知在至少十（10）日内以书面形式发送至各董事，代表不少于2/3投票权的多数董事通过可修订这些规则。

第 11 节 委员会

在理事会授权范围内，为适当便于工作，董事会可建立此类委员会。此类委员会应向董事会汇报工作。

（董事会于1991年4月18—19日通过这些规则。董事会于2006年9月19日对第5、第8、第9节进行了修订）

总部协议

由大不列颠和北爱尔兰联合王国政府和欧洲复兴开发银行签订

大不列颠和北爱尔兰联合王国政府和欧洲复兴开发银行；

鉴于建立欧洲复兴开发银行协议；

注意到在建立银行协议第33条规定，欧洲复兴开发银行总部应设在伦敦；

为了定义本行和相关人员在英国的地位、特权和豁免权；

规定如下：

第1条 术语使用

本协议中涉及到的：

a) "建立银行协议"是指，1990年5月29日于巴黎签署的建立欧洲复兴开发银行协议，以及相关修订案；

b) "本行"是指欧洲复兴开发银行；

c) "政府"是指大不列颠和北爱尔兰联合王国（"英国"）政府；

d) 术语"成员"、"董事长""副董事长"、"理事"、"候选理事"、"临时候选理事"、"董事"、"候选董事"和"临时候选董事"应与建立银行协议、本行章程或议事规则中所用术语的含义一致；

e) "本行经营场所"是指用于本行官方活动的土地、建筑和部分建筑，包括无障碍设施；

f) "成员代表"是指参加本行召开会议而非理事会或董事会会议的成员代表团团长；

g) "代表团成员"是指候选人、顾问、技术专家和成员代表的代表团秘书；

h) "高级管理职员"是指本行董事长、副董事长和董事长任命为本行高级管理职员的其他人员；

i) "本行普通职员"是指除本地招募和指定为按小时计薪的普通职员外的本行普通职员；

j) "本行档案"包括属于本行或本行持有的所有记录、通信、文档、手稿、照片、移动影像和影片、录音、计算机程序和书面材料、录像带或光盘，以及含有数据的光盘或磁带；

k) "本行的官方活动"包括所有依据建立银行协议进行的活动，和所有依据本协议第1条和第2条实现其宗旨和职能的适当活动，或者行使其在本协议第20条规定下的权利所进行的活动，包括管理活动；以及

l) "本行有关人员"是指本行的理事、候选理事、临时候选理事、成员代表、代表团成员、董事、候选董事、临时候选董事、董事长、副董事长、高级管理职员和普通职员，以及执行本行任务的专家。

第 2 条　解释

1. 应按照本行能够充分有效地履行其在英国的职责和实现其宗旨和职能为主要目标解释本协议。

2. 本协议应视为本行建立协议特定条款的实施和补充，不得视为对该建立协议（尤其是第八章）的修改和毁损。

第 3 条　法律人格

本行应具备完整的法人资格，尤其是具备针对以下方面的完整法定资格：

a）订立合同；

b）采购和处理动产和不动产；以及

c）制定法定程序。

第 4 条　司法程序豁免

1. 在本行官方活动范围内，本行应享有司法豁免权，但以下情况不适用：

a）本行在特定情况下或以书面文档形式明确放弃该豁免权；

b）涉及行使权利进行借贷、担保债务、购买或出售或承销出售证券引起的民事诉讼；

c）本行高级管理职员或普通职员代为行使本行职责过程中，因道路交通事故损害由第三方提起的民事诉讼；

d）在英国境内因故意或过失导致死亡或人身伤害引起的民事诉讼；

e）因本行或本行代表明确提起的仲裁，对本行执行仲裁裁决；或

f）本行发起法庭程序直接相关的反诉。

2. 本行的财产和资产，不论在何地和由何人所持有，在对本行作出最终裁决之前，均不得施以任何形式的没收、查封、抵押或执行。

第 5 条　本行总部经营场所

1. 政府应尽最大可能满足本行在选址、协商、取得本行经营场所方面的要求。尤其包括但不限于，政府应在与本行协商之后协助本行取得所选择的场所（通过赠与、租赁、租用或购买的方式）作为其经营场所。

2. 未经本行同意，政府不得处置或寻求处置全部或部分本行的经营场所。

第 6 条　本行经营场所的不可侵犯性

1. 本行的经营场所不可侵犯，且应在本行的控制和权限下，本行为行使其职能可建立必要规章。

2. 不论是行政、司法、军事还是公安，未经董事长同意和其批准的条件许可，政府官员或个人不得行使任何公共权力进入本行经营场所。如遇火灾或其他需要立即采取保护措施的灾害，可推定获得同意。在防火、卫生管制或紧急情况下，本行和政府应同意，政府官员可进入本行经营场所，而无需获得本行事先同意。

3. 本行应允许公共机构正式授权代表在其经营场所及设施内进行检查、维修、维

护、重建，以及重新安置设备、管道、输电干线及下水道。

4. 除有董事长明确同意和其批准的条件许可外，政府不得许可本行营业场所内任何法律程序或辅助行为的送达（邮寄服务除外）或执行，如没收私人财产。

5. 在不影响本协议条款的情况下，本行应避免让其经营场所成为受引渡或驱逐出境的人或躲避英国法律逮捕或送达法律文件的人的避难所。

第 7 条　本行经营场所的保护性

1. 政府有特别职责采取适当措施，以保护本行经营场所免受入侵或破坏，避免扰乱本行治安或伤其尊严。

2. 如果本行有此类请求，政府经与伦敦警察厅厅长和本行协商后，应制定相应政策和程序，禁止一切未授权人员入内，维持本行经营场所的秩序，清理经营场所内的未受邀人员。

3. 本行应采取一切合理措施，以确保本行经营场所附近的土地设施不因其使用而遭到破坏。

第 8 条　本行经营场所的公共设施和服务

1. 政府应尽最大努力确保以合理方式为本行提供必要的公共设施和服务，包括但不限于，电、水、下水道系统、煤气、邮递、电话、电报、本地运输、排水系统、垃圾收集和消防措施。如果上述任何设施和服务出现中断或中断危险，政府应以等同于外交使团的重要性考虑本行需求，并采取相应措施确保本行运营不受影响。

2. 如果符合国际惯例、条例和政府参与的安排，对于本条第 1 款提及的设施和服务供应，也应给予本行在英国可给予外交使团的优惠利率或关税。

第 9 条　旗帜和象征

本行应有权在本行经营场所内、本行和董事长的运输工具上展示旗帜和象征。

第 10 条　财产豁免和本行档案的不可侵犯性

1. 本行的财产和资产，不论在何地和由何人所持有，均应免于任何行政或司法的搜查、征用、充公、征收或任何其他形式的干扰或赎回。

2. 本行档案不可侵犯。

第 11 条　通信和出版发行物

1. 本行应在英国享有官方通信和所有文档传递的便利待遇，且不低于政府给予任意国际组织的最惠国待遇，对关于优先权、邮件、电报、无线电报、传真、电话及其他通信方式的费率和附加费、媒体和广告信息的出版费率，政府在行使调节功能方面，应考虑本行通信的具体需要，和最先进的商业通信技术。

2. 对于本行一切官方活动，政府应允许并保护本行的无限制通信，且不得对本行的业务函件和其他官方通信采取审查制度。

3. 本行应有权使用密码发送和接收业务函件，其他快递或密封袋形式的官方通信应享有不低于给予外交快递和包裹优惠的豁免和特权。

第 12 条 免税

1. 在本行官方活动范围内，其财产、资产、收益和利润应免于一切现有和将来的直接税项，包括所得税、资本利得税和企业所得税。

2. 本行经营场所应如同外交使团一般享受减免费率，或任何其他当地税费或关税、替代税率或额外税项，但代表公共服务收费的部分除外。在本款中，费率、任何其他当地税费或关税、替代税率或额外税项，是指首先政府支付，然后从本行处收回代表公共服务收费的部分。

第 13 条 免除海关和间接税

1. 本行或本行代表及其官方活动所需的进出口货物，或者本行或本行代表的进出口出版发行物，应免于征收关税（不论关税或消费税）和商品进出口税。董事长或董事长代表签名的文档应为本行官方活动使用商品必要性的决定性证据。

2. 如果是由本行进出口且为官方活动所必需的货物，以及如果是本行进出口的出版发行物，本行应免受进出口禁例和限制条件。

3. 本行应免征汽车税和公务车辆增值税，并应就其他本行官方活动供应的商品和服务享受增值税退还。

4. 本行应享受退税（不论是关税还是消费税）并就其购买行使官方活动所需的进口烃类油（如油气税法案 1979 第一节的规定）支付的增值税享受退还。

5. 本行应免于缴纳因官方娱乐在英国购买英国原产烈性酒消费税，其免除程度应与外交使团一致。董事长或董事长代表签名的文档应作为以官方娱乐为目消费的关键性证据。

6. 本行还应免于任何英国在未来可能引入的间接税，此处本行建立协议规定免除此项。本行和政府应就此等免除的执行方式进行协商。

第 14 条 转售

1. 依第 13 条获得或进口的商品不得在英国出售、分发、出租或进行其他处置，除非已经提前告知政府，且已支付相关税费。

2. 需要支付的税费应按现行汇率和商品转手或用作其他用途当日的商品价值进行计算。

第 15 条 本行相关人员的特权和豁免权

1. 政府保证立即授予本行相关人员及其部分家庭成员免签证费进入英国的权利。

2. 本行相关人员应：

a）豁免于因其公职行为（包括书面文字或口述内容，即使其任务或服务已终止）带来的司法和法律程序（包括逮捕和拘留），但是，此项豁免不应适用于其因道路交通事故造成伤害引起的民事责任；

b）连同其部分家庭成员，免于因移民控制而遭到移民限制和华侨注册及注册手续；

c）连同其部分家庭成员，免于国民服役义务；

d）在英国境内享有同等的出入境自由（出于国家安全原因禁止进入或管制的有关区域以相应法律法规为准），并通常获得与相应级别的外交使团的官员同等待遇的旅行设施；

e）连同其部分家庭成员，在国际危机时期享有与可比级别的外交使团官员同等的遣送回国条件；以及

f）享有其所有官方文件和文档的不可侵犯性。

3. 除第 2 款规定的特权和豁免权之外，本行董事、候选董事、高级管理职员和普通职员和合同期限超过 18 个月的专家，应于在英国首次就职时，免于缴付关税（不论是关税还是消费税）以及其所有、占有或已经订购并旨在个人或公司使用的其他相关家具和个人财产（包括每人一辆汽车）进口的税费（服务付费除外）。这些商品通常应于该等人员首次进入英国境内后六个月内进口；但是，如有合理理由，可以准予延期。如果职责终止的人员出口本款适用的商品，应免于任何关税或其他可能因出口（服务付费除外）而征收的费用。本款所述的特权，应以英国免税进口商品处理的管制条件以及适用于英国所有进出口的一般限制为准。

4. a）除第 2 款规定的特权和豁免权之外，理事、候选理事和成员代表应：

i）有权使用密码接收文档或使用特殊快递或外交邮袋进行通信；

ii）就个人行李享有同外交代表同等的关税条件；并且

iii）免于逮捕和拘留，以及没收个人行李。

b）采用本条规定时，不需考虑涉及的理事、候选理事、临时候选理事、董事、候选董事、临时候选董事和成员代表所代表的政府与英国政府间存在的关系，并不得影响该等人员通过其他方式可能享有的任何特殊豁免权。

5. 除第 2 款规定的特权和豁免权外，根据国际法和英国惯例，董事长和五（5）位副董事长应享有与外交代表同等的特权和豁免权。

6. 第 2（b）、2（c）、2（e）、3、4 和 5 款规定的特权和豁免权不应适用于本行相关人员中的英国国民；第 2（e）、3、4 和 5 款规定的特权和豁免权不应适用于本行相关人员中的英国永久居民。

7. 本条规定的特权和豁免权不应适用于英国代表或其代表团成员。

第 16 条　所得税

1. 本行应为其利益按照本行内部有效税对本行支付给其董事、候选董事、高级管理职员和普通职员的工资和报酬征税。自计税之日起，该等工资和报酬应免于征收英国所得税，但是政府应保留为评估适用于其他来源所得税课税额的目的，对此类工资和报酬进行考虑的权力。

2. 如果本行对其前任高级管理职员及普通职员实行了退休金或养老金支付制度，则本条第 1 款的规定不应适用于此类退休金或养老金。

第17条 社会保障

自本行建立或加入社会保障计划之日起，本行的董事、候选董事、高级管理职员和普通职员向本行提供的服务，应免受英国建立的任何社会保障计划规定的限制。

第18条 就业机会

1. 在未经采取一切合理措施查明某人员在英国境内没有违反相关移民法，或没有收到在英国的就业禁令时，本行不得雇用该人员担任本行高级管理职员或普通职员。如果政府确定本行任何雇员在就业时违反了移民法或收到就业禁令，本行和政府应协商达成一致同意的适当补救措施，包括在适当条件下终止此类雇用。

2. 本行董事、候选董事、高级管理职员和普通职员以及担任本行职务的专家的配偶和部分家庭成员，在英国应享有就业机会。

第19条 豁免权、特权和免税权：弃权

1. 本协议下授予的豁免权、特权和免税权是出于本行利益。如果董事会认为放弃本协议授予的豁免权、特权和免税权会使本行利益最大化，其可以在此种程度和条件下决定放弃。如果董事长认为该等豁免权、特权和免税权会妨碍司法公正，董事长有权并且有义务在不损害本行利益的情况下放弃对本行任何高级管理职员、普通职员或担任本行职务的专家（不含董事长和副董事长）的豁免权、特权和免税权。在处理类似情况且在相同条件下，董事会有权并且有义务放弃与董事长和各位副董事长相关的任何豁免权、特权或免税权。

2. 第15条授予成员代表和代表团成员特权和豁免权，其目的是确保他们可以完全自主地行使其职责，相关人员可以放弃该等特权和豁免权。

第20条 任命通知：工作证

1. 本行的高级管理职员、普通职员或担任本行职务的专家就职或离职时，本行应通知政府。此外，本行应随时向政府发送本行所有此类高级管理职员、普通职员和专家的最新名单。在各种情况下，本行均应指明上述相关人员是否为英国国民或永久居民。

2. 政府应于发布任命通知时，向本行所有高级管理职员和普通职员发放附有持有人照片的工作证，用以鉴别其作为本行高级管理职员或普通职员的身份。

第21条 合作

1. 本行应始终与英国相关当局保持合作，以避免出现滥用本协议规定的豁免权、特权、免税权和其他便利条件的情况。

2. 本协议中内容均不得影响政府为英国国家安全采取必要防范措施的权力。如果政府认为有必要采用上句中的权力，则其应在情况允许条件下尽快联系本行，以确定采取必要措施的双方协议从而保护本行利益。本行应进行合作，避免损害英国国家安全。

第22条 修订

根据政府或本行的请求，应对本协议的实施、修订或延期进行协商。本协议的理解、修订或延期经过政府授权代表与董事长授权代表换文之后开始生效。

第23条 解决纠纷

1. 政府和本行间有关本协议解释或适用的任何争议，若无法通过协商或其他约定的解决方式解决的，应提交至由三名仲裁员组成的仲裁法庭做最终裁决，每个具体案例中仲裁法庭构成方式如下。收到仲裁请求两个月内，本行和政府应各自任命一名仲裁法庭成员。由这两名当选的成员选择第三名仲裁员，第三名仲裁员不可以是英国国民。第三名仲裁员应担任首席仲裁员。

2. 如果在仲裁请求通知后三个月内没有作出必要的任命，不论是政府还是本行，如无其他约定，应请国际法院院长进行必要的任命。如果该院长是英国国民，或者如果该院长被禁止履行上述职责，则应请副院长进行必要的任命。如果副院长是英国国民，或者如果该副院长也被禁止履行上述职责，应请非英国国民的国际法院次一级成员进行必要的任命。

3. 仲裁法庭的裁决应是终局的，具有约束力。仲裁法庭应根据《解决投资争端的国际中心仲裁规则》的指导，采用其自己的程序规则。《解决投资争端的国际中心仲裁规则》是依据1965年3月18日在华盛顿完成的《关于解决国家与他国国民之间投资争端公约》所订立的。

4. 仲裁法庭费用应由本行和政府平均分担，除非仲裁法庭另有其他决定。

第24条 最终条款、生效和终止

1. 本协议一经签订立即生效。

2. 本协议可经政府和本行达成协议后终止。如果本行总部迁离英国境内，本协议应于本行在英国境内的财产过户和处置合理要求的期限之后失效。

下列各位授权代表已签署本协议，以兹证明。

本协议于1991年4月15日签订，一式两份。

代表欧洲复兴开发银行　　　　　代表大不列颠及北爱尔兰联合王国政府

雅克·阿塔利（Jacques Attali）　　约翰·梅杰（John Major）

加勒比开发银行成立协议

加勒比开发银行成立协议

（经修正）

《加勒比开发银行成立协议》于1970年1月26日生效，迄今为止，经过理事会的决议案进行多次修正，从而增加了董事会会员的总数和董事会的构成，增加了副行长的数量，并为银行会员资格的扩展提供了空间，为多边开发金融机构创建了一种新的会员类型。

自本行开展业务以来，通过多次理事会的决议案，增加了法定股本，也已经允许若干国家或地区加入本行会员。

于2007年8月31日，有关修正案、法定股本和会员情况等信息，见秘书附注。

巴巴多斯
2007年8月重印

目　录[*]

加勒比开发银行成立协议	307
绪论	308

第一章　宗旨、职能和参与 … 308

第 1 条　宗旨 … 308
第 2 条　职能 … 308
第 3 条　会员资格 … 308
第 4 条　非会员的参与 … 309

第二章　资本及其他资源 … 309

第 5 条　法定股本 … 309
第 6 条　股份认购 … 309
第 7 条　缴纳认购款 … 310
第 8 条　特别基金 … 311
第 9 条　普通资本资源及特别基金资源 … 312

第三章　经营 … 312

第 10 条　资源使用 … 312
第 11 条　普通和特别业务 … 312
第 12 条　业务分离 … 312
第 13 条　接收人和普通业务方法 … 313
第 14 条　经营的限制 … 313
第 15 条　经营原则 … 313
第 16 条　直接贷款和担保的条款及条件 … 314
第 17 条　佣金和费用 … 315
第 18 条　特别储备 … 315
第 19 条　本行应对负债的方法 … 315

第四章　贷款和其他杂项权力 … 316

第 20 条　一般权力 … 316
第 21 条　要对证券下达的通知 … 316

第五章　货币 … 317

第 22 条　货币估值及可兑换性的确定 … 317
第 23 条　货币使用 … 317
第 24 条　本行货币持有的价值维护 … 317

---

[*]　秘书附注：目录不属于协议的一部分，纳入仅供方便起见。2007 年 8 月重印。

第六章　组织和管理 ·· 318
第 25 条　组织架构 ··· 318
第 26 条　理事会：组成 ··· 318
第 27 条　理事会：权力 ··· 318
第 28 条　理事会：程序 ··· 319
第 29 条　董事会：组成 ··· 319
第 30 条　董事会：权力 ··· 320
第 31 条　董事会：程序 ··· 320
第 32 条　投票 ··· 320
第 33 条　行长 ··· 321
第 34 条　副行长 ·· 321
第 35 条　本行的国际角色：禁止政治活动 ··· 321
第 36 条　本行办事处 ·· 322
第 37 条　交流渠道、寄存处 ··· 322
第 38 条　官方语言和报告 ·· 322
第 39 条　净收入的分配 ··· 322

第七章　会员的撤销和吊销：本行经营的暂停和终止 ································ 323
第 40 条　撤销 ··· 323
第 41 条　会员吊销 ··· 323
第 42 条　账户结算 ··· 323
第 43 条　暂停经营 ··· 324
第 44 条　终止经营 ··· 324
第 45 条　会员的法律责任和理赔 ··· 324
第 46 条　资产分配 ··· 324

第八章　状态、豁免权、免税和特权 ·· 325
第 47 条　本章宗旨 ··· 325
第 48 条　法律地位 ··· 325
第 49 条　法律流程 ··· 325
第 50 条　资产的豁免权 ··· 326
第 51 条　档案的豁免权 ··· 326
第 52 条　资产不受限制 ··· 326
第 53 条　通信特权 ··· 326
第 54 条　银行工作人员的豁免权和特权 ·· 326
第 55 条　免税 ··· 326
第 56 条　实施 ··· 327
第 57 条　放弃豁免权、免税和特权 ·· 327

第九章　修正、诠释、仲裁 …………………………………………… 327
　　第 58 条　修正 ……………………………………………………… 327
　　第 59 条　诠释和应用范围 ………………………………………… 328
　　第 60 条　仲裁 ……………………………………………………… 328
　　第 61 条　批准视为已给出 ………………………………………… 328
第十章　最后条文 ……………………………………………………… 329
　　第 62 条　签署和寄存 ……………………………………………… 329
　　第 63 条　批准、接受、加入及获得会员资格 …………………… 329
　　第 64 条　生效 ……………………………………………………… 329
　　第 65 条　成立大会 ………………………………………………… 330
附件 A ……………………………………………………………………… 331
　　附件 A 增编 ………………………………………………………… 332
附件 B　挑选董事 ……………………………………………………… 334
　　附件 B 增编 ………………………………………………………… 335

加勒比开发银行成立协议

订约方

意识到有必要加速加勒比各个国家和属地的经济发展,并提高人民的生活水平;

认识到这些国家和属地有决心加快经济合作,并促进加勒比海的经济一体化;

知晓该地区以外其他国家和多边开发金融机构(以下简称机构)期望促进该地区的经济发展;

考虑到区域经济发展迫切需要调动额外的金融及其他资源;及

深信用尽可能广泛的参与度成立一家区域性金融机构,将有助于上述目标的实现;

谨此达成以下协议:

绪　　论

加勒比开发银行（以下简称本行）就此成立，并受以下条文监管：

协议条款：

第一章　宗旨、职能和参与

第 1 条　宗旨

本行的宗旨是：为加勒比（以下简称地区）各会员国的和谐经济增长做贡献，并促进各会员国之间的经济合作和一体化，其中，特别和迫切要考虑的是本地区较不发达会员国的需要。

第 2 条　职能

1. 为完成以上宗旨，本行发挥以下职能：

（a）协助本地区各会员国协调发展方案，从而实现资源的优化利用，让彼此的经济更加互补，并促进其国际贸易的有序扩展，尤其是地区内部贸易；

（b）调动本地区内外的额外金融资源，为本地区的发展服务；

（c）资助那些为本地区或任何会员国的发展做贡献的项目和方案；

（d）为本地区会员国提供适当的技术援助，尤其是进行或启动投资前调查，协助识别和编制项目建议书；

（e）促进开发项目的公私投资，比如，协助本地区的金融机构并支持财团的成立；

（f）合作和协助其他地区性工作，从而促进地区性和当地控股的金融机构，以及地区性信贷和储蓄市场；

（g）刺激和鼓励本地区内的资本市场发展；及

（h）进行或促进可能推动本行宗旨的其他活动。

2. 在适当时，本行应与关心本地区发展的国家性、地区性或国际性组织或其他单位合作。

第 3 条　会员资格

1. 本行会员资格对以下方面开放：

（a）本地区的国家和属地；

（b）非本地区的国家，但属于联合国或其任何下属专门机构的会员国，或属于国际原子能机构的会员国；及

（c）机构。

2. 本协议附件 A 中所列的国家和属地，其政府按照第 62 条第 1 款签署本协议，或按照第 63 条第 1 款接受本协议，因此，成为本行的会员。

3. 根据本条第 1 款符合本行会员资格的国家、属地和机构，按照本条第 2 款并没有成为本行会员的，可以按照本行通过不低于总数三分之二的理事（代表不少于会员投票权总数四分之三）投票决定的条款及条件被加入会员，也可以按照第 63 条第 2 款加入本协议之后成为会员。

4. 就第 26 条、第 32 条和第 65 条而言，本协议附件 A 分类 A 中所列的最后四个属地应当被视为本行的一个会员。①

第 4 条　非会员的参与

本行鼓励和帮助本地区或非本地区的其他国家（但属于联合国或其任何下属专门机构的会员国，或属于国际原子能机构的会员国）最高程度地合作和参与本行活动，这些国家会推进本行的宗旨，并且，本行会采取本行根据本协议规定视为适当的措施，促进这种合作和参与。

第二章　资本及其他资源

第 5 条　法定股本

1. 本行的法定股本折合伍仟万美元（＄50 000 000），以 1969 年 9 月 1 日有效的重量和成色计值。② 法定股本拆分为壹万（10 000）股，每股面值伍仟美元（＄5 000），按照第 6 条规定，仅供会员认购。③

2. 初始法定股本分为已缴股款股份和待缴股款股份。其中，已缴股款股份的加总票面价值折合贰仟伍佰万美元（＄25 000 000），而待缴股款股份的加总票面价值也为贰仟伍佰万美元（＄25 000 000）。

3. 理事会可按照不低于总数三分之二的理事（代表不少于会员投票权总数四分之三）投票决定的时间和条款及条件增加法定股本。

4. 在本协议中，"美元"④ 一词指的是本条第 1 款中指定价值的美元。

第 6 条　股份认购

1. 每个会员都应认购本行股本中的股份。初始法定股本的每笔认购都应分成等额的两份，一份认购已缴股款股份，另一份认购待缴股款股份。按照第 3 条第 2 款成为会员的这些国家和属地应认购的股份的初始数目载于本协议附件 A 中，附件 A 构成本协议不可分割的一部分。按照第 3 条第 3 款被加入会员的国家、属地和机构应认购的

---

① 秘书附注：1982 年 5 月 4 日，加上安圭拉岛，这个数量增至五个，就第 26 条和第 32 条而言。

② 秘书附注：1986 年 12 月 11 日，本行董事会同意：直至本协议在价值标准方面可能进行修正之时为止，本协议第 5 条第 1 款中所载的"美元，以 1969 年 9 月 1 日有效的重量和成色计值"（1969 年美元）这种表达方式，和本协议中各处出现的"美元"一词，应按照本协议第 59 条理解为国际货币基金组织引入的"特别提款权"（SDR），因为在 1974 年 7 月 1 日引入 SDR 估值一篮子方法之前，SDR 以美元计值，当时价值为 1.206348。

③ 截至 1999 年 12 月 31 日，本行法定股本增至 118 526 股。

④ 见第 5 条的脚注 2。

股份的初始数目将由理事会按照第3条第3款厘定。

2. 本行法定股本在所有时间应按照以下方式持有或可供认购：

（a）本地区会员不少于百分之六十（60%）；及

（b）其他会员不超过百分之四十（40%）。

3. 在法定股本增加的情况下，每个会员都有权认购，按照理事会确定的条款及条件，根据在本次增资之前该会员已经认购的股本占总股本的比例，来认购增加的股本，但前提是，本规定不适用于仅仅按照理事会根据本条第1款和第4款决定增资所产生的法定股本的任何增加或其部分。任何会员都没有义务认购股本增加的任何部分。

4. 在符合本条第2款的规定下，理事会应会员的请求，可以按照理事会确定的条款及条件，增加该会员的认购份额。理事会应当特别关注任何认购股本不足百分之五（5%）的本地区会员增加认购的请求。

5. 按照第3条第2款成为会员的这些国家和属地初始认购的股份应当以平价发行。其他部分也按平价发行，除非在特殊情况下理事会不低于总数三分之二的理事（代表不少于会员投票权总数四分之三）投票决定以其他条款发行。

6. 股份不得进行任何形式的质押或产权负担。不可转让，除非转让给本行。

7. 会员对股份的负债仅限于这些股份发行价的未缴足部分。

8. 除本条第7款规定以外，任何会员都不会因为是会员而承担本行的义务。

第7条 缴纳认购款

1. 对于按照第3条第2款成为会员的国家或属地初始认购的已缴股款股份，相关金额应当分期支付，分为六（6）批。第一批款为该金额的20%，而余下五批分别为该金额的16%。第一批款的支付不迟于本协议生效之后90天，或在按照第63条批准或接受的文书交寄之日或之前（以较晚者为准）。第二批款的支付不迟于本协议生效之后一（1）年。余下四批款逐批支付，每批款的支付不迟于上一批款成为应付之日起一（1）年。

2. 按照第3条第2款成为会员的国家或属地根据本条第1款应交的每批款中：

（a）百分之五十（50%）用黄金支付，或用本行经营过程中可自由有效使用的可兑换货币，或者可自由充分兑换为该货币的货币支付，前提是，若该会员的货币符合上述任一种要求，则以该会员的货币支付；及

（b）百分之五十（50%）用该会员的货币支付，符合本条第5款规定。

3. 会员用自身货币或其他货币支付的每批款的金额为本行咨询国际货币基金组织之后并利用与国际货币基金组织一同建立的票面价值（如有）厘定，相当于认购部分以美元计值的全部价值。按照本条第1款应支付的第一批款金额为该会员按照本款认为合适的金额，但可能会发生调整，如果本行确定必要的话，在该付款到期日期之后九十（90）天内实施调整，以构成该付款的折合美元全额。

4. 在符合本条第6款和第7款有关待缴股款股份的规定下，本行初始法定股份和股本增加方面的其他认购，应当按照理事会确定的时间，用黄金支付，或者用理事会

确定的货币支付，并且理事会在与全体会员达成一致意见后，可以确定该股本的不同比例由不同会员缴足股款。

5. 本行应接受会员以该会员政府或该会员按照第37条指定的寄存处发行的期票或其他义务，替代该会员根据本条第2（b）款或根据第24条第1款已经支付或应当支付的本条第2（b）款下的付款，前提是该货币并非本行开展业务所必需的。该票据或其他义务不可转让，无息，并按其票面价值凭票即付。在符合第23条第5款规定下，该票据或其他义务的支付要求，只能在本行开展业务需要该资金时提出，但前提是，发行该期票或其他义务的会员，应本行请求，可以将其中任何一个转换为计息票据或现金，将用于投资该会员的政府证券。该票据或义务的支付要求，只要在合理期间实际可行情况下，都是按照所有该票据和义务的百分比整齐划一的。不管本行发行或承兑票据或其他义务，该会员在本条第2（b）款和第24条下的义务仍然存续。

6. 待缴股款股份只有在本行要求时方可被催缴股款，以履行按照第13条第（b）项和（d）项因为借款纳入普通资本资源或因为对该资源应征收的担保而引致的义务。对未缴股款认购的这种催缴是按照所有待缴股款股份的比例整齐划一。

7. 本条第6款中所述的催缴股款，可由会员选择用黄金支付，或用可兑换货币或本行清偿该催缴相关的义务所必需的货币支付。

8. 本行应确定本条下任何付款的地点，前提是，直至理事会成立大会召开为止，本条第1款中所述的第一批款应支付给巴巴多斯政府（作为本行的受托人）。

第8条 特别基金

1. 本行谨此成立一个特别基金，名为"特别开发基金"，用于接收供款或贷款。特别开发基金可为用户提供或担保开发优先度高、到期时间长、还款递延开始时间长和利率低于本行普通业务利率的贷款。本行应在实际可行情况下尽快采纳规则和规章，以便管理和使用特别开发基金。

2. 本行可以成立或受委托管理那些符合本行宗旨并属于本行职能范围内的其他特别基金。本行应当采纳必要的特别规则和规章，来成立、管理和使用每个特别基金的资源。

3. 在符合本条第1款有关特别开发基金的规定下，本行收取特别基金（包括特别开发基金）供款或贷款的条款及条件应由本行与供款人或贷款人之间约定，而特别基金可任何方式和任何条款及条件使用，只要不与本行的宗旨和职能相悖，或者与该基金任何相关协议相悖即可。

4. 本行已缴股款股本或储备金，或者本行纳入普通资本资源的借款，不得分配任何金额进入本条第1款规定的特别开发基金，或进入任何其他特别基金。

5. 与任何特别基金有关的规则和规章应符合本协议规定，但不包括明显只适用于本行的普通业务。在这些规则和规章不适用的情况下，特别基金应当受本协议条文监管。

第 9 条　普通资本资源和特别基金资源

1. 本行的资源包括普通资本资源和特别基金资源。

2. 在本协议中,"普通资本资源"一词包括以下方面:

（a）本行按照第 6 条认购的法定股本;

（b）第 7 条第 6 款中规定的催缴承诺适用的本行借入资金;

（c）用本款第（a）和（b）项中所述的资源偿还贷款或担保时收到的资金;

（d）来自上述资金的贷款或来自第 7 条第 6 款中规定的催缴承诺适用的担保的贷款所产生的收入;及

（e）本行收到的、并不构成任何特别基金资源的一部分的任何其他资金或收入。

3. 在本协议中,"特别基金资源"一词指的是任何特别基金的资源,并包括以下方面:

（a）最终注资给任何特别基金的资源;

（b）本行为纳入任何特别基金而接受的资金;

（c）对从任何特别基金的资源中融资的贷款或担保的偿还资金,根据本行有关该特别基金的规则和规章,这些偿还资金由该特别基金收取;

（d）本行使用或贡献上述资源或资金的任何一个业务所产生的收入,如果,根据本行有关特别基金的规则和规章,此收入归于该特别基金;及

（e）处置任何特别基金时处理的任何其他资源。

第三章　经　　营

第 10 条　资源使用

本行的资源和设施只能用于推进和开展本协议第 1 条和第 2 条中分别载明的宗旨和职能。

第 11 条　普通和特别业务

1. 本行的经营包括普通业务和特别业务。

2. 普通业务是本行的普通资本资源所资助的业务。

3. 特别业务是特别基金资源所资助的业务。

第 12 条　业务分离

1. 本行的普通资本资源,在所有时间、所有方面,都应该与特别基金资源完全分开持有、使用、贡献、投资或以其他方式处置。每个特别基金,其资源和账户应该与其他特别基金、其资源和账户完全分开保存。

2. 本行的普通资本资源不得被承受,或被用于清偿任何特别基金的业务或其他活动所产生的损失或负债。属于任何特别基金的特别基金资源不得被承受,或被用于清偿,本行普通资本资源所资助的,或属于任何其他特别基金的资源所资助的业务或其

他活动所产生的损失或负债。

3. 在任何特别基金的业务及其他活动中，本行负有法律责任的方面仅限于由本行有权处置的特别基金的资源。

4. 本行的财务报表应当分开显示本行的普通业务和特别业务。属于普通业务的开支应该从本行的普通资本资源中支出。直接属于特别业务的开支应当从特别基金资源中列支。任何其他开支应按照本行决定的方式列支。

5. 本行应采取必需的其他规则和规章，来确保这两类业务的有效分离。

第 13 条　接收人和普通业务方法

在普通业务中，本行可以提供或融通资金给任何本地区会员国或任何政治分部或其任何机构，或者该会员国领土范围内经营的公私领域的任何其他单位或企业，以及关心本地区经济发展的国际性或区域性机构或其他单位。本行可以通过以下任何方法开展业务：

（a）用其未受损害实收资本和（除第 18 条规定以外）用其储备和未分配盈余，作出或参与直接贷款；

（b）用本行为了纳入其普通资金资源而在资本市场上筹集或借入或以其他方式获得的资金，做出或参与直接贷款；

（c）用本条第（a）和（b）款中所述的资金，投资于某单位或企业的股本，但前提是，任何该投资不得做出，直至理事会通过不低于总数三分之二的理事（代表不少于会员投票权总数四分之三）投票决定本行有权开始这类业务之后为止；或

（d）全部或部分担保（无论是作为初级或次级义务人）经济发展贷款。

第 14 条　经营的限制

1. 由银行在其普通业务中做出的贷款、股权投资和担保的未偿还总金额，在任何时间不得超过其未受损害认缴股本、储备和盈余及列入其普通资本资源的任何其他基金的总金额，不包括第 18 条规定的特别储备，及不是用于普通业务的其他储备。

2. 本行与任何特别基金有关的特别业务方面的未偿还总金额，在任何时间不得超过属于该特别基金的未受损害资源的总额。

3. 在资金投资于本行普通资本资金范围以外的股本的情况下，投资的总金额在任何时间不得超过本行在任何既定时间实际已缴足股款的未受损害的已缴股款股本连同纳入其普通资本资源的储备和盈余的总金额（不包括第 18 条中规定的特别储备）的百分之十（10%）。

4. 任何股本投资的金额不得超过有关单位或企业的股本中按照理事会不时或在每个具体情况下确定为适当的一定百分比。本行不得寻求通过该投资获得有关单位或企业的控股权益，除为了保护本行投资安全所必要的以外。

第 15 条　经营原则

在符合本协议条文的规定下，本行应按照以下原则开展业务：

(a) 本行的业务应当主要提供具体项目的融资,包括那些构成全国性、分区域性或区域性开发计划一部分的项目。然而,如果这些项目的融资要求在本行看来很小,不足以由本行直接监督的情况下,则本行的业务可能包括,向国家开发银行或其他适当的金融机构提供贷款和贷款担保,从而使这些国家开发银行或金融机构可以按照本行批准的条款资助这些小额的开发项目。

(b) 本行不得在反对该项融资的会员国的领土内资助任何事业。

(c) 在授予某项贷款或担保之前,申请人应当已经提交一份充分的贷款或担保方案,而本行行长应当已经向董事会出示一份有关该方案的书面报告,连同行长在参谋研究(staff study)基础上的推荐意见。

(d) 在考虑一份贷款或担保申请时,本行应足够关注借款人是否有能力按照本行认为对接收人合理的条款及条件在其他地方获得融资。

(e) 在做出或担保某项贷款时,本行应足够关注借款人及其担保人(如有)根据贷款合同履行义务的前景。

(f) 在做出或担保某项贷款时,利率、其他收费及本金还款时间表,应当是在本行看来对相关贷款是恰当的。

(g) 在对其他投资者做出的贷款进行担保时,或在包销某些证券销售时,本行应接受适合其风险的补偿。

(h) 本行普通业务中的融资所得款,在正常情况下,只能用于在会员国的领土范围内采购在该领土范围内生产的商品和服务。但在特殊情况下,理事会可以确定哪些情况下允许在其他地方采购商品和服务,要特别考虑(在实际可行情况下)采购在对本行资源作出重大贡献的国家的领土内生产的商品和服务。

(i) 在采购服务时,并在为私营领域的单位或企业方便融资时,本行应足够关注是否有必要开发并加强属于本地区的事业、单位和个人能力。

(j) 在本行做出直接贷款的情况下,本行允许借款人提取资金,只能用于满足与项目有关的实际产生的支出。

(k) 本行应采取必要的措施,确保本行做出、担保或参与的任何贷款的所得款只能用于贷款被授予的用途,并应足够关注节约和效率方面的考量。

(l) 本行应足够关注是否适宜在本地区会员国之间合理地分配其业务收益。

(m) 本行应争取维持其股本投资的合理分散化。

(n) 本行可以提供融资,来满足外部或当地有关被协助项目的支出,前提是,在其普通业务中,本行应向项目所处的领土范围内的当地支出提供融资,只有在例外情况下,并且不超过此类支出总额的一个合理比例,或者在该融资可以根据第23条第2款受限制的当地货币提供的情况下。

(o) 本行在其业务中,应当受良好的开发银行业务原则指导。

第16条 直接贷款和担保的条款及条件

1. 在本行做出或参与的直接贷款,或本行担保的贷款的情况下,合同应当建立相关贷款或担保的条款及条件，其中分别包括，有关本金、利息及其他收费、到期日和贷款相关付款/还款日期，或担保相关费用及其他收费等。

2. 在符合任何规则和规章或其他相关安排的特别业务的情况下，本行作出或担保的贷款相关的合同应当指明向本行还款时所用的货币或币种，或者规定还款应当使用贷款时所用的货币或币种，或者针对还款货币或币种作出其他适当的规定。然而，可由借款人选择，可以用黄金还款，或者在本行同意的情况下，用任何可兑换的货币还款。该合同还可以规定：向本行的还款金额，以本行对此指定的货币计值，折合起来应相当于该还款在该贷款被放款之日的价值。

3. 在贷款或贷款担保的接收人自身不属于会员的情况下，本行可以在其认为适当的时候，制订一个合同条件，即相关项目将要开展所在的领土所属的会员国，或者该会员国的本行可接受的公共机关，按照有关贷款的条款担保本金的还款和利息及其他收费的支付。

第 17 条 佣金和费用

1. 对于在本行普通业务中做出或参与的直接贷款，本行应确定将要支出的佣金的费率及任何其他条款及条件。该佣金应对于每笔贷款或参与的尚未偿还金额中计算支出，并按照每年不低于百分之一（1%）的费率，在本行营业之后的前五（5）年内支付。在此期间结束之时，佣金费率可以按照本行在参考本行储备金水平的基础上认为合适的水平设定。

2. 在作为本行普通业务一部分的贷款担保时，本行除了任何其他收费之外，还应当要求收取一种担保费，费率由董事会确定，定期针对该贷款的尚未偿还金额支付。

3. 本行普通业务中的其他收费，以及本行特别业务中的任何佣金、费用或其他收费，应当由董事会厘定。

第 18 条 特别储备

本行按照本协议第 17 条收到的佣金和担保费的金额，应当搁置起来，作为一种特别储备，以备本行不时满足负债之需。特别储备应以董事会决定的流动方式持有，前提是，在符合本行利益的任何时候，该特别储备可以投资于本地区的证券。

第 19 条 本行应对负债的方法

1. 无论何时，只要有必要满足合同约定去支付利息、其他收费或本行在普通业务中的借款的摊销，或去满足本行担保的贷款相关的类似付款方面的负债，需要从本行的普通资本资源中列支，本行都可以按照第 7 条第 6 款催缴某个适当金额的待缴股款股份。

2. 如果本行已认购的待缴股款股本按照第 7 条第 6 款已经全部催缴，则本行在必要时，如果为了本条第 1 款中所指定的用途，可以使用或兑换任何会员国的货币，而不受任何限制，包括按照第 23 条第 2 款所施加的任何限制。

第四章 贷款和其他杂项权力

第 20 条 一般权力

除了本协议中其他地方规定的权力之外，本行还有以下权力：

（a）在成员国的领土内或在其他地方借入资金，并就此提供本行确定的附属抵押品或其他抵押品，前提是：

（i）在某个国家内出售本行的义务之前，本行应当争取该国家主管部门的批准；

（ii）在本行的义务将以会员国的货币计值的情况下，本行应当已经获得该成员国主管部门的批准；

（iii）本行应取得本款第（i）和（ii）项中所述的主管部门的批准：该所得款可以兑换为任何其他货币，而不受任何限制；及

（iv）在确定是否在具体某个国家内销售本行的义务之前，本行应当考虑之前在该国家内借款（如有）的金额、之前在其他国家内借款的金额，以及在该其他国家内资金的可能可用性，并应当足够关注这个一般原则：本行的借款应当尽可能按照借款的国家进行分散化处理。

（b）买卖本行已经发行或担保或已经投资的证券，前提是，本行应当已经获得该证券将要买卖所在国家主管部门批准。

（c）担保本行已经投资的证券，从而方便这些证券的销售。

（d）包销或参与包销任何企业或单位为了符合本行的宗旨和职能的用途而发行的证券。

（e）投资或储存本行业务中不需要的资金，投资于或储存于会员国的领土内，或对本行资源有重大贡献者的领土内，本行确定的该会员国或重大贡献者的义务或机构内或其国民，但董事会通过不少于会员投票权总数四分之三的投票表决另有确定则除外。

（f）协助本地区会员国与官方贷款的国外安排有关的事宜。

（g）按照本行与贷款人之间达成的条款及条件，从政府、其政治分部和工具性部门，以及国际组织借款。

（h）提供符合本行宗旨和职能范围内的技术援助，并且在提供这种服务所产生的支出不可报销的情况下，从本行与此有关的收入中列支。及

（i）行使其他为推进本行的宗旨和职能、并与本协议的条文相一致的必要或适当的权力，并采纳为推进本行的宗旨和职能、并与本协议的条文相一致的必要或适当的规则和规章。

第 21 条 要对证券下达的通知

本行发行或担保的每个证券，应包括一个声明，其中表明该证券不属于任何政府的义务，除非实际上属于具体某个政府的义务，在此情况下，已经做如此声明。

第五章 货 币

第22条 货币估值及可兑换性的确定

在本行根据本协议认为以下行为必要的任何时候：

（a）有必要以其他货币或黄金为任何货币定值时；或

（b）有必要确定任何货币是否可以兑换时。

这种定值或确定（视情况而定）应由本行在咨询国际货币基金组织之后合理作出。

第23条 货币使用

1. 本行作为其普通资本资源持有的任何会员国的货币，不论如何获得，都可以被本行或任何接收人从本行使用，用来支付该会员国领土内发生的支出，或者支付在该会员国生产的商品及服务。

2. 会员国不可保持或施加任何限制，限制本行或任何接收人从本行持有或使用本行已经收取并纳入本行普通资本资源的黄金或任何货币，用于在任何国家内支付；但本地区会员国在咨询本行并接受本行的定期审查之后，全部或部分地限制为了在该会员国的领土内支出而动用其货币，无论是来自该会员国按照第7条第2（b）款支付的货币的支付进来的或产生的作为本金还款的货币。

3. 本行作为其特别基金资源收到和持有的任何货币的使用，应当受相关规则、规章和协议监管，并应凭借第8条规定使用。

4. 本行持有的黄金或货币，不能被本行用于购买会员国或非会员国的货币，但征得货币所属会员国的批准则除外，如果没有征得批准，则不得使用该货币：

（i）用来满足本行在日常业务过程中的义务；或

（ii）如果将被用于进行购买的货币属于本行收到的某个会员国的货币，作为另一个会员国认购的股款；或

（iii）按照董事会通过代表投票权总数三分之二的董事投票表决。

5. 本协议中任何条文不得阻碍本行动使用任何会员国的货币，用于本行在该会员国领土范围内产生的行政开支。

第24条 本行货币持有的价值维护

1. 在某会员国的货币在国际货币基金组织中的票面价值降低，或该货币的外汇价值，在本行看来，在其领土范围内贬值到一个明显的程度，则该会员国应当在合理的时间内，向本行支付追加金额的货币，足以维持本行现在持有或后续收到的该货币金额在认购之时的价值（不论任何该货币是以票据形式或按照第7条第5款发行的其他义务的形式），该货币金额包括或（作为本金还款）产生于该会员国按照第7条第2（a）款或2（b）款初始支付给本行的货币，或按照本款规定支付的任何追加货币；但前提是，以本行认为已经收到任何该货币借款人或任何担保人仅仅由于该票面价值

减少或该贬值而支付的金额为限,本行应相应解除该会员国在本款下的义务。

2. 每当某会员国的货币的票面价值增加时,本行应在合理的时间内,向该会员国支付一定金额的该货币,等于本行适用本条第 1 款持有或随后收到的该金额的该会员国货币价值的增加;但前提是,本行没有义务做出该付款,只要任何该票面价值的增加已经通过本行转移到任何借款人或担保人,这样做是因为推定借款人或担保人任何一方可能会在该货币的票面价值减少时有义务向本行追加付款。

3. 当国际货币基金组织对所有本行会员国的货币的票面价值进行了统一的修改时,前两款的条文可被本行放弃或视为不能实行。

4. 某会员国按照本条第 1 款的条文为维持其任何货币的价值而支付的金额,应当在该金额支付的初始货币的相同范围内,可以使用和兑换。

5. 如果某会员国的货币并不具备国际货币基金组织建立的票面价值,则该货币以美元计值的初始价值应由本行按照第 7 条第 3 款或其他厘定。为了该成员国认购股款起见,在认购股款之后,本行可不时就该货币以美元计值的价值方面做出类似的厘定。就本条第 1 款和第 2 款的条文而言,如此不时厘定的价值应当视同该货币的票面价值一样处理。

6. 就本条前面的条文而言,如果某会员属于机构,则该会员的货币应视同该机构用于支付本行股本认购款的货币,而本条第 1 款中所述的该货币的外汇价值在其领土范围内的贬值应视同该货币的外汇价值在发行该货币的国家的领土范围内的贬值。

第六章 组织和管理

第 25 条 组织架构①

本行有一个理事会、一个董事会、一个行长、一个或多个副行长,以及可能视为必要的其他高管和员工。

第 26 条 理事会:组成

1. 本行每个会员(国)都在理事会派出代表,并应任命一个理事和一个替任理事。每个理事和替任理事都应为该会员(国)的利益服务。任何替任理事无投票权,除非理事不在场。在每次年度会议上,理事会应当选举其中一名理事作为理事长,该理事长将任职直至下一任理事长由选举产生为止。

2. 理事们和替任理事们应当做此服务,不从本行获得报酬,但是本行可以为他们支付在出席会议时产生的合理开支。

第 27 条 理事会:权力

1. 本行的所有权力应当归属于理事会。

---

① 秘书附注:根据 1985 年 6 月 24 日生效的修正案,对第 25 条、第 33 条(第 5 款)、第 34 条、第 35 条(第 2 款和第 3 款)和第 57 条进行了修正,规定可以选举超过一名副行长。

2. 理事会可以将任何或所有权力下放给董事会,但以下权力除外:

(a) 加入新会员,并确定入会条件;

(b) 增加或减少本行的法定股本;

(c) 吊销某个会员;

(d) 决定是否上诉董事会对本协议的诠释或应用范围作出的决定;

(e) 授权与政府和其他国际组织达成一般合作协议;

(f) 选举本行的董事和行长;

(g) 厘定董事和替任董事的薪酬;

(h) 厘定本行净利润的储备和分配;

(i) 修正本协议;

(j) 决定终止本行业务并分配本行资产;

(k) 选择外部审计师来认证本行的总资产负债表和损益表,并选择必要的其他专家来检查本行的一般管理报告;

(l) 在审阅外部审计师报告之后,批准本行的总资产负债表和损益表;及

(m) 行使本协议中明确赋予理事会的其他权力。

3. 理事会应保留十足权力对按照本条第 2 款下放给董事会的任何事务行使相应权限。

第 28 条 理事会:程序

1. 理事会应当召开年度会议,并按照理事会规定,或按照董事会号召,召开其他会议。理事会的会议,除了年度会议之外,应当由董事会召集,只要本行大多数会员请求召开。

2. 理事总数的大多数构成理事会任何会议的法定召开人数,前提是,该大多数代表的是不少于会员投票权总数的三分之二。

3. 理事会可按规章建立一个程序,据此,董事会在视为该行动恰当时,就相关问题获得理事投票,而无须召集理事会会议。

4. 理事会可建立必要或适宜的附属机构,来开展本行的义务。

第 29 条 董事会:组成

1. (a) 董事会由二十(20)个会员组成,其中:

(i) 十四(14)个会员由代表本地区会员的理事进行选择;及

(ii) 六(6)个会员由代表非本地区会员的理事进行选择。①

---

① 秘书附注:本款发生了以下修正:1972 年 – 增加至 10 个会员 – 包括 8 个本地区会员和 2 个非本地区会员;1976 年 – 增加至 11 个会员 – 包括 9 个本地区会员和 2 个非本地区会员;1982 年 – 增加至 12 个会员 – 包括 10 个本地区会员和 2 个非本地区会员;1983 年 – 增加至 13 个会员 – 包括 10 个本地区会员和 3 个非本地区会员;1985 年 – 增加至 15 个会员 – 包括 11 个本地区会员和 4 个非本地区会员;1988 年 – 增加至 17 个会员 – 包括 12 个本地区会员和 5 个非本地区会员;1997 年 – 增加至 18 个会员 – 包括 12 个本地区会员和 6 个非本地区会员;及 2007 年 – 增加至 20 个会员 – 包括 14 个本地区会员和 6 个非本地区会员。

（b）当其他国家、属地或机构成为会员时，理事会可通过不低于总数三分之二的理事（代表不少于会员投票权总数四分之三）投票决定增加董事总人数。

（c）董事应按照理事会通过不低于总数三分之二的理事（代表不少于会员投票权总数四分之三）投票决定采纳的程序的规则进行选择。上述规则应产生本协议附件B第一部分中所载的本地区董事有关的原则。直至该规则已经被采纳为止，董事应按照该附件B第二部分进行选择。①

2. 董事应为具备处理经济和财务事务的高能力人士，并应按照足够关注平等的地理分配原则进行选择。

3. 每个董事应任命一个替任董事，在董事不在场的情况下，全权代表董事行事。

4. 董事任期为两（2）年，并有资格连任下一期或若干期。董事继续留任，直至继任者由选择产生并当任为止。如果董事的职位在任期到期之前出现空缺，则应由理事选择一个新的董事填补空缺，完成剩下的任期，而进行选择的理事应代表那些选择了原董事的会员。

第30条 董事会：权力

董事会应负责指导本行的总体业务，并为此，除了本协议中明确赋予本行的权力之外，本行还行使理事会下放给本行的所有权力，尤其是：

（a）准备理事会的工作；

（b）按照理事会的总体指导，对本行的贷款、担保、股本投资、借款，本行提供技术协助及其他业务作出决定；

（c）在每个年度会议上，向理事会提交每个财务年度的账目；及

（d）批准年度预算。

第31条 董事会：程序

1. 董事会在正常情况下，应在本行的主要办事处履行职能，并应根据本行的业务需要经常召开会议。

2. 大多数董事应构成董事会任何会议的法定人数，前提是，该大多数代表了不少于会员投票权总数的三分之二。

3. 理事会应采纳一定的规章，据此，当特别影响到某会员的事务正在会议上审议时，该会员可派出一名代表，出席董事会的任何会议。

第32条 投票

1. 每个会员有150个选票，加上每持有一股股本，就额外有一票。

2. 在理事会会议上投票表决时，每个理事有权投出他所代表的会员的选票。除非本协议中另有明确规定，否则，在理事会会议上，所有事务均应通过大会上出席的会员的大多数投票权决定。

---

① 在1972年4月21日，理事会采纳了本协议附件B增编中所载《挑选董事的程序规则》。

3. 在董事会会议上投票表决时，每个董事都有权投出在选择该董事时投票赞成他当选的那些会员的选票总数，这些选票必须作为一个单位统一投出。除非本协议中另有明确规定，否则，在董事会会议上，所有事务均应通过大会上出席的会员的大多数投票权决定。

第 33 条　行长

1. 理事会通过不低于总数三分之二的理事（代表不少于会员投票权总数四分之三）投票决定，应当选举一名本行行长。行长在任期间，不得同时担任理事、董事，或替任理事、替任董事的任何一个。

2. 行长的任期不超过五（5）年，具体期间由理事会厘定。行长可以连任，但是，在理事会通过不低于总数三分之二的理事（代表不少于会员投票权总数四分之三）投票决定让他停职时，行长应当停止任职。

3. 行长同时兼任董事长，但无权投票，除非在平均分配的情况下投票。行长可以参与理事会会议，但不得投票。

4. 行长同时兼任本行的首席执行官，并在董事会的指导下开展本行目前的义务。行长负责高管和员工的组织、任命和罢免，但须受董事会的总体控制。

5. 行长和每个副行长①应当是在公私领域的财务和开发相关事务领域经验丰富的人士。

6. 在任命高管和员工时，行长应极度重视保证最高的效率和技术能力，足够关注人事招聘在地理分布上尽可能的公平性。

第 34 条　副行长

1. 董事会应行长推荐意见，应当任命一个或多个副行长。每个副行长在本行行政管理中任职的任期、行使的权限和履行的职能，均由董事会确定。在行长不在场或没有行为能力的情况下，或者在行长职位出现空缺的情况下，副行长或（如果有多个副行长）排名第一的副行长应当行使行长的权限并履行行长的职能。

2. 每个副行长均可出席董事会会议，但不得在会上投票，除非该副行长或排名第一的副行长（视情况而定）在行长不在场或没有行为能力的情况下，代替行长投下决定性的一票。

第 35 条　本行的国际角色：禁止政治活动

1. 本行不接受以任何方式损害或以其他方式变更本行宗旨或职能的贷款或援助。

2. 本行、行长、副行长、高管和员工均不得干涉任何会员的政治事务，也不得在决策时受到相关成员的政治角色的影响。只有与本行的宗旨和职能相关的经济考量因素才能拿来作为决策的基础。这些考量因素应当不偏不倚地权衡，从而实现和实施本行的宗旨和职能。

---

① 见对于第 25 条的脚注。

3. 本行的行长、每个副行长、高管和员工，在担当其职务时，完全对本行负责，而不对任何其他当局或部门负责。本行每个会员都应尊重以上职务的国际性角色，并应当抵制所有试图影响上述任何职务的职责履行。

第36条　本行办事处

1. 本行的主要办事处位于巴巴多斯。

2. 本行可在其他地方建立代理机构或分行办事处。

第37条　交流渠道、寄存处

1. 每个会员均应指定一个恰当的官方单位，本行可与该单位就本协议下发生的任何事务进行沟通。

2. 每个会员均应指定自己的央行，或与本行可能约定的其他机构作为寄存处，本行可将本行持有的该会员的货币以及本行的其他资产的任何部分保存在该寄存处。

第38条　官方语言和报告

1. 本行的官方语言为英语。

2. 本行应向会员传送一份年度报告，载有本行账目的经审计报表，并应公布该报告。本行还应每个季度向会员传送一份摘要报表，载有本行的财务状况和损益表，显示本行的经营业绩。

3. 本行还可以公布本行视为适宜的其他报告，以实施本行的宗旨和职能。这些报告均应传送给本行的会员。

4. 本行的账目应当由理事会选择的具备高度国际信誉的外部审计师审计。

第39条　净收入的分配

1. 理事会应至少每年一次，确定本行普通业务产生的净收入该如何处理，以及其中多少份额（如有），在计提储备或其他用途的准备金之后，应当分配到盈余，并且，多少份额（如有），不管第12条的条文如何规定，应当分配到任何特别基金，包括特别开发基金，或分配给会员。

2. 理事会应至少每年一次，确定本行特别业务产生的净收入该如何处理，须符合每个特别基金适用的任何规则或规章，以及与其有关的任何协议。

3. 本条第1款下净收入的任何分配，应当按以下方式进行：

（a）对于按照第3条第2款成为会员的会员来说，按照该会员根据第7条第2（a）款及随后认购的相应条件已经支付的认购总金额，以及根据第7条第2（b）款和根据随后认购的相应条件的货币作出的年内尚未偿还的贷款平均金额占所有会员总金额的比例；及

（b）对于按照第3条第3款成为会员的会员来说，按照该会员根据第7条第2（a）款规定的相应认购条件已经支付的认购总金额，和根据第7条第2（b）款规定的相应认购条件支付的认购款相应的货币作出的年内尚未偿还的贷款平均金额占所有会员总金额的比例。

4. 应按照理事会确定的方式和货币做出付款。

第七章　会员的撤销和吊销：本行经营的暂停和终止

第 40 条　撤销

1. 任何会员可以在任何时间，通过向本行主要办事处送达书面通知，从本行撤销。

2. 会员的撤销在会员发出的通知中所指定的日期生效，并且会员资格在同一天停止，但无论如何不少于本行已经收到该通知之日过后六（6）个月。然而，在撤销生效前的任何时间，该会员可以以书面形式告知本行取消之前发出的撤销意向通知。

3. 已经发出通知有意撤出本行的会员，仍然需要承担在送达撤销通知之日对本行承受的所有直接和或然义务。如果撤销生效，则该会员不会因为在本行收到该撤销通知之日后进行的业务引致任何义务的承担。

第 41 条　会员吊销

1. 如果某会员未能履行对本行的任何义务，则理事会可以通过不低于总数三分之二的理事或其他会员（代表不少于会员投票权总数四分之三）投票决定吊销该会员。被吊销的相关会员没有投票权。

2. 被吊销的会员应自动不再作为本行的会员，自吊销之日起为期一（1）年，除非理事会在该期间内，通过与以上吊销相同的大多数投票决定恢复该会员至良好状态。

3. 在吊销期间，会员无权行使本协议下的任何权利，除撤销权之外，但仍须受限于该会员的所有义务。

第 42 条　账户结算

1. 在某个国家、属地或机构停止作为会员之日过后，只要在该会员停止作为会员之前已经签约的贷款或担保的任何部分仍然尚未偿付，该前会员仍然须承担对本行的直接义务和对本行的或然负债；但该前会员不得因为本行随后达成的贷款及担保而产生任何负债，也不得分享或分担在本行的收入或开支。

2. 在某个国家、属地或机构停止作为会员之时，本行应安排由本行回购该会员的股份，作为按照本条第 3 款和第 4 款的条文对该会员的账目结算的一部分。为此，股份的回购价格应当是本行账簿在会员资格停止之日显示的价值。

3. 本行根据本条回购的股份的还款应当受以下条件监管：

（a）应付有关会员的股份的任何金额，应当先不支付，只要该会员、其央行或其任何政治分部或机构仍然对本行有负债（不论作为借款人或担保人身份），并且该金额（在由本行自由选择的情况下）被用于清偿任何此类到期的负债。不得因为该会员按照第 7 条第 6 款对于未来股份认购催缴股款的或然负债，而拒付任何金额。在任何情况下，应付有关会员的股份的任何金额不得支付，直至其会员资格停止之日起六（6）个月为止。

（b）有关前会员退回股份之后，对于这些股份的付款可以不时做出，只要据此按照本条第2款应付回购价格的金额超过本款第（a）项中所述的贷款和担保的加总负债金额即可，直至该前会员已经收到全额回购价格为止。

（c）付款应当使用本行确定的可用货币进行，在确定时要考虑到财务状况。

（d）如果在会员资格停止之日，本行在任何尚未偿付的担保或贷款上遭受损失，并且该损失的金额超过当日计提的损失准备金，则有关前会员应当在本行要求时，偿还该金额，据此，该前会员的回购价格应当已经减少，如同在确定回购价格时已经考虑到该笔损失一样。此外，该前会员仍须对按照第7条第6款未缴股款的催缴有负债，如同该前会员在资本减值发生时必须响应，并且该催缴已经在该前会员的股份回购价格确定之时已经作出一样。

4. 如果本行按照第44条在任何会员的会员资格终止之日起六（6）个月内终止经营，则有关会员的所有权利应当按照第44条至第46条进行确定。就该等条款而言，该会员应当被视为仍然属于会员，但没有投票权。

第43条 暂停经营

在紧急情况下，董事会可暂停新贷款和担保方面的业务，以待理事会作进一步审议和采取行动的机会。

第44条 终止经营

1. 本行可通过理事会通过不低于总数三分之二的理事（代表不少于会员投票权总数四分之三）投票批准的决议终止经营。

2. 在该终止之后，本行应立即停止所有活动，但按顺序变现、维护和保留其资产和结算义务所附带的活动则除外。

第45条 会员的法律责任和理赔

1. 在本行终止经营的情况下，所有会员对本行股本未催缴认购的负债，以及对于所有会员货币贬值的负债，应当继续存在，直至债权人的所有索赔（包括所有或然索赔）已经全部得以清偿为止。

2. 持有直接求偿权的所有债权人应首先从本行的资产中得到偿付，然后从对于未缴股款或待缴股款认购款的付款中偿付。在向持有直接求偿权的债权人作出任何付款之前，董事会应自行判断作出必要的安排，来确保直接和或然求偿权持有人之间的按比例分配。

第46条 资产分配

1. 不得因为会员认购本行股本而对会员分配任何资产，直至对债权人的所有负债已经全部清偿或计提为止。再者，这种分配必须征得理事会通过不低于总数三分之二的理事（代表不少于会员投票权总数四分之三）投票表决批准。

2. 本行对会员分配任何资产，必须按照每个会员持有的股本比例进行，并应当按本行视为公平公正的时间和条件进行。已分配资产的份额不必按照资产的类型整齐划一。任何会员无权收取这种资产分配的份额,直至该会员已经结清对本行的所有义务为止。

3. 在进行任何资产分配之前,董事会应在分配之日对待分配的资产进行估值,然后再进行以下方式的分配:

(i) 每个会员应该按自身的义务或其在领土范围内的官方机构或法人实体的义务获得偿付一笔金额(只要这些可以用于分配),相当于该会员应占待分配总金额的按比例份额。

(ii) 在根据上文第(i)款做出付款之后应付某会员的任何结存,应当以该会员自己的货币进行支付,只要本行持有该货币即可,最高不超过价值相当于该余额的金额。

(iii) 在根据第(i)款和第(ii)款做出付款之后应付某会员的任何结存,应当用黄金支付或用该会员可接受的货币支付,只要本行持有黄金或该货币即可,最高不超过价值相当于该余额的金额。

(iv) 在根据第(i)款、第(ii)款和第(iii)款做出付款之后应付某会员的剩余结存应当从本行持有的剩余资产中清偿。

4. 按照本条收到分配资产的任何会员,应享有与该资产有关的权利,如同本行在分配资产之前对该资产享有的权利一样。

第八章 状态、豁免权、免税和特权

第47条 本章宗旨

为使本行能够有效地履行其宗旨并开展其受托付的职能,本章中所载的状态、豁免权、免税和特权应当由本行在每个会员的领土范围内享有。

第48条 法律地位

1. 本行应拥有完全的法人身份和地位,尤其是,拥有完全的能力作出以下行为:
(a) 签订合同;
(b) 收购和处置不动产和动产;及
(c) 提起法律程序。

2. 本行可与会员、非会员国及其他国际组织达成协议。

第49条 法律流程

1. 本行应享有各种形式的法律程序的豁免权,除非是由于本行行使权力借入金钱或担保义务或买卖或包销证券所产生或有关的情况除外,在后面所述的情况下,本行可能被提起诉讼,在本行主要办事处或分支办事处所在会员领土内具有专属司法管辖权的法院进行,或在本行为接受法律程序的送达或通知而任命一个代理人或已经发行或担保证券所在的会员或非会员国领土内具有专属司法管辖权的法院进行。

2. 不管本条第 1 款有何规定，任何会员，或会员的任何机构，或直接或间接代表会员行事或从会员得到求偿权的任何单位或个人，不得对本行提出任何诉讼。会员应依靠本协议、本行细则和规章，或与本行订立的合同中可能规定的特别程序，用于解决本行与其会员之间的争议。

3. 本行还应就适当模式的争议解决作出规定，如果不属于本条第 2 款条文范围内并且凭借本条第 1 款受限于本行豁免权的话。

4. 本行及其财产和资产，不论处于何处，由何人持有，在送达对本行的最终判决书之前，都应免于所有形式的扣押、扣留或执行。

第 50 条　资产的豁免权

本行的财产和资产，不论处于何处，由何人持有，都应免于根据行政或立法行动查询、征用、没收、挪用或任何其他形式的占有或止赎。

第 51 条　档案的豁免权

本行的档案和在一般情况下拥有或持有的所有文件应当不容侵犯，不管所处何地。

第 52 条　资产不受限制

在为了有效地实施本行的宗旨和职能所必要的范围内，并在符合本协议条文的规定下，本行（a）可以持有任何种类的资产并以任何货币操作账户；并（b）应自由地转移本行资产，从一个国家转移到另一个国家，或者在任何国家内部转移，并将本行所持有的任何货币兑换为任何其他货币，而不受限于金融管制、规管或任何种类的冻结。

第 53 条　通信特权

本行的官方通信应当由每一个会员享有，待遇不逊于任何其他会员的官方通信。

第 54 条　银行工作人员的豁免权和特权

本行所有理事、董事、替任理事或董事、高管和雇员，以及执行任务的专家：

（a）应免于因为他们以官方身份进行活动而引起的法律程序；

（b）倘若他们不属于本地公民或国民，应当享有以下豁免权：豁免移民限制、豁免外国人登记规定和国民服务义务，并享有外汇管制方面的便利，条件不逊于有关会员给予任何其他会员同级别的代表人、高管和雇员；及

（c）在国际危机之时，应享有遣返便利，条件不逊于有关会员给予任何其他会员同级别的代表人、高管和雇员。

第 55 条　免税

1. 本行、本行资产、财产、收入及其业务及交易，应当免于对本行进口公务自用的商品征收的所有直接税和所有关税。

2. 不管本条第 1 款的条文如何规定，本行不会主张免除对公用事业服务收费的

3. 本行在正常情况下，不会主张免除消费税、动产和不动产销售税，这些构成应当支付价格的一部分。尽管如此，当本行为公务使用财产（这些财产都已经征收了关税和税金，或应当征收）而作出重大采购时，会员将尽量作出适当的行政管理安排，移交或退回该金额的关税或税金。

4. 根据本条第 1 款规定的关税豁免下进口的物品，或根据第 3 款已经进行退税的物品，不得在该豁免、退税的会员的领土范围内销售，除非在与该会员约定的条件下进行。

5. 对于本行支付给本行董事、替任董事、高管或雇员（包括为本行执行任务的专家）的薪金和报酬，不得征收任何税项，但会员保留权利对自己的公民或国民或永久居住在该会员领土范围内的人士征税。

6. 对于本行发行的任何义务或证券（包括应计的任何股息或利息，不论何人持有），不得征收任何税项：

（a）这些义务或证券与其他义务或证券明显区分开来，仅仅因为它们是由本行发行；或

（b）如果这种税收的唯一管辖权依据是该义务或证券发出、应付或已付的地点或货币，或者，是本行维持的任何办公或营业场所的位置。

7. 对于本行担保的任何义务或证券（包括应计的任何股息或利息，不管何人持有），不得征收任何种类的税项：

（a）这些义务或证券与其他义务或证券明显区分开来，仅仅因为它们是由本行担保；或

（b）如果这种税收的唯一管辖权依据是本行维持的任何办公或营业场所的位置。

第 56 条　实施

每个会员应立即告知本行该会员已经按照本章规定在其领土范围内采取的措施。

第 57 条　放弃豁免权、免税和特权

本章规定的豁免权、免税和特权的授予乃符合本行的利益。董事会可按照其确定的范围和条件，放弃本章规定的豁免权、免税和特权，只要董事会认为这些行动符合本行的最佳利益。行长有权利也有义务放弃本行任何高管、雇员或为本行执行任务的任何专家的任何豁免权、免税或特权，只要在行长看来，该豁免权、免税或特权会阻碍司法过程并且可以在不损害本行利益的情况下放弃。在类似情况下，并在相同条件下，董事会有权利也有义务放弃行长和每个副行长的任何豁免权、免税或特权。

第九章　修正、诠释、仲裁

第 58 条　修正

1. 本协议只有通过理事会决议案方可进行修正，理事会决议案的通过需要不低于

总数三分之二的理事（代表不少于会员投票权总数四分之三）投票表决。

2. 不管本条第 1 款有何规定，对以下方面的任何修正案，需要理事会的一致同意：

（a）从本行撤销的权利；

（b）第 6 条第 7 款和第 8 款中规定的负债限制范围；及

（c）第 6 条第 3 款中规定的股本认购相关权利。

3. 关于修正本协议的任何提案，不论是由会员发出或是由董事会发出，都应当传阅给理事长，理事长再将该提案传阅给每个会员，然后再拿到理事会审议。当一个修正案已经被通过时，本行应向全体会员的地址发送正式通信，对该修正案进行认证。对于全体会员而言，修正案在正式通信发出之日起三（3）个月生效，除非理事会指定不同的期限。

4. 本条的上述规定应符合附件中的议定书，该议定书只有在特定用途下和特定会议期间方可有效。

第 59 条　诠释和适用范围

1. 本协议没有明文规定的条文在诠释或适用范围方面的任何问题，应当提请董事会决定。被相关问题特别影响到的会员，有权在董事会会议上向董事会直接陈述，大会将审议此问题。这种权利应受理事会规管。

2. 在任何情况下，只要董事会已经按照本条第 1 款作出决定，任何会员可以要求将该问题转呈理事会审议，而理事会的决定将属于最终决定。在理事会决定尚未作出时，本行可以在本行视为必要的情况下，按照董事会决定行事。

3. 除非第 24 条第 6 款规定，本协议中所谓会员或（在会员国的情况下）会员国的领土，应按照排除该会员作为机构的情况理解。

第 60 条　仲裁

如果本行与某个不再是会员的国家、属地或机构之间产生争议，或者本行与任何会员之间在终止本行经营的决议案之后产生争执，则该争议应提请由三个仲裁员组成的仲裁法庭进行仲裁。每一方都应任命一名仲裁员，而这样产生的两名仲裁员应任命第三名仲裁员，该第三名仲裁员兼任仲裁庭庭长。如果在仲裁请求之后三十天内，任意一方尚未任命仲裁员，或若在任命两名仲裁员之后十五天内，第三名仲裁员尚未任命，则任一方可以请求国际法院院长或理事会采纳的规章所述的任何其他部门，来任命一名仲裁员。仲裁程序应由仲裁员制定。但是，如有与仲裁程序有关的任何异议，第三名仲裁员有权解决所有程序问题。仲裁员的大多数投票足以达成一项决定，这个决定将对各方而言是最终决定，并具有法律约束力。

第 61 条　批准视为已给出

在本行作出任何行为之前需要任何会员批准的任何时候，批准应当视为已经给出，除非该会员在本行通知该会员建议行为之时确定的合理时限内提出反对意见。

第十章　最后条文

第 62 条　签署和寄存

1. 本协议应当寄存给联合国秘书长（以下简称为寄存处），并应当保持开放，直至 1969 年 11 月 14 日本协议附件 A 中所列的各国政府签订为止。

2. 如果是本地区内的属地，不完全负责开展国际关系，并且负责开展该属地的国际关系的国家政府并不代表该属地签订、批准或加入本协议的情况下，该属地应当在按照第 63 条签订或加入本协议之时，提交一份由负责开展该属地的国际关系的国家的政府签发的文书，确认该属地有权限签署本协议，并承担本协议下的权利和义务。

3. 寄存处应当将本协议经核证的副本传送给所有签名人或成为本行会员的其他国家、属地或机构。

第 63 条　批准、接受、加入及获得会员资格

1. （a）本协议须由签名人批准或接受。这种批准或接受的文书应当由签名人在 1970 年 4 月 30 日之前寄存到寄存处。寄存处应当向其他签名人通知每次寄存的情况和寄存的日期。

（b）批准或接受文书在本协议生效日期或之前已经寄存的签名人，应当在本协议生效日期成为本行会员，而批准或接受文书在本协议生效日期之后但在 1970 年 4 月 30 日之前寄存的签名人，应当在其批准或接受文书寄存之日成为会员。

2. 在 1970 年 4 月 30 日之后，某个国家、属地或机构可以成为本行会员，只要通过按照理事会根据第 3 条第 3 款确定的条款加入本协议即可。通过这种方式成为本行会员的任何国家、属地或机构应当在理事会指定的日期或之前，将加入本协议的相关文书寄存给寄存处，寄存处将向银行和本协议的各方通知该寄存情况和寄存日期。在寄存之后，该国家、属地或机构应当在按照该款指定的日期成为本行的会员。

3. 在寄存批准或接受文书时，会员可以声明在其领土范围内，第 49 条第 1 款和第 54 条第（a）项所赋予的豁免权不得适用于由于本行下属的或代表本行作业的机动车辆造成的事故或该车辆的司机交通肇事而引起的民事诉讼。

会员还可以声明：第 53 条赋予的特权应当在其领土范围内受到限制，待遇不逊于该会员给予该会员作为其中会员的其他国际金融机构的待遇，并且第 55 条第 6（b）款中所述的免税不得引申适用于本行在其领土范围内发行的任何记名票据或本行在其他地方发行的任何记名票据，以及本行在其领土范围内转让的任何记名票据。

第 64 条　生效

本协议应当在八（8）个签名人（包括至少一个非本地区的国家）的批准或接受文书寄存之后生效，这些签名人的初始认购载于本协议附件 A，加总金额构成不少于本行法定股本的百分之六十（60%），前提是，1969 年 12 月 1 日应为本协议生效的最早

日期。

第 65 条　成立大会

在本协议生效之后，每个会员应尽快任命一个理事，而加勒比共同体秘书处的秘书长应召开理事会的成立大会。

以资证明，下署全权代表，被各自的政府正式授权，已经签署本协议。

签署日期和地点：公元一九六九年十月十八日，于牙买加首都金斯敦。

　　　　代表安提瓜　　V. C. Bird
　　　　代表巴哈马　　Carlton E. Francis
　　　　代表巴巴多斯　　Errol W. Barrow
　　　　代表英属洪都拉斯　　A. A. Hunter
　　　　代表英属维尔京群岛　　Ivan Dawson
　　　　代表加拿大　　Paul Martin
　　　　代表开曼群岛　　D. V. Watler
　　　　代表多米尼加　　E. O. Le Blanc
　　　　代表格林纳达　　Geo. F. Hosten
　　　　代表圭亚那　　P. A. Reid
　　　　代表牙买加　　E. Seaga
　　　　代表蒙特塞拉特岛　　W. H. Bramble
　　　　代表圣克里斯多福 – 尼维斯 – 安圭拉　　Robt. L. Bradshaw
　　　　代表圣卢西亚　　J. C. Compton
　　　　代表圣文森特　　Hudson K. Tannis
　　　　代表特立尼达和多巴哥　　Kamaluddin Mohammed
　　　　代表特克斯和凯科斯群岛　　R. E. Wainwright
　　　　代表 英国　　George Thompson

附件 A

按照第 3 条第 2 款成为会员的国家和属地，及其对法定股本的初始认购。

（第 6 条第 1 款）

分类 A – 本地区国家和属地

		票数
1	牙买加	2 240
2	特立尼达和多巴哥	1 540
3	巴哈马	660
4	圭亚那	480
5	巴巴多斯	280
6	安提瓜	100
7	英属洪都拉斯	100
8	多米尼加	100
9	格林纳达	100
10	圣克里斯多福－尼维斯－安圭拉	100
11	圣卢西亚	100
12	圣文森特	100
13	蒙特塞拉特岛	25
14	英属维尔京群岛	25
15	开曼群岛	25
16	特克斯和凯科斯群岛	25
小计		6 000

分类 B – 非本地区国家

1	加拿大	2 000
2	英国	2 000
小计		4 000
合计		10 000

附件 A 增 编[1]

本行的法定股本[2]

国家和属地	已缴股款股份	待缴股款股份	股份总数
分类 A			
本地区			
1　牙买加	4 235	15 107	19 342
2　特立尼达和多巴哥	4 235	15 107	19 342
3　巴哈马	1 249	4 454	5 703
4　圭亚那	912	3 255	4 167
5　巴巴多斯	795	2 835	3 630
6　安提瓜和巴布达	188	671	859
7　伯利兹	188	671	859
8　多米尼加	188	671	859
9　格林纳达	161	575	736
10　圣克里斯多福和尼维斯	188	671	859
11　圣卢西亚	188	671	859
12　圣文森特和格林纳丁斯	188	671	859
13　蒙特塞拉特岛	47	166	213
14　英属维尔京群岛	47	166	213
15　开曼群岛	47	166	213
16　特克斯和凯科斯群岛	47	166	213
17　安圭拉[3]	40	142	182
18　海地[4]	192	683	875
小计	13 134	46 849	59 983

---

[1] 秘书附注：本增编并不属于本协议的一部分，仅为便利而附。
[2] 截至 1992 年 6 月 20 日。
[3] 于 1974 年 11 月 22 日成为会员。
[4] 于 2007 年 1 月 19 日成为会员。

续表

国家和属地		已缴股款股份	待缴股款股份	股份总数
分类 B				
不包括在附件 A				
本地区				
1	哥伦比亚①	683	2 435	3 118
2	墨西哥②	683	2 435	3 118
3	委内瑞拉③	683	2 435	3 118
小计		2 049	7 305	9 354
小计（结转上页）		13 134	46 849	59 983
非本地区				
1	加拿大	2 278	8 124	10 402
2	英国	2 278	8 124	10 402
3	意大利④	1 365	4 870	6 235
4	德国⑤	1 365	4 870	6 235
5	中华人民共和国⑥	1 365	4 870	6 235
小计		8 651	30 858	39 509
合计		23 834	85 012	108 846

① 于 1974 年 11 月 22 日成为会员。
② 于 1982 年 5 月 7 日成为会员。
③ 于 1973 年 4 月 25 日成为会员。
④ 于 1989 年 10 月 27 日成为会员。
⑤ 于 1988 年 11 月 2 日成为会员。
⑥ 于 1998 年 1 月 20 日成为会员。

附件 B 挑选董事

第一部分 代表本地区会员的董事的选择原则

在按照第 29 条第 1（a）（i）款将要选择的五（5）名董事中：

（a）其中一（1）名董事应由代表本行股本中最大数目股份的两（2）个本地区会员的每一个理事选出；

（b）其中三（3）名董事应由代表本地区其他会员的理事选出。

第二部分 有待采纳程序规则的董事选择

1. 本地区会员：

（a）一（1）名董事应由代表牙买加的理事选出；

（b）一（1）名董事应由代表特立尼达和多巴哥的理事选出；

（c）一（1）名董事应由代表圭亚那和巴巴多斯的理事联合选出；

（d）一（1）名董事应由代表巴哈马和英属洪都拉斯的理事联合选出；及

（e）一（1）名董事应由代表以下国家和属地的理事联合选出：安提瓜、英属维尔京群岛、开曼群岛、多米尼加、格林纳达、蒙特塞拉特岛、圣克里斯多福-尼维斯-安圭拉、圣卢西亚、圣文森特、特克斯和凯科斯群岛。

2. 非本地区会员：

（a）一（1）名董事应由代表加拿大的理事选出；及

（b）一（1）名董事应由代表英国的理事选出。

附件 B 增　　编[①]

挑选董事的程序规则[②]

第一部分 代表本地区会员的理事选择董事

1. 代表本行股本最大数目股份的两个本地区会员的理事有权选出一名董事。

2. 如果是其他本地区董事，则代表本地区某个会员或某组会员的每个理事或每一组理事（视情况而定），按照第 32 条第 1 款拥有不少于七百五十（750）票的情况下，有权选出一名董事。[③]

第二部分 代表非本地区会员的理事选择董事

1. 代表非本地区某会员的理事有权选择一名董事的最低投票数是七百五十（750）。

2. 在不损害前一条规则的情况下：

(a) —（1）名董事应由代表加拿大的理事选出；及

(b) —（1）名董事应由代表英国的理事选出。

议定书，规定了在理事会成立大会上修正《加勒比开发银行成立协议》第 36 条的程序。

签订《加勒比开发银行成立协议》（以下简称本协议）的国家和属地谨此同意：不管本协议第 58 条有何规定，本协议第 36 条第 1 款可以在加勒比开发银行理事会的成立大会上，通过在场理事简单大多数投票（代表在场理事超过一半投票权）批准的决议案（有关动议不会发生修订，也不得是代表牙买加的理事提出）而予以修正。[④]

[①] 秘书附注：本增编并不属于本协议的一部分，但为了方便而插入。
[②] 于 1972 年 4 月 21 日由理事会采纳。
[③] 于 1990 年 5 月 17 日，理事会变更了一个理事或一组理事选择董事的最低投票数目，增至一千七百五十（1 750）票。
[④] 秘书附注：本协议第 36 条第 1 款并未修正。

伊斯兰开发银行协议条款

بسم الله الرحمن الرحيم

In The Name of God The Beneficent The Merciful

以宽厚仁慈的上帝之名

目 录

伊斯兰开发银行成立协议，由各国政府代表签署 342
第一章 宗旨、职能、权力和成员资格 343
 第1条 宗旨 343
 第2条 职能和权力 343
 第3条 成员资格 343

第二章 金融资源 344
 第4条 法定股本和认购股本 344
 第5条 股份认购和分配 344
 第6条 认购股份的付款 344
 第7条 股本相关条件 345
 第8条 存款 345
 第9条 普通资本资源 345
 第10条 专项资金资源 345
 第11条 信托资金资源 345

第三章 运营 346
 第12条 资源使用 346
 第13条 普通、专项和信托运营 346
 第14条 运营的分隔 346
 第15条 运营方式 346
 第16条 与融资相关的考虑 346
 第17条 股权参与 347
 第18条 项目贷款 347
 第19条 计划贷款 347
 第20条 项目和计划贷款的条款和条件 347
 第21条 对普通运营的限制 348
 第22条 专项资金 348
 第23条 信托资金 348

第四章 货币 348
 第24条 确定汇率和可兑换性 348
 第25条 货币的使用和兑换 348
 第26条 交易计价 348

第五章　组织和管理 ………………………………………………………… 349

- 第 27 条　结构 ……………………………………………………………… 349
- 第 28 条　理事会：组成 …………………………………………………… 349
- 第 29 条　理事会：权力 …………………………………………………… 349
- 第 30 条　理事会：程序 …………………………………………………… 349
- 第 31 条　执行董事会：组成 ……………………………………………… 350
- 第 32 条　执行董事会：权力 ……………………………………………… 350
- 第 33 条　执行董事会：程序 ……………………………………………… 350
- 第 34 条　投票 ……………………………………………………………… 351
- 第 35 条　行长 ……………………………………………………………… 351
- 第 36 条　副行长 …………………………………………………………… 351
- 第 37 条　本行的国际特性和禁止参与政治活动 ………………………… 351
- 第 38 条　本行的办公地点 ………………………………………………… 352
- 第 39 条　财年 ……………………………………………………………… 352
- 第 40 条　沟通渠道和保管处 ……………………………………………… 352
- 第 41 条　报告 ……………………………………………………………… 352
- 第 42 条　净收入的分配 …………………………………………………… 352

第六章　退出和暂停成员资格，暂停和终止本行运营 ………………… 352

- 第 43 条　退出 ……………………………………………………………… 352
- 第 44 条　暂停成员资格 …………………………………………………… 353
- 第 45 条　停止会员资格后账户的处理 …………………………………… 353
- 第 46 条　暂停运营 ………………………………………………………… 353
- 第 47 条　终止运营 ………………………………………………………… 354
- 第 48 条　成员的责任和索赔的支付 ……………………………………… 354
- 第 49 条　资产的分配 ……………………………………………………… 354

第七章　地位、豁免、免税和特权 ………………………………………… 354

- 第 50 条　本章宗旨 ………………………………………………………… 354
- 第 51 条　法律地位 ………………………………………………………… 354
- 第 52 条　司法程序豁免 …………………………………………………… 354
- 第 53 条　资产豁免 ………………………………………………………… 355
- 第 54 条　档案豁免 ………………………………………………………… 355
- 第 55 条　存款保密 ………………………………………………………… 355
- 第 56 条　资产免受限制 …………………………………………………… 355
- 第 57 条　沟通特权 ………………………………………………………… 355
- 第 58 条　本行人员享有的豁免和特权 …………………………………… 355
- 第 59 条　免税 ……………………………………………………………… 355

第 60 条	实施	356
第 61 条	放弃豁免、免税和特权	356

第八章　修订、解释和仲裁　356

第 62 条	修订	356
第 63 条	语言、解释和适用	357
第 64 条	仲裁	357
第 65 条	视为给予批准	357

第九章　最后条款　357

第 66 条	签名和保管	357
第 67 条	批准或接受	357
第 68 条	生效	357
第 69 条	运营的开始	358

附件 A　359

伊斯兰开发银行成立协议，由各国政府代表签署

由于认识到需要促进穆斯林国家人民的福祉，为依照伊斯兰原则和理念实现这些国家的和谐平衡发展；

鉴于通过在伊斯兰大会穆斯林成员国之间进行相互金融和经济合作，最能够推进这些国家的发展；

注意到伊斯兰大会宪章载明其宗旨之一是促进和加强各成员国在经济、社会和其他领域或活动中的合作；

为满足调动成员国国内外金融和其他资源的需要，以及为了促进国内储蓄和投资及大量开发资金进入各成员国；

在这样的背景下，我们确信基于伊斯兰原则和理念，建立一个以开发、投资和福利为导向的国际金融机构符合各成员国的期望，也是穆斯林共同体统一和团结的实际体现。

各成员国特此同意建立一个以同时使用阿拉伯语、英语和法语著称的国际金融机构，其阿拉伯语名称为 البنك الإسلامي للتنمية，其英文名称为"ISLAMIC DEVELOPMENT BANK"，法语名称叫"BANQUE ISLAMIQUE DE DEVELOPPEMENT"，该机构将按以下条款运营：

协议条款

第一章 宗旨、职能、权力和成员资格

第 1 条 宗旨

伊斯兰开发银行（以下简称本行）的宗旨是根据伊斯兰教法的原则，促进各单独成员国及穆斯林共同体整体的经济发展和社会进步。

第 2 条 职能和权力

为实现其宗旨，本行应具有如下职能和权力：

(i) 参与成员国生产型项目和企业的股本；

(ii) 以参与方式或其他金融安排，投资成员国的经济和社会基础设施项目；

(iii) 向私营和公共部门提供贷款，为成员国的生产型项目、企业和计划提供融资；

(iv) 建立并运营为实现特定目的的"专项基金"，包括为非成员国穆斯林共同体提供援助的基金；

(v) 运营信托基金；

(vi) 以任何其他方式接受存款和筹措资金；

(vii) 为成员国的外贸发展，尤其是资本货物提供援助；

(viii) 适当投资本行运行所不需要的资金；

(ix) 为成员国提供技术援助；

(x) 增加成员国从事开发活动的人员所需的培训设施；

(xi) 遵照伊斯兰教法进行研究工作，以支持穆斯林国家的经济、金融和银行业活动；

(xii) 依照本协议的条款，以本行认为恰当的方式，与所有具有相似宗旨的实体、机构和组织开展合作，以促进国际经济合作；

(xiii) 开展任何可推动其宗旨的其他活动。

第 3 条 成员资格

1. 本行的创始成员应是本协议附件 A 中所列的伊斯兰大会的成员，他们在第 66 条指定的日期当日或之前，应签订本协议并且在该日期六（6）个月内满足所有其他成员资格条件。

2. 在代表全体成员具有投票权的多数理事投赞成票决定本协议的条款和条件，从

而使本协议生效后,作为伊斯兰大会成员的任何其他国家,可申请并成为本行的成员。

第二章 金融资源

第4条 法定股本和认购股本

3. (a) 本行的记账单位为伊斯兰第纳尔,币值等同于国际货币基金组织分配的一份特别提款权。

(b) 本行的法定股本为20亿(2 000 000 000)伊斯兰第纳尔,分为20万(200 000)股,每股面值1万(10 000)伊斯兰第纳尔,本行成员可依据第5条条款认购法定股本。本行初始认购资本为7.5亿(750 000 000)伊斯兰第纳尔①。

在代表全部成员3/4或以上投票权的2/3理事表决认为可行的条件和条款下,理事会可在经此决定的时间增加本行的法定股本。

第5条 股份认购和分配

1. 每位成员应认购本行的股本。每位成员认购的最小股份数应为二百五十(250)股。

2. 每位成员应宣布其将在第66条第1段规定的日期到期前认购的股本初始份数。

3. 按照第3条第2段的规定拥有会员资格的国家,应按照本条第1段的要求,认购理事会确定的本行法定股本未认购部分中某数量的股份。

4. 如理事会确定增加股本,那么每位成员应有合理的机会,按照理事会确定的条款和条件认购增加的股份,其比例等于在增加该股本之前其已认购的股份占全体已认购股本的比例。但是,如只是为了使本条第3段和第5段下理事会的决定生效而增加的股本或其任何部分,不适用上述条款。

5. 应成员要求,理事会可通过代表全体成员有投票权的多数理事的投票,按照理事会确定的条款和条件来增加该成员对股本的认购股数。

6. 创始成员初始认购的股份应按票面价值发行。其他股份应按票面价值发行,除非特殊情况下,有代表全部成员3/4或以上投票权的2/3理事赞成,理事会决定按其他条件发行股份。

第6条 认购股份的付款

1. 创始成员初始认购的本行股本资金,应分五(5)期等额缴付,每期缴付百分之二十(20%)。

---

① 伊斯兰教历1413年1月4日(1992年7月4日)在吉达举行的特别会议上,理事会决定将本行的法定股本增加到ID 60亿(60亿伊斯兰第纳尔),将本行的认购股本增加到ID 40亿(40亿伊斯兰第纳尔)(参见第BG/(SM)3-413号决议)。伊斯兰教历1419年7月29日(1998年11月18日)在科托努举行的第23次年度大会上,理事会采纳了将本行的认购资本增加到ID 41亿的第BG/3-419号决议。后来,伊斯兰教历1422年8月8日(2001年10月24日)在阿尔及尔举行的第26次年度大会上,理事会决定将法定股本增加ID90亿,达到ID150亿,将认购资本增加ID40亿,达到ID81亿(参见第BG/5-422号决议)。

2. 首付款应在本协议生效日期后三十（30）日内或其存入保证金表示其批准或接受法律文件的日期后三十（30）日内（以后到日期为准），以本行可接受的自由兑换货币支付。

3. 剩下的百分之八十（80%）初始认购款应分四（4）期，以本行可接受的自由兑换货币等额支付，每期款项在本条第 2 段规定的首付款付款日期周年当日或之前支付；成员可自己选择在到期日期前支付剩下的分期认购款。

4. 本行应为本条下的所有付款确定支付地点。在做出此决定之前，本条第 2 段所指的首付款应支付到沙特阿拉伯货币管理局，该局将承担本行的受托人和保管人。

第 7 条　股本相关条件

1. 依照第六章，不得以任何形式质押或担保股份，且不可转让（转让给本行除外）。

2. 成员对股份的责任应限于其认购资本的未支付部分。

3. 任何成员都不会仅因其会员资格而对本行负有义务。

第 8 条　存款

本行可接受存款，并依照本行制定的《规则和规章》使用和管理此等存款。

第 9 条　普通资本资源

本协议中，本行的"普通资本资源"应包括：

（i）依照第 5 条认购的资本；

（ii）依照第 8 条存放在本行的存款；

（iii）贷款偿还收到的资金，销售所持股权获得的资金，以及日常运营投资的收入；

（iv）本行筹措或收到的任何其他资金，或处置获得的资金或本行收到的收入（这部分资金和收入不构成第 10 条或第 11 条分别所指的专项资金资源和信托资金资源的一部分）。

第 10 条　专项资金资源

本协议中"专项资金资源"应包括：

（i）成员缴付的用于任何专项资金的资金；

（ii）本行从日常运营净收入中拨付给任何专项资金的资金；

（iii）专项资金资源融资还款；

（iv）专项资金资助的运营产生的收入；及

（v）专项资金收到的其他资源，或处置专项资金获得的其他资源。

第 11 条　信托资金资源

本协议中"信托资金资源"应包括：

（i）本行收到的、将根据信托条款管理的资源；

（ii）信托资金资助的运营归还的或给予的资金；及

(iii) 信托资金资助的运营产生的收入。

第三章 运 营

第 12 条 资源使用

本行的资源和设施应仅用于贯彻本行的宗旨，以及在健全的经济原则基础上，实施第 1 条和第 2 规定的职能。

第 13 条 普通、专项和信托运营

1. 本行的运营包括普通运营、专项运营和信托运营。
2. 普通运营应为本行的普通资本资源资助的运营。
3. 专项运营应为专项资金资源资助的运营。
4. 信托运营应为信托资金资源资助的运营。

第 14 条 运营的分隔

1. 任何时候任何方面本行的普通资本资源、专项资金资源和信托资金资源，其持有、使用、调配、投资或以其他方式处理应彼此完全分隔。本行的财务报表应分别显示普通运营、专项运营和信托运营。

2. 任何情况下，本行的普通资本资源不得与原本使用或调配专项资金资源和信托资金资源的专项运营或其他活动引起的损失或债务一起记账或用来清偿上述损失或债务。

3. 与普通运营直接相关的费用应计入本行的普通资本资源收费。与专项运营和信托运营直接相关的费用应分别计入专项资金资源和信托资金资源。任何其他费用应按照本行的决定收取。

第 15 条 运营方式

在执行第 1 条和第 2 条下的宗旨和职能时，本行应遵守其《规则和规章》。

第 16 条 与融资相关的考虑

1. 在经营运营时，本行应对以下内容给予适当关注：
（i）保护其融资利益，包括获得贷款担保；
（ii）预计接收人及其担保人（如有）可以履行其在合同下的义务；
（iii）欠发达成员国的需求；
（iv）目标是协调促进成员国的经济发展；
（v）通过发展经济和社会并扩大有酬就业机会，提升成员国人民的福利；及
（vi）避免消耗不成比例的资源来换取任何成员的利益。

2. 融资申请者应提交适当的建议书，本行行长应向执行理事会提交关于该提案的书面报告以及其在进行适当调查后给出的建议。

3. 本行应采取必要措施，以确保融资严格用于其指定的目的。

4. 考虑到股权投资的重要性，本行应努力在对成员国的股权投资和向成员国提供

的贷款之间保持恰当的比率。

5. 只要条件可行，本行应优先考虑能够促进和加强成员国经济合作的项目，包括合资企业。

6. 每份融资合同应规定由本行实施有效检查和后续工作。

7. 如果某成员反对为某项运营融资，那么本行应不会在该成员境内为该项运营融资。

8. 适当情况下，特别是对欠发达成员国，本行可以为总成本的外汇部分提供融资，在确信该国的国内资源调动工作可证明该行为的合理性以后，本行也可以为当地货币部分提供融资。

9. 对采购来源应没有限制，采购来源通常根据国际竞争性招标情况而定。做了应有的适当研究后，本行可为从成员国进行的采购提供优惠幅度。

第17条 股权参与

1. 在参与股权资本时，本行应彻底弄清楚，项目或企业目前或潜在地能够产生收入且将能得到恰当管理。

2. 在参与的项目或企业中，本行不应购买该等项目或企业的多数股份资本或控股权益，除非这是保护本行利益或确保该等项目或企业成功所必需。

3. 考虑项目或企业的要求，本行将在恰当时候应用该等条款和条件，即，本行承担的风险以及股权投资者通常为类似融资项目获得的条款和条件，包括投票权以及提名一名或多名理事参与项目或企业管理委员会的权利。

4. 本行保留在认为适当时以该等条款和条件出售股权参与的权利。但是，除非该成员国同意，否则本行不得将其股权参与的任何部分出售给该成员国的任何非国家机构。

5. 本行不应为其投资的任何项目或企业的管理承担责任，除非这是保护本行的投资所必需的。

6. 本行不应为其参与股权的企业提供贷款，除非在有不少于 2/3 全体成员投票权投赞成票的特殊情况下。

7. 只要能恰当地执行，本行应寻求通过出售其投资使其资源循环。

8. 本行应寻求其股权投资的合理多样性。

第18条 项目贷款

在为特定基础设施和其他项目提供贷款时，本行应考虑每个项目的潜在回报以及该项目在接收国重点项目方案中的重要性。

第19条 计划贷款

在制作面向成员国（包括成员国的机构或代理机构）的计划贷款时，本行应彻底弄清该贷款的目的是通过经济和社会发展提高人民的福祉。

第20条 项目和计划贷款的条款和条件

1. 本行应确定第18条和第19条下发放贷款的还款时间表，谨记相关考虑事项，特别是相关成员国的总体资源状况以及预计的支付平衡情况。

2. 如某成员表示，其受严格的外汇管制的制约，以至于该成员不能按规定的方式接受该成员或其任何代理机构缔约或担保的任何贷款服务，那么本行可自行决定修改摊销期限或延长贷款期限或同时采用这两种方式，但前提是本行应弄清这种宽松政策对该特定的接收者或本行的运营有益。

3. 本行将征收服务费以平衡其管理费。费用数额和征收方式应由本行决定。

第 21 条　对普通运营的限制

本行的股权投资总额、未偿付贷款金额和其他普通运营，任何时候均不得超过普通资本资源包含的未动用认购资本、准备金、存款、其他已筹措资金和盈余的总和。

第 22 条　专项资金

本行可为以下内容设立专项资金：
（i）援助非成员国家的穆斯林共同体；
（ii）提供技术援助；或
（iii）任何其他特定目的。

这些资金应按本行制定的《规则和规章》进行管理。

第 23 条　信托资金

如某信托资金的目标与本行的宗旨和职能不相冲突，那么本行可接受按照本行制定的信托条款以及《规则和规章》管理该信托基金。

第四章　货　币

第 24 条　确定汇率和可兑换性

1. 确定伊斯兰第纳尔的汇率或处理有关汇率的任何问题，应由本行实施。为此，本行可在必要时向国际货币基金组织获取信息。

2. 任何时候，如在本协议下需要判断某种货币是否可以自由兑换，应由本行作出该判断。为此，本行可在认为必要时咨询国际货币基金组织。

第 25 条　货币的使用和兑换

1. 成员不得对其自身货币或本行记账所用的其他任何货币的接收、持有或使用维持或施加任何限制。

2. 应本行请求，成员应提供便利，以便按照第 24 条的规定，以兑换日期的价值汇率为基础，将本行持有的该国货币迅速兑换为可自由兑换的货币。

3. 除非是本行的正常业务过程，或得到相关成员的批准，否则本行持有的非成员的货币不得用于购买某成员的货币。

4. 成员国不应对本行以本行可接受的兑换货币汇回利润和调回资本施加任何限制。

第 26 条　交易计价

除了本行另外确定了计价货币的特殊情况，本行的贷款应按伊斯兰第纳尔计价。

贷款协议下对本行的所有债务应以本行可接受的、可自由兑换的货币进行清偿。

第五章 组织和管理

第 27 条 结构

本行应设立理事会、执行董事会、行长、一名或多名副行长以及认为必要的其他高级管理人员和员工。

第 28 条 理事会：组成

1. 每一名成员应在理事会拥有代表，应指定一名理事和一名候补理事。每名理事和候补理事应顺着指定成员的意愿行事。除非委托人缺席，否则候补理事不可以投票。在其年度大会上，理事会将指定一名理事为主席，其任期将直到下一年度理事会会议选举出下一届主席为止。

2. 理事和候补理事的工作不能从本行获得报酬，但本行可为他们报销出席会议产生的合理费用。

第 29 条 理事会：权力

1. 本行的所有权力应归属于理事会。
2. 除了以下权力，理事会可将其权力的任何部分或全部授予执行董事会：
（i）接纳新成员以及确定接纳条件；
（ii）增加或减少本行的法定股本；
（iii）暂停某成员的资格；
（iv）决定对执行董事会作出的对本协议的解释或申请进行申诉；
（v）授权缔结与其他国际组织进行合作的一般协议；
（vi）选举本行的行长；
（vii）选举本行的执行董事；
（viii）确定执行董事的报酬以及行长的薪资和行长服务合同的其他条款；
（ix）审查审计报告后，批准本行的总资产负债表和损益表；
（x）确定本行的准备金以及净收入和盈余的分配；
（xi）修订本协议；
（xii）决定终止本行的运营及分配其资产；和
（xiii）行使本协议中明确分配给理事会的其他特殊权力。

3. 理事会和执行董事会，在授权范围内，可采用必要或适当的《规则和规章》来开展本行的业务，包括员工、退休金和其他福利方面的《规则和规章》。

4. 理事会应保留所有权力，行使将本条第 2 段和第 3 段下任何事情授权给执行董事会的权力。

第 30 条 理事会：程序

1. 理事会应举行年度会议以及理事会规定的或执行董事会召集的其他会议。只要本行 1/3 成员请求，执行董事会即应召集理事会会议。

2. 多数理事应构成任何理事会会议的法定人数，但这种多数应代表全部成员投票权的 2/3 或以上。

3. 理事会应通过规章建立一套程序，使执行董事会可借此在其认为适当时，获得各理事对一项具体问题的表决，而无需召集理事会会议。

4. 理事会和执行董事会，在授权范围内，可在必要或适当时建立附属机构以开展本行的业务。

第 31 条　执行董事会：组成①

1. 执行董事会应由十（10）名非理事会成员的成员组成。执行董事应是在经济和金融事务方面能力很强的人员，并应依照理事会制定的《规则和规章》选举产生。

2. 理事会应不时审核执行董事会的规模和组成，对在执行董事会增加代表的期望给予特别关注，若当时情况适当，可增加执行董事的人数。此时的决定应通过代表全体成员 2/3 或以上投票权的多数理事表决作出。

3. 执行董事任期三（3）年，可连任。执行董事应连任，直到其接替者被任命或选举出来。如果某执行董事的职位在其任期届满前空缺超过九十（90）天，那么选举前任执行董事的理事应任命或选举出该执行董事的接替者以履行该任期剩余时间的工作。该选举要求上述理事投多数票。

第 32 条　执行董事会：权力

执行董事会应负责本行的总体运行方向，为此，除了本协议明确赋予它的权力之外，执行董事会还行使理事会授予它的所有权力，特别是：

（i）准备理事会的工作；

（ii）依据理事会的总体方向，对有关本行的业务及其运营作出决定；

（iii）在每次年度大会上提交每财年的报告以供理事会批准；及

（iv）批准本行的预算。

第 33 条　执行董事会：程序

1. 执行董事会通常应在本行总部运作，并按本行的业务需要召集会议。

2. 多数执行董事应构成任何执行董事会会议的法定人数，但这种多数应代表全体成员 2/3 或以上的投票权。

3. 理事会应采用这样的《规则和规章》，即根据该《规则和规章》，当任何执行董事会会议考虑对该国有特别影响的事务时，如执行董事会无该国籍的执行董事，该成员可派出一名代表出席该会议（无投票权）。

---

① 理事会在其第 9 次年度会议上，决定将其执行董事人数从十（10）名增加到十一（11）名，参见理事会第 BG/7－405 号决议。理事会在其第 23 次年度会议上，决定将其执行董事人数增加到十四（14）名，参见理事会第 BG/4－419 号决议。

第34条 投票

1. 每位成员应有五百（500）份基本票以及每认购一份股份增加一份投票。

2. 在理事会的投票中，每位理事有权投其所代表的成员的票。除了本协议中另有明确规定以外，提交理事会的所有事务应由出席会议的有投票权的多数人决定。

3. 在执行董事会投票时，每位执行董事应有权投自己当选的票，该票不需要转换为单位计算票数。除非本协议另有明确规定，提交理事会的所有事务应由出席会议的有投票权的多数人决定。

第35条 行长

1. 理事会应通过代表全体成员有投票权的2/3或以上的多数理事的投票，选择本行行长。行长应是某成员国国民。行长在任职期间，不得担任理事或执行董事。

2. 行长任期五（5）年，可连任。但如果理事会通过代表全体成员有投票权的2/3或以上理事出席并多数投票同意，那么理事会可终止行长的任期。

3. 行长应是执行董事会主席，但无投票权（除了在两种意见均衡时行长有权投决定性的一票）。行长可参加理事会的会议但不能投票。

4. 行长应为本行的法定代表人。

5. 行长应为本行的首席执行者，应在执行董事会的指导下，开展本行当前的业务。行长应负责依照本行采纳的《规则和规章》，组织、任命和解散高级管理人员和员工。

6. 在任命高级管理人员和员工时，行长应服从于确保最高水准的效率和技术能力这项极端重要的事情的需要，适当在尽可能广泛的地域范围内招聘人员。

第36条 副行长

1. 经行长推荐，执行董事会应任命一名或多名副行长。副行长应是成员国的国民。副行长的任期、权力行使和管理本行过程中的职能行使，均应由执行董事会随时确定。在行长缺席或不能行使权力时，副行长（如不止一名副行长，则由级别高的副行长）应行使行长的权力和履行其职能。副行长在任职期间，不得担任理事或执行董事。

2. 副行长可参与执行董事会会议，但在该类会议上无投票权，除非在可能的情况下，副行长或级别高的副行长，在代替行长行使职能时，可投决定性的一票。

第37条 本行的国际特性和禁止参与政治活动

1. 本行不接受可能以任何方式损害、限制、偏离或以其他方式改变其宗旨或职能的贷款或援助。

2. 本行、其行长、副行长、执行董事、高级管理人员和员工不得介入任何成员的政治事件，他们在作决定时也不得受有关成员的政治特性的影响。他们在作决定时应只考虑经济因素。应公正权衡这些因素，以实现和执行本行的宗旨和职能。

3. 本行的行长、副行长、高级管理人员和员工在履行职责时，应将职责完全归功于本行，而不是归功于任何其他机构。本行的每位成员应尊重这种职责的国际特性，避免任何影响他们履行职责的尝试。

第 38 条　本行的办公地点

1. 本行总部位于沙特阿拉伯王国吉达。
2. 本行可在别处设立代理机构或分支机构。

第 39 条　财年

本行的财年为伊斯兰教年。

第 40 条　沟通渠道和保管处

1. 每位成员应指定一个合适的官方机构，以便本行与其沟通与本协议有关的任何事情。
2. 每位成员应指定其中央银行或与本行约定的其他类似机构作为保管处，以便本行可保管该成员的货币或本行的其他资产。

第 41 条　报告

1. 本行应向其成员传送包含其账户审计报表的年度报告并出版该报告，并每季度向其成员传送显示本行运营绩效的摘要报表。
2. 本行还可在实现其宗旨和执行职能的过程中出版其认为合适的其他报告。这些报告应传送给本行的成员。

第 42 条　净收入的分配

1. 理事会应每年度确定本行的普通资本运营有多少净收入或盈余可分配给准备金、存款人、专项资金和成员；但在本行的一般准备金达到认购资本的百分之二十五（25%）之前，本行的任何净收入或盈余不得以利润方式分配给成员。
2. 专项资金运营的净收入或盈余不得以利润方式进行分配，而应贷记入各项专项资金。
3. 除非信托条款另有规定，否则信托资金的净收入或盈余不得以利润方式进行分配，而应贷记入信托资金。
4. 本条第 1 段所指的对成员的利润分配应根据每位成员所持有的股份数所占比例进行，其分配方式和分配货币应由理事会确定。

第六章　退出和暂停成员资格，暂停和终止本行运营

第 43 条　退出

1. 在成员的成员资格日期五（5）年期到期之前，任何成员均无权退出本行。
2. 在受本条第 1 段约束的情况下，任何成员均可向本行的总部发出书面通知，以退出本行。
3. 在受本条第 1 段约束的情况下，任何成员的退出应在通知规定的日期生效，其成员资格应于该日期结束，但任何情况下不应少于本行收到该通知的日期后六（6）个月。但是，在退出生效前，成员可以书面告知本行，取消其打算退出的通知。
4. 正要退出的成员应继续对本行承担全部直接和或有债务的责任，此等责任持续

到退出生效。正在退出的成员还应继续受本协议中在本行看来可影响对该国投资的条款制约，直到本行与该国针对该投资作出令本行满意的安排为止。当退出生效后，该成员不再就本行在退出生效日期后因开展运营产生的债务承担责任。

5. 在本条的规定下，任何停止成为伊斯兰大会成员的国家应被视为已经发出退出本行成员资格的通知。退出最终生效的日期应由理事会根据本条第 1 段确定。

第 44 条　暂停成员资格

1. 如果某成员未履行其对本行的任何义务，理事会可通过代表占全体成员有投票权 3/4 或以上的理事投票，暂停其成员资格。

2. 根据第 1 条被暂停的成员应自暂停日期起一（1）年后自动停止成为本行的成员，除非在这一年期间，理事会以与暂停所必需的相同多数票，决定恢复该成员的良好信誉。

3. 暂停状态下，成员应无权行使其在本协议下的任何权利，但仍应履行其全部义务。

第 45 条　停止会员资格后账户的处理

1. 自某国停止成为会员之日后，其应继续对截至该日期前发生的对本行的直接债务承担责任。只要在该国停止为会员之前缔约贷款或担保的任何部分未偿付，那么该国就应负其对本行的或有债务，但不应对本行于该日期后缔约的贷款和担保承担责任，也不应分享本行的收入或分担本行的费用。

2. 某国停止作为成员时，本行应安排由本行回购该国的股份，作为对依照本条第 3 段和第 4 段的规定处理该国账户的一部分。为此，该股份的回购价应为该国停止作为成员当日本行账面价值。

3. 由本行依据本条回购的股份的付款应受以下条件制约：

（i）只要有关国家、其中央银行或其任何代理机构、机构或政治分支机构，对本行有未偿债务，那么本行将扣留应付给有关国家的任何股份金额。依据本行的选择，应付给该国的任何金额，可在该国的任何债务到期时适用于该债务。

（ii）净额，其值等于股份回购价（根据本条第 2 段的规定）减去相关国家对本行的累积债务额的剩余额，应在该国交回相应的股权证书后，由本行决定在不超过五（5）年的期间内支付。

（iii）支付应以可自由兑换的货币进行；

（iv）如果某国停止作为成员之日，本行对任何担保或贷款承担的损失尚未得到偿付，且当日该损失的金额超过了损失准备金，那么一旦本行要求，该国应补缴一定金额，其金额为确定回购价时如考虑到损失，该国的股份回购价将会减少的数额。

4. 如某国停止作为成员之日后六（6）个月内，本行依据本协议第 47 条终止其运营，那么该国的所有权利应根据第 47—49 条的规定确定，就第 47－49 条而言，该国应仍被视为成员，但没有投票权。

第 46 条　暂停运营

紧急情况下，执行董事会可暂停实施运营，直到理事会作出进一步考虑和行动为止。

第 47 条 终止运营

1. 经代表 3/4 或以上有投票权的成员的 2/3 的理事投赞成票作出决议,本行可终止其运营。终止后,本行应立即停止所有活动,为了有序实现、保护和保全本行资产和处理本行债务的活动除外。

2. 在这些债务最终处理和资产最终分配之前,本行应保持存续,且本行与其成员的所有相互权利和债务应不受影响。

第 48 条 成员的责任和索赔的支付

1. 如本行终止运营,在所有债权人的索赔(包括所有或有索赔)被免除之前,所有成员对本行已认购资本未支付部分的责任应继续有效。

2. 本行将首先用本行的资产,然后用本行认购资本的未付款偿付持有直接索赔的所有债权人。在向持有索赔的债权人进行任何支付前,执行董事会应自行判断并作出必要安排,以确保在直接索赔及或有索赔持有人之间按比例分配。

第 49 条 资产的分配

1. 在对债权人的所有债务被免除或安排之前,不得基于成员认购本行的股本向成员分配资产。对成员分配资产必须由理事会经代表 3/4 或以上有投票权全体成员的 2/3 理事投票批准方可进行。

2. 对成员分配本行的资产应按每位成员持有的股本按比例分配,并按本行认为公平和公正的方式,在优先考虑存款人的时间和条件下进行。分配的资产份数不一定按照资产类型统一。任何成员只有在结清其对本行的所有债务之后,方有权在此等资产分配中收到份额。

3. 依据本条收到分配资产的任何成员,对这些资产享有的权利应与此等资产分配前本行对该等资产享有的权利相同。

第七章 地位、豁免、免税和特权

第 50 条 本章宗旨

为使本行有效地实现其宗旨及履行赋予它的职能,应在每个成员境内将本章规定的地位、豁免、免除和特权赋予本行。

第 51 条 法律地位

本行为独立的国际机构,拥有完全的司法人格,特别是以下方面的全部能力:

(i) 缔约;

(ii) 购买和处理不动产和动产;及

(iii) 提起法律诉讼。

第 52 条 司法程序豁免

1. 本行享有除了以下情况的所有法律程序豁免权:因本行行使权力筹措资金,为了购销或为了承销有价证券引起的案件，在这些案件中，起诉本行的诉讼被提交到本行设有总部或分支机构，或已任命了代理人接受法律送达书或已发行有价证券或为有价证券做担保的国家境内拥有相关管辖权的法院。

2. 尽管有本条第1段的规定，任何成员、成员的代理机构或机构、直接或间接代理成员的任何实体或个人均不得针对本行起诉，成员或成员的代理机构或机构不得向本行提出索赔。在本协议、本行细则和规章或与本行签订的合同中，成员应有针对这些特殊程序的渠道以解决本行和其成员之间的争议。

3. 本行的财产和资产，不论它们在何位置以及为谁所持有，在针对本行的最终判决下达之前，都不应以任何方式被扣押、查封或执行。

第53条 资产豁免

本行的财产和资产，不论它们在何位置以及为谁所持有，应免受搜查、征用、没收、征收或任何行政或立法行动的其他形式的收用或止赎。

第54条 档案豁免

本行的档案，一般而言属于本行或本行所持有的所有文档，不管其位于何处，都应是不可侵犯的。

第55条 存款保密

本行应对存款人的账户完全保密，所有成员应尊重存款信息的不可侵犯性。

第56条 资产免受限制

为了有效实现本行宗旨和履行本行职能的需要，在本协议的条款约束下，本行的所有财产和资产应免受任何性质的限制、管制、控制和暂停。

第57条 沟通特权

每位成员应给予本行官方沟通的特权，其待遇应不低于该成员赋予任何其他国际组织的待遇。

第58条 本行人员享有的豁免和特权

本行的所有理事、候补理事、执行董事、行长、高级管理人员和雇员：

（i）对其在执行公务时的行为应免受法律诉讼；

（ii）如果他们不是当地市民或国民，他们应在移民限制、外侨登记要求和国民服役义务，以及外汇管制工具方面，从各成员获得该等成员授予同等级的其他成员的代表、官员和雇员相同的豁免权。

（iii）应在旅行便利性方面，从各成员获得与同等级的其他成员国的代表、官员和雇员相同的待遇。

第59条 免税

1. 应免征本行其资产、财产、收入、运营和交易的一切税项和关税。本行还无需承担税费支付、税费代扣或税费缴纳的责任。

2. 不得就本行支付给本行行长、执行董事、高级管理人员或雇员的薪水和报酬进行纳税。

3. 在下列条件下，本行发行的任何有价证券，包括有价证券的任何红利，不管由谁持有，均不得进行纳税：

（i）只因该证券由本行发行而歧视该证券；或

（ii）如果确定该税项唯一管辖权的依据是发布该税项的处所或缴纳该税项的货币，或本行的办公场所或营业场所所在的位置。

4. 在下列条件下，本行担保的任何有价证券，包括该有价证券的任何红利，不管由谁持有，均不得进行纳税：

（i）只因该证券由本行担保而歧视该证券；或

（ii）如果确定该税项唯一管辖权的依据是本行的办公场所或营业场所所在的位置。

第 60 条　实施

每位成员，依照其司法制度，必要时应立即采取行动，以便在其境内有效实施本章的条款，并将所采取的行动告知本行。

第 61 条　放弃豁免、免税和特权

本行可在任何情况下，依自由裁量权放弃本章下赋予它的任何特权、豁免权和免税权，其放弃方式和条件以本行认为对本行最有利为准。

第八章　修订、解释和仲裁

第 62 条　修订

1. 仅在通过代表 3/4 或以上有投票权的全体成员的 2/3 理事表决批准理事会的决议，方可修订本协议。

尽管有本条第 1 段的规定，作出以下任何修订，均应获得理事会的一致同意：

（i）退出本行的权利；

（ii）第 7 条第 2 段和第 3 段的责任限制；和

（iii）第 5 条第 4 段规定的有关购买股本的权利。

2. 修订本协议的任何建议书，不管是由某成员还是由执行董事会提出，应传达给理事会主席，由其将建议书提交给理事会。当一项修订被采纳后，本行应以官方文件向所有成员发出证明。修订将于官方文件的日期后三（3）个月对所有成员生效，除非理事会在官方文件中注明了不同的期限。

3. 任何关于修订本协议的提议（无论此等提议是否源于成员或执行董事会），均应将其传达至理事会主席，理事会主席应将该提议提交至理事会。本行应就已通过的任何修订向所有成员通过官方通信予以证明。对于所有成员国而言，此等修订应在官方通信日期三（3）个月后正式生效，除非理事会另行规定其他生效期限。

第 63 条　语言、解释和适用

1. 本行的官方语言为阿拉伯语。此外，英语和法语也应为工作语言。本协议的阿拉伯文应被视为解释和适用的原文。

2. 如本行的任何成员和本行，或本行的两位或多位成员之间，对本协议条款的解释或适用有任何问题，应将该问题提交给执行董事会解决。如没有该有关成员国国籍的执行董事，应适用第 33 条第 3 段。

3. 任何成员可在本条第 2 段下作出的决定日期起六（6）个月内，要求将问题提交给理事会，理事会的决定应是终局的。在等待理事会的决定之前，只要本行认为必要，本行可依照执行董事会的决定采取行动。

第 64 条　仲裁

如果本行与已经停止作为成员的某国之间，或本行与任何成员之间，在通过了终止本行运营的决议之后，产生了分歧，那么该分歧应被提交到由三（3）名仲裁员组成的法庭进行仲裁。其中一名仲裁员应由本行指定，另一名仲裁员应由相关国家指定，而第三名仲裁员（除非双方另外达成一致）应由国际法院院长指定，或由理事会通过的《规则和规章》中规定的其他机构负责人指定。作出一项决定只需要仲裁员的多数票，该决定是终局的，对双方都有约束力。任何情况下，如双方对程序有分歧，那么第三名仲裁员有权解决所有有关程序的问题。

第 65 条　视为给予批准

在本行实施一项行动前，如需要获得某位成员的批准，那么除非该成员在合理的期限内提出反对，以使本行向拟要采取该行动的成员发出修正通知，否则应视为上述有关成员已经给予批准。

第九章　最后条款

第 66 条　签名和保管

1. 本协议原件用阿拉伯语、英语和法语写成，三门语言各有一份，等待本协议附件 A 中所列国家的政府于伊斯兰教历 1394 年 10 月 15 日/1974 年 10 月 31 日在沙特阿拉伯货币管理局办公室签名。一旦本行成立，本文件应保存在本行总部。

2. 保管处应向所有签署方和本行的其他成员国发送本协议的经认证的副本。

第 67 条　批准或接受

本协议须经签署方批准或接受方能生效。批准或接受的文书应保存在保管处，保管处应以恰当的方式将每份保存文件及其日期通知其他签署方。

第 68 条　生效

如累计认购价值不低于 5 亿（500 000 000）伊斯兰第纳尔的签署方已经保存了批

准文书或接受文书，则本协议应开始生效。

第 69 条　运营的开始

1. 只要本协议开始生效，那么每位成员应指定一名理事和一名候补理事。
2. 在其成立大会上，理事会应：
（i）选举出本行行长；
（ii）安排本行的执行董事的选举；及
（iii）就确定本行开始运营的日期作出安排。
3. 本行应将其开始运营的日期通知其成员。

于伊斯兰教历 1394 年 7 月 24 日，即 1974 年 8 月 12 日在沙特阿拉伯王国吉达市完稿，阿拉伯语、英语和法语各一份。

附件 A   初始认购法定股本

编号	国别	签署日期		认购数量（百万/第纳尔）
		伊斯兰教历日期	罗马历日期	
1	阿尔及利亚民主人民共和国	24/7/1394	12/8/1974	25.0
2	阿拉伯联合酋长国	24/7/1394	12/8/1974	100.0
3	巴林国	14/10/1394	29/10/1974	10.0
4	乍得共和国	6/10/1394	21/10/1974	5.0
5	阿拉伯埃及共和国	24/7/1394	12/8/1974	2.5
6	几内亚共和国	24/7/1394	12/8/1974	25.0
7	印度尼西亚共和国	24/7/1394	12/8/1974	2.5
8	约旦哈希姆王国	24/7/1394	12/8/1974	25.0
9	科威特国	24/7/1394	12/8/1974	4.0
		6/10/1394	31/10/1974	50.0
10	黎巴嫩共和国	24/7/1394	12/8/1974	2.5
11	阿拉伯利比亚共和国	16/8/1394	24/8/1974	125.0
12	马来西亚	24/7/1394	12/8/1974	16.0
13	马里共和国	24/7/1974	12/8/1974	2.5
14	毛里塔尼亚伊斯兰共和国	24/7/1394	12/8/1974	2.5
15	摩洛哥王国	24/7/1394	12/8/1974	5.0
16	尼日尔共和国	24/7/1394	12/8/1974	2.5
17	阿曼苏丹国	24/7/1394	12/8/1974	5.0
18	巴基斯坦伊斯兰共和国	24/7/1394	12/8/1974	25.0
19	卡塔尔国	24/7/1394	12/8/1974	20.0
		29/12/1394	12/1/1975	5.0
20	沙特阿拉伯王国	24/7/1394	12/8/1974	200.0
21	塞内加尔共和国	24/7/1394	12/8/1974	2.5
22	索马里民主共和国	24/7/1394	12/8/1974	2.5
23	苏丹民主共和国	24/7/1394	12/8/1974	10.0
24	突尼斯共和国	24/7/1394	12/8/1974	2.5
25	阿拉伯也门共和国	24/7/1394	12/8/1974	2.5
26	孟加拉共和国	24/7/1394	12/8/1974	10.0
27	土耳其共和国	24/7/1394	12/8/1974	10.0
28	阿拉伯叙利亚共和国			2.5
29	阿富汗共和国			2.5
			总计	755.0

德国复兴信贷银行相关法律

1948年11月5日（WiGBl，第123页）

1969年6月23日颁布新版本（BGBl. I，第573页）

最新版本为2013年7月4日颁布的已针对第1条完成修订的《德国复兴信贷银行相关法律及其他法律修订法案》（Gesetz zur Änderung des Gesetzes über die Kreditanstalt für Wiederaufbau und weiterer Gesetze）（BGBl. I，第2178页）

1948年11月5日颁布的《德国复兴信贷银行相关法律》（Gesetz über die Kreditanstalt für Wiederaufbau）（WiGBl，第123页）的之后版本包括：

- 1949年8月18日颁布的《德国复兴信贷银行相关法律修订与补充法案》（Gesetz zur Änderung und Ergänzung des Gesetzes über die Kreditanstalt für Wiederaufbau）（WiGBl，第290页）

- 1951年12月4日颁布的《德国复兴信贷银行相关法律第二次修订法案》（Zweites Gesetz zur Änderung des Gesetzes über die Kreditanstalt für Wiederaufbau）（BGBl. I，第931页）

- 1957年7月26日颁布的《德意志联邦银行法》（Gesetz über die Deutsche Bundesbank）第43条第2款第4点（BGBl. I，第745页）

- 1961年8月16日颁布的《德国复兴信贷银行相关法律修订法案》（Gesetz zur Änderung des Gesetzes über die Kreditanstalt für Wiederaufbau）（BGBl. I，第1339页）

- 1969年5月20日颁布的《德国复兴信贷银行相关法律修订法案》（Gesetz zur Änderung des Gesetzes über die Kreditanstalt für Wiederaufbau）（BGBl. I，第433页）

- 1975年3月18日《责任适用相关法》（Zuständigkeitsanpassungs – Gesetz）第17条（BGBl. I，第705页）

- 1985年12月19日颁布的《会计原则相关法》（Bilanzrichtlinien – Gesetz）第10条第18款（BGBl. I，第2355页）

- 1986年12月16日颁布的《证券交易所准入管辖法》（Borsenzulassungs – Gesetz）第2条第1款（BGBl. I，第2478页）

- 1990年11月30日颁布的《银行会计原则相关法》（Bankbilanzrichtlinie – Gesetz）第7条（BGBl. I，第2570页）

- 1994年7月8日颁布的《德国央行相关条款修订法案》（Gesetz zur Änderung von Vorschriften über die Deutsche Bundesbank）第2条（BGBl. I，第1465页）

- 1998年3月24日颁布的《有关德国金融交易场所进一步发展的法律—第三版金融市场促进法》（Gesetz zur weiteren Fortentwicklung des Finanzplatzes Deutschland (Drittes Finanzmarktforderungsgesetz)）第23条（BGBl. I，第529页）

- 2001年6月19日颁布的《业主与租客法令改革法》（Mietrechtsreformgesetz）第7条第36款（BGBl. I，第1149页）

- 2001年10月29日颁布的《有关责任适应的第七号条例》（Siebte Zuständigkeitsanpassungs – Verordnung）第167条（BGBl. I，第2785页）

- 2002年6月21日颁布的《有关德国金融交易场所进一步发展的法律—第四版金融市场促进法》(Gesetz zur weiteren Fortentwicklung des Finanzplatzes Deutschland (Viertes Finanzmarktforderungsgesetz)) 第14条 (BGBl. I, 第2010页)

- 2003年8月15日《有关联邦共和国促进性银行重组的法律—促进性银行重组法案》(Gesetz zur Neustrukturierung der Forderbanken des Bundes (Forder‐bankenneustrukturierungsgesetz)) 第2条 (BGBl. I, 第1657页)

- 2003年12月10日《有关保险公司和信贷机构重组与清算的法律》(Gesetz zur Umsetzung aufsichtsrechtlicher Bestimmungen zur Sanierung und Liquidation von Versicherungsunternehmen und Kreditinstituten) 第4a条 (BGBl. I, 第2478页)

- 2006年10月31日颁布的《有关责任适用的第九号条例》(Neunte ZustÀndigkeitsanpassungsverordnung) 第173条 (BGBl. I, 第2427页)

- 2013年7月4日颁布的《德国复兴信贷银行相关法律及其他法律修订法案》(Gesetz zur Ànderung des Gesetzes über die Kreditanstalt für Wieder‐aufbau und weiterer Gesetze) 第1条 (BGBl. I, 第2178页)

第一条　法律地位、代号、所在地和资本

（1）德国复兴信贷银行（以下简称 KfW）是一个公共法律机构（Anstalt des offentlichen Rechts）。该银行所在地为法兰克福，可在柏林和波恩设立分行。在商务和法律环境下，该银行可使用代号"KfW"。

（2）KfW 的名义资本金额为 3 750 000 000 欧元。联邦共和国（联盟）入股的名义资本金额为 3 000 000 000 欧元，联邦州（个体）入股的名义资本金额为 750 000 000 欧元。

（3）名义资本所含股份的认缴金额必须达到 3 300 000 000 欧元。鉴于此目的，将准备金转换为金额为 2 578 644 974 欧元的名义资本以支持联邦共和国，转换为 644 661 244 欧元以支持联邦州。通过此类转换，联邦共和国的实缴名义资本从 61 355 026 欧元增加至 2 640 000 000 欧元，而联邦州的实缴名义资本则从 15 338 756 欧元增加至 660 000 000 欧元。为达到 KfW 的债务要求，剩余 450 000 000 欧元名义资本可由 KfW 的监事会（Verwaltungsrat）预定和支付（若必要）。

（4）关于第 3 条所述联邦共和国的股份认缴金额 2 640 000 000 欧元，其中 1 082 876 331 欧元为 ERP 专项基金（ERP – Sondervermogen）所有。

（5）名义资本中的股份不可抵押且仅可在股东之间进行转让。

第一 A 条　联邦共和国担保

对于与向 KfW 提供的贷款和由 KfW 所发行债券相关的所有 KfW 债务、由 KfW 签订的定期远期交易或确定的交易权、向 KfW 发放的其他贷款以及由 KfW 明确担保向第三方提供的贷款，均由联邦共和国提供担保。

第二条　职能和业务

（1）KfW 拥有以下职能：

1. 根据国家授权在以下各方面执行促进性任务，尤其是融资：

a）中小型企业、自由职业者和新创企业；

b）风险资金；

c）住宅；

d）环境保护；

e）基础设施；

f）技术进步和创新；

g）获得国际认可的促进性方案；

h）发展合作；

i）法律、法规或与由联邦共和国或某个联邦州向 KfW 提供的公共经济政策所公布指导方针中明确规定的其他促进性领域。

必须制定一整套规则以规定各项促进性任务。

2. 根据公法（offentlich – rechtliche Zweckverbande）向地方机构（Gebiets – korper-

schaften）和专门协会提供贷款和其他形式的融资服务。

3. 纯粹为了实现社会目标和促进教育事业的融资措施。

4. 为实现德国和欧洲的经济利益提供其他融资服务。

KfW 在该领域的任务包括：

a）由欧洲投资银行或类似欧洲融资机构共同提供资助以实现欧洲共同体利益的项目；

b）欧盟成员国、欧洲经济区协议的其他缔约国以及具有官方地位的欧盟候选国范围以外的出口融资。

aa）基于联合企业或者

bb）在资金不足的国家

为实现德国和欧洲的经济发展，在无公共援助的情况下，由 KfW 控股的独立法人实体提供所有其他融资服务。如需获取更多详细信息，可参考章程相关规定。

（2）第 1 款第 1 项第 a 和 b 小点所述任务由 KfW 一家促进性机构"KfW—中小企业银行"（KfW - Mittelstands - bank）执行。这些任务尤其包括在技术进步和创新领域提供咨询服务和实施促进性措施。

（3）如果业务和第 1 款所述职能的实施之间存在直接关系，KfW 可开展其他业务。在这种情况下，KfW 尤其可以：

1. 购买或出售所有权和证券并承担以汇票和本票形式表示的债务；

2. 开展业务和采取措施以管理和保护资金流动性（国库管理）；

3. 开展与风险管理相关的所有必要业务；

4. 在市场条件下，向基于第 1 款第 4 条所述任务直接相关原因而成立的附属机构提供必要的再融资资金和其他服务。

不允许办理存款业务或参与金融委员会业务；此点不适用于与以下各方开展的交易：KfW 持有直接或间接股权的公司、由 KfW 创建的基金会、德国地方机构、其他德国行政当局、欧盟、其他国际组织、经济合作与发展组织成员国或其国家发展援助组织。

（4）第 3 款的限制条款不适用于涉及德国联邦共和国国家利益并由联邦政府（Bundesregierung）分情况向 KfW 分配的业务。

第三条　商业行为

（1）信贷机构或其他融资机构必须参与向第 2 条第 1 款第 1 点第 a 至 f 小点所述方面提供融资服务；经监事会批准后，可直接提供融资服务。须向第 2 条第 1 款第 1 点第 a 至 f 小点所述各方面提供中长期融资服务；在特殊情况下，经监事会批准，可提供短期融资服务。按照 2003 年 5 月 2 日所发布章程的规定，KfW 必须与信贷机构或其他融资机构合作以根据 2003 年 5 月 2 日所发布章程的规定向第 2 条第 1 款第 4 点第 b 小点所述范围以外资金缺乏的国家提供出口融资服务。在开展此类业务时，KfW 必须遵守与信贷机构或金融机构相关的欧洲共同体法律非歧视原则。

（2）第2条第1款第1点和第4点所述贷款必须直接或间接由传统银行业担保机构进行担保。无担保贷款需得到监事会的批准。

（3）第2款的条款作适当修改后适用于第2条第1款第1点和第4点所述保证，此外，第1款第2句的条款作适当修改后也适用于第2条第1款第1点第a至f小点所述保证。

（4）根据第1款或第2款，向第三方账户提供的融资服务不需要获得监事会的批准。

第四条　资金筹措

（1）为了筹集必要资金，KfW尤其可发行债券和进行贷款。

（2）KfW的短期债务不得超过中长期债务的10%。

（3）KfW使用本国货币发行的债券适用于地方选区货币的投资。

第五条　主体机构

（1）KfW的主体机构为执行董事会（Vorstand）和监事会（Verwaltungsrat）。

（2）除非法律另有规定，否则主体机构的职能和权力由章程规定。

第六条　执行董事会

（1）执行董事会至少由2名成员构成。由监事会任免执行董事会的成员。

（2）除非法律或章程另有规定，否则执行董事会负责开展KfW的业务和管理KfW的资产。

（3）在法庭内外执行董事会均可代表KfW。如果由2名执行董事会成员或1名执行董事会成员连同1名授权代表发表声明，则此类声明均对KfW具有约束力。根据章程的规定，还可由2名授权代表代表KfW发表声明。

（4）需要向KfW发表声明时，仅向执行董事会的一位成员发表此类声明即可。

（5）执行董事会成员的报酬将由此类成员和KfW之间通过签订合同共同约定。

（6）与执行董事会的成员相比，监事会的代表人物为监事会主席，在法庭内外监事会均可代表KfW。

第七条　监事会

（1）KfW的监事会由以下各成员构成：

1. 联邦财政部（Bundesfinanzminister）以及联邦经济与技术部（Bundesminister für Wirtschaft und Technologie）；二者分别担任主席和副主席职位，每年交换一次职位；每个日历年开始时变更主席职位；可由其常任代理或部门主管代表其参加监事会及其委员会会议。

2. 联邦外交部（Bundesminister des Auswartigen），联邦食品、农业和消费者保护部（Bundesminister für Ernahrung, Landwirtschaft und Verbraucherschutz），联邦交通、建筑和城市开发部（Bundesminister für Verkehr, Bau und Stadtentwicklung），联邦经济合作与发展部（Bundesminsterfür wirtschaftliche Zusammenarbeit und Entwick – lung）以及联邦环

境、自然保护和核安全部（Bundesminister für Umwelt, Naturschutz und Reaktorsicherheit）；可由其常任代理或部门主管代表其参加监事会及其委员会会议。

3. 由联邦委员会（Bundesrat）委任的 7 名成员。

4. 由联邦议会（Bundestag）委任的 7 名成员。

5. 抵押银行、储蓄银行、合作银行、商业银行和在工业贷款领域表现突出的信贷机构各派一名代表，在获取相关集团的信息后由联邦政府（Bundesregierung）委任此类代表。

6. 2 名行业代表以及各市（市级协会）、农业、手工业、商业和房地产行业分别派出 1 名代表，在获取相关集团的信息后由联邦政府委任此类代表。

7. 工会的 4 名代表，在获取相关集团的信息后由联邦政府委任此类代表。

（2）除第 1 款第 1 点和第 2 点所述成员以外，监事会成员的任期均为 3 年。每年将有三分之一的成员退休；退休人员可被再次委任。更多详细信息可查看章程相关规定。

（3）除非另有规定，否则监事会将通过投票方式选取票数最多的方案以作出决策（每位成员可投一票）。在票数相同的情况下，主席拥有决定性的一票。法定到场人数要求至少达到成员的一半。章程允许采用书面投票的方式作出决策。

（4）监事会有责任慎重考虑和持续监督 KfW 的业务开展和资产管理。监事会可向执行董事会提供一般指令，尤其有权批准某些协定的订立或交易类型的确定。

（5）除第 4 款第 1 句和第 2 句以及第 8、第 9、第 10 条所述情况以外，监事会可向委员会授予可撤销的权力。更多详细信息可查看章程相关规定。

第七 A 条　中小企业咨询委员会

（1）将在 KfW 建立一个中小企业咨询委员会（Mitte/standsrat）。中小企业咨询委员会的构成为：联邦经济与技术部（主席）、联邦财政部（副主席）、负责东部各州重建（Beauftragter der Bundesregierung für den Aufbau Ost）的联邦政府（特殊代表）、2 名由联邦委员会委任的代表、4 名由联邦经济与技术部委任的额外成员以及 2 名分别由联邦财政部和联邦环境、自然保护和核安全部委任的成员。

（2）根据第 2 条第 2 款，中小企业咨询委员会规定了 KfW—中小企业银行（Mittel-standsbank）的州指令。中小企业咨询委员会结合 KfW 的整体商业计划，仔细考虑和决定采纳促进中小企业发展相关建议。

第八条　章程

（1）KfW 的章程由执行董事会起草并由监事会通过。此类章程还需得到行使法律监督职能的当局批准（第 12 条第 1 款第 1 句）。

（2）监事会需进行投票（投票人数应为总成员数的三分之二，但无论如何不得低于总成员数的一半）并在获得大部分人同意的前提下方可修订章程。此类修订还需得到行使法律监督职能的当局批准。

（3）KfW 必须通过联邦公报（Bundesanzeiger）公布此类章程及其修订。

第九条 年度报告和合并财务报表

（1）必须根据《商法典》（Handelsgesetzbuch）第 340a 至 340o 条编制、审计和披露年度财务报表、管理报告、合并财务报表以及集团管理报告。将由监事会推荐审计师人员，然后在获得联邦审计师法庭（Bundesrechnungshof）同意的情况下由行使法律监督职能的当局委任该审计师。

（2）在一个财年结束后的前六个月内，监事会应决定是否批准年度财务报表；若监事会未批准文件，则其必须采取必要措施。

（3）财年是指日历年。

（4）德国联邦共和国的主管当局拥有《预算与会计法》（Haushalts - grundsatzegesetz）第 55 条第 2 款以及《联邦预算法规》（Bundeshaushaltsordnung）第 112 条第 2 款规定的权利。

第十条 净利润

（1）不存在利润分配。

（2）扣除折旧费和准备金后的年度净利润将被存入法定储备金（其最高金额限定为 1 875 000 000 欧元）。为分配净利润，应考虑其他准备金以及需单独报告的个人股东应占准备金。

（3）剩余净利润将划入需单独报告的准备金。

第十一条 法律地位

（1）在税收、房屋建造、住宿和房屋租赁方面，KfW 拥有与德国中央银行（Deutsche Bundesbank）相等的权利。KfW 被授权使用代称"银行"和"银行集团"来指代自己。

（2）与商业登记簿（Handelsregister）条目相关的《商法典》（Handelsgesetzbuch）规定不适用于 KfW。

第十二条 法律监督

（1）联邦财务部与联邦经济与技术部共同履行 KfW 的法律监督职责。监管当局有权采取所有必要措施以保证 KfW 的商业行为符合法律、章程和其他法规的规定。

（2）联邦财务部加盖公章以证明和确认代表 KfW 行使权力。

第十二 A 条 制定法规的权力；发布法令的权力

（1）通过与联邦经济与技术部协商，联邦财务部应有权根据无需联邦委员会批准的法规决定以下银行监管法律和法规（尚不适应于 KfW）的整体或部分作适当修改后是否适用于 KfW 和机构集团、金融控股集团或即将成立的混合金融控股集团，以保证 KfW 实施适当的商业运作行为：

1. 《银行法》（Kreditwesengesetz）；
2. 《金融集团监管法》（Finanzkonglomerateaufsichts - gesetz）；
3. 为了实施第 1 点和第 2 点所述法律而颁布的法规；以及

4. 欧盟法规。

此条不会影响《银行法》第2条第2款的规定。制定法规的权力尤其应促使银行监管法律和法规涵括以下各方面：

1. 交易账册；

2. 证券化；

3. 自有资本；

4. 合并；

5. 流动资产；

6. 经修改的资产负债表资本比率；

7. 贷款业务；

8. 无现金支付交易；

9. 防止洗钱或恐怖分子的融资活动或防止可能导致KfW的资产陷入危险的其他犯罪活动；

10. 机构、高级经理或金融控股公司和混合金融控股公司的管理主体以及监督和行政机构的特定职责（尤其是组织职责）和对上述人员及其代表的要求；

11. 针对机构以及构成集团一部分的其他机构的高级经理和员工以及相关监管机构和行政机构成员制定的薪酬体系；

12. 审计师的审计和委任以及审计师的特别职责；

13. 金融集团。

决定适当修改并应用银行监管法律和法规时，必须考虑到KfW是一家拥有第2条所述指定职能的促进性银行。

（2）根据第1款制定的法规可授予联邦金融监管局（Bundesanstalt für Finanzdienstleistungsaufsicht，以下简称监管局）根据银行监管法律和法规行使监管的权利，并可确定监管局应根据不时适用的《银行法》第7条在此相关方面与德国中央银行合作。

（3）根据第1款制定的法规还可介绍KfW、机构集团、金融控股集团或即将成立的混合金融控股集团以及各主体成员及其员工的披露、报告和提交职责相关规定以及监管局和德国中央银行的信息查询和审计权。

（4）此外，根据第1款制定的法规可介绍监管局员工和德国中央银行服务人员应履行的保密义务相关规定。

（5）在根据第1款制定法规之前，应咨询监管局和德国中央银行。

（6）作为根据第1款所制定法规规定其必须执行的任务的一部分，监管局可发布所有法令并采取所有适当和必要措施以防止或避免违反银行监管法律和法规，关于：

1. KfW；

2. KfW的高级经理和监事会成员；

3. 构成机构集团一部分的公司、金融控股集团或即将成立的混合金融控股集团以及企业集团（若适用）；以及

4. 根据第 3 点构成集团一部分的公司主体以及此类主体对应的成员。

第十二 B 条　由独立法律实体筹集资金

最迟截至 2008 年 1 月 1 日，在无公共支持的情况下，必须由独立法律实体按照第 2 条第 1 款第 4 点第 3 句所述规定筹集资金。此时约定的资金筹集任务仍可由 KfW 完成。

第十三条　解散

（1）KfW 仅可通过法律解散。

（2）在发生解散的情况下，如果支付所有债务后的剩余资产超出已缴名义资本，则超出根据 KfW 的解散报告的法定储备金和单独报告的储备金之和的盈余部分，将首先用于赔偿因联邦共和国或与 KfW 开发贷款相关的 ERP 专项基金，或因根据此类贷款相关担保产生的需求而导致的损失和费用。剩余部分将按照相当于准本金和特殊准备金的金额（二者均如在 KfW 解散的情况下以及个人股东应占部分所示）分配给其受益人。否则，将按照名义资本中股份的比例分配资产。

第十四条　生效

本法律一经颁布即刻生效。

此规定是关于 1948 年 11 月 5 日所发布本法律原始版本（WiGBI，第 123 页）的生效。随后修订版的生效时间均以最初颁布的法律为准。

本译本仅供方便之用。仅本法律德文原版具有法律约束力。

法国储蓄托管机构相关法条

目　录

第二章　储蓄和信托银行 …………………………………………………… 376
　第一节　监督委员会 ……………………………………………………… 376
　　第一段　组成 ………………………………………………………… 376
　　第二段　任务 ………………………………………………………… 377
　　第三段　向议会提交报告 …………………………………………… 378
　第二节　储蓄和信托银行的行政管理 …………………………………… 378
　　第一段　总经理 ……………………………………………………… 378
　　第二段　总行长 ……………………………………………………… 378
　　第三段　银行职员与国库会计师的协助 …………………………… 378
　　第四段　审计法院的检查 …………………………………………… 378
　第三节　储蓄和信托银行的收益分配 …………………………………… 378
　第四节　业务 ……………………………………………………………… 379
　　第一段　储蓄与托管 ………………………………………………… 379
　　第二段　储蓄与托管的收益 ………………………………………… 379
　　第三段　失效的规定 ………………………………………………… 379

第二章 储蓄和信托银行

第 L518-2 条

储蓄和信托银行是专为处理存款和托管业务、交由此银行处理的与该银行或资金相关的业务,以及进行其他与本银行相同性质业务而设立的机构。

储蓄和信托银行按照特别方式设立,由立法机构监管和担保。

该银行根据最高行政法院决议组建,并按照监督委员会意见实施。

第 L518-2-1 条

根据 2005 年 7 月 26 日第 2005—842 号法令—法兰西共和国官方公报 2005 年 7 月 27 日第 28 条创建。

根据 2005 年 12 月 15 日第 2005—1564 号法令—法兰西共和国官方公报 2005 年 12 月 16 日第 18 条修订。

储蓄和信托银行可以根据第 L211—1 条 I 第 2 点的相关规定发行债务工具。[①]

第 L518-3 条

对于在实施时需要储蓄和信托银行予以配合的法令,需要听取监督委员会的意见,并在经济部长出具的报告基础上或在其介入后下达。

第一节 监督委员会

第一段 组成

第 L518-4 条

监督委员会由以下成员组成:

1. 三名国民议会成员,由议会选举产生。
2. 一名参议院成员,由参议院选举产生。
3. 两名最高行政法院最少为行政长官级别的成员,由最高行政法院委任。
4. 两名审计法院最低为行政长官级别的成员,由审计法院委任。
5. 法国国家银行的行长或者副行长,由银行委任。
6. 法国商会的主席或者成员,由商会选派。
7. 经济部门国库负责人。
8. 储蓄和储金国家总银行的监督委员会主席在储蓄和信托银行监督委员会拥有决议权。其应参与所有与储蓄银行相关的会议。

第 L518-5 条

监督委员会可自行选举主席。主席在成员中选举产生。

在票数相等的情况下,主席的投票有最终决定权。

---

① 根据 2005 年 7 月 26 日第 2005—842 号法令第 28 条 I:在修订 2005—842 号法令第 28 条时出现异常情况;参考《货币金融法》,而不是《商法》。

第 L518-6 条

任期为三年。成员可重复参加选举。该职务不支付酬劳。

第二段 任务

第 L518-7 条

根据2014年12月30日第2014—1662号法令-第20条进行修订

监督委员会负责监督储蓄及信托银行。该委员会负责监督第L221-7条中提及的资金管理工作。根据第L518-10条,这些管理操作应由监督委员会在议会年度报告特别章节中进行公布。

根据最高行政法院决议规定的方式,监督委员会制订详细的实施计划。

每一年,监督委员会都会预先提交储蓄和信托银行发行债务工具的计划。委员会规定该债务工具的年度最高数额。

监督委员会还应至少每年一次在以下方面听取意见:

1. 公共机构和分支的战略方向;
2. 储蓄和信托银行总利润目标的实现;
3. 公共机构和分支的投资战略定位;
4. 公共机构和政治团体财务和现金内控的情况;
5. 单个报表和合并报表以及附件,合并参数和方法,外部审计备注的回应以及资产负债表以外重要职责的检验。

在必要的情况下,监督委员会成员应至少每月对银行情况和账簿进行核对。

监督委员会的内部制度规定了其运作方式。

第 L518-8 条

根据2008年8月4日第2008—776号法令 - 第151(V)条进行修订

监督委员会在其特别咨询委员会,尤其是账户和风险监测委员会的内部,设立储蓄基金委员会和投资委员会。

委员会在其内部制度中规定职权及运作方式。

投资委员会负责监督储蓄和信托银行投资政策的实施。委员会需要预先监控在监督委员会内部设立的门槛之外,能让储蓄和信托银行获取或者让与资金票据或者向某家公司注资的操作。

第 L518-9 条

根据2008年8月4日第2008—776号法令 - 第151(V)条 进行修订

委员会可以向总经理提供意见,这些意见不具备强制性。

总经理向监督委员会提供所有委员会认为在实施其监督职能过程中需要的文件和信息。

监督委员会可公开发表意见。

第三段　向议会提交报告

第 L518 – 10 条

根据 2008 年 8 月 4 日第 2008—776 号法令 – 第 151（V）条进行修订

监督委员会关于期限内机构管理道德和经济状况的报告应在 6 月 30 日前提交议会。

该报告应该包括该年的委员会会议纪要并以附件形式附上投票的意见、提案和决议，以及总部和储蓄部预期资产表和职位表，报告应于第一季度提交至议会。

第二节　储蓄和信托银行的行政管理

第一段　总经理

第 L518 – 11 条

储蓄和信托银行由一名任期五年的总经理领导和管理。

总经理向监督委员会宣誓就职。

总经理可被免职，在监督委员审议后，委员会可以决定公开招聘或者内部推荐。

第 L518 – 12 条

总经理负责银行资金和股票的管理。

总经理在年底前向监督委员会提交次年预算。该预算方案经委员会审议后，需提交给经济管理部批准。

第二段　总行长

第 L518 – 13 条

总行长负责资金的支配。总行长负责收款、费用支付、股票的保管和保存。总行长根据委员会的提案，按照规定金额提供保证金。

在确认缴纳国库保证金后，总行长向国家审计院宣誓就职。

总行长应向不可抗力之外的因素造成的失误和亏损负责。

第三段　银行职员与国库会计师的协助

第 L518 – 14 条

根据 2010 年 4 月 27 日第 2010—42 号法令 – 第 112 条进行修订

储蓄银行在巴黎大审法院所在城市设立银行并安排提供委托服务的员工。

总经理可以要求召集公共会计师执行与储蓄和信托银行相关的收款和付费。

与该服务相关的津贴发放需要经经济部长和监督委员会达成一致。

第四段　审计法院的检查

第 L518 – 15 条

国家审计法院对储蓄和信托银行的管控依据金融法第 L.131 – 3 条的相关规定执行。

第三节　储蓄和信托银行的收益分配

第 L518 – 16 条

储蓄和信托银行每年根据支付完公司税款后的自由账户的营业净利润额，在规定机构章程的法律和规章制度范围内，根据机构监督委员会的意见，向国库转入部分净利润额。

第四节 业务

第一段 储蓄与托管

第L518–17条

储蓄和信托银行需要负责接收法律或者法规规定，抑或是司法机关或行政机关同意的所有性质的托管，无论是以货币形式的还是有价证券形式。

第L518–18条

证券储蓄、保管和撤销的形式，由最高行政法院决议决定。

第L518–19条

司法机关和行政机关不能同意或者命令针对自然人或除储蓄及信托银行以外的其他机构的托管，也不能同意债务人、受托人、相关第三方以保管人或其他人的名义进行保管。违反了这些规定的托管无效也不能解除义务。

第L518–20条

如果有人在上述银行或者在担任职务的银行进行转账，但并未在限期内履行职责，储蓄及信托银行的总经理可以授予他人或者被银行相关职务人员授予免除上述人员约束的权力。总经理以及登记的担任相关职务的人员，可以执行上述免除操作，并将流程汇报给法庭代理人。

第L518–21条

所有与委托资金和有价证券相关的监护、保存和转账产生的费用和风险都由储蓄和信托银行负责。委托有价证券不包括任何监护权。

第L518–22条

以欠款、利息、分红、清偿或转让产品或者其他任何委托有价证券产品名义入库的款项，不论何时入库，都不得用于储蓄和信托银行的清算和利息支付。

第二段 储蓄与托管的收益

第L518–23条

储蓄和信托银行对于公开储蓄账户利息的计算利率和方法以及该银行受委托代理的款项金额由总经理根据监督委员会的意见并经负责经济部长同意后决定。

第三段 失效的规定

第L518–24条

根据2009年1月8日第2009—15号法令 – 第4条进行修订

无论以何种名义存入储蓄及信托银行的款项，在30年的期限后将属于国家资产，除非该款项的账户进行了转账或者清偿业务，或者要么根据1816年7月3日法令的第15条中规定的方式向托管银行通知付款要求，要么出现民法第2241条和第2244条中提及的情况。

最迟在此期限到期前6个月，储蓄和信托银行通过挂号信向权利所有人通知失效。该通知将发往银行所持有的法律文件中记录的法定地址，如果没有法定地址，将发送给托管地点的共和国检察官。

此外，托管的日期和地点以及未在两个月通知期限内向银行通知要求付款的利益相关方的姓名和地址，将尽快在官方公告中进行公布。

失效款项到达一定金额后每年将与利息一起转到公共国库。

无论何种情况下，储蓄及信托银行都不负责支付超过30年的利息，除非在30年期限之前，出台了与此规定相反的法律规定。

上述规定适用于储蓄和信托银行一切形式的金融证券。

日本政策投资银行股份有限公司法

（2007年6月13日法律第85号）

最终修订：2015年5月20日法律第23号

目 录

第一章　总则（第一条、第二条）··· 384
第二章　业务类（第三条—第二十五条）··· 384
第三章　其他规定（第二十六条—第二十九条）································ 392
第四章　法律责任（第三十条—第三十五条）··································· 394
附则 ··· 396

第一章　总　则

（目的）

第一条　日本政策投资银行股份有限公司（以下简称政策投资银行），其为实现完全民营化的同时确保经营的自主性，通过经营与使用一体的出资和融资方法及其他高度的金融方法，以此为日本政策投资银行长期的事业资金投资和融资功能的主干，向长期需要资金供给的企业顺畅地提供资金并为金融功能的高度化贡献力量。

（商号的使用限制）

第二条　1. 除政策投资银行以外，禁止在其商号中使用日本政策投资银行股份有限公司之字样。

2. 银行法（1981年法律第59号）第六条第二款中的规定对政策投资银行不适用。

第二章　业务类

（业务范围）

第三条　1. 政策投资银行为达成其目的，经营以下所披露的业务。

一、吸收存款业务（仅限于可转让存款及其他政策规定的存款）。

二、进行资金的放款业务。

三、进行资金的出资业务。

四、对债务进行担保的业务。

五、进行有价证券（根据第七项所规定的证书中记载的金钱债权以及短期公司债券等除外。与第八项相同）的买卖（与有价证券关联金融衍生商品交易［金融工具交易法（1948年法律第二十五项）第二十八条第八款第六项之规定的被称为有价证券关联金融衍生商品交易。以下本项以及第十一项相同）的除外］。或者是有价证券关联金融衍生商品交易（仅限于以投资的目）的业务（除相当于第三项中所披露的相关业务以外）。

六、进行有价证券的放款业务。

七、进行取得货币债权（包含可转让存款存单和其他按照财务省规定制定的表示这类的存单）或转让货币债权的业务。

八、特定目的公司发行的特定公司债券或优先出资证券（仅限于在资产流动化计划中通过该特定公司债券或通过优先出资证券的发行取得的金钱所发行的指定金钱债权或取得指定金钱债权信托的信托收益权，有特定公司债券的情况下，特定短期公司债券除外）及其他以此作为标准的有价证券财务部所规定的（以下各条中称作"特定公司债券"）。承兑之有价证券的接收（以卖出为目的的除外）或与该承兑相关的特定公司债券进行募集。

九、进行短期公司债券的取得或进行转让的业务。

十、为了银行（银行法第二条第一款所规定的银行。下同）和其他政策规定的从事金融业工作的企业，代理缔结以资金的放款为内容的合同又或者是进行媒介活动。

十一、进行金融工具交易法第二条第二十款所规定的金融衍生商品交易（与有价证券关联的金融衍生商品交易有关的业务除外）业务（相当于在第七项中公布的业务除外）。

十二、从事金融工具交易法第二条第八款第七项所公布的行为。

十三、从事金融工具交易法第二条第八款第九项所公布的行为〔关于办理募集或者出售的，仅限于接受金融工具交易法第二十八条第一款所规定的进行第一种金融商品交易业务的金融商品交易企业的（金融工具交易法第二条第九款所规定的称为金融商品交易企业。下同）委托为该金融商品交易企业进行业务〕。

十四、进行金融工具交易法第二条第八款第十一项所规定的行为（业务）。

十五、进行金融工具交易法第二条第八款第十三项所规定的行为（业务）。

十六、进行金融工具交易法第二条第八款第十五项所规定的行为（业务）。

十七、就金融工具交易法第三十三条第二款各项所规定的有价证券（在该有价证券未公开发行的情况下，该有价证券同样有被公开的权利）或者交易业务，进行同款各项所规定的业务（从第三项、第五项、第七项到第九项、第十一项以及第十三项所规定的内容除外）。

十八、对其他企业的项目的转让、合并、公司的分割、股权交换或者股权的转移的相关咨询进行商谈，或者作为中介对这些事宜进行业务处理。

十九、回答其他企业有关经营方面的咨询或者在有必要时向其他企业提供相关的调查或情报。

二十、进行金融及其他与经济相关的调查，研究，或培训业务。

二十一、进行以上各项所规定的业务的附带业务。

2. 政策投资银行在经营前款所述业务以外，在得到财务部部长认可后，为了达成其目的也可以经营其所必要的业务。

3. 第一款第五项、第六项及并列的第五项的"有价证券"是指，金融工具交易法第二条第一款所规定的有价证券及同法条第二款所规定的视为与价证券具有同等权利的有价证券。

4. 第一款第五项、第九项以及下一项中的"短期公司债券等"是指以下所规定的事项。

一、与公司债券、股权等转账相关的法律（2001年第75号法律）第六十六条第一项所规定的短期公司债券。

二、与投资信托以及投资法人相关的法律（1951年第198号法律）第一百三十九条的十二第一款所规定的短期投资法人债券。

三、与资产流动化相关的法律（1998年第105号法律）第二条第八款所规定的特定短期公司债券。

四、其权利的归属是根据公司债券、股权等转账的相关法律，在转账账户名册中记载的，或者是根据备案所确定的外资法人所发行的债券（存在新股预约券付公司债券性质的除外）中应当公开的权利，应当符合以下条件：

a. 各权利的金额不能低于一亿日元。

b. 关于本金的偿还，规定权利的总金额的支付日起不满一年之日为确定期限，并且，没有分期支付之规定。

c. 利息的支付期限与 b 的本金偿还期限适用相同的规定。

5. 关于第一款第七项所规定的业务，同款中规定的证书以表示的金钱债权之中的相当于有价证券的，关于同款第九项中规定业务的短期公司债券等，包含金融工具交易法第二条第八款第一项至第六项以及第八项至第十项中规定的行为所进行的业务。

6. 第一款第八项的"特定目的公司""资产流动化计划""特定公司债券""特定短期公司债券"或者"优先出资证券"是指，与各自资产的流动化相关的法律第二条第三款、第四款或者第七款至第九款中规定的被称作特定目的公司、资产流动化计划、特定公司债券、特定短期公司债券或者优先出资证券。

7. 公司在经营第一款第十项中规定的业务时，不适用银行法第五十二条的三十六第一款和其他同项中根据政策命令规定的金融业经营者相关适用的同款规定中等同规定和根据政策命令规定的业务。

（适用金融工具交易法的规定的解读等）

第四条 1. 关于政策投资银行适用金融工具交易法的规定，下表的第一栏所规定的同一法律规定的条款项，同表的第二栏为该法律中的关键字，分别为本表同一行的第三栏所中规定的关键字。

第二条第八款	称作协同组织金融机构	称作协同组织金融机构、日本政策投资银行股份有限公司
第二条第十一款、第二十七条的二十八第三款、第二十八条第四款、第三十三条第一款、第三十三条的五第二款、第三十三条之七、第五十八条、第六十条的十四第一款、第六十六条以及第二百零二条第二款第一项以及第二项	协同组织金融机构	协同组织金融机构、日本政策投资银行股份有限公司
第三十三条的八第一款	金融机构的情况下	金融机构的情况下或者进行日本政策投资银行股份有限公司的股份有限公司日本政策投资银行法（2007 年第 85 号法律）第三条第一款第十六项中规定的业务的情况下

2. 政策投资银行的董事、会计顾问（会计顾问是法人时，包含应当履行该职务的员工。下同）、监事或者是主管人员或员工，金融工具交易企业（仅限于从事金融工具交易法第二十八条第八款中规定的有价证券的关联业务者。下同）的董事、会计顾问、监事或者是高级管理人员上任时（包含金融工具交易企业的董事、会计顾问、监事或者主管人员是政策投资银行的董事、会计顾问、监事或者主管人员兼任的情况）或者

金融工具交易企业的董事、会计顾问、监事或者是主管人员离职时，根据财政部的规定，必须立即通知财政部长。

（日本政策投资银行债的发行）

第五条 1. 政策投资银行可以发行日本政策投资银行债。

2. 公司法（2005年第86号法律）第七百零二条的规定不适用于政策投资银行发行日本政策投资银行债。

3. 限于政策投资银行的日本政策投资银行债的发行地为国外时，因有必要交付给丧失该公司债券权人时（包含其息票。以下本款以及第十三条第三款以及第四款第一项同样），根据政策命令的规定，可以发行日本政策投资银行债的公司债券。

（日本政策投资银行债的发行方法）

第六条 1. 发行日本政策银行债的公司债券时，该公司债券以不记名形式发行。但是，根据募集者或者所有权人的要求以记名形式发行时也可以记名。

2. 政策投资银行在发行日本政策银行债的公司债券时，该公司债券的募集者之间，与该公司债券相关的保护托管协议必须以财政部、内阁府规定的事项作为协议内容进行签署。

3. 政策投资银行在发行日本政策银行债的公司债券的情况下，可以依照出售方法进行出售。在此种情况下，必须确定出售的期间。

4. 政策投资银行在发行日本政策银行债的公司债券时，在债券票面上必须记载以下所规定的事项。

一、政策投资银行的商号。

二、该公司债券相关的公司债券的金额。

三、该公司债券相关的日本政策投资银行债的利率。

四、该公司债券相关的日本政策投资银行债的偿还方法以及期限。

五、该公司债券的编号。

5. 政策投资银行在根据出售方法，预计发行日本政策投资银行债时，必须对以下所规定的事项进行公告。

一、出售期间。

二、日本政策投资银行债的总额。

三、日本政策投资银行债被要求分数次缴纳时，应缴纳的金额以及时期。

四、日本政策投资银行债发行的价格或者其最低发行价格。

五、预计发行根据公司债券、股权等转让相关的法律规定其权利的归属依照转账账户名册中记载的或根据登记决定的日本政策投资银行债时，适用该法。

六、前款第一项至第四项中规定的事项。

6. 政策投资银行在发行日本政策投资银行债的情况下，可以根据方法给予折扣。

（日本政策投资银行债的消灭时效）

第七条 政策投资银行发行的日本政策投资银行债的消灭时效，本金为十五年，利息为五年。

（流通货币及证券仿造管理法的适用）

第八条 流通货币及证券造制管理法（1895年第28号法律）是适用关于政策投资银行发行的日本政策投资银行债的公司债券的仿造。

（存款的接收等开始情况的特例）

第九条 1. 政策投资银行在尝试开始接收第三条第一款第一项所规定的存款或者日本政策投资银行债的发行时，事前必须得到财务大臣的批准。

2. 财务大臣尝试批准前款时，事前必须与内阁总理大臣进行协商，并取得其同意。

3. 内阁总理大臣在有前款规定的协议情况下，认为有必要的时候，针对财务大臣，可以要求其提出必要的资料及进行说明。

4. 内阁总理大臣在根据第二款的规定协商的情况下，特别是有必要认可的时候，根据其必要的程度，针对政策投资银行所提出的资料、说明可以提出进行其他协助的要求。

5. 政策投资银行在接受第一款所规定之批准的情况下关于政策投资银行经营的业务，不适用银行法第四条第一款以及长期信用银行法（1957年第187号法律）第四条第一款的规定。

（银行法的适用）

第十条 1. 银行法第十二条之二、第十三条、第十三条之二、第十三条之四、第十四条、第十四条之二、第二十条、第二十一条、第二十三条以及第五十七条之四（仅限于第一项有关的）的规定适用于前条款第一款所得到批准的政策投资银行。该情况下，在这些规定之中（除银行法第十三条的四后段以及第二十条第七款外）"内阁总理大臣"是指"财务大臣及内阁总理大臣"，"内阁府命令"是指"财政部规定内阁府规定"，银行法第十三条之四中"第三十八条第一项以及第二项且第三十八条之二"是指"第三十八条之二"相互替换以外，必要的技术性的替换，由政策规定。

2. 关于适用前款中银行法第十三条之四中有关金融工具法的规定，该规定中"内阁府命令"是指"财政部规定、内阁府命令"。

3. 政府根据第一款中适用的银行法规定，作出前条第一款的批准时必须考虑政策投资银行的资金的贷款不能侵害其他业务利用者的正当利益。

（财务年度）

第十一条 政策投资银行的财务年度是指4月1日开始至第二年的3月31日为止。

（股份）

第十二条 1. 政策投资银行在募集公司法第一百九十九条第一款规定的募集股份或同法第二百三十八条第一款规定的募集新股认购权的认购者时，或者股权互换的时候或准备交付新股认购权时，必须得到财务大臣的批准。

2. 政策投资银行在根据行使新股认购权将股权交付后，不得迟延，必须当即向财政部长进行申报。

（公司债券、日本政策投资银行债以及债务）

第十三条 1. 政策投资银行在每个财务年度开始前，根据财政部规定所决定的事项，关于公司债券（除日本政策投资银行债以外。下同）以及日本政策投资银行债（分别除公司债券、股权等转让相关的法律第六十六条第一项所规定的短期公司债券以外。本条款及第十八条下同）发行和借款（仅限于偿还期限超过一年的。本条款及第十八条下同）的借入，制定关于发行及借款的金额、公司债券及日本政策投资债以及借款的表示货币，和其他的公司债券以及日本政策投资银行债的发行以及借款的借入有关的基本方针，该方针必须得到财务大臣的认可。如果想要改变该方针，同样需要认可。

2. 政策投资银行在发行公司债券或者日本政策投资银行债以后，或者借入借款以后，根据财政部规定，该事项必须当即向财政部长备案。

3. 限于政策投资银行的日本政策投资银行债的发行地为国外时，因为有必要交付给失去该公司债券务者的时候，根据政策命令的规定，可以发行日本政策投资银行债的公司债券。

4. 第一款后段以及第二款的规定，符合以下情况的不适用。

一、公司法第六百九十九条第二款所规定的得到除权决定后再次收到发行请求的，发行公司债券的公司债券或者日本政策投资银行债的公司债券（下一项以及第二十五条第二款所述"公司债券等"）的场合。

二、根据第五条第三款或者前款的规定发行公司债券等情况下。

（接受额度及授信额度）

第十四条 1. 以下所规定的合计总额是，不能超过相当于资本金以及储备金（资本储备金以及利益储备金。与下文中本条款同）金额总额的十四倍。但是，关于公司债券以及日本政策投资银行债，因为有必要将已经发行的旧银行债券（根据附则第二十六条的规定废止前的日本政策投资银行法（1999年第73号法律。以下称旧政投银法）依据第四十三条第一款或第四款发行的本条第一款中规定的银行债券。下同）、公司债券或者日本政策投资银行债证券转换的，仅限于在进行证券转换所必要的期间内，发行可以超出该总额。

一、存款的当前数额。

二、借款的当前数额。

三、依据旧政投银法第四十二条第五款的规定接受的寄存金的当前数额。

四、与旧银行证券的本金相关的债务的当前数额。

五、与已发行的公司债券以及日本政策投资银行债的本金相关的债务的当前数额。

六、无论以任何名义，与前面各项中所规定的具有同样经济性质的当前数额。

2. 以下所规定的合计总额，不能超过根据资本金以及储备金的金额与前款中规定的限度额的总额。

一、资金的贷款以及受让的债权（第三项中规定的与有价证券相关的除外）的当前数额。

二、已担保债务的当前数额。

三、已经取得的有价证券［第三条第三款所规定的有价证券，金融工具交易法第二条第一款第一项以及第二项中规定的有价证券（包含该有价证券没有发行的情况下该有价证券应当表示的权利）和下一项的资金的出资相关的除外］的当前数额。

四、资金的出资的当前数额。

（董事长等的选任的决议）

第十五条 政策投资银行的董事长或执行代表的选任以及职务的解除和监事会委员的董事或者监事的选任以及解除或监事会成员的选任或解除的决议，在未得到财务大臣认可前，不发生任何效力。

（董事兼职的认可）

第十六条 1. 在政策投资银行从事常务工作的董事（政策投资银行设提名委员会等机构及执行官），除得到财务大臣的认可以外，不得在其他公司从事常务工作。

2. 财务大臣在收到前款所述认可申请时，除认为该申请所相关的事项有可能会影响公司业务的健全且影响正常运营的以外，必须给予认可。

（事业计划）

第十七条 政策投资银行在每个财务年度开始之前，根据财政部的规定，制定该事业年度的事业计划，必须得到财务部部长的认可。如果想改变这个事业计划，按照同样的方法办理。

（偿还计划）

第十八条 政策投资银行在每个财务年度开始之前，根据财政部的规定，制定公司债券、日本政策投资银行债以及借款的偿还计划，必须得到财务大臣的认可。如果想改变这个还款计划，按照同样的方法办理。

（认可对象子公司）

第十九条 政策投资银行计划把以下规定的企业（第三项、第四项以及第七项中，以私人名义拥有的不包含在内。以下称为认可对象子公司）变成子公司时（公司法第二条第三项中规定的子公司），必须提前得到财务部部长的认可。

一、银行。

二、长期信用银行（长期信用银行法第二条中所规定的长期信用银行）。

三、金融工具交易企业（仅限于金融工具交易法第二十八条第一款中所规定的经营第一种金融工具交易的企业）。

四、贷款企业（贷款行业法（1983年第32号法律）第二条第二款中所规定的贷款企业，前项所规定的兼职人员符合财政部规定的其他条件的除外）。

五、信托公司［信托业法（2004年第154号法律）第二条第二款中所规定的信托公司］。

六、保险公司［保险业法（1995年第105号法律）第二条第二款中所规定的保险公司]。

七、按照财政部规定与前各项所规定的行业类似的行业。

（章程的变更等）

第二十条 1. 公司章程的变更、公积金的分配以及其他公积金的处理（处理损失的除外）、合并、公司分立以及解散的决议，必须得到财务大臣的认可，否则不具效力。

2. 财务大臣在决定认可（仅限于合并、公司分立以及解散的决议相关的事项）前款所述内容时，必须与国土交通大臣进行协商。

（资产负债表等的提出）

第二十一条 政策投资银行在每个财务年度，根据财政部的规定，必须向财务大臣提交与该财务年度的中间财务年度（该财务年度的期间为4月1日开始至9月30日截止）相关的资产负债表、利润表以及财务报告和该财务年度相关的资产负债表、利润表以及财务报告。

（与财政融资资金运用相关的特例）

第二十二条 财政融资资金（财政融资资金法（1951年第100号法律）第二条所述的财政融资资金。下同）即使受同法第十条第一款管辖，但在第三条第一款以及第二款中所规定的为了补充公司业务所需要的经费而借款的情况下可以对公司运用信贷（第二十四条中仅称作"信贷"）。

第二十三条 1. 尽管受财政融资资金法第十条第一款的管辖，财政融资资金为了补充公司业务所需要的经费可以运用第三条第一款以及第二款中所规定的发行公司债券或者日本政策投资银行债（下款、下条以及第二十五条第一款中所述"公司债券等"）。

2. 财政融资资金在以公司债券等或者旧银行债券的方式运用的情况下，不应当进行在公司债券等以及旧银行债券发行的余额为十分之五或者政策投资银行一次性发行的公司债券等超过公司债券比例的十分之六或者旧银行债券的认购、募集或者买入（仅限于买入旧银行债券。以下本款中称作"认购等"）。在此情况下，通过财政融资资金认购公司债券等或者旧银行债券的利率、担保、偿还方法、期限和其他条件，必须是与该认购等以外的认购相关的相同种类。

第二十四条 关于适用通过第二十二条的规定运用财政融资资金或者通过前条第一款所规定公司债券等运用财政融资资金有关的针对财政融资资金长期运用的特别措施有关的法律（1973年第7号法律）规定，政策投资银行被视为财政融资资金法第十条第一款第七项所规定的法人。

（债务担保）

第二十五条 1. 政府在即使受针对法人的政府财政援助限制相关法律（1946年第24号法律）第三条的管辖，在国会表决通过的金额范围内，与公司债券等有关的债务，可以签署担保合同。

2. 政府在前款规定以外，关于政策投资银行为了将公司债券交付给丧失公司债券券的人公司法第六百九十九条第二款中规定的得到除权决定后接受再次发行公司债券等请求的或者第五条第三款或通过第十三条第三款的规定发行的公司债券等相关的债务，可以签署担保合同。

第三章　其他规定

（监管措施）

第二十六条　1. 主务大臣根据本法律所规定的内容监督政策投资银行。

2. 主务大臣参照政策投资银行的业务或者财产或政策投资银行以及其子公司（公司法第二条第三项中规定的子公司，仅限适用于授权子公司。下条第二款以及第五款和第三十三条第二款中的相同）的财产状况认为有必要为了确保公司业务的健全及恰当的运营时以及其他认为有必要实施本法律的情况下，针对政策投资银行，表明应当采取措施的事项及期限，为了确保公司健全的经营提出改善计划，或者命令修改已提交的改善计划，或者在必要的限度内，命令政策投资银行在一定时期内停止其全部或部分业务，或者命令政策投资银行以财产抵押，及其他相关的业务可以在监督上作出必要的命令。

（报告以及检查）

第二十七条　1. 主务大臣认为有必要为了确保公司业务的健全及恰当的运营及其他认为有必要实施本法律时，可以让政策投资银行报告，或者要求其职员进入政策投资银行的营业场所和其他的设施中对业务的状况或账本、文件和其他必要的物品进行检查。

2. 主务大臣认为特别有必要为了确保公司业务的健全及恰当的运营时或在其他认为非常有必要实施本法律时，在必要的限度下，要求政策投资银行的子公司或接受公司业务委托的企业汇报与公司业务状况有关的报告作为参考，或者可以要求其职员进入政策投资银行的子公司或被委托人的设施中，对与政策投资银行的业务状况有关的可以作为参考的业务状况或账簿、文件和其他必要的物品进行检查。

3. 根据前二款的规定职员入场检查的场合，必须携带表明其身份的证明文件，并向相关人士出示。

4. 第一款以及第二款所规定的入场检查的权限，不可以理解为犯罪搜查。

5. 政策投资银行的子公司或者被委托人在有正当的理由时，可以拒绝根据第二款的规定进行汇报或入场检查。

（权限的委托）

第二十八条　1. 财务大臣根据政策所规定的，依照前条第一款或第二款的规定可以将入场检查的部分权限委托内阁总理大臣。

2. 内阁总理大臣以前款的委托为基础，依照前条第一款或第二款的规定入场检查后，将其结果及时报告至财务部部长处。

3. 内阁总理大臣依照第一款的规定被委托的权限以及根据前款所规定的权限委托给金融厅长官。

4. 金融厅长官根据政策所规定的，依照前款的规定被委托的全部权限或部分权限可以委托给财政局局长或财政局副局长。

5. 政策投资银行收到第九条第一款的批准后，不适用前各款的规定。

（主务大臣）

第二十九条 1. 本法律所称主务大臣是指财务大臣。但是，政策投资银行在收到第九条第一款的批准后进行以下所规定的事项，则指财务大臣以及内阁总理大臣。

一、第十条中取代准用的银行法所规定的相关事项。

二、根据第二十六条第二款所规定的与命令（仅限于同款所规定的认为有必要为了确保公司业务的健全且适当的运营时的行动）相关的事项。

三、根据第二十七条第一款所规定的报告征收以及入场检查（仅限于同款所规定的认为有必要为了确保公司业务的健全且适当的运营时的行动）相关的事项。

四、根据第二十七条第二款的规定征收报告以及入场检查（仅限于同款所规定的认为有必要为了确保公司业务的健全且适当的运营时的行动）相关的事项。

2. 根据前款限制性条款的规定同款第三项或第四项中规定的事项的有关权限，不妨碍财务大臣或内阁总理大臣各自单独行使其权限。

3. 下列各项中规定的大臣在依照前款的规定单独行使其权限时，需将结果及时通知该各项中所规定的大臣处。

一、财务大臣　内阁总理大臣。

二、内阁总理大臣　财务大臣。

4. 就第一款限制条款而言，第三条第二款中的"财务大臣"是指"财务大臣以及内阁总理大臣"，第十三条第二款中的"财务大臣"是指"财务大臣（关于日本政策投资银行债发行的相关事务的财务大臣以及内阁总理大臣）"，第二十条第二款中的"国土交通大臣"是指"国土交通大臣以及内阁总理大臣"，第二十一条中的"依照财务部规定决定的事项，该财务年度的中间财务年度（该财务年度的期间为4月1日开始至9月30日截止）"是指"依照财务部的规定［遇有第九条第一款的批准收到日属于财务年度以后的财务年度以及中间财务年度的（该财务年度的期间为4月1日开始至9月30日截止。本条下同）财务部规定、内阁府规定］决定的事项，该财务年度的中间财务年度"，"财务大臣"是指取代"财务大臣（遇有同款的批准收到日属于财务年度以后的财务年度以及中间财务年度的，财务大臣以及内阁总理大臣）"。

5. 财务大臣在第一款限制条款的情况下，尝试修改第三条第一款第七项或第八项的财务部规定时，必须提前征得内阁总理大臣的同意。

6. 内阁总理大臣根据本法律将权限（前条第一款至第三款中所规定的和其他政策所规定的除外）委托给金融厅长官。

7. 金融厅长官依照政策所规定的，依照前款的规定可以将被委托的权限的部分委托给财政局局长或财政局副局长。

第四章　　法律责任

第三十条　1. 政策投资银行的董事、主管人员、会计顾问、监事或员工，利用其职务上的便利，收受贿赂，或者接受其要求或作出承诺时，处三年以下有期徒刑。因此作出违法行为的，或者应当履行的责任而不履行的，处五年以下有期徒刑。

2. 前款的情况下，没收犯人所收受的贿赂。其全部或部分未能没收的，追缴其款额。

第三十一条　1. 前条第一款中行贿者，或者请求作出承诺者，处三年以下有期徒刑或一百万日元以下的罚金。

2. 犯前款罪的人有自首情节的，应当减轻其刑事责任，或免除其刑事责任。

第三十二条　1. 第三十条第一款的犯罪行为依照刑法（1908年第45号法律）第四条的案例处罚。

2. 前条第一款的犯罪行为依照刑法第二条的事例处罚。

第三十三条　1. 根据第二十七条第一款的规定未汇报的，或者做出虚假汇报的，或者根据同款的规定拒绝、妨碍检查的，或者逃避，对做出违反行为政策投资银行的董事、主管人员、会计顾问（会计顾问为法人的时候，指应当从事该职务的职员）、监事或员工处以三十万日元以下的罚金。

2. 根据第二十七条第二款的规定未汇报的，或者作出虚假汇报的，或者根据同款的规定拒绝、妨碍检查的，或者逃避的，对作出违反行为的政策投资银行的子公司或被委托人的董事、主管人员、会计顾问（会计顾问为法人的时候，应当为从事该职务的职员）、监事或员工处以三十万日元以下的罚金。

第三十四条　符合以下任意条件的，对作出违反行为公司的董事、主管人员、会计顾问或应当从事该职务的职员或监事处以一百万日元以下的罚款。

一、违反第三条第二款之规定，经营业务者。

二、违反第四条第二款之规定，未做兼职备案者。

三、违反第九条第一款之规定，开始接受存款或发行日本政策投资银行债者。

四、违反第十二条第一款之规定，募集股份或募集新股认购权的认购者，或者进行股权交换期间以及新股认购权交付后违反规定者。

五、违反第十二条第二款之规定，股份交付以后未进行备案者。

六、违反第十三条第一款之规定，基本方针不被认可时。

七、违反第十三条第二款之规定，公司债券或日本政策投资银行债发行后或借款借入后未进行备案者。

八、违反第十四条第一款或第二款之规定，超过限度额或总额者。

九、违反第十六条第一款之规定，兼职未通过批准者。

十、违反第十七条之规定，财务计划未通过批准者。

十一、违反第十八条之规定，偿还计划未通过批准者。

十二、违反第十九条之规定，授权子公司变成子公司者。

十三、违反第二十一条之规定，未提交资产负债表、利润表或财务报告的，或虚假记载的或提出已做出记录者。

十四、违反根据第二十六条第二款的规定作出命令者。

第三十五条 违反第二条第一款规定者，处十万日元以下的罚款。

附　则

（实施日期）

第一条　本法律自公布之日起施行。但是，符合以下各项所规定的，按照各项规定的日期开始施行。

一、第三条第一款第五项以及第十一项至第十七项、第三款、第四款第二项以及第五款，第四条，第十条，第十四条第二款第三项，第十九条第三项以及附则第二十一条规定：证券交易法等修正的部分法律（2006年第65号法律）的施行之日或本法律的施行之日较晚之日。

二、第十九条第四项规定：与信贷业的规定有关法律等修正的部分法律（2006年第115号法律）的施行之日或本法律的施行之日较晚之日。

三、附则第二十六条至第六十条以及第六十二条至六十五条的规定：2008年10月1日。

（政府持有股份的处理）

第二条之一　1. 政府以实现节约高效的政府为目的，依据与推进行政改有关的法律（2006年第47号法律）第六条第二款的规定，就其所持有的政策投资银行的股份，意图缩减因达成政策投资银行目的逐渐带来的影响以及市场动向，尽可能在早期将其全部处理。

2. 政府在本法律施行后至政府所持有的股份全部处理完期间，维持政策投资银行所拥有的长期业务资金相关的主要投融资功能，关于与政府所持有的股份的处理方法相关的事项和其他事项随时进行讨论，以其结果为基础，采取必要的措施。

（政府的出资）

第二条之二　政府在截至2012年3月31日期间，必要时，在预算决定的金额的范围内，可以向政策投资银行出资。

（国债的交付）

第二条之三　1. 政府在截至2012年3月31日期间，在进行股份有限公司日本政策金融公库法第二条第五项所规定的危机应对业务后，为了确保所需的资金，以确保金融公司的稳定性，可以发行国债。

2. 政府依照前款的规定，在预算规定的金额范围内发行国债，将其交付给政策投资银行。

3. 依照第一款的规定发行的国债没有利息。

4. 关于依照第一款规定发行的国债，不能进行转让、设定担保权和作出其他处理。

5. 前三款所规定的以外，依照第一款的规定发行国债相关的必要事项，由财政部规定。

（国债的偿还等）

第二条之四 1. 政策投资银行在进行其危机应对业务时（只限于2012年3月31日之前的）所必要增加的资产额仅限于财务部规定中计算的金额，可以请求通过前条第二款的规定偿还被交付的国债。

2. 政府依照前条第二款的规定，就已交付的全部或部分国债收到政策投资银行的偿还请求时，必须及时进行偿还。

3. 根据前款的规定偿还时，政策投资银行的资本金的金额是该偿还之前的资本金的金额和应当偿还的金额之和。

4. 适用前款规定的情况下关于适用公司法第四百四十五条第一款，同款中"情况"是指"该情况以及适用股份有限公司日本政策投资银行法（2007年第85号法律）附则第二条之四第三款的情况"。

5. 前各款所规定的以外，依照前条第二款的规定偿还政府已交付的国债有关的必要事项，按照财政部规定决定。

（国债的返还等）

第二条之五 1. 政策投资银行在2012年7月1日，依照附则第二条之三第二款的规定已交付的国债之中尚有未偿还的，其未被偿还的国债必须返还给政府。

2. 政府依照前款的规定被返还的国债，应当将其立即注销。

3. 前二款规定的以外，依照附则第二条之三第二款的规定返还已交付的国债以及注销相关的必要事项，按照财政部规定决定。

（登记许可税的征税的特例）

第二条之六 有根据附则第二条之二的规定出资的情况或有根据附则第二条之四第二款的规定偿还的情况下关于政策投资银行在登记接受资本金金额增加的，只限依照财政部的规定接受登记的，不征收登记许可税。

（政策投资银行进行危机应对业务的债务）

第二条之七 政策投资银行为了达成其目的，在此期间，股份有限公司日本政策金融公库法第二条第四项中所规定的为了处理损失而需要资金的顺利供应，依照附则第二条之十、第二条之十一、第二条之二十二以及第二条之二十四至第二条之三十所规定的，有进行危机应对业务的债务。

（危机应对业务相关股份的政府持有）

第二条之八 政府在此期间，根据政策投资银行确保准确的实施危机应对业务的观点，必须持有超过政策投资银行已发行完毕的股份（因为在股东大会可以决议全部事项，所以不能行使投票权的股份除外。附则第二条之十三同）总数的三分之一的股份。

（危机应对业务相关的政府出资）

第二条之九 政府在此期间，根据政策投资银行危机应对业务的准确实施所以认为有必要的，在预算决定的金额范围内，可以出资给政策投资银行。

（危机应对业务的实施）

第二条之十　1. 政策投资银行在总部和其他财务大臣指定的营业场所（下款以及在附则第二条之三十一第一款第一项称作"指定营业场所"）进行危机应对业务。

2. 政策投资银行依照财政部所作出的规定，依照自然灾害或其他不可抗力在临时危机应对业务的全部或部分中止的情况除外，在指定营业场所不得中断危机应对业务，或者不得废止。

（危机应对业务相关的事业计划的特殊规定等）

第二条之十一　1. 政策投资银行依照财政部的规定，必须记载第十七条事业计划危机应对业务的实施方针。

2. 政策投资银行依照财政部的规定，第二十一条的事业报告书必须记载危机应对业务的实施状况。

3. 政策投资银行的章程中，公司法第二十七条各项所规定的事项以外，记载了危机应对业务的准确实施有关的事项，或必须作记录。

（特定投资业务）

第二条之十二　1. 政策投资银行为了达成其目的，依照本条以及附则第二条之十五至第二条之二十以及第二条之二十三至第二条之三十的规定，进行特定投资业务。

2. 本条至附则第二条之二十以及附则第二条之二十三、第二条之二十五、第二条之二十七以及第二条之三十一中"特定投资业务"是指，针对特定事业活动的投资业务中，为地域经济的自主发展进行出资，刺激符合地域特点的事业活动，以及为提高日本社会经济的活力和持续发展进行出资，强化日本企业的竞争力以及针对特定事业活动金融机关等特别加强资金扶持的业务，接受附则第二条之十七第一款的认可之日起至2019年3月31日根据该投资业务作为资金供给的对象以及决定该资金供给的内容和其附带的业务（包含同年4月1日以后进行的）。

3. 前款的"特定事业活动"是指以下所规定的事业活动：

一、日本的经营者，有效利用这些没有被充分利用的经营资源，开拓新的事业或促使经营事业和经营领域不同的经营者有机地合作，主要以进行经营改革来有效地把经营资源进行组合，以提高其生产性或收益性为目标进行的事业活动。

二、针对前项所规定的事业活动进行资金供给的事业活动。

4. 第二款的"投资业务"是指以下所规定的资金供给业务。

一、根据劣后特约付金钱消费借贷（是关于本利金的支付有劣后资金的内容的特约给付的金钱的消费借贷，由财政部规定决定）进行资金的贷款。

二、进行资金的出资。

三、进行取得次级公司债券的业务（关于本利金的支付有次级特约公司债券，由财政部规定作出决定）。

四、前三项所规定的以外，采用预先收到财务大臣的认可的手法进行资金供给。

（特定投资业务相关股份的政府持股）

第二条之十三　政府在政策投资银行结束特定投资业务前的一段时期，从政策投资银行确保准确地实施特定投资业务的观点看，必须持有相当于政策投资银行已发行股份的总数的二分之一以上。

（特定投资业务相关的政府出资等）

第二条之十四　1. 政府截至 2019 年 3 月 31 日期间，根据政策投资银行准确地实施特定投资业务而认为有必要时，在预算中决定的金额范围内，可以向政策投资银行出资。

2. 政策投资银行通过根据前款所规定的出资收到资金后不能用于填补特定投资业务资金以外的资金。

（特定投资业务中一般金融机构进行金融等的填补或奖励）

第二条之十五　政策投资银行在特定投资业务进行时，填补一般金融机构进行的金融以及民间的投资，或者以奖励性质为宗旨。

（特定投资方针）

第二条之十六　1. 财务大臣决定政策投资银行在进行特定投资业务时应当遵从方针（下款以及下条第一款中称作"特定投资方针"），并将该方针公开。

2. 特定投资方针按照以下所规定的事项决定。

一、特定投资业务资金供给对象的经营者以及决定该资金供给的内容时应当遵从的基准。

二、与特定投资业务相关的合理管理财务相关的事项。

三、确保政策投资银行和其他经营者之间正确的竞争关系相关的事项。

四、关于特定投资业务的实施状况进行评价及监视的体制相关的事项。

五、向财务大臣报告特定投资业务的实施状况相关的事项。

六、为了确保其他特定投资业务准确的实施所必要的事项。

（特定投资业务规章）

第二条之十七　1. 政策投资银行关于实施财政部规定决定的特定投资业务相关的事项，根据特定投资方针，决定特定投资业务相关的规章，必须得到财务大臣的认可。若变更其内容，同样需要得到财务大臣的认可。

2. 财务大臣通过前款所规定的认可后的特定投资业务规章认为政策投资银行在对特定投资业务的准确实施有不当时，针对政策投资银行，可以命令其修改。

（特定投资业务相关的事业计划的特殊规则等）

第二条之十八　1. 政策投资银行依照财政部规定，在特定投资业务结束前的期间，必须记载第十七条的事业计划中的特定投资业务的实施方针。

2. 政策投资银行依照财政部规定，到包括特定投资业务结束之日的财务年度的各财务年度相关的财务报告中前款的实施方针为基础必须记载特定投资业务的实施状况。

3. 政策投资银行章程中，在特定投资业务结束前的期间，除公司法第二十七条各项所规定的事项以外，记录准确实施特定投资业务相关的事项，或必须记录。

（特定投资业务等有关收支的状况）

第二条之十九 政策投资银行在每个财务年度中,依照财政部规定,到包括特定投资业务结束之日的财务年度的各财务年度中记载有关以下业务的区分的收支情况的文件向财务大臣提出的同时,必须进行公开。

一、特定投资业务。

二、前项所规定的业务以外的业务。

(特定投资业务的结束)

第二条之二十 1. 政策投资银行在考虑经济形势以及特定投资业务的资金供给的对象和经营者的事业状况及其他的情况下,在2026年3月31日前,进行特定投资业务中持有的全部有价证券(金融工具交易法第二条第一款中规定的有价证券及依照同条第二款的规定被视为具有有价证券的权利)以及债权的转让等其他的处理,必须全力完成特定投资业务。

2. 政策投资银行在完成特定投资业务后,必须迅速的向财务大臣申报其宗旨。

3. 财务大臣收到根据前款规定的申报后,将其宗旨公开。

(正当竞争关系的确保)

第二条之二十一 1. 政策投资银行在此期间进行其业务时,应当特别需要注意不能妨碍存在正当竞争关系的其他经营者。

2. 政策投资银行依照财政部规定,在此期间应当记载确保第十七条的事业计划中存在正当竞争关系的其他经营者相关的方针。

3. 政策投资银行依照财政部规定,在此期间应当记载第二十一条的财务报告中以前款方针为基础的业务实施状况。

(危机应对储备金)

第二条之二十二 1. 政策投资银行设立危机应对储备金,依照附则第二条之九的规定由政府出资的金额进行填补。

2. 政策投资银行存在根据附则第二条之九规定的政府出资时,在公司法第四百四十五条第二款的规定下,依照附则第二条之九的规定被出资额的全额作为危机应对储备金的金额计入。在此情况下,同法第四百四十五条第一款中"该法律"是指"本法律或股份有限公司日本政策投资银行法(2007年第85号法律)"。

(特定投资储备金及特定投资公积金)

第二条之二十三 1. 政策投资银行设立投资储备金,依照附则第二条之十四第一款的规定由政府出资的金额,依照第三款的规定资本金或储备金的金额减少后的金额以及依照第四款的规定公积金的金额减少后的金额之和相当于总额的金额进行填补。

2. 政策投资银行存在根据附则第二条之十四第一款的规定的政府出资时,在公司法第四百四十五条第二款的规定下,依照附则第二条之十四第一款规定的被出资额的全额作为特定投资储备金的金额计入。在此情况下,同法第四百四十五条第一款中"该法律"是指"本法律或股份有限公司日本政策投资银行法(2007年第85号法律)"。

3. 政策投资银行在认为有必要准确地实施特定投资业务时，减少资本金或储备金的金额，可以增加特定投资储备金的金额。在此情况下关于适用公司法第四百四十七条至四百四十九条的规定，同法第四百四十七条第一款第二项中的"作为储备金时"是指"储备金或股份有限公司日本政策投资银行法（2007年第85号法律）附则第二条之二十三第一款的特定投资储备金（以下本项、下条第一款第二项以及第四百四十九条第一款中称为'特定投资储备金'）"，"作为储备金的金额"是指"储备金或特定储备金的金额"，同法第四百四十八条第一款第二项中的"资本金"是指"资本金或特定投资储备金"，同法第四百四十九条第一款中"作为资本金"是指"资本金或特定投资储备金"。

4. 政策投资银行认为有必要准确地实施特定投资业务时，减少公积金金额，可以增加特定投资储备金的金额。在此情况下，必须决定以下所规定的事项。

一、减少的公积金的金额。

二、增特定投资储备金金额产生效力的日期。

5. 前款各项中所规定事项的决策，必须经过股东大会决议。

6. 第四款第一项的金额不能超过同款第二项的日期中公积金的金额。

7. 政策投资银行设立特定投资公积金，依照财政部规定，作为每个财务年度的特定投资业务相关的损益计算中产生的利益或损失的金额计入。

（授信限度额以及信用限度额的特别规则）

第二条之二十四 危机应对储备金的金额、特定投资储备金的金额或特定投资公积金的金额被计入的情况下适用第十四条的规定，作为资本金及储备金的金额算入该被计入金额的总额。

（公积金的金额等）

第二条之二十五 1. 政策投资银行计算公积金的金额，在最后财务年度的最后一天的危机应对储备金，把特定投资储备金及特定投资公积金的金额的总额，算入作为资本金及储备金的金额的总额。

2. 政策投资银行计算公积金的金额，第一项至第三项所规定的金额的总额计入公司法第四百四十六条第一项至第四项所规定的金额的总额中，第四项至第六项所规定的金额的总额计入同条第五项至第七项所规定的金额的总额中。

一、如果在最后会计年度的最后一天后减少危机应对储备金的金额时为该减少额（附则第二条之二十七第四款第一项的危机应对储备金的金额除外）。

二、如果在最后会计年度的最后一天后减少特定投资储备金的金额时为该减少额（附则第二条之二十七第四款第一项的特定投资储备金的金额中已纳入国库的除外）。

三、如果在最后会计年度的最后一天后减少特定投资公积金的金额时为该减少额（附则第二条之二十七第四款第一项的特定投资公积金的金额中已纳入国库的除外）。

四、如果在最后事业年度的最后一天后减少资本金或储备金的金额，增加特定投资储备金的金额时为该减少额。

五、如果在最后事业年度的最后一天后减少公积金的金额，增加特定投资储备金的金额时为该减少额。

六、除前二项中规定的以外，在财务部规定的各账目上计入的金额的总额。

3. 政策投资银行在计算公司法第四百六十一条第二款所规定的可分配金额（附则第二条之二十七第六款称为"可分配金额"）时，如果作为本法第四百六十一条第二款第一项及在作为关于对该法第四百四十一条第一款规定的临时计算文件收到该条第四款的认可（同款限制性条款中所规定的情况下，同条第三款的认可）时该条第一款第二项的期间的特定投资业务的利益的金额在各账科目上计入的金额及其他的财政部规定的各账科目上计入的金额的总额从第四百六十一条第二款第一项规定的金额的总额中减去。

（进行弥补损失时的危机应对储备金等金额的减少）

第二条之二十六 1. 政策投资银行在资本储备金的金额以及利益储备金的金额变为零时，可以减少危机应对储备金的金额、特定投资储备金的金额或特定投资公积金的金额（特定投资公积金的金额仅限该金额超过零时）。在此情况下，根据股东大会的决议，必须决定以下所规定的事项。

一、减少的危机应对储备金的金额、特定投资储备金的金额或特定投资公积金的金额。

二、危机应对储备金的金额、特定投资储备金的金额或特定投资公积金的金额的减少产生效力的日期。

2. 前款的决议如果没有得到财务大臣的认可，不产生效力。

3. 第一款第一项的危机应对储备金的金额、特定投资储备金的金额或特定投资公积金的金额，分别不能超过同款第二项中的危机应对储备金的金额、特定投资储备金的金额或特定投资公积金的金额。

4. 第一款第一项的危机应对储备金的金额、特定投资储备金的金额以及特定投资公积金的金额的总额是指，作为本款截至股东大会之日的亏损金额，不得超过依照财政部规定决定的方法计算出来的金额。

5. 特定投资公积金的金额在零以下的情况，第一款第一项的特定投资储备金的金额作为可以减少的特定投资储备金的金额依照财政部规定决定的方法计算出来的金额。

6. 政策投资银行依照第一款的规定减少危机应对储备金的金额、特定投资储备金的金额或特定投资公积金的金额后政策投资银行的公积金的金额变为超过零的时候，根据其超过部分的金额相当的金额，根据本款规定的减少危机应对储备金的金额、特定投资储备金的金额或特定投资公积金的金额的增加额的累计金额到达到各自该减少的金额的累计金额，依照财政部规定，必须增加危机应对储备金的金额、特定投资储备金的金额或特定投资公积金的金额。

（国库缴纳金）

第二条之二十七 1. 政策投资银行如果认为为了危机应对业务的准确实施所需的财

政基础已经充分地得到保障，相当于危机应对储备金的金额的全部或部分金额缴纳至国库。在此情况下，政策投资银行依照缴纳至国库金额相当的金额减少危机应对储备金。

2. 政策投资银行要考虑特定投资业务的实施状况及财务状况，认为没有必要准确地实施特定投资业务的，可以减少全部或部分特定投资储备金的金额。在此情况下，该减少的金额之中作为应当归还国库金额相当的金额通过在特定投资储备金的金额上依照附则第二条的十四第一项的规定以政府出资的金额的比例为基础依照财政部规定的决定计算的金额缴纳至国库。

3. 政策投资银行在特定投资公积金的金额超过零的情况下，必须考虑特定投资业务的实施状况及财务状况，认为没有必要准确地实施特定投资业务的，可以减少全部或部分特定投资公积金的金额。在此情况下，该减少的金额之中作为应当归还国库金额相当的金额通过在特定投资储备金的金额上依照附则第二条的十四第一项的规定以政府出资的金额的比例为基础依照财政部规定的决定计算的金额缴纳至国库。

4. 在前三款的情况下，根据股东会决议，必须决定以下所规定的事项。

一、减少的危机应对储备金的金额、特定投资储备金的金额或特定投资公积金的金额。

二、危机应对储备金的金额、特定投资储备金的金额或特定投资公积金的金额的减少产生效力的日期。

5. 前款的决议如果没有得到财务大臣的认可，不产生效力。

6. 依照第一款至第三款的规定缴纳的金额的总额，不能超过第四款第二项的日期中的可分配金额。

第二条之二十八 1. 公司在进行清算时，如偿还其债务后还有剩余财产，清算日的危机应对储备金的金额（在根据附则第二条之二十六第一项的规定减少危机应对储备金的金额后，如第二条第六项所规定的危机应对储备金的金额的增加额的累计额未到达减少的金额的累计额，则加上其不足的金额）以及清算当天特定投资储备金与特定投资公积金的总额（在根据第二条第一项的规定减少特定投资储备金的金额后，如第二条第六项所规定的特定投资储备金的金额的增加额的累计额未到达减少的金额的累计额，或根据第二条第一项的规定减少特定投资公积金的金额后，如第二条第六项所规定的特定投资公积金的金额的增加额的累计额未到达减少的金额的累计额，则加上各自不足的金额）中，将相当于以根据附则第二条之十四第一项的规定，政府出资的金额中相当以应上缴国库的金额在特定投资储备金的金额中所占的比例为基础，根据财政部的规定所计算的金额的总额（当该剩余财产的金额低于危机应对储备金的金额及计算的金额的总额时，按该剩余财产的金额进行）的金额上缴国库。2. 前项规定的缴纳金的缴纳，应先于股东对剩余财产的分配进行。3. 关于上一条第一项至第三项以及本条第一项所规定的缴纳金，缴纳手续和其他必要事项，由政令规定。

（关于政府对法人的财政援助的限制的法律的特别条例）

第二条之二十九 尽管《政府财政援助法》第一条规定对政策投资银行的法人资

格作出限制，针对根据附则第二条之九的规定出资的或根据附则第二条之十四第一款的规定出资的利益或公积金的配给或分配，依照前条中的规定行使。

（公司法的适用）

第二条之三十　1.《公司法》第四百四十九条第六款（仅限于第一项相关的部分）以及第七款和第八百二十八条（仅限于第一款第五项以及第二款第五项相关的部分）的规定，在依照附则第二条之二十六第一款的规定减少危机应对储备金的金额、特定投资储备金的金额或特定投资公积金的金额时适用。在此情况下，该法第四百四十九条第六款第一项中的"资本金"是指"依照《日本政策投资银行法》（2007年第85号法律）附则第二条之二十六第一款所规定的危机应对储备金（该法附则第二条之二十二第一款中的危机应对储备金。第八百二十八条第一款第五项同）的金额、特定投资储备金（该法附则第二条之二十三第一款中的特定投资储备金。本项同）的金额或特定投资公积金（该法附则第二条之二十三第七款中的特定投资公积金。本项同）的金额"，"第四百四十七条第一款第三项"是指"该法附则第二条至二十六第一款第二项"，该法第八百二十八条第一款第五项中"在于资本金"是指"在于根据《日本政策投资银行法》附则第二条之二十六第一款所规定的危机应对储备金的金额、特定投资储备金的金额或特定投资公积金的金额"；"资本金金额的减少"是指"该危机应对储备金的金额、特定投资储备金的金额或特定投资公积金的金额的减少"，该条第二款第五项中"关于破产管理人或资本金金额的减少不给予承认的债权人"是指"或破产管理人"。

2.《公司法》第四百四十九条（第一款限制性条款以及第六款第二项除外）以及第八百二十八条（仅限于第一款第五项以及第二款第五项相关部分）的规定，依照附则第二条之二十七第一款的规定减少危机应对储备金的金额时适用。在此情况下，该法第四百四十九条第一款正文中的"资本金或储备金（以下本条中称作'资本金等'）"是指"依照《日本政策投资银行法》（2007年第85号法律）附则第二条之二十七第一款所规定的危机应对储备金（该法附则第二条之二十二第一款中的危机应对储备金。第八百二十八条第一款第五项同）"，"情况（减少的储备金的金额全部转为资本金的除外）"是指"情况"，"资本金等的"是指"危机应对储备金的"，该条第二款第一项中的"资本金等"是指"危机应对储备金"，该款第二项中的"司法部规定"是指"财政部规定"，该条第四款以及第五款限制性条款中的"资本金等"是指"危机应对储备金"，该条第六款第一项中的"资本金"是指"《日本政策投资银行法》附则第二条之二十七第一款所规定的危机应对储备金"，"资本金的金额的减少的"是指"该危机应对储备金的金额的减少的"，该条第二款第五项中"资本金"是指"《日本政策投资银行法》附则第二条之二十七第一款所规定的危机应对储备金"。

3.《公司法》第四百四十九条（第一款限制性条款以及第六款第二项除外）以及第八百二十八条（仅限于第一款第五项以及第二款第五项相关部分）的规定，依照附则第二条之二十七第二款的规定减少特定投资储备金的金额时适用。在此情况下，该法第四百四十九条第一款正文中的"资本金或储备金（以下本条中称作资本金等）"是指"依照《日本政策投资银行法》（2007年第85号法律）附则第二条之二十七第二款所规定的特定投资储备金（该法附则第二条之二十三第一款中的特定投资储备金。以下本条并列的第八百二十八条第一款第五项以及第二款第五项同）"，"情况（减少的储备金的金额全部转为资本金的除外）"是指"情况"，"资本金等的"是指"特定投资储备金的"，该条第二款第一项中的"资本金等"是指"特定投资储备金"，该款第二项中的"司法部规定"是指"财政部规定"；该条第四款以及第五款限制性条款中的"资本金等"是指"特定投资储备金"，该条第六款第一号中的"资本金"是指"《日本政策投资银行法》附则第二条之二十七第二款所规定的特定投资储备金"，"第四百四十七条第一款第三号"是指"该条第四款第二号"，该法第八百二十八条第一款第五号中"在于资本金"是指"在于根据《日本政策投资银行法》附则第二条之二十六第一款所规定的特定投资储备金"，"资本金金额的减少"是指"该特定投资储备金的金额的减少"，该条第二款第五项中"资本金"是指"《日本政策投资银行法》附则第二条之二十七第一款所规定的特定投资储备金"。

4.《公司法》第四百四十九条（第一款限制性条款以及第六款第二项除外）以及第八百二十八条（仅限于第一款第五项以及第二款第五项相关部分）的规定，依照附则第二条之二十七第三款的规定减少特定投资公积金的金额时适用。在此情况下，该法第四百四十九条第一款正文中的"资本金或储备金（以下本条中称作资本金等）"是指"依照《日本政策投资银行法》（2007年第85号法律）附则第二条之二十七第三款所规定的特定投资公积金（该法附则第二条之二十三第七款中的特定投资公积金。以下本条并列的第八百二十八条第一款第五项以及第二款第五项同）"，"情况（减少的储备金的金额全部转为资本金的除外）"是指"情况"，"资本金等的"是指"特定投资公积金的"，该条第二款第一项中的"资本金等"是指"特定投资公积金"，该款第二项中的"司法部规定"是指"财政部规定"，该条第四款以及第五款限制性条款中的"资本金等"是指"特定投资公积金"，该条第六款第一项中的"资本金"是指"《日本政策投资银行法》附则第二条之二十七第三款所规定的特定投资公积金"，"第四百四十七条第一款第三号"是指"该条第四款第二项"，该法第八百二十八条第一款第五项中"在于资本金"是指"在于根据《日本政策投资银行法》附则第二条之二十七第三款所规定的特定投资公积金"；"资本金金额的减少"是指"该特定投资公积金的金额的减少"；该条第二款第五项中"资本金"是指"《日本政策投资银行法》附则第二条之二十七第三款所规定的特定投资公积金"。

（法律责任）

第二条之三十一 1. 如有以下任何行为，做出违法行为公司的董事、主管人员、会计顾问或应当行使其职务的职员或监事，应处以一百万日元以下的罚款。

一、违反附则第二条之十第二款规定，在指定营业场所中断危机应对业务，或者废止的。

二、违反附则第二条之十四第二款规定，通过根据该条第一款规定的出资把缴纳的资金用作特定投资业务的资金以外的资金。

三、违反附则第二条之十七第二款所规定的命令的。

四、违反附则第二条之十九的规定，拒不提供该条各项所公布的每个业务的记载收支状况的文件，或者不进行公布，或者提出记载内容虚假的，或公布之后发现存在虚假内容。

五、违反附则第二条之二十第二款的规定，特定投资业务结束后未申报者。

2. 适用附则第二条之二十四的规定的情况下，关于适用第三十四条第八项的规定，同项中"限额"是指"依照附则第二条之二十四所规定的危机应对储备金、特定投资储备金以及特定投资公积金的金额的总额算入资本金以及储备金的金额计算出来的限额"。

3. 存在适用附则第二条之十一第一款、第二条之十八第一款或第二条之二十一第二款的规定的情况下，关于适用第三十四条第十项的规定，该项中的"第十七条"是指"第十七条或附则第二条之十一第一款、第二条之十八第一款或者第二条之二十一第二款"。

4. 存在适用附则第二条之十一第二款、第二条之十八第二款或第二条之二十一第三款的规定的情况下，关于适用第三十四条第十三项的规定，该项中的"第二十一条"是指"第二十一条或附则第二条之十一第二款、第二条之十八第二款或者第二条之二十一第三款"。

（本法律的废止和其他措施）

第三条 政府在处理其持有的全部股份后，立刻废止本法律措施；该法律仅作为在公司的业务及功能上，对公司的投资和融资功能的权利及义务相对应的具有继承关系的组织，为了使之顺利交接而作为需要培训的内容。

（准备期间的业务特别条例）

第四条 1. 公司在其成立时为了顺利开始业务，日本政策投资银行（以下简称政策投资银行）在准备期间中（本法律的施行之日至2008年9月30日），除《日本政策投资银行法》（附则第二十六条除外，以下简称政策投资银行法）第四十二条第一款以及第二款所规定的以外，可以借入长期贷款。

2. 政策投资银行在本法施行之日属于财务年度之后则不进行顺延，2008年4月1日开始的财务年度截至次年同日的前一日，根据前款的规定关于长期贷款的借入，借入的金额以及长期贷款的表示货币和其他长期贷款有关的基本方针，必须得到财务大臣的批准。变更的时候也同样有此要求。

3. 政策投资银行依照第一款的规定借入长期贷款以后，根据财政部规定，原则上必须当即向财务大臣备案。

4. 关于第一款所规定的长期贷款，视为《政策投资银行法》第四十二条第一款的借款，适用《政策投资银行法》第四十四条的规定。

5. 政策投资银行根据准备期间中的《政策投资银行法》第四十二条第二款所规定的借入短期贷款后，关于该条第三款的规定，该款中的"该财务年度"是指"一年以内"。

6. 政策投资银行根据第一款所规定的借入长期借款的情况下,《政策投资银行法》第十三条第二款第一号中"本法律、以本法律为依据的命令"是指"本法律或者《日本政策投资银行法》（2007 年第 85 号法律）或者这些法律为依据的命令",《政策投资银行法》第四十八条中"本法律以及以此为依据的政策"是指"本法律以及《日本政策投资银行法》并列的这些法律为依据的政策",《政策投资银行法》第四十九条、第五十条第一款以及第五十二条中的"本法律"是指"本法律以及《日本政策投资银行法》",《政策投资银行法》第五十四条第一项以及第二项中"本法律"是指"本法律或《日本政策投资银行法》"。

7. 第一款至第四款以及前款所规定的"长期贷款"是指通过银行或其他金融机构的借款,依照第五款的规定去取代适用的《政策投资银行法》第四十二条第三款中规定的短期贷款以外的贷款。

8. 政策投资银行法第二十二条第一款中规定的中期政策方针是关于 2008 年 4 月 1 日开始的关于适用该款规定的,该款中的"三年的"是指"2005 年 4 月 1 日作为开始日"。

（设立委员）

第五条 财务大臣命令设立委员有关公司的成立发起人的职务。

（章程）

第六条 设立委员编制的章程必须得到财务大臣的批准。

（公司设立时法定的股份）

第七条 1. 公司设立时发行的股份相关的以下所公布的事项,以及公司能够发行股份的总数,必须规定在章程中。

一、股份数量（如公司拟设立成作为种类股票发行公司,其股份种类以及各类股份的数量）。

二、股票的认缴金额（兑换每一股股份所支付的现金或以现金以外的财产支付的金额）。

三、资本金以及资本储备金的金额相关的事项。

2. 关于公司设立时发行股份的,在《公司法》第四百四十五条第二款的规定下,依照附则第九条的规定政策投资银行在公司设立时赤字的财产的金额超过二分之一的可以作为资本金计入。在此情况下,该法第四百四十五条第一款中"本法律"是指"本法律或者《日本政策投资银行法》（2007 年第 85 号法律）"。

（股份的认购）

第八条 1. 公司设立时发行的股份的总数,如果政策投资银行认购,设立委员将其向政策投资银行分配。

2. 依照前款规定,由政府行使被分配股份的公司的设立相关的股份认购人的权利。

（出资）

第九条 政策投资银行在设立公司时,针对公司依照附则第十五条第二款的规定国家继承的资产除外,其财产的全部作为出资。

（创立大会）

第十条 关于适用公司设立相关的《公司法》第六十五条第一款的规定，该款中的"第五十八条第一款第三项的日期或该项的期间的最后一天的较后日期以后"是指"根据《日本政策投资银行法》（2007年第85号法律）附则第八条第一款所规定的股份配额之后"。

（公司的成立）

第十一条 依照附则第九条的规定，政策投资银行在进行与出资相关的给付时，按照附则第二十六条规定的时间进行实施，虽然政策投资银行的行为不同于《公司法》第四十九条的规定，但是此时依然成立。

（设立登记）

第十二条 尽管公司是《公司法》第九百一十一条第一款的规定成立的，公司成立后须即刻进行设立登记。

（向政府的无偿转让）

第十三条 政策投资银行根据其出资所取得的公司的股份，在公司成立的时候，向政府无偿转让。

（《公司法》的适用除外）

第十四条 《公司法》第三十条以及第二编第一章第三节的规定不适用于公司的设立。

（政策投资银行的解散等）

第十五条 1. 如政策投资银行在公司的成立时解散的，其一切的权利及义务，除了国家依照下款的规定继承的资产外，在该时点由公司继承。

2. 公司成立时政策投资银行现有的权利之中，公司认为该资产对于将来圆满地执行业务不是必要时，在公司成立的时候由国家继承。

3. 依照前款规定国家继承的资产范围及其他资产的向国家继承有关的必要事项，由政府命令决定。

4. 政策投资银行的财务年度于平成二十四年四月一日开始，其解散之日为三月三十一日。

5. 关于政策投资银行从2008年4月1日开始的财务年度相关的决算以及关于财产目录、资产负债表及损益清单的制作等，涉及旧政策投资银行法第三十八条第一款（仅限于有关监事意见的部分）和第四十条第一款（仅限于有关监事意见的部分）的部分除外，公司根据从前的案例进行。在此情况下，旧《政策投资银行法》第三十八条第一款中的"4月开始至9月止以及10月开始至第二年3月止的每个半期"是指"以及"，"这些半期以及每个财务年度的制作"是指"制作"，"当该半期经过后两个月以内或当该财务年度结束后三个月以内"是指"到2008年12月31日"，旧《政策投资银行法》第三十九条中的"第二财务年度的5月31日每财务年度的决算"是指"2008年4月1日开始的财务年度相关的决算到2008年11月30日"，旧《政策投资银行法》第四十条第三款中的

"第二年财务年度的 11 月 30 日"是指"2009 年 12 月 31 日"。

6. 关于从政策投资银行从 2008 年 4 月 1 日开始的财务年度的旧《政策投资银行法》第四十一条红利的处理及国库的缴纳，作为公司根据从前的案例进行。在此情况下，该条第三项款"每财务年度"是指"从 2008 年 4 月 1 日开始的财务年度"，"第二年财务年度的 5 月 31 日"是指"2008 年 11 月 30 日"。

7. 关于依照第一款的规定政策投资银行解散后解散的登记，由政府命令决定。

（被继承财产的价格）

第十六条　1. 公司在从政策投资银行处继承的资产以及负债（下款称作继承财产）的价格，以评估委员评估后的价格为准。

2. 评估委员根据前款的规定评估时，以公司成立之日现有的继承财产的市值为基准。但应考虑继承财产的种类、用途和其他事项，根据市值认为不适当的，继承财产可以不依赖于市值。

3. 前二款规定的以外，评估委员和其他评估相关有必要的事项，由政府命令决定。

（权利以及义务的继承伴随的过渡措施）

第十七条　1. 关于有关通过附则第十五条第一款的规定公司继承的债务的旧银行债券及息票，第五款旧《政策投资银行法》第四十三条及第六款规定，附则第二十六条规定的实施后，也有同等效力。

2. 有关通过附则第十五条第一款的规定公司继承的债务的由旧东北债券（旧《政策投资银行法》附则第十七条第二项的规定废止前的《北海道东北开发公库法》（1956 年第 97 号法律。以下称为《旧东北公库法》）根据第二十七条第一款的规定发行的北海道东北开发债券）和关于息票，及《旧东北公库法》第二十七条第三款第四项的规定，附则第二十六条规定的实施后，也有同等效力。

3. 关于为通过附则第十五条第一款的规定公司继承的旧银行债券涉及的债务旧《政策投资银行法》第四十五条第一款或通过第三款的规定政府做的保证契约，作为在其继承后，该旧银行债券涉及的债务根据从前的条件继续存在。

4. 由通过附则第十五条第一款的规定公司继承的旧《政策投资银行法》附则第十七条第一号的规定废止前的《日本开发银行法》（1951 年第 108 号法律。以下在本款称作《旧开发银行法》）第三十七条之二第一款或根据第二款的规定关于为对被发行的本条第一款规定的外币债券等涉及的债务，政府依照旧开发银行法第三十七条之三第一项或者第二项的规定作出的保证合同，在继承后，关于该外币债券等涉及的债务依照之前的条件继续存在。

5. 关于为通过附则第十五条第一款的规定公司继承的旧银行债券涉及的债务有关来自国际复兴开发银行等接受外资的特别措施的法律（1953 年第 51 号法律）第二条第二款或通过第三款的规定政府做的保证契约，在继承后，作为该旧银行债券所涉及的债务根据从前的条件继续存在，有关该保证契约的旧银行债券的利息及偿还差额利益的租税和其他的税，还也源于从前的案例。

（主务大臣）

第十八条 关于通过附则第十五条第一项的规定公司继承的资产（以下在本条称为继承资产）根据第二款及第二十七条第一款进行管理的第二十六条主务大臣，不考虑第二十九条第一款的规定，依照如下规定。

一、北海道或东北地区（包含青森县、岩手县、宫城县、秋田县、山形县、福岛县以及新泻县）中关于政策命令决定的资产继承的管理，财务大臣以及国土交通大臣。

二、关于前号中规定的资产继承以外的管理，财务大臣。

（财务年度相关的过渡措施）

第十九条 公司最初的财务年度不考虑第十一条的规定，其成立之日起开始，2009年3月31日终止。

（基本方针等相关的过渡措施）

第二十条 1. 关于公司最初的会计年度的基本方针、事业计划以及偿还计划，第十三条第一款、第十七条以及第十八条中"每个财务年度开始之前"是指"公司成立即日起"。

2. 关于公司最初的财务年度的资产负债表、损益表以及财务报告，第二十一条中的"每个财务年度中"是指"公司成立之日所属的财务年度"，"与该财务年度的中间财务年度（该财务年度的期间为4月1日开始至9月30日止）相关的资产负债表、损益表以及财务报告并列的该财务年度"是指"该财务年度"。

3. 如果关于在公司收到第九条第一项的认可的前项的规定的适用，在该项用取代适用的第二十一条中的"财政部命令"是指"财务部命令·内阁府命令"，"财务大臣"是指"财务大臣及内阁总理大臣"。

（有关登记金融机关业务等的特例）

第二十一条 1. 公司自附则第一条第三项中规定的日期开始起三个月的期间（根据该期间内金融工具交易法第三十三条之五第一款的规定收到拒绝登记的处理时，或依照下面项的规定依照取代适用该法第五十二条之二第一款的规定登记金融机关业务（根据该法第三十三条八第一款所规定的登记金融机关业务，包含依照第四条第一款的规定取代适用该法第三条之八第一项的规定为基础进行的第三条第一款第十六项中所公布的业务）被责令废止的，该处理之日或该责令废止之日前的期间）尽管依照第四条第一款的规定取代适用本法第三十三条二规定，仍然可以进行金融机关登记业务。如果公司在该期间中申请该条的登记接受关于该申请登记的通知之日或者关于该申请期间过后收到不登记的通知之日为止的期间，作出同样处理。

2. 如果公司在依照前款的规定进行金融机关登记业务，公司被视为登记金融机关（《金融工具交易法》第二条第十一款规定的登记金融机关），适用该法（第三十三条之六、第三十七条第一款第二项、第三十七条之三第一款第二项、第五十条之二第二款、第五十二条之二第一款第二项及第三款、第五十四条及第六十四条第二款除外）的规定。在此情况下，该法第五十二条之二第一款（第二号除外）中"取消第三十三条之二的登记"是指"责令废止登记金融机关业务"，该法第五十四条之二第一项中"第五十二条第一款或依照第五十二条之二第一款的规定取消第二十九条或第三十三条之二的登记或第三十条第一款的认可"是指"依照《日本政策投资银行法》（2007年第85号法律）附则第二十一条第二款的规定依照取代适用的第五十二条二第一款的规定责令废止登记金融机关业务"，该法第五十六条第一款中"第五十二条第一款，依照第五十二条之二第一款，第五十三条第三款或者第五十四条规定被取消的第二十九条或者第三十三条之二的登记"是指"依照《日本政策投资银行法》附则第二十一条第二款的规定依照取代适用的第五十二条二第一款的规定被责令废止登记金融机关业务的"，该法第一百九十四条之三第三项中的"根据第五十二条之二第一款的规定取消第三十三条之二的登记的"，以及该法第一百九十四条之四第一款第五项中的"第五十二条之二第一款或者第三款又或者根据第五十四条的规定取消第三十三条之二的登记的"是指"依照《日本政策投资银行法》附则第二十一条第二款的规定根据取代适用的第五十二条二第一款的规定责令废止登记金融机关业务的"以外，必要的技术性取代，在政府命令中规定。

3. 公司在前款的规定中依照取代使用《金融工具交易法》第五十二条之二第一款的规定被责令废止登记金融机关业务的关于适用该法第三十三条之五第一款第一项所规定的，公司被依照该法第五十二条之二第一款所规定等取消该法第三十三条之二的登记的，该被责令废止之日被视为依照该款所规定的该条的取消登记之日。

4. 公司自附则第一条第三项中决定之日开始起算一年，不考虑《金融工具交易法》第六十四条第二款的规定，依照该条第一项的规定让受到登记者以外的人能够担当外勤人员的职务。如果此人在该期间内申请该项登记，通过接受关于该申请登记的通知日或关于该申请期间的过后，到收到不登记的通知之日为止的期间，作出同样处理。

（关于登记执照税的征税特例）

第二十二条 1. 随着关于依照附则第十二条规定公司收到的成立的登记及附则第九条的规定政策投资银行进行的出资的财产的供给公司接受登记或关于登记的，不征收登记执照税。

2. 为了根据政策投资银行在附则第四十八条规定的实施前签订的契约，抵押以关于公司对旧《政策投资银行法》第二十条第一款第一号规定的业务的债权通过附则第十五条第一项的规定由政策投资银行继承的接受的先取特权，质权或抵押权的保留，关于设定或迁移的登记或者关于动产的转让或者债权的转让的登记的登记执照税，由附则第四十八条规定修改前的《登记执照税法》（1967年第35号法律）附表第三的二十二款的规定，具有该效力。

（征收法人税相关的特例）

第二十三条 1. 政策投资银行在对公司进行的附则第九条所规定的出资（在本条中，简称为特定现物出资），与对法人税法（1965年第34号法律）第二条第十二项十四规定的视为够格现物出资，适用有关该法及其他法人税的法令的规定。

2. 前款规定的法人税、《法人税法》和其他适用于通过特定实物出资转移政策投资银行资产和负债的法律规定，依照附则第十六条第一款的规定，评价委员作出评价的金额视为账本金额。但是，关于冲抵坏账依照下款的规定，被公司继承的金额视为账本金额，关于支付退职备用金和其他政策所规定的备用金的金额，这些的账本金额为零。

3. 在政策投资银行的特定现物出资之日的前一日是属于财务年度，在《法人税法》第五十二条之规定依照本条第一款的规定计算达到个别备抵坏账转入额度的金额或者依照本条第二款之规定达到按照政府规定的方法计算出的金额的情况下适用虽然本条第七款有不同相关规定，但是公司仍然继承。此种情况，公司接受继承的金额，指将盈利额算入公司的特定现物出资之日属于财务年度的所得的金额。

4. 公司在特定现物出资之日起开始起算三个月以内，应当向对纳税地有管辖权的税务局局长提交《旧政策投资银行法》第三十八条第一款所规定的政策投资银行最后一个财务年度的财务报表。

（征收地方税相关的特例）

第二十四条 依照附则第九条的规定有关政策投资银行进行的出资的不动产或者对汽车的取得，不能征收不动产取得税或者车辆购置税。

（向政府命令的委托）

第二十五条 除附则第二条至前条中规定的以外，公司的设立以及政策投资银行的解散相关的必要事项及其他相关的规定的施行所必要的事项，由政府命令规定。

（《日本政策投资银行法》的废止）

第二十六条 《日本政策投资银行法》废止。

（伴随《政策投资银行法》废止的过渡措施）

第二十七条 1. 前条的规定施行前依照旧《政策投资银行法》的规定进行处理，手续及其他行为，被视为依照本法律的相关规定进行处理、手续及其他的行为。

2. 第五项旧《政策投资银行法》附则第十六条第五款以及第六款的规定，《关于公司对促进民间资金的利用整备公共设施法》（1999 年第 117 号法律）第二条第五款选定经营者举行的资金的贷款，前条的规定实施后，后者具有其效力。在此情况下，旧《政策投资银行法》附则第十六条第五款中的"日本政策投资银行"指"股份有限公司日本政策投资银行"；"依照第二十条第一款第一号的规定该法"是指"该法"；本条第六款中的"日本政策投资银行进行的无利息的贷款（《民间城市开发推进的特别措施法》（1987 年第 62 号法律）第三条中规定的民间城市开发推进机构中的寄托金作为财源以外）"是指"股份有限公司日本政策投资银行进行的无利息的贷款"；"对日本政策投资银行"是指"股份有限公司日本政策投资银行"。

3. 除前二款规定的以外，随着《政策投资银行法》的废止所必要的过渡措施，由政府命令规定。

（法律责任适用的过渡措施）

第二十八条 在附则第二十六条所规定的施行前发生的行为以及依照本附则的规定还

适用从前的案例，如果在该法律的实施后的行为追究法律责任，还将参照以前的案例。
（讨论）

第六十六条 政府在附则第一条第三项中所规定之日前，依照规定关于政策投资银行的投资和融资功能被活用的制度及有关来自供电事业公司的日本政策投资银行的贷款抵押的法律、有关保障石油储备的法律、有关促进石油替代能源的开发及引进的法律、有关推进民间城市开发的特别措施法、有关能源使用的合理化及促进资源有效利用的事业活动的临时措施法、有关促进利用民间资金整备公共设施的法律及其他的法律（包含基于法律的命令），同时也要考虑该制度的利用者的便利，作为研究确保与其他的经营者的对等竞争条件的措施，根据其讨论的结果，采取所必要的措施。

（关于公司的长期的事业资金的投资和融通资金功能的利用）

第六十七条 政府在公司的长期的事业资金相关的投资和融通资金功能为附则第一条第三项中规定的日期以后活用的，一边注意与其他的经营者之间的适当的竞争关系，为了确保同等的竞争条件采取的措施和采取其他能够活用该投融资机能的必要措施。

附则（2004年6月9日第88号法律）

（施行日期）

第一条 本法律自公布之日起由政府决定的日期（以下简称施行日）开始施行，期限为五年以内。

（法律责任适用的过渡措施）

第一百三十四条 在本法（以附则第一条中的规定，为该规定。以下本条同）施行前发生的行为以及依照本附则的规定还决定适用从前的案例，如果需要追究该法律实施后的行为的法律责任，则参照以前的案例。

（其他的过渡措施由政府命令委托）

第一百三十五条 除附则规定的以外，关于本法施行所必要的过渡措施，由政府命令决定。

（讨论）

第一百三十六条 政府在本法律的实施后五年以内，考虑本法律的施行状况、社会经济形势的变化，增加关于根据本法律修改后的股份等交易相关的结算制度的规定，认为有必要的时候，根据其结果采取必要的措施。

附则（2007年6月27日法律第99号）

（施行日期）

第一条 本法律自公布之日开始起算不超过一年的范围内由政府命令决定的日期（以下简称"施行日"）开始施行。但是，以下各号所公布的规定，根据其规定之日起施行。

二、附则第二十七条的规定《日本政策投资银行法》（2007年第85号法律）公布之日或前项所公布的规定的施行之日较晚的日期。

（法律责任适用的过渡措施）

第二十八条 在本法（关于附则第一条各项的规定，视为该规定。以下在本条中相同）施行前发生的行为以及依照本附则的规定还决定适用从前的案例，如果要追究该法律的实施后的行为的法律责任，参照以前的案例。

（向政府命令的委托）

第二十九条 除附则第二条至第十九条所规定的以外，关于本法施行必要的过渡措施，由政府命令决定。

（讨论）

第三十条 政府在本法律的实施后五年以内，考虑本法律的施行状况、社会经济形势的变化，增加关于注册会计师制度以及监事法人制度的规定，认为有必要的时候，根据其结果有采取必要的措施。

附则（2008年6月13日法律第65号）

（施行日期）

第一条 本法律自公布之日开始起算不超过六个月的范围内由政府命令决定的日期开始施行。但是，以下各号所公布的规定，根据其规定之日起施行。

三、第一条中《金融工具交易法》第三十一条四修改规定，在该法第三十六条上加上四项的修改规定，该法第五十条二第四项的修改规定（与改为"第三项又第四项"的部分限定"或第三项"），该法第五十六条二，第五十九条六及第六十条十三修改规定，该法第六十五条五第二项及第四项的修改规定（与改为"第三十六条第一项"的部分限定"第三十六条"），该法第一百九十条第一项的修改规定（与改为"连第四项"的部分限定"连第三项"），该法第一百九十四条七第二项第一项的修改规定，该条第三项的修改规定（与改为"连第四项"的部分限定"连第三项"）和该法第二百五条二，加上第二百七条第一项第六项及第二百八条第四项修改规定，第二条中有关投资信托及投资法人的法律第一百九十七条修改规定，第四条中农业合作社法第十一条二之三第三项的修改规定，该法第十一条五的其次一条的修改规定，该法第十一条十二的其次一条的修改规定及该法第十一条四十七第一项第二号的修改规定，第五条中《水产业合作社法》第十一条第四项第二号，第十一条四第二项及第十一条八第三项的修改规定，该法第十一条十三作为第十一条十四，除去"第十八条（资本储备金及利益储备金的额）"有关加上该法第十一条十二的其次一条的修改规定，该法第十五条九的其次一条的修改规定排列该法第五十七条三、第九十二条第一项、第九十六条第一项、第一百条第一项、第一百条八第一项及第一百三十条第一项第三项的修改规定、第六条中中小企业等合作社法第五十八条五的其次一条的修改规定、第七条中由合作社的金融事业的法律第六条第一项的修改规定["第十八条第一项（利益储备金的积存等）"修改的部分]和该条第二项的修改规定、加上第八条中信用金库法第八十九条第一项的修改规定、第十条内工人金库法第九十四条第一项的修改规定、第十一条内银行法第十三条三修改规定、该条的其次一条的修改规定、该法第十六条二第一项第三项及第五项修改规定排列该法第五十二条二十一的其次一条的修改规定、第十二条内保险业法目下面、第二条第十一项、第八条及第二十八条第一项第三项的修改规定、该法第五十三条二第一项第三项的修改规定[为"金融工具交易法"下"（1948年法律第二十五号]"的部分限定）对该法第一百条第二加以一条的修改规定、该法第一百六条第一项第五项修改规定，加上该法第二编辑第九章第二节中第一百九十四条前一条的修改规定、该法第二百七十一条二十一第一项的修改规定、该条的其次一条的修改规定排列该法第二百七十二条十三第二项排列第三百三十三条第一项第一项及第二项的修改规定、第十三条内《农林中央金库法》第五十九条及第五十九条二修改规定，该条的其次一条的修改规定排列该法第七十二条第一项第二项的修改规定，第十四条中株式会社工商工会中央金库法第二十八条的修改规定，该条的其次一条的修改规定，该法第三十九条第一项第一项及第三项的修改规定排列该法第五十六条第五项询问书的修改规定（除去加上为"第二十一条第四项"下"和第七项"的部分）和附则第二十二条内有关金融机关的信托业务的兼营等的法律（1943年第43号法律）第二条第四项的修改规定（与改为"第三十六条第一项"的部分限定"第三十六条"），附则第三十二条内在有关资产的流动化的法律（1998年第105号法律）第二百九条第一项的修改规定排列以及附则第三十五条及第三十八条的规定公布的日开始算起用政令决定在为不超过一年的范围内的日期。

（法律责任适用的过渡措施）

第四十条 在本法（附则第一条各项的规定，称作该规定。以下与本条同）施行前发生的行为以及依照本附则的规定还决定适用从前的案例，如果追究法律实施后的行为的法律责任，则参照以前的案例。

（向政府命令的委托）

第四十一条 除附则第二条至第十九条所规定的以外，关于本法施行所必要的过渡措施，由政府命令决定。

（讨论）

第四十二条 政府在本法律实施后五年以内，关于根据本法律修改后的规定的实施状况增加规定，认为有必要的，根据其结果有采取必要的措施。

附则（2009年6月24日法律第58号）

施行日期

第一条 本法律自公布之日开始起算不超过一年的范围内由政府命令决定的日期

开始施行。

（法律责任适用的过渡措施）

第十九条 在本法（附则第一条各项规定，称作该规定。以下本条同）施行前发生的行为以及依照本附则的规定还决定适用从前的案例，如果追究法律实施后的行为的法律责任，则参照以前的案例。

（向政府命令的委托）

第二十条 除附则第二条至第五条以及前条所规定的以外，关于本法施行所必要的过渡措施，由政府命令决定。

（讨论）

第二十一条 1. 政府在本法律实行后三年以内，根据本法律修改后的各自的法律（以下简称修改后的各法律）规定的指定纠纷解决机构（以下仅指指定纠纷解决机构）考虑指定状况及修改后的各法律规定的纠纷解决等业务的执行状况及其他社会经济形势，有关消费者厅及《消费者委员会设置法》（2009年第48号法律）附则第三款的讨论状况，根据消费者厅进行干预的应有方式及业界综合的纠纷解决体制的应有方式，通过指定争端解决机构的审判外纠纷解决手续的制度的应有方式进行讨论，认为有必要的，根据其结果采取必要的措施。

2. 政府除了决定前款的事项以外，本法律实施后五年以内，关于根据本法律修改后的规定的实施状况增加规定，认为有必要的，根据其结果采取所必要的措施。

附则（2009年7月3日法律第67号）

（施行日期）

第一条 本法自公布之日起施行。

（讨论等）

第二条 1. 政府把2014年度末作为目标，根据本法修改后的《日本政策投资银行法》附则第二条之二（有关为了东日本大震灾应对的特别财政援助及资助的法律（2011年法律第40号）第三十六条取代包含适用的情况）的规定为基础的股份有限公司日本政策投资银行（以下简称政策投资银行）对于出资的状况，根据本法律修改后的《日本政策投资银行法》附则第二条之四第二款的规定为基础的国债的偿还的状况，根据公司的危机应对业务（股份有限公司日本政策金融公库法（2007年第57号法律）第二条第五项规定的危机应对业务。下同）为了考虑实施的状况，社会经济形势的变化等，确保根据公司的危机应对业务的准确实施，作为重新评估，政府从拥有超过公司的已发行完毕的股票的总数的三分之一的股票，由国家对公司进行一定的干预的观点出发，包含根据公司危机应对业务的应有方式及政府的公司股票持有的应有方式公司的组织应有方式，采取必要的措施。

2. 政府在截至采取前款所述措施的期间，下条的规定修改后的为推动简朴高效的

《政改法律》（2006年第47号法律）第六条第二项尽管是由这个法律修改后的《日本政策投资银行法》附则第二条第一项的规定，不处理其持有的公司的股份。

（调整规定）

第四条　1. 在本法律施行之日，如果是为了安排对中小企业者及中坚经营者的顺利资金供给的《股份有限公司工商工会中央金库法》等的一部分修正的法律（2009年法律第54号。以下称为商中法等修改法）施行之日以前的情况，适用截至同日的前一天期间的前条规定修改后的推动简朴高效的政改法律第六条第二款的规定，该项中"以及"是指"关于对于的政府的出资，一边试图缩减市场的动向，从前项的措施的大概五年后至七年后作为目标，处理其全部"。

2. 如该法律施行之日变为商中法等修改法的施行之日，前条的规定，不适用。在此情况下，附则第二条第二项中和"下条"是指"修改为了安排对中小企业者及中坚经营者顺利供给资金的股份有限公司工商工会中央金库法等的一部分的法律（2009年第54号法律）附则第四条"。

（向政府命令的委托）

第五条　关于本法施行所必要的过渡措施，由政府命令决定。

附则（2011年5月2日第40号法律）

（施行日期）

第一条　本法律自公布之日起施行

附则（2011年5月25日法律第49号）

（施行日期）

第一条　本法律自公布之日开始起算不超过一年的范围内由政府命令决定的日期开始施行。但是，以下各项公布的规定，根据其规定之日起施行。

一、将第一条中《金融工具交易法》第一百九十七条之二第十项之四作为该条第十项之七，在该条第十项之三的下一个三项增加改正规定，该法第一百九十八条以及第二百零七条第一款第三项的改正规定并列的该款第六项的改正规定〔"仅限于将第一百九十八条（第五项以及第八项除外）"部分修改为"第一百九十八条第四项之二"〕，第六条中投资信托以及投资法人相关的法律第二百四十八条的修订规定并列的附则第三十条以及第三十一条的规定公布之日起开始计算经过二十日后的日期。

二、第一条中金融工具交易法目录下面的修改规定，加上该法第三十一条三的后补充一条的修改规定，该法第三十六条二第二项的修改规定，该法第六章内第一百七十一条其次一条的修改规定，该法第一百八十一条及第一百九十二条第三项的修改规定，该法第二百条第十二项第二十一项的修改规定，该法第二百零七条第一款第五项修改规定并列该款第六项修改规定（仅限从"第二百条第十七项"改为"第二百条第十二项三，第十七项"的部分），第二条的规定，加上第六条中有关投资信托及投资法人的法律第十一条，第二十六条第三款，第二百零一条，第二百零二条第二款，第二百二十五条及第二百二十五条二修改规定，第十条内银行法第二十条及第五十二条二十八修改规定，第十一条内保险业法第九十八条第二款询问书的修改规定及该法第三百三十三条第一款的修改规定，第十二条规定并列附则第八条，第九条，第十二条到第十四条，从第十七条至第二十条从第二十五条到第二十九条的规定公布之日开始起算六个月的范围内由政府命令决定之日期。

（伴随《日本政策投资银行法》的部分修改的过渡措施）

第二十八条 由前条的规定修改后的《日本政策投资银行法》（以下在此条称为"《新政策投资银行法》"）在第十条第一款适用的《新政策投资银行法》第二十条第七款规定，第二项施行日至事业年度结束时适用《新政策投资银行法》第十条第一项款的《新政策投资银行法》第二十条第四款的规定的公告。

（法律责任适用的过渡措施）

第三十条 在本法（附则第一条各项的规定，称为该规定。本条下同）施行前发生的行为以及依照本附则的规定依然决定适用从前的案例，如果要追究该法律施行后的行为的法律责任，参照以前的案例。

（向政府命令的委托）

第三十一条 除附则所规定的以外，关于本法律的施行所必要的过渡措施（含法律责任中相关的过渡措施），由政府规定决定。

（讨论）

第三十二条 政府在本法律施行后五年以内，关于增加本法律施行状况的讨论，认为有必要的时候，根据其结果作为基础采取必要的措施。

附则（2012年9月12日法律第86号）

（施行日期）

第一条 本法律自公布之日开始起算不超过一年6个月的范围内由政府规定所决定的日期开始施行。但是，以下各项所公布的规定，根据其规定之日起施行。

一、附则第四条第十三款以及第十八条的规定公布之日。

二、第一条、下一条以及附则第十七条的规定公布之日开始计算不超过一年的范围内由政府决定日期。

三、第三条以及附则第七条、第九条至第十一条以及第十六条的规定公布之日开始计算不超过三年的范围内由政府决定日期。

（法律责任适用的过渡措施）

第十七条 关于针对在本法（附则第一条第二项以及第三项所规定的，视为该规定）施行前所发生行为的法律责任的适用，参照以前的案例。

（向政府命令的委托）

第十八条 除附则第二条至第五条以及前条决定的以外，关于本法律的施行所必要的过渡措施（含法律责任中相关的过渡措施），由政府命令决定。

（讨论）

第十九条 政府在本法律施行后五年以内，关于增加本法律施行状况的讨论，认为有必要的时候，根据其结果作为基础采取必要的措施。

附则（2014年6月27日法律第91号）

本法律在《公司法》的部分修订的法律施行之日起施行。

附则（2015年5月20日法律第23号）

（施行日期）

本法律自公布之日起施行。

（危机应对储备金相关的过渡措施）

第二条 1. 股份有限公司日本政策投资银行（以下简称银行），本法律施行后即刻依照以下所公布的金额的总额减少资本金的金额，作为危机应对储备金（根据本法律改正后的《日本政策投资银行法》（以下简称新法）附则第二条的二十二第一款称作危机应对储备金。附则第四条第二款同）计入。在此情况下关于适用新法附则第二条之二十二第一款的规定，该款中"金额"是指"金额以及《日本政策投资银行法》的部分修正的法律依照附则第二条第一款的规定的资本金的金额减少后的金额"。

一、根据本法律修订前的《日本政策投资银行法》（以下简称旧法）依照附则第二条之二（为了应对东日本大地震的特别财政援助以及资助相关的法律（2011年法律第40号）包含替代适用的第三十六条）的规定政府为了圆满地实施对公司的危机应对业务（股份有限公司日本政策金融公库法（2007年法律第57号）第二条第五号规定的危机应对业务。附则第四条第一款并列的第九条第一款以及第三款同）已向公司出资金额的累积额。

二、在本法律施行之前依照旧法附则第二条之四第二款的规定政府偿还了国债金额的累计额。

2. 根据前款的规定关于减少资本金的金额的关于适用《公司法》（2005年第86号法律）第四百四十七条所规定的，该条第一款第二项中"作为储备金时"是指"作为储备金或《日本政策投资银行法》（2007年第85号法律）附则第二条之二十二第一款的危机应对储备金（以下本项中称作'危机应对储备金'）时"，"作为储备金金额"是指"作为储备金或危机应对储备金金额"。

（国债的返还相关的过渡措施）

第三条 依照旧法附则第二条之三第二款的规定关于已交付的国债的返还，依照为了应对东日本大地震的特别财政援助以及资助相关的法律第三十六条的规定取代适用的新法附则第二条之五第一款的规定，依照其他法律规定。

（国债的偿还等相关的过渡措施）

第四条 1. 公司不考虑新法附则第二条之四第一款（为了应对东日本大地震的特别的财政援助以及资助相关的法律包含替代适用的第三十六条）的规定，在此期间，危机应对业务（施行日作为2015年4月1日后的情况，包括在同日以后施行日的前一日公司所施行的业务）按照涉及的资产增加作为变成必要的资本的金额在财政部规定中规定的计算的金额，依照旧法附则第二条的三第二项的规定请求偿还已交付的国债。

2. 公司在不考虑新法附则第二条之四第三款的规定，施行之日以后依照该条第二款的规定以偿还的金额作为危机应对储备金的金额计入。在此情况下关于适用新法附则第二条之二十二第一款以及第二条之二十九的规定，该款中"附则第二条之九"是指"依照附则第二条之四第二款的规定接受长款的金额以及附则第二条之九"，该条中的"附则第二条之九"是指"根据附则第二条之四第二款的规定根据国债偿还的出资、附则第二条之九"。

3. 适用前二款规定的情况下关于适用新法附则第二条之四第五款的规定，该款中的"前各款"是指"第二款并列的《日本政策投资银行法》的部分经修订的法律（2015年法律第23号）附则第四条第一款以及第二款"。

（特定投资业务规则等相关的过渡措施）

第五条 1. 公司在本法律施行，新法附则第二条之十七第一款中规定的制作特定投资业务规则，须即刻得到财务大臣的批准。

2. 公司在本法律施行后即刻将新法第十七条的事业计划经变更适用于新法附则第二条之十一第一款、第二条之十八第一款以及第二条之二十一第二款，得到财务大臣的批准。

3. 公司在本法律施行后，其公司章程经变更适用于新法附则第二条之十一第三款以及第二条之十八第三款的规定，须即刻得到财务大臣的批准。

（向政府命令的委托）

第六条 除附则第二条至前条为止所规定的以外，本法律施行有关的必要的过渡措施，由政府命令规定。

（调整规定）

第八条 1. 施行日在股份有限公司商工组合中央金库法以及中小企业信用保险法的部分经过修订后的法律（2015年法律，下款简称《商中法》等修订法）的施行之日前的，在同日的前一日前的期间内根据前条的规定关于有关为了修改后实现简朴有效的政府的政改的推进的法律第六条第二款的规定的适用，该款中"商工组合中央金库以及"是指"关于对工商工会中央金库的政府的出资，以便按照市场的动向安排缩减，从 2015 年 4 月 1 日开始算起大概以五年至七年后作为目标，将其全部处理"，"这些机构"是指"这个"。

2. 施行日在《商中法》等修订法的施行之日之后的情况下，前条的规定不适用。

（危机应对业务相关的讨论）

第九条 1. 政府在本法律实施后，在适当的时期内，指定金融机关（《股份有限公司日本政策金融公库法》第十一条第二款规定的指定金融机关）涉及的制度运用状况，公司的危机应对业务的实施状况，社会经济形势的变化等进行考虑，从向《股份有限公司日本政策金融公库法》第二条第四项规定的损失，应对资金的接受者顺利地提供资金的观点加以考虑，以公司的危机应对业务所应有的方式及国家干预所应有方式加以讨论，认可时，根据该结果采取必要的措施。

2. 政府在进行前款的讨论时，必须听取一般金融机关代表和其他有关方的意见。

3. 政府按照第一项讨论的结果，根据政府所持有的公司的股票所拥有的义务并为了确保应对公司其他的业务危机作为前提，认为已经没有必要继续采取措施时，需要迅速采取法律手段废止该措施。

第十条 1. 政府在本法律施行后适当的时期内，考虑一般金融机关在进行金融以及民间投资的状况，根据公司特定投资业务的实施状况、社会经济形势的变化，从而谋求进一步促进日本经济的持续增长，有利于长期资金及其他的资金的供给之观点出发，对由公司的特定投资业务及国家的干预所应有的方式增加讨论，认可时，根据该结果采取必要的相应措施。

2. 政府在进行前款的讨论时，必须听取一般代表金融机关代表和其他有关方的意见。

韩国产业银行法

韩国产业银行法

第 302 号法律，1953 年 12 月 30 日颁布
根据 1961 年 12 月 27 日颁布的第 873 号法律修订
根据 1963 年 12 月 16 日颁布的第 1557 号法律修订
根据 1968 年 9 月 14 日颁布的第 2044 号法律修订
根据 1969 年 7 月 28 日颁布的第 2120 号法律修订
根据 1974 年 12 月 26 日颁布的第 2734 号法律修订
根据 1977 年 12 月 19 日颁布的第 3020 号法律修订
根据 1981 年 12 月 31 日颁布的第 3480 号法律修订
根据 1988 年 12 月 31 日颁布的第 4052 号法律修订
根据 1995 年 1 月 5 日颁布的第 4864 号法律修订
根据 1997 年 8 月 22 日颁布的第 5371 号法律修订
(《有效管理金融机构不良资产及成立韩国资产管理公司法》)
根据 1997 年 8 月 28 日颁布的第 5372 号法律修订
根据 1997 年 8 月 30 日颁布的第 5403 号法律修订
(《废除〈韩国住房银行法〉法》)
根据 1998 年 1 月 13 日颁布的第 5505 号法律修订
(《〈成立金融监管机构法〉颁布后调整〈注册会计师法〉等法》)
根据 1999 年 5 月 24 日颁布的第 5982 号法律修订
(《政府组织法》)
根据 2002 年 3 月 30 日颁布的第 6679 号法律修订
根据 2005 年 7 月 29 日颁布的第 7620 号法律修订
根据 2008 年 2 月 29 日颁布的第 8863 号法律修订
(《金融监管机构成立等法》)
根据 2009 年 1 月 30 日颁布的第 9401 号法律修订
(《国有财产法》)
根据 2009 年 5 月 21 日颁布的第 9703 号法律修订

目 录

第一章 通则 …………………………………………………………… 427
第二章 高管和董事会 ………………………………………………… 428
第三章 业务 …………………………………………………………… 429
　　第一节 业务 ……………………………………………………… 429
　　第二节 产业金融债券 …………………………………………… 430
第四章 会计 …………………………………………………………… 431
第五章之一 监督 ……………………………………………………… 433
第五章之二 韩国产业银行金融控股公司 …………………………… 433
第六章 其他事项 ……………………………………………………… 435
附录 …………………………………………………………………… 436
附加规定 ……………………………………………………………… 438

第一章 通 则

第一条 目的

本法的目的旨在规定运营韩国产业银行（以下简称为产业银行）的必要事项，包括提供资金的业务范围等，以便加快国家经济的发展，并规定产业银行进行私有化进程相关的必要事项。

第二条 （已删除）

第二-2条 与其他法律的关系

（1）除非本法另有规定，《银行法》的规定应适用于产业银行；但《银行法》的第8条、第9条、第23-2条、第27至第29条、第32条、第33条、第35条、第37条第（1）款和第（2）款、第38条第（1）项和第（5）项、第40条、第48条、第53条、第55条、第56条、第67条、第68条第（1）款第（5）项和第（6）项、第68条第（2）款不适用于产业银行。

（2）除非本法另有规定，《商业法》有关股份公司的规定应适用于产业银行。

第三条 总行、分行等的成立

（1）产业银行总行位于首尔。

（2）产业银行可根据其章程的规定，在各地成立分行、代理处和其他营业处或办事处，以便开展业务。

第四条 资本

产业银行的法定股本应由章程规定，最高为二十万亿韩圆（20 000 000 000 000韩圆），并应分割成若干股份。

第五条 章程

（1）产业银行应在章程中规定如下事项：

1. 宗旨；
2. 名称；
3. 有关成立总行、分行、代理处和其他营业处或办事处的事项；
4. 有关资本和股份的事项；
5. 有关股东大会的事项；
6. 有关高管和董事会的事项；
7. 有关业务及其业绩的事项；
8. 有关产业金融债券的事项；
9. 有关会计的事项；及
10. 公告的方法。

（2）章程的修订经董事会和股东大会决议后，应由金融服务委员会批准。

第六条　注册

（1）产业银行应根据总统令的规定进行注册。

（2）需根据第（1）款规定进行注册的事项在完成注册前不得对抗第三方。

第七条　禁止使用类似名称

产业银行之外的人不得使用"韩国产业银行"或与之类似的其他名称。

第八条　解散

（1）产业银行的解散事宜应由法律另行规定。

（2）（已删除）

第二章　高管和董事会

第九条　高管

（1）产业银行以总裁（也称为董事长兼首席执行官）、执行董事和审计师为其高管。

（2）产业银行设1位总裁和1位审计师。

（3）执行董事的数量应由章程规定；但产业银行应设有超过执行董事总人数一半的至少3位外部董事。

第十条　高管的职责

（1）总裁代表产业银行，并负责管理产业银行整体的业务运营。

（2）如总裁因无法避免的原因而无法履行其职责，一位执行董事应根据章程的规定履行总裁的职责。

第十一条　董事会

（1）董事会应包括总裁和执行董事。

（2）（已删除）

（3）董事会会议有过半数成员出席时构成法定人数，且董事会决议应由出席董事的过半数通过。

（4）（已删除）

（5）审计师可出席董事会会议，并表达其意见，但无表决权。

第十二条　高管的任命

总裁、执行董事和审计师应由股东大会根据章程的规定任命；但总裁应从执行董事中任命。

第十三条　任期

（1）高管的任期应根据章程的规定确定，不得超过3年。

（2）如有总裁、执行董事和审计师的职位空缺，应根据产业银行的章程任命新的高管；但是，不论前任高管的任期剩余多长时间，新任高管的任期应按第（1）款的规定执行。

第十四条　已删除

第十五条　代理人的任命

总裁可根据产业银行的章程规定，从产业银行的高管及/或雇员中指定一位或多名代理人，授予其总裁就产业银行业务享有的全部司法或非司法事项的全部或部分权力。

第十六条　已删除

第十七条　高管的地位

在《刑法》和其他法律的处罚规定适用的情况下，产业银行的高管应视为公职人员。

第三章　业　　务

第一节　业　　务

第十八条　业务

为达成第1条规定的目的，产业银行从事以下业务：

1. 发放贷款或贴现票据。

2. 认购、承销及/或投资《资本市场金融投资企业法》第4条规定的证券（以下统称为证券）；但承销股份不得超过产业银行的实付资本和第43条第（1）款规定的准备金之和的两倍。

3. 担保或承担债务。

4. 通过以下方式，为第1项至第3项规定的业务获得必要的资金：

1）接收存款和零存整取存款；

2）发行产业金融债券、其他证券和债务票据；

3）从政府、韩国银行和其他金融机构等借款；但产业银行对政府的债务应排在产业银行在开展业务期间产生的其他债务之后；及

4）借入国外资本。

5. 办理国内外汇兑业务。

6. 受政府、公共机构、金融机构或其他企业的委托，提供包括有关待实施特定项目经济与技术可行性的审核与规划、研究、分析、评估、指导、咨询等服务。

7. 经金融服务委员会的批准，开展附带于上述第1项至第6项规定的业务活动的其他业务。及

8. 经金融服务委员会的批准，为达成第1条规定的目的，开展上述第1项至第7

项规定的业务之外的业务。

第十八-2条 外币债务的担保

（1）政府应为截至根据第50条规定首次发售政府（包括政府为其出资不少于一半股本的法人）拥有的产业银行控股公司股份之日，产业银行未清偿的外币债务（仅适用于债券和贷款的偿还期不低于一年的情形；下同）的本金和利息的偿还提供担保。

（2）政府根据第（1）款规定担保的本金和利息的支付金额应在国会授权的限额内。

（3）在政府（包括政府为其出资不少于一半股本的法人）根据第50条规定控制（除第五章之二外，"控制"指持有已发行的有表决权股份总数的百分之五十（50%）以上）产业银行控股公司的期间内，经政府根据第（1）款批准偿还外币债务，政府或政府出资的法人（仅限于政府为其出资不少于一半股本的法人）可担保产业银行新产生的外币债务本金和利息的偿还，并应规定此类担保的限额和范围。

（4）如政府希望根据第（1）款或第（3）款的规定提供此类担保，政府应根据《国家金融法》第92条的规定事先获得国会的批准。

（5）第（3）款项下的担保应符合总统令规定的要求，例如无政府担保的话偿还债务存在困难等。

第十九条 政府特别基金的长期贷款

使用政府专项基金且还款期不低于1年的长期贷款仅可由产业银行发放和管理。

第二十条至第二十三条 已删除

第二十四条 业务手册

根据《韩国产业银行法》的规定起草本法第18条项下业务方式的《业务手册》时，产业银行应获得金融服务委员会的批准。修订《业务手册》时，也应适用相同的规定。

第二节 产业金融债券

第二十五条 产业金融债券的发行

（1）产业银行可发行产业金融债券以募集开展第18条规定的贷款和还款担保等业务所需的资金，以便达成第一条规定的目的。

（2）产业银行具有发行产业金融债券的专属权利。

（3）产业金融债券的未偿还余额加上产业银行担保的债券未偿还余额和产业银行担保或承担的债务的总额不得超过产业银行实付资本和第43条第（1）款规定的准备金总和的30倍。但计算上述限额时，不考虑以下款项：

1. 政府认购的产业金融债券的未偿还余额；

2. 政府担保偿还本金和利息的产业金融债券的未偿还余额；

2-2. 产业银行担保及/或承担的债务的未偿还余额，且该债务由金融机构（包括

韩国进出口银行、韩国工业银行)、韩国信用担保基金、保险公司和类似组织担保及/或保证偿还;

3. 产业银行担保及/或承担的且政府提供担保的债务未偿还余额;

4. 及产业银行为政府或地方政府担保及/或承担的债务的未偿还余额。

(4)(已删除)

第二十六条　发行债券以替换未清偿的债券或解除因担保或承担债务而产生的义务

(1) 如有必要替换未清偿的产业金融债券或解除根据第 18 条第 3 项提供担保或承担债务而产生的义务,产业银行可临时发行产业金融债券,如有必要,可超过第 25 条第(3)款规定的限额。

(2) 产业银行根据第(1)款规定发行产业金融债券时,应在发行后的 1 个月内替换未清偿的产业金融债券及/或解除该义务,金额以相当于因此发行的产业金融债券的总面值为限。

第二十七条　折价

产业金融债券可以折价或溢价的方式发行。

第二十八条　未清偿债券的政府担保

(1) 政府可担保产业金融债券的本金和利息的支付。

(2) 如政府意欲根据第(1)款的规定为产业金融债券的本金和利息的支付提供担保,政府应获得国会的同意。

第二十九条　债券的到期日

应分别在 5 年内和 2 年内行使接收产业金融债券的本金和利息的权利。

第三十条　执行令

本法未规定的其他有关产业金融债券的必要事项应由总统令规定。

第三节　已删除

第三十一条至第三十六条　已删除

第四章　会　　计

第三十七条　财务年度、预算和决算

(1) 产业银行的财务年度应始于每年 1 月 1 日,止于 12 月 31 日。

(2) 在下一财务年度开始前,产业银行应拟定每个财务年度的收入和开支预算,并向金融服务委员会报告。

(3) 各财务年度结束后的 3 个月内,产业银行应按金融服务委员会确定的格式,

将截至财务年度截止日期的资产负债表、相关结算期间的利润损益表和合并财务报表提交给金融服务委员会,并在其互联网主页上公告送达所提交的文件;但如由于不可避免的原因,无法在 3 个月内公告相关文件,经金融服务委员会批准,可推迟上述公告。

(4)(已删除)

(5)(已删除)

(6)(已删除)

第三十八条至第四十二条 已删除

第四十三条 利润的处置

(1)在充分补贴资产折旧后,每个财务年度产业银行的年度净利润应按如下方式分配:

1. 净利润的百分之四十(40%)或以上应贷记至准备金,直至达到法定资本的总额;及

2. 经股东大会批准,并由董事会通过决议后,方可分配根据第 1 项规定分配后剩余的净利润。

(2)根据第 44 条的规定抵销产业银行的损失后,第(1)款规定的准备金可资本化。

(3)第(1)款第 2 项规定的分红可为现金分红或实物分红。实物分红相关的事项应由总统令规定。

(4)(已删除)

第四十四条 抵销损失

(1)产业银行的年度净损失应在各年通过准备金抵销,如准备金不足,则差额应由政府抵销。

(2)政府根据第(1)款的规定抵销损失可通过依据《国家财产法》第 6 条第(3)款规定授予一般产权来实施,不论该法第 55 条有何规定。

(3)根据第(2)款的规定转让其他财产应事先经国务会议审议、总统批准和国会同意;但在产业银行的良好运营有急需和为了稳定金融秩序,可事后获得国会的同意。

第四十五条 未动用资金的使用

产业银行可按其章程规定的方式动用业务经营过程中未动用的剩余资金,但不得影响第 18 条规定的产业银行的业务活动。

第四十六条 已删除

第五章之一 监 督

第四十七条 监督

金融服务委员会应根据本法的规定监督产业银行,并可下达监督所需的命令;金融服务委员会还应根据总统令的规定开展监督以确保产业银行管理良好,并可下达此类监督所需的命令。

第四十八条 已删除

第四十九条 提交报告和检查文件

(1) 金融服务委员会在根据第47条的规定进行监督时,可要求产业银行提交关于视为必要的事项的报告,或指示本部的主管官员或金融监督委员会的官员检查产业银行的经营状况、账簿、记录和其他必要事项。

(2) 如金融服务委员会认为有必要,可委托金融监督委员会的主席行使第(1)款规定的检查权。

(3) 根据第(1)款和第(2)款规定进行检查的个人应携带表明其身份的身份证明,并向相关人员出示其身份证明。

第五章之二 韩国产业银行金融控股公司

第五十条 设立

(1) 为提升产业银行的金融服务能力,并有效进行私有化,产业银行应通过根据《商业法》第530-2条的规定拆分公司的方式,根据《韩国金融公司法》的规定设立韩国产业银行金融控股公司(以下简称为产业银行控股公司)和韩国金融公司(以下简称为韩国金融公司)。

(2) 关于第(1)款规定的产业银行控股公司,如政府是控制股东,则不适用《金融控股公司法》第4条规定的授权标准,且产业银行控股公司的授权标准应由总统令详细规定。

(3) 产业控股公司应根据《金融控制公司法》第2条第(1)款第2项的规定控制产业银行及其子公司(以下简称为产业银行控股子公司)。

(4) 如产业银行根据第(1)款的规定设立了产业银行控股公司,应视为金融服务委员会已批准变更根据各子公司设立所依据的法律设立的最大股东。

第五十一-2条 性质

如产业银行控股公司将产业银行并入产业银行控股子公司,产业银行控股公司应被视为《金融控股公司法》第2条第(1)款第5项下的银行控股公司。在此情况下,不适用该法第16条和第18条的规定。

第五十一-3条　其他法律的适用

除非本法另有规定,《商业法》和《金融控股公司法》的规定适用于产业银行控股公司。

第五十一-4条　二级子公司的例外情形

如果设立了产业银行控股公司或产业银行被并入了产业银行控股子公司,《金融控股公司法》(不包括该法第48条第(5)款的规定)和《垄断管制与公平交易法》有关二级子公司的规定不得适用于产业银行控制的公司、产业银行控股公司子公司等未从事金融业务的公司。

第五十一-5条　信贷额度的例外情形

(1) 如并入产业银行控股子公司的产业银行根据《电力资源开发促进法》第2条第3项规定的电力开发项目实施计划向电力开发商发放信贷,《金融控股公司法》第45条第(1)款和第(2)款的规定不适用于《金融控股公司法》第4条第(1)款第2项下的产业银行控股公司和子公司等(以下简称为产业银行控制子公司等)。

(2) 产业银行控股子公司等的净值的计算方法应由总统令决定。

第五十一-6条　私有化实施监控委员会的设立及其职能

(1) 应在产业银行控股公司内部设立私有化实施监控委员会(以下简称为监控委员会),以便产业银行有效地实施私有化。

(2) 在每个财务年度开始前,监控委员会应向金融服务委员会和国会的相应常务委员会报告如下事项:处理产业银行控股公司及其子公司股份的计划及进度;奠定产业银行储蓄业务基础的计划及其进度;将不能由根据《银行法》成立的金融机构办理的产业银行业务转让给产业银行控股公司的其他子公司的计划及其进度。

(3) 包括1名主席在内的监控委员会应包括如下成员:

1. 产业银行控股公司的董事代表。
2. 产业银行总裁。
3. 韩国金融公司总裁。
4. 战略财政部部长和金融服务委员会主席从战略财政部和金融服务委员会高级官员中各指定一名公职官员作为委员会的成员。
5. 同时担任国会各常务委员会成员的财政专业委员。
6. 三名拥有金融、经济、会计或法律领域的丰富知识和经验的人,均由金融服务委员会的主席根据以下人员的建议委任:

a. 经金融服务委员会授权,根据《民法》第32条规定成立的韩国银行协会的主席;

b. 根据《资本市场和金融投资业务法》成立的韩国金融投资协会的主席;

c. 根据《注册会计师法》成立的韩国注册会计师协会会长。

(4) 监控委员会主席应从根据第(3)款第6项的规定产生的委员会成员中选举产生。

（5）主席代表监控委员会，并应总体负责管理监控委员会的各项事务。

（6）主席应召集并主持监控委员会会议。

（7）如主席因无法避免的原因不能履行其职责，由监控委员会事先指定的监控委员会成员应替代主席履行相关职责。

（8）监控委员会会议有过半数成员出席时应构成法定人数，监控委员会决议应由出席成员的过半数通过。

（9）委员会的构成及运作相关的特别要求应由总统令规定。

第六章　其他事项

第五十一条　已删除

第五十二条　财产所有权、管理或使用的限制

产业银行不得拥有、管理及/或运营任何动产或非不动产，除非该财产是为开展其业务所需，或在其信贷回收过程中接收的。

第五十三条　已删除

第五十三－2条　已删除

第五十三－3条　已删除

第五十四条　罚款

任何人违反第47条项下的命令均应处以五百万韩圆（5 000 000韩圆）以下的罚款。

第五十四－2条　根据特别法认购股份的例外情形

（1）如根据特别法成立的任何法人的全部或过半数股本应由政府根据该特别法认购，或其发行的股份半数以上应由政府根据该特别法持有，则无论该特别法有其他任何规定，产业银行可认购该法人的股本，或代替政府持有该法人的股份。

（2）不论该特别法有何其他规定，股本已由产业银行根据第（1）款规定认购或股份已由产业银行根据第（1）款的规定持有的法人可按产业银行持有的股份数量（包括认购证书）比例向产业银行支付股息。

第五十四－3条　过错罚款

（1）任何人违反第7条项下的命令均应处以一千万韩圆（10 000 000韩圆）以下的罚款。

（2）任何人未按第49条第（1）款的规定提交报告，或提交错误报告或拒绝、妨碍或逃避该款规定的检查，应处以五百万韩圆（5 000 000韩圆）以下的过错罚款。

（3）第（1）款和第（2）款规定的过错罚款应由金融服务委员会按总统令的规定处罚及收取。

附　录

第五十五条

（1）财政部长应指定产业银行组织委员会的成员处理产业银行成立事宜。

（2）该委员会应负责起草产业银行的章程，并获得财政部的批准。

（3）财政部长根据第（2）款规定批准产业银行的章程后，该委员会应立即请求政府支付产业银行的股本。

（4）产业银行于缴清第（3）款规定的股本之日合法成立。

（5）产业银行成立后，该委员会应立即将其业务转交给产业银行的行长。

第五十六条

产业银行开始营业的日期应由总统令决定。

第五十七条

在产业银行成立之日，产业银行应根据财政部长、韩国工业银行总裁和产业银行行长共同约定的财产清单和相应价格，承继韩国工业银行符合本法规定的产业银行宗旨和业务范围的资产和负债。

第五十八条

韩国工业银行在有关产业银行从韩国工业银行承继的财产的登记簿或其他文书或文件上的名称应视为变更为韩国产业银行。

第五十九条

本法未规定的韩国工业银行清算相关的其他事项应由总统令另行规定。

第六十条

有关本法执行的必要事项应由总统令另行规定。

第六十一条

产业银行成立之日即《韩国工业银行法》废止之日。

第六十二条

本法自颁布之日起生效。

附　录

（1961年12月27日颁布的第873号法律）

（1）本法自颁布之日起生效。

（2）在第四条规定的产业银行股本缴清之日，产业银行应保有十五亿韩圆（1 500 000 000韩圆）的特别准备金，该特别准备金的全部金额应由政府根据国务会议的决议提供。

第（2）款规定的特别准备金应专门用于抵销产业银行在本法实施之前发放贷款产生的损失，以及根据第53－3条第（4）款的规定认购韩国资产管理公司股本产生的损失。

附　录

（1963年12月16日颁布的第1557号法律）

本法应于1962年12月26日颁布的经修订的《宪法》施行之日起生效。

附　录

（1968年9月14日颁布的第2044号法律）

本法应于颁布之日起生效；但第九条有关审计师的规定应于在任审计师任期期满的翌日生效。

附　录

（1969年7月28日颁布的第2120号法律）

本法自颁布之日起生效。

附　录

（1974年12月26日颁布的第2734号法律）

（1）（生效日期）本法自颁布之日起生效。

（2）（政府贷款资金的资本化）不论其他法律和法令有何规定，本法生效之时以政府资金贷款给产业银行的尚欠部分的金额（由总统令决定）应视为已于总统令指定的日期支付给产业银行，以便增加其实付资本。

（3）（过渡措施）1974年12月31日当日及之前发行的产业金融债券的到期日应适用本法修正之前的规定。

附 录

(1977 年 12 月 19 日颁布的第 3020 号法律)

本法自颁布之日起生效。

附 录

(1981 年 12 月 31 日颁布的第 3480 号法律)

(1)（生效日期）本法应于颁布之日起生效。

(2)（有关特别准备金的过渡措施）如第 873 号法律《修正 < 韩国产业银行法 > 法》的附加规定第（2）款规定的特别准备金已用于抵销上述附加规定第（3）款规定的损失，抵销后的剩余特别准备金的余额应视为已实付给产业银行，以便增加政府于本法上述生效日期实付的资本。

附 录

(1988 年 12 月 31 日颁布的第 4052 号法律)

本法自颁布之日起生效。

附 录

(1995 年 1 月 5 日颁布的第 4864 号法律)

(1)（生效日期）本法自颁布之日起生效。

(2)（经营计划批准相关的适用实例）第 20 条第（3）款和第 21 条经修正的规定应适用于 1996 年及之后的经营计划。

(3)（产业金融债券相关的适用实例）第 25 条第（3）款和第（4）款经修正的规定应适用于 1996 年后发行的产业金融债券。

(4)（处罚相关的过渡措施）本法生效之前行为的处罚应适用本法修订之前的规定。

附加规定

(1997 年 8 月 22 日颁布的第 5371 号法律)

第一条　生效日期

本法自颁布之日后的三（3）个月起生效。

第二条至第九条　略

附加规定

（1997年8月28日颁布的第5372号法律）

第一条　生效日期

本法自颁布之日后的3个月起生效。

第二条　预算相关的适用

第37条第（2）款经修正的规定应适用于1998年及之后的预算。

第三条　高管相关的过渡措施

（1）根据《政府投资企业管理法》任命的董事会主席和执行董事的任期应视为随着本法的生效而同时期满。

（2）根据《政府投资企业管理法》任命的行长、副行长和执行董事应视为已按章程规定的方式根据本法的规定任命。在此情况下，任期应从根据《政府投资企业管理法》任命日期起计算。

附加规定

（1997年8月30日颁布的第5403号法律）

第一条　生效日期

本法自颁布之日起生效。

第二条至第八条　略

附加规定

（1998年1月13日颁布的第5505号法律）

（1）（生效日期）本法应于1998年4月1日起生效，但《韩国产业银行法》第四条、第十八条第7.b项和第四十四条……和《促进公共企业管理结构与私有化法》附加规定第6条第（3）款的规定应自颁布之日起生效。

（2）－（4）（略）

（5）（从政府借款相关的过渡措施）《韩国产业银行法》经修订的第十八条第7.b项应适用于产业银行截至本法生效日期前从政府借款的资金。

附加规定

(1999 年 5 月 24 日颁布的第 5982 号法律)

第一条 生效日期

本法自颁布之日起生效。

第二条至第六条 略

附加规定

(2002 年 3 月 30 日颁布的第 6679 号法律)

本法自颁布之日起生效。

附加规定

(2005 年 7 月 29 日颁布的第 7620 号法律)

本法应于 2006 年 1 月 1 日起生效。

附加规定

(2008 年 2 月 29 日颁布的第 8863 号法律)

第一条 生效日期

本法自颁布之日起生效。
第二条至第五条 略

附加规定

(2009 年 1 月 30 日颁布的第 9401 号法律)

第一条 生效日期

本法自颁布之日六(6)个月后生效。
第二条至第十一条 略

附加规定

(2009 年 5 月 21 日颁布的第 9703 号法律)

第一条 生效日期

本法自 2009 年 6 月 1 日起生效,但附加规定第 11 条第(2)款的规定应于韩国金融公司根据《韩国金融公司法》成立之日起生效。

第二条 成立产业银行控股公司的筹备活动

本法生效后,产业银行应立即开始筹备成立产业银行控股公司。

第三条 处置控股股份后废止本法

(1)如政府(包括政府对其出资不少于一半股本的法人)因处置其持有的股份而不再控制产业银行控股公司,不论本法有何其他规定,产业银行和产业银行控股公司不得新开展根据《银行法》和《金融控股公司法》授权成立的金融机构禁止的业务。

(2)政府应采取一切措施,在第(1)款规定日期的 1 个月内废除本法。

第四条 产业银行控股公司出售股份首日的例外情形

产业银行控股公司根据经修订的第 18-2 条第(1)款规定出售股份首日应在本法生效后的 5 年内。

第五条 产业银行控股公司高管的任命和免除的例外情形

(1)尽管有经修订的第 50-3 条的规定,政府(包括政府对其出资不少于一半的法人,本条下同)控制产业银行控股公司期间,产业银行控股公司的高管应按如下方式任命:

1. 董事代表应由大韩民国总统根据金融服务委员会主席的提名任命。
2. 董事代表之外的其他高管应由金融服务委员会根据董事代表的提名任命。

(2)政府控制产业银行控股公司期间,应金融服务委员会主席因如下原因提出的请求,大韩民国总统应免除董事代表的职务:

1. 违反本法和根据本法下达的命令,或违反章程规定;
2. 犯罪;
3. 宣布个人破产;
4. 由于精神或健康原因无法履行其职责;或
5. 被认定为业务管理成绩明显不合格。

(3)政府控制产业银行控股公司期间,应产业银行董事代表因上述第(2)款规定的原因提出的请求,金融服务委员会应根据第(1)款第 2 项的规定免除开发控股公司的高管的职务。

第六条 外币债务的临时措施

如产业银行自本法生效日期至产业银行控股公司发售股份首日期间新产生外币债

务,产业银行应根据总统令的规定与战略和财政部部长和金融服务委员会磋商。

第七条　关于高管的临时措施

(1) 根据本法生效日期前的规定任命的产业银行行长、副行长、执行董事和审计师应视为根据本法规定任命的总裁、执行董事和审计师;但其任期应从根据之前规定的任命之日起计算。

(2) 执行董事在第(1)款规定的任期期满日期前,不适用经修订后的第9条第(3)款有关外部董事人数的规定。

(3) 如产业银行在本法实施后首次任命外部董事,不适用《银行法》第22条第(3)款后半部分的规定。

第八条　罚款相关的临时措施

对本法生效之前行为处以罚款时,应适用之前的规定。

第九条　本法适用于金融行业结构改进时的特例

(1) 如产业银行控股公司将产业银行并入为其子公司,本法第24条有关金融行业结构改进的规定不适用于产业银行并入子公司时持有的股份。

(2) 尽管有第(1)款的规定,产业银行控股公司应在将产业银行并其子公司之日起的5年内符合本法第24条有关金融行业结构改进规定的要求;但产业银行控股公司根据《中小企业框架法》第2条规定持有中小企业发行的股份时,本款规定不适用。

第十条　章程首次修订相关的临时措施

尽管有经修订的第5条第(2)款规定,本法生效后对章程的首次修订应符合之前的规定。

第十一条　略

联邦法"俄罗斯发展与对外经济事务银行"

2007年4月20日通过国家杜马审核
2007年5月4日得到俄罗斯联邦委员会批准
2007年5月24日在《俄罗斯报》(Rossiyskaya gazeta)上公布

目　录

第一章　总则 …… 446
　　第一条　本联邦法规定的关系 …… 446
　　第二条　俄外经银行的法律地位。 …… 446
　　第三条　俄外经银行的商业目的和职能 …… 446
　　第四条　俄外经银行活动相关法律条例 …… 448
　　第五条　俄外经银行的资产 …… 449
　　第六条　政府和地方当局以及俄外经银行之间的关系 …… 449

第二章　俄外经银行的财务报表和审计 …… 450
　　第七条　俄外经银行的账目 …… 450
　　第八条　俄外经银行的审计 …… 450

第三章　俄外经银行的管理部门 …… 450
　　第九条　俄外经银行的主管部门 …… 450
　　第十条　俄外经银行的监事会 …… 450
　　第十一条　俄外经银行监事会会议 …… 451
　　第十二条　俄外经银行监事会权力 …… 451
　　第十三条　俄外经银行的董事会 …… 452
　　第十四条　俄外经银行的董事会权力 …… 452
　　第十五条　俄外经银行的主席 …… 453
　　第十六条　俄外经银行主席的权力 …… 453

第四章　俄外经银行的创建、重组和清算 …… 453
　　第十七条　俄外经银行的创建 …… 453
　　第十八条　俄外经银行的注册资本 …… 454
　　第十九条　俄外经银行的重组和清算 …… 454

第五章　最后条款 …… 454
　　第二十条　苏联对外经济事务银行的重组 …… 454
　　第二十一条　由俄外经银行履行的某些职能 …… 455

第一章 总　　则

第一条　本联邦法规定的关系

本联邦法确定了发展银行——国营公司"俄罗斯发展与对外经济事务银行"（Vnesheconombank）（以下简称俄外经银行）的法律地位、组织原则、公司成立目的和商业目的以及重组和清算程序。

第二条　俄外经银行的法律地位

1. 俄外经银行是由俄罗斯联邦建立的一个国营公司，其地位、商业目的、职能和权力均根据本联邦法、其他联邦法以及俄罗斯联邦的监管法令得以确立。

2. 俄外经银行拥有其自己的公章，公章上印有俄罗斯联邦国家徽章及其全名。

3. 俄外经银行的营业地址应设于莫斯科市。

4. 该国营公司的全称应为国营公司"俄罗斯发展与对外经济事务银行"（Vnesheconombank）。该国营公司的简称为俄外经银行。

第三条　俄外经银行的商业目的和职能

1. 俄外经银行应努力提升俄罗斯联邦的经济竞争力，促进多样化发展，通过投资、对外经济、保险、咨询和据此预计的其他活动鼓励投资，以在俄罗斯联邦国内外实施旨在促进基础设施、创新、特别经济区、环境保护、俄罗斯商品出口支持、业务和服务以及中小企业支持等方面发展的项目（包括外资相关项目）。

2. 俄外经银行有权参与商业活动以实现本条第1项所述目的且所有活动应与此类目的相符。俄外经银行基于其商业活动获取的利润应直接划入俄外经银行基金并仅用于实现本条第1项所述目的。

3. 为了实现其商业目的，俄外经银行应行使以下基本职能：

（1）旨在发展基础设施和实施创新项目的投资项目的融资，包括以贷款或商业机构资本利息的形式进行融资；

（2）根据俄罗斯联邦法发行债券或其他有价证券；

（3）准备贷款和吸引借贷，包括金融市场的借贷；

（4）购买企业实体的注册资本以及投资资金和相互投资资金相关股权（股份及股票）；

（5）行使授予指定银行的货币管理机构权力并履行其义务；

（6）为第三方（个人（包括独资企业）除外）向法律实体出具担保函；

（7）购买要求第三方履行还债义务的权利并发行由此类权利担保的股本证券；

（8）根据本条第6~9项的业务和/或政治风险安排出口信贷和投资保险；

（9）根据商品和证券的价格变动、特定货币的汇率、利率和通货膨胀水平参与预计由相关方完全支付的交易，以最大程度地降低所开展业务的风险；

（10）参与实施联邦目标方案和政府投资方案、项目，包括对外经济项目，其中包括由联邦法律及其他监管法案规定政府应支持的行业出口（商品、业务和服务）；

（11）以俄罗斯联邦政府规定的方式基于公私情况参与具有国家意义的投资项目以及创建基础设施和其他设施的项目，以保证特别经济区的运行；

（12）租赁业务；

（13）当预算贷款的范围扩展至支持俄罗斯行业产品出口时提供预算贷款服务（包括国外设施建设和完整安装的提供）、为参与国际招投标的俄罗斯企业出具银行担保并履行已签署的出口合同；

（14）针对俄罗斯出口商的投资项目和出口合同草案安排和实施专业鉴定，包括针对工程和技术方案安排专业鉴定；

（15）通过为支持中小型企业的信贷机构和法律实体提供融资参与中小型企业支持方案；

（16）监督法律实体是否符合俄外经银行相关项目的实施法规；

（17）与国际发展公司、外国发展公司和机构合作，并参与国际协会在俄罗斯联邦实施的项目开发；

（18）加入俄罗斯联邦国内外正在成立或已成立的协会、联盟和其他非营利组织以促进经济发展和投资；

（19）在俄罗斯联盟国内外设立分行、创办代表机构以及注册法律实体；

（20）针对俄罗斯制造的出口商品提供财务和担保支持，包括向行业产品（商品、业务、服务）相关俄罗斯出口商出具国家担保，由俄罗斯银行和外国银行向涉及行业产品（商品、业务、服务）出口的俄罗斯出口商、国外进口商、非本地银行和其他国家发放贷款；

（21）进行业务登记以允许利用、提供和偿还俄罗斯联邦向外国以及外国向俄罗斯联邦发放的国家贷款，并针对此类贷款业务完成国际结算；

（22）根据既有程序完成包含国家秘密和其他类型机密信息的信息使用相关工作并确保保护此类信息的机密性。

4. 在行使其职能时，俄外经银行应开展以下银行业务：

（1）以定金的形式吸引参与俄外经银行项目实施的法律实体的货币基金；

（2）开立和管理参与俄外经银行项目实施的法律实体的银行账户以及俄罗斯联邦中央银行、俄罗斯联邦信贷机构、外国银行和国际结算和清算中心的代理账户；

（3）利用上述第（1）项所述已吸收资金以其自己的名义和通过自己的账户进行投资；

（4）根据法律实体（包括参与实施俄外经银行项目的包括代理银行在内的法律实体）的指令完成清算业务；

（5）以现金和非现金的形式购买和出售外国货币；

（6）为参与俄外经银行项目实施的法律实体托收现金、票据、支付凭证并提供现金服务；

（7）为参与俄外经银行项目实施的法律实体提供银行担保。

5. 为了实施项目、保证偿债能力和确保风险管理，俄外经银行应在担保市场上充当经销商和受托人并提供安全管理服务，还应充当货币资金和其他产权（包括国有产权）的托管人。

6. 为了根据政治和/或经营风险安排出口贷款和投资保险，俄外经银行应成立一家开放性联合股份公司。俄外经银行应基于俄外经银行监事会的决议行使其在上述公司的股东权利。公司商号可包含俄罗斯联邦或俄罗斯的官方名称以及由此产生的任何字。

7. 上文本条第 6 项所述开放性联合股份公司的主要经营目标应在于提供与俄罗斯商品/业务/服务的出口相关的保险服务并在俄罗斯联邦境外进行投资。因此，开放性联合股份公司应根据政治和/或经营风险向商品/业务/服务相关俄罗斯出口商、在俄罗斯联邦境外参与投资的俄罗斯投资者、根据各项协定建立关系的外国交易对手以及参与各项交易的信贷业务的俄罗斯和外国信贷机构提供出口贷款和投资保险。

8. 无需获得任何授权（许可），上文本条第 6 项提及的开放性联合股份公司应根据俄罗斯联邦政府制定的程序以及政治和/或经营风险提供出口贷款和投资保险。

9. 根据经营和/或政治风险提供出口贷款和投资保险的程序，尤其应规定：

（1）保险规则的要求，包括保险合同各方、保险标的、保险索赔额、保险费、保险费率、保险风险、保险事故以及签订和履行保险合同的程序等相关要求；

（2）确保上文第 6 项提及的开放性联合股份公司的财务稳定性相关要求，包括保险基金、其他资金和准备金的相关构成和利用情况；

（3）上文第 6 项提及的开放性联合股份公司的以下活动要求：由俄外经银行以担保和/或其他形式向开放性联合股份公司提供财务支持的相关活动以及根据俄罗斯联邦预算法律，特别以补助金、俄罗斯联邦预算投资和国家担保的形式提供国家支持的相关活动；

（4）控制上文第 6 项提及的开放性联合股份公司的活动的程序和形式。

第四条 俄外经银行活动相关法律条例

1. 俄外经银行的法律地位受到本联邦法、俄罗斯联邦的其他联邦法以及基于此采纳的监管法令的管制。

2. 在不与本联邦法相冲突的范围下以及在此确定的具体特征直接相关的情况下，有关银行和银行业的法律应适用于俄外经银行的一切活动。

3. 监管以下程序的银行和银行业法律程序不适用于俄外经银行：

（1）信贷机构的国家注册程序以及向此类机构发行银行业执照的程序；

（2）信贷机构清算或重组程序；

（3）信贷机构活动相关信息提供程序；

（4）根据本联邦法以及银行和银行业相关法律所制定的程序相矛盾的某些银行业务和交易的实施程序；

（5）信贷机构稳定性和财务健全标准的应用程序以及符合其他强制性要求和法规

的程序。

4. 《俄罗斯联邦民法典》信贷机构（银行）相关条款应适用于因俄外经银行行使本联邦法规定的职能而建立的关系。

5. 1996年1月12日颁布的第7－FZ号《联邦法"关于非营利组织"》第32条第3、第5、第7、第10和第14款（适用于监督非营利组织活动程序）不应适用于俄外经银行。

6. 应在得到俄罗斯联邦政府批准的俄外经银行财政政策备忘录（以下简称备忘录）中规定俄外经银行的核心业务、投资和金融活动指标、借款定量控制、限额、基本条款和条件、贷款展期程序和时限、经济实体注册资本利息和担保函的出具。

7. 应由俄罗斯联邦政府说明备忘录的起草程序、备忘录内容及其有效性。

8. 俄外经银行主管部门的职能、权力和业务程序由本联邦法以及需得到俄罗斯联邦政府批准的俄外经银行监事会相关条款和需得到俄外经银行监事会批准的俄外经银行主管部门相关条款规定。

第五条 俄外经银行的资产

1. 俄外经银行的资产应由以下各部分构成：因苏联对外经济事务银行重组而接收的资产、俄罗斯联邦的资产出资、俄外经银行活动产生的收入、自愿资产出资和捐赠以及其他法定进账和收入。

2. 俄外经银行不应承担俄罗斯联邦的债务。俄罗斯联邦也不应承担俄外经银行的债务。

3. 俄外经银行的资产应仅用于实现其创建目的。

第六条 政府和地方当局以及俄外经银行之间的关系

1. 除非本联邦法另有规定，否则本联邦法规定的目的一旦实现，俄罗斯联邦政府当局、其构成实体的管理机构、地方当局均无权干涉俄外经银行的活动。

2. 俄罗斯联邦政府应：

（1）任免俄外经银行监事会的职位及其成员；

（2）批准俄外经银行监事会相关规定；

（3）批准备忘录；

（4）行使本联邦法规定的其他职能。

3. 还应通过每年提交一次与俄外经银行的年度财务报表相关的俄外经银行年度财务报表审计师报告以及根据此类年度财务报表和本联邦法规定的其他文件审计结果得出的俄外经银行内部审计结果，控制备忘录的符合性。

4. 备忘录可确定需向俄罗斯联邦政府和俄罗斯联邦中央银行提交的附加信息（附加材料）以及提交时限。

第二章　俄外经银行的财务报表和审计

第七条　俄外经银行的账目

1. 俄外经银行的报告年度应设定为每个日历年的 1 月 1 日至 12 月 31 日（包括起始和结束日期）。

2. 俄外经银行应根据俄罗斯联邦信贷机构制定的会计原则并在适当考虑俄罗斯联邦中央银行规定的记账具体特征的前提下完成记账。

3. 俄外经银行每年均应在下一报告年度的 4 月 30 日之前完成编制年度报告，并应在下一报告年度的 6 月 15 日之前交由俄外经银行的监事会批准。

4. 应强制发布俄外经银行的年度报告（包括其年度财务报表）。

5. 俄外经银行的年度报告应包括报告期间俄外经银行的绩效报告、年度财务报表、现金流报告、资金流报告、利润分配报告、俄外经银行的准备金和资金的产生和利用相关报告。

6. 俄外经银行的年度财务报表应包括资产负债表和损益表。

第八条　俄外经银行的审计

1. 为了审计俄外经银行的年度财务报表，监事会应通过招标选择一个审计师事务所并确定其报酬。

2. 在获得俄外经银行监事会的批准之前，前述审计师事务所应强制审计俄外经银行的年度财务报表。

3. 应强制公布审计师报告与俄外经银行的年度财务报表。

4. 应由俄外经银行的内部控制部门执行俄外经银行的内部审计工作。应由俄外经银行的监事会规定内部控制操作程序。

5. 根据本条第 1 至 3 项所述条款和条件，俄外经银行的监事会应有权通过俄外经银行账目特别审计相关决议。

第三章　俄外经银行的管理部门

第九条　俄外经银行的主管部门

1. 俄外经银行的主管部门应包括俄外经银行的监事会以及俄外经银行的主席。

2. 俄外经银行董事会成员的报酬和（或）报销费用应该获得俄外经银行的监事会批准。

3. 俄外经银行监事会成员的报酬和（或）报销费用应由俄罗斯联邦政府批准。

第十条　俄外经银行的监事会

1. 俄外经银行的监事会为俄外经银行的最高主管部门。监事会应由 8 名成员以及俄外经银行的主席构成。

2. 俄罗斯联邦政府的主席应为俄外经银行的监事会主席。

3. 俄外经银行的主席应为监事会的当然成员。

4. 经俄罗斯联邦政府委任的俄外经银行监事会成员的任期均应为 5 年。

5. 除俄外经银行的主席以外，俄外经银行的监事会成员均不得为俄外经银行的正式员工。

6. 不得因为俄外经银行监事会成员免除公职而导致其在监事会的任期终止。

7. 俄外经银行的监事会成员（非公职人员）应根据俄罗斯联邦法并基于合同开展活动。

8. 俄外经银行监事会成员的任期到期之前，可由俄罗斯联邦政府决定终止其权力。在此情况下，俄罗斯联邦政府应在 2 个月内委任一位新监事会成员。

第十一条　俄外经银行监事会会议

1. 应由俄外经银行的监事会主席或由监事会主席正式授权的监事会成员按需召开监事会会议，但至少需每个季度召开一次会议。

2. 在至少半数成员与会的情况下，俄外经银行的监事会应有权通过决议。仅需大部分到场人员投票同意，即可通过决议。在票数相同的情况下，监事会会议主持人应拥有决定性的一票。

3. 应由俄外经银行的监事会主席或在其缺席的情况下由主席正式授权的任何监事会成员主持俄外经银行的监事会会议。

4. 俄外经银行监事会的会议记录应由会议主持人签名以确保其准确性。应根据请求将俄外经银行监事会小部分成员的意见纳入会议记录。

5. 应由俄外经银行的监事会主席或根据俄外经银行内部控制部门或针对俄外经银行的年度财务报表强制执行审计的审计师事务所的请求召开俄外经银行监事会特别会议。

第十二条　俄外经银行监事会权力

1. 在行使俄外经银行授予的职能时，其监事会应：

（1）基于经俄罗斯联邦政府批准的备忘录确认俄外经银行活动的主要方向；

（2）批准俄外经银行主管部门的相关规定；

（3）批准俄外经银行的分行和代表机构的相关规定；

（4）批准俄外经银行的年度报告；

（5）批准俄外经银行的财务收支计划（预算）、准备金和资金的构成以及收入、准备金和资金配置程序；

（6）决定分行的成立、代表机构的开设以及法律实体的注册；

（7）批准通过招标选择以执行俄外经银行年度财务报表的年度审计工作的审计师事务所；

（8）听取俄外经银行的主席就俄外经银行的活动事宜发表的报告；

(9) 决定俄外经银行内部控制部门负责人的委任以及是否提前终止其权力；

(10) 解决俄外经银行的债券相关问题，并根据俄罗斯联邦法制定证券发行程序；

(11) 在备忘录所授权力范围内，规定俄外经银行的投资和金融活动参数；

(12) 截至批准此类交易日期之前的最新报告日期，批准与账面价值等于或高于俄外经银行股本（资本）10%的俄外经银行资产的购买、转让或可能转让相关的交易或一系列相关交易；

(13) 行使本联邦法规定的其他权力。

2. 俄外经银行监事会应无权向俄外经银行董事会或俄外经银行的主席分配本联邦法规定其享有的权力。

第十三条 俄外经银行的董事会

1. 俄外经银行董事会是俄外经银行的合议执行机构，由当然成员俄外经银行的主席以及8名俄外经银行董事会成员构成。俄外经银行的主席应管理俄外经银行的董事会工作。

2. 应根据俄外经银行的主席的建议，由俄外经银行的监事会任免俄外经银行董事会成员的职位。

3. 俄外经银行董事会成员应为俄外经银行的正式员工。

4. 根据俄外经银行的主席的建议，俄外经银行的监事会可在任期到期之前终止任何俄外经银行董事会成员的权力。在此情况下，应根据本联邦法规定的方式委任新的俄外经银行董事会成员。

5. 俄外经银行董事会的行为应符合由俄外经银行监事会批准的章程，此章程应规定俄外经银行董事会的任期、会议和会议程序以及决策程序。

6. 俄外经银行董事会每次会议均应保存会议记录，并应将此会议记录提交至（若要求）俄外经银行的监事会成员、俄外经银行的内部控制部门和审计师事务所。

7. 应由俄外经银行主席或其授权人员安排俄外经银行的董事会会议。俄外经银行董事会会议的每份会议记录均应由各会议的主持人签名。

第十四条 俄外经银行的董事会权力

在行使授予俄外经银行的职能时，其董事会应：

(1) 制定俄外经银行的主要活动方向以及俄外经银行的投资和财务运行参数相关建议书，并提交至俄外经银行监事会以供批准；

(2) 在俄外经银行主管部门相关条款规定的金额范围内批准投资项目融资决定；

(3) 起草俄外经银行的财务收支计划（预算），并提交至俄外经银行监事会以供批准；

(4) 审核俄外经银行的年度报告，并将其提交至俄外经银行监事会以供批准；

(5) 向俄外经银行监事会提交俄外经银行的利润分配相关建议书；

(6) 根据俄罗斯联邦法，批准俄外经银行的员工名单、设置雇佣和解雇条款和条件、社会保障、管理人员的权利和义务、纪律处罚系统、向俄外经银行的员工支付薪酬的水平和形式；

（7）批准俄外经银行的组织结构；

（8）行使本联邦法规定的且超出其他俄外经银行主管部门能力范围之外的其他权力。

第十五条　俄外经银行的主席

1. 俄外经银行的主席应为俄外经银行的唯一执行机构并应管理其日常业务。

2. 应由俄罗斯联邦总统任免俄外经银行的主席职位。应在俄罗斯联邦政府主席的建议下委任俄外经银行的主席，其任期不得超过5年。当前俄外经银行主席的任期到期前，应提前1个月向俄罗斯联邦总统提供新的俄外经银行主席候选人。

3. 如果俄罗斯联邦总统拒绝由候选人接任俄外经银行的主席职位，则俄外经银行监事会主席应在15天内向俄罗斯联邦总统提供另一名俄外经银行主席候选人。

4. 根据俄罗斯联邦法和俄外经银行主管部门的相关规定，俄外经银行的主席应对其行为（或者不作为）承担责任。

5. 任期到期之前，俄罗斯联邦总统可终止俄外经银行主席的权力。提前终止俄外经银行主席的权力之日起一个月内，俄外经银行监事会的主席应以本条规定的方式向俄罗斯联邦总统提供一名俄外经银行主席候选人。

第十六条　俄外经银行主席的权利

俄外经银行的主席应：

（1）代表俄外经银行开展活动，以及代表俄外经银行的利益（不得聘用代理）与政府当局、地方当局、外国和国际组织以及其他组织开展交往；

（2）领导俄外经银行的董事会，并安排实施俄外经银行董事会采纳的决议；

（3）发布俄外经银行活动相关指令和指示；

（4）向其助理分配职务；

（5）向俄外经银行监事会提交俄外经银行董事会成员的任免相关建议书；

（6）任免俄外经银行的员工；

（7）在俄外经银行的能力范围内作出其他决定，不包括俄外经银行监事会和俄外经银行董事会能力范围内的事务。

第四章　俄外经银行的创建、重组和清算

第十七条　俄外经银行的创建

1. 应基于联邦法重组苏联对外经济事务银行以创建俄外经银行。

2. 俄罗斯联邦政府应自苏联对外经济事务银行董事会提交转让契据之日起15天内批准本联邦法第20.2条规定的转让契据以及作为俄外经银行注册资本资产来源的俄罗斯联邦所提供资产出资的程序、截止日期和形式以及此类资产的构成。

3. 俄外经银行应自俄罗斯联邦政府批准本联邦法第20.2条提及的转让契据之日起

15 天内根据 2001 年 8 月 8 日颁布的第 129 – FZ 号《联邦法"关于法律实体和唯一所有者的国家注册"》完成国家注册。

4. 俄罗斯联邦政府主席应自俄外经银行完成国家注册之日起 15 天内向俄罗斯联邦总统提供俄外经银行的主席候选人以供批准。

5. 应自俄外经银行完成国家注册之日起 15 天内根据本联邦法任命俄外经银行的监事会。

6. 应自指定俄外经银行的主席之日起 15 天内根据本联邦法任命俄外经银行的董事会。

第十八条 俄外经银行的注册资本

1. 俄外经银行的注册资本应由俄罗斯联邦政府规定的金额构成，但不得低于 70 000 000 000 欧元，其中包括：

1）被转入俄外经银行注册资本的苏联对外经济事务银行资产；

2）开放性联合股份公司"俄罗斯发展银行"和"国有专业俄罗斯进出口银行"（已关闭的联合股份公司）的股份（其股份归联邦政府所有）；

3）俄罗斯联邦政府决定使用本条规定的金额以确保构成俄外经银行的注册资本的其他资产。

2. 如果俄罗斯联邦贡献的股份被当作资产出资并入俄外经银行的注册资本，则其市场价值应根据 1995 年 12 月 26 日颁布的第 208 – FZ 号《联邦法"关于联合股份公司"》以及资产估值活动相关的立法进行确定。

3. 根据俄罗斯联邦政府的决定，通过利用俄罗斯联邦提供的更多资产出资或俄外经银行的利润，可增加俄外经银行的注册资本。

4. 被当作资产复合体、联邦国家机构资产和其他国有资产的企业可充当资产出资。应根据资产估值活动法完成此类资产评估。

5. 应自俄外经银行完成国家注册之日起 6 个月内构成俄外经银行的注册资本。

第十九条 俄外经银行的重组和清算

1. 根据监管重组或清算程序的联邦法，可重组或清算俄外经银行以及处理俄外经银行的资产。

2. 在俄外经银行需要清算的情况下，破产法相关法规不适用。

第五章 最后条款

第二十条 苏联对外经济事务银行的重组

1. 自本联邦法生效之日起 15 天内，苏联对外经济事务银行的董事会应在"Rossiyskaya Gazeta""Vestnik Gosudarstvennoy Registratcii"（国家注册公报）和"Vestnik Banka Rossii"（俄罗斯银行公报）上发布俄罗斯对外经济事务银行重组相关通知，并应将此类通知视为向贷方发送的书面通知。

2. 自本联邦法生效之日起 2 个月内，苏联对外经济事务银行董事会应清点资产和债务以及起草转让契约，并将上述各项提交俄罗斯联邦政府以供批准。

3. 转让契约是一份重组后的接管证明文件，且其包含规定苏联对外经济事务银行需向其所有贷方和借方承担的所有债务和债权相关接管条款，包括各方尚有争议的债务。除上述信息以外，转让契约应规定出现以下情况时的接管程序：因苏联对外经济事务银行在重组之前的任何活动导致自转让契约发布之日后资产和负债出现任何变更。

4. 应基于苏联对外经济事务银行的资产和债务清单以及由独立的审计师事务所审计的最近账目制定转让契约。

5. 转让契约应列出苏联对外经济事务的所有资产，包括建筑物、安装工程、地块、其他不动产、设备、工具、原材料、产品、无形资产、债务（包括苏联对外经济事务银行因对市民生命与健康造成危害而应当负责向市民支付的债务），以及确认苏联对外经济事务银行标志（象征）的权利（品牌名称、商标、服务标识）和其他专有权。

6. 自完成国家注册之日起，苏联对外经济事务银行应将其所有权利和义务（包括由苏联对外经济事务银行签署的合同规定的所有权利和义务）转让给俄外经银行。

7. 应由苏联对外经济事务银行的董事会成员充当俄外经银行的董事会成员，且自俄外经银行完成国家注册之日起至指定俄外经银行的主管部门之日为止，应由苏联对外经济事务银行的主席担任俄外经银行的主席职位。

8. 俄外经银行制定的第一份资产负债表应基于已批核的转让契约以及在俄外经银行完成国家注册之前苏联对外经济事务银行的业务情况。

9. 银行和银行业相关法律规定的具体特征以及俄罗斯联邦中央银行的银行业务和法规不应适用于苏联对外经济事务银行的重组。

第二十一条　由俄外经银行履行的某些职能

1. 在俄罗斯联邦政府规定的日期之前，应由俄外经银行履行前苏联和俄罗斯联邦的银行借贷服务相关职能以及上述借贷相关核算、结算和债务和解职能。自俄罗斯联邦政府规定的日期起，俄外经银行的此类职能应转让至俄罗斯联邦政府指定的机构（组织）。

2. 在俄罗斯联邦政府规定的日期之前，俄外经银行应履行国营信托管理公司的养老金储蓄管理职能以及为确定具有养老金分配资格的公民管理养老金储备资金和养老金储蓄资金的国营公司职能。为了行使此类职能，俄外经银行应有权以俄罗斯联邦法（根据 2012 年 6 月 25 日颁布的第 85 – FZ 号联邦法完成修订）规定的方式充当证券市场的经纪人。

3. 如果存款和账户是在根据本联邦法第 17 条重组之前由苏联对外经济事务银行处理/开立的，则俄外经银行应履行银行存款服务业务和个人（自然人）银行账户业务相关职能。

4. 除根据此类银行账户（存款）协议算得的应计利息以外，俄外经银行应无权以存款或额外信贷资金的形式将个人资金引入已签署银行账户（存款）协议的个人的账户。应将额外资金（除根据银行账户（存款）协议算得的应计利息以外）退还发送现金运送单的个人。

5. 除非协议另有规定以及除非开户人（存款人）要求终止协议，否则不得终止在苏联对外经济事务银行重组之前与个人签订的银行账户（存款）协议。

俄罗斯联邦总统

弗拉基米尔·普京（Vladimir Putin）

莫斯科克里姆林宫

哈萨克斯坦开发银行法

2001年4月25日（第178-II号）（修订于2009年2月13日）

目 录

第一章　通则 …………………………………………………………… 460
第二章　开发银行的业务活动 ………………………………………… 462
第三章　开发银行的资本与收入 ……………………………………… 465
第四章　开发银行的会计、报告和独立审计 ………………………… 465
第五章　开发银行的管理 ……………………………………………… 466
第六章　其他规定 ……………………………………………………… 467

第一章 通　则

第一条　哈萨克斯坦开发银行及其地位

哈萨克斯坦开发银行（以下简称开发银行）是一家股份有限公司，多数股份归国家管理控股股份有限公司（national management holding）持有。开发银行是国家开发机构。

第二条　开发银行业务活动的法律监管

1. 有关哈萨克斯坦开发银行的立法是依据《哈萨克斯坦共和国宪法》制定的，包括本法和其他法律。

2. 管辖股份有限公司业务活动、银行业务活动和其他各类经许可业务活动的哈萨克斯坦共和国立法，仅在本法和《哈萨克斯坦共和国主权财富基金法》未规定的情况下，适用于开发银行。

3. 开发银行的优先投资项目、借贷量限额、限制、指引、可能设置的条件、贷款条款和程序、股本权益配售、共同融资、出具担保、托管人（代理人）职能等见国家管理控股股份有限公司批准的开发银行《信贷政策备忘录》（以下简称《备忘录》）。

第三条　开发银行的宗旨与目标

1. 开发银行业务活动的宗旨是改善并提高国家投资业务活动的有效性，发展基础设施和制造业，并促进国民经济吸引国内外投资。

2. 开发银行的目标：

（1）以本法第七条规定的业务方式（包括向银行提供专项贷款、信贷额度），针对新设制造商、扩张和革新现有制造商（包括资产投资、控股（参股）、财产综合体收购）的投资项目（以下简称投资项目），提供中期（期限为五年或以上）和长期（期限为十年至二十年）融资，以及确保投资项目的筹备与实施的过渡期融资（以下简称过渡期融资）；

（2）通过本法第七条规定的业务方式（包括向银行提供专项贷款、信贷额度），为出口业务提供融资，以刺激哈萨克斯坦共和国居民提供的劳务和服务的出口，并促进哈萨克斯坦生产的商品的出口（以下简称为出口业务）；

（3）提供有权转换成借款人股权或参股权益的次级贷款（以下简称夹层融资）、项目融资，以及在项目实现限度内为开发银行提供资金的现有借款人的业务活动提供融资；

（4）通过为其他信贷机构展期的贷款和信贷提供担保，以及与哈萨克斯坦共和国二级银行和非本地银行（以下简称银行间融资）、租赁公司及进行特定银行业务的公司进行共同融资或向其提供信贷，以刺激哈萨克斯坦共和国经济中的融资；

（5）改善哈萨克斯坦共和国政府实施的投资项目的融资机制；

（6）哈萨克斯坦共和国法律规定的其他目标。

第四条　开发银行的职能

1. 开发银行履行以下职能：

（1）按照《备忘录》的规定，选择投资项目和出口业务（不包括全国和区域性投资项目），并向其提供融资（包括共同融资）；

（2）担任向其提供有投资回报资金的全国和区域性投资项目和由国家担保贷款的收益提供资金的项目的托管人（代理人）；

（3）对向其提供有投资回报资金的全国和区域性投资项目和由国家担保贷款的收益提供资金的项目，进行银行检查；

（4）监控开发银行借款人的财务状况和开发银行提供服务的全国和区域性投资项目和由国家提供贷款的收益提供资金的项目的实施情况；

（5）采取措施确保开发银行的借款人履行其义务；

（6）接收、回收和偿还非政府贷款，包括国家担保的非政府贷款；

（7）履行回收共和国预算提供的资金的托管人（代理人）职能以执行国家担保义务，并履行哈萨克斯坦共和国政府法人的其他债务。

2. 本条（第1（2）条）规定的开发银行职能与其专属权限相关，但融资预算是通过哈萨克斯坦共和国政府特别成立的组织实现的例外。

第五条　开发银行的权限

开发银行有权：

1. 根据《备忘录》的规定制定其信贷政策；

2. 根据银行检查结果和借款人信贷信用分析结果，规定向投资项目、出口和租赁业务提供有投资回报资金的适宜方式；

3. 吸引专家、顾问开展银行检查工作；

4. 在《备忘录》规定的限度范围内，吸收贷款，包括从共和国预算和当地预算的资金中提供贷款；

4.1　根据《备忘录》规定的限度范围和程序，将可用资金（包括借入的资源）投入国内外金融票据市场。

5. 在《备忘录》规定的限度范围内，选择投资项目（不包括全国和区域性投资项目及其融资），包括共同融资；

6. 自行提供担保，担保的总额度由《备忘录》规定；

7. 在涉及国内外银行和其他金融机构的借款中，担任安排人和参与人；

8. 在国家管理控股股份有限公司旗下法人提供的融资中担任代理人。

第六条　哈萨克斯坦共和国政府组织与开发银行之间的关系

1. 授权监管金融市场、金融组织和哈萨克斯坦共和国国家银行的国家机构在哈萨克斯坦共和国国家法律授予的权限内，管控开发银行是否遵守了哈萨克斯坦共和国有关金融机构业务活动的法律,但不包括规定谨慎银行监管、大型银行机构和准备金要求及高管任命批准相关的法律。

2. 政府机构与开发银行有关的其他权力应按哈萨克斯坦共和国法律执行。

3. 除非哈萨克斯坦共和国法律有相反规定,国家机构及其官员不得干预开发银行的业务活动。

第二章 开发银行的业务活动

第七条 开发银行的业务

为履行其职能,开发银行在无须获得任何许可的情况下以本国和外国货币开展以下业务:

(1) 借贷业务:提供附息定期偿还贷款给本国或外国法人(根据《备忘录》的规定,在为发展国家经济而实施投资计划和出口业务的情况下);

(2) 为本国和外国法人履行货币债务提供银行担保,并为在证券化交易的限额内发行的债券提供银行担保;

(3) 为本国和外国法人的货币债务履行提供银行担保和其他保证;

(4) 出具并保兑信用证,并履行相关法律责任;

(5) 开立并管理银行和开展特定银行业务的组织的代理账户;

(6) 开立并管理以完成付款、汇款和储备准备金为目的开发银行借款人的银行账户,包括为存入开发银行贷款、其他贷款和(包括共和国预算和当地预算在内的)资金开立的账户,以便向开发银行履行开发银行在其提供服务的投资项目和出口业务中签订的协议项下的义务;

(7) 根据收款代理担保协议和证明债券持有人权益的协议规定,开立并管理共和国预算和当地预算提供的需回收资金的投资项目和以国家担保贷款进行融资的项目相关的专门的托管账户和准备金账户;

(8) 接受存款,开立并管理接受资金的银行账户,以便本国及/或外国法人向开发银行偿还债务;

(9) 接受存款,开立并管理包括银行在内的法人的账户,以便为开发银行提供流动性;

(10) 根据本国及/或外国法人的指示支付款项,包括以其银行账户开展第七条第(5)款至第(9)款规定的银行业务的开发银行贷款人、代理行、组织;

(11) 转账业务:根据本国及/或外国法人的指示进行付款和转账;

(12) 承兑托收票据(不包括本票);

(13) 根据哈萨克斯坦共和国的法律开展经纪活动;

(14) 租赁业务;

(15) 证券发行;

（16）租赁开发银行的财产；

（17）外汇兑换交易，但不包括外汇现金交易；

（18）根据《备忘录》规定的宗旨在证券市场上担任财务顾问和承销商；

（19）提供夹层融资。

第八条 由开发银行开展银行检查

1. 开发银行对本法第四条第1（3）款规定的项目进行银行检查。

2. 开发银行对投资项目开展检查的结果应包括项目可行性、借款人信贷信用和偿债能力、贷款偿还的担保、融资的类型与条款，以及向投资项目提供有投资回报资金的适宜方式。

3. 应根据哈萨克斯坦共和国法律并结合开发银行银行检查的肯定性结论，考量使用国家预算资金或国家担保贷款的收益提供有投资回报资金的投资项目。

4. 开发银行应根据合同并结合《备忘录》的限制对投资项目进行银行检查。

第九条 开发银行从共和国资金和当地预算中使用及吸收的贷款

1. 开发银行从共和国和当地预算中吸收的贷款必须为附息、定期且有投资回报。

2. 发放、利用和偿还开发银行从共和国预算和当地预算吸收的贷款的规则与条件应由哈萨克斯坦共和国的法律确定。

3. 开发银行从共和国预算和当地预算吸收的贷款应按《备忘录》的规定用于开发银行向其独立选定的项目提供融资。

第十条 开发银行履行代理人职能

1. 开发银行根据签订协议的约定，对本法第四条第1.（2）款规定的投资项目履行托管人（代理人）职能。

2. 使用共和国预算和当地预算的资金向投资项目提供的融资（开发银行在该项目中担任托管人（代理人）的情况下）应根据哈萨克斯坦共和国预算法和签订的协议实施。

3. 投资项目终止或提前结束实施时，开发银行将剩余资金返还给相应的预算。

4. 开发银行为国家担保的用于根据哈萨克斯坦共和国法律为项目提供资金的贷款履行托管人（代理人）的职责。

第十一条 开发银行对投资项目实施开展的监控

1. 作为其提供服务的投资项目的托管人（代理人），开发银行可约定监控如下事项：

（1）项目实施的融资计划；

（2）借款人的财务状况；

（3）实际完成的工作，以及为项目实施而提供的服务。

2. 根据合同约定，开发银行每年分析由其作为托管人（代理人）提供服务的投资项目的实施与融资情况，并评估是否符合项目技术经济指标，且向授权的经济规划机关提供相应结论。

第十二条　开发银行发放的贷款

1. 开发银行应根据《备忘录》规定的规则、条款和条件进行融资。所发放的贷款的利率应根据开发银行的借款成本的和运营支出的平均值进行计算。开发银行融资决策机构的权限由《备忘录》和开发银行的章程规定。

2. 开发银行提供融资的投资项目和业务变现的风险，以及开发银行出具信用票据的风险应按照《备忘录》的要求提供根据开发银行董事会决定的条款、条件和规则的哈萨克斯坦共和国法律规定的担保、保证和确保履行义务的其他方法，包括担保物、今后的担保物、位于国外的担保物、对各自财产的主张权（财产权）、保险等。开发银行向其持有100%注册资本的组织发放的贷款、夹层融资及银行间融资，不适用本款有关担保履行义务的要求。

3. 国家管理控股股份有限公司旗下实施投资项目的法人（名单由股东大会批准）融资条款、条件和规则和履行义务担保应由《备忘录》确定。在确定国家管理控股股份有限公司旗下实施投资项目的法人的融资条款与条件以及义务履行担保时，不适用禁止对哈萨克斯坦共和国银行法律确定的与开发银行有特殊关系的实体以及对前述实体的交易规则给予优惠。

4. 开发银行董事会根据《备忘录》的规定批准开发银行对租赁业务、对开发银行持有其注册资本的组织提供融资以及对其债务提供担保作出的决定。

第十三条　开发银行吸收的贷款

1. 开发银行借入资源，以确保使用其自身资产偿还贷款或由哈萨克斯坦共和国国家担保提供担保的贷款偿还。

1-1 在开发银行获得《哈萨克斯坦共和国证券市场法》规定的金融代理人资格时，开发银行发行的债务证券即为代理债券。

2. 在哈萨克斯坦共和国法律规定的范围内，开发银行有权将全部或部分的开发银行的募集、偿还证券和其他债务责任以及利息支付业务委托给其代理人。

第十四条　开发银行参股法人的注册资本

1. 在以下情况下，开发银行根据《备忘录》和哈萨克斯坦共和国法律的规定，参股法人的注册资本：

（1）开发银行需回收参与出资之前由其组建的法人的作为其未来变现之担保物的股份；

（2）开发银行持有专业证券做市商（证券交易所、中央证券托管系统）成立的法人的部分注册资本；

（3）开发银行根据股东大会的决议持有租赁人组织和其他法人的部分注册资本；

（4）在投资项目融资的限额内，开发银行持有法人的部分注册资本以及在夹层融资中借款人的部分注册资本。

2. 开发银行有权独立确定在其持有 100% 注册资本的组织的管理层设立独立董事的必要性。

第十五条 开发银行业务活动的限制

开发银行不得从事以下业务活动：

（1）向实体、信用社、非政府养老基金、养老金管理公司、投资基金、保险组织发放贷款以及提供保证履行金钱债务的银行担保和承诺；

（2）吸收实体的存款，为实体开立账户；

（3）在无偿还保证的条件下发放贷款，除非本法另有规定；

（4）为实体开展现金结算业务；

（5）吸收对之前吸收的贷款逾期未还（超过一年）的其他国内外借款。

第三章 开发银行的资本与收入

第十六条 开发银行的注册资本

1. 开发银行的注册资本不得低于 300 亿哈萨克斯坦坚戈。

2. 注册资本构成的规则与条款由开发银行的公司注册文件确定。

3. 开发银行的注册资本不得用于融资，除非根据《备忘录》的规定用于出口业务的融资，且应按《备忘录》的规定投资于国内外金融票据市场，包括根据本法第十四条第 1.2）款的规定收购股份。

第十七条 开发银行应拨备的准备金

开发银行应根据授权监管金融市场和金融机构的国家机关的规定，为不同类别的资产和或有债务拨备准备金。

第十八条 分红政策

分红政策由股东大会批准。

第四章 开发银行的会计、报告和独立审计

第十九条 开发银行的会计政策

1. 开发银行董事会批准开发银行的会计政策。

2. 开发银行应根据哈萨克斯坦共和国有关会计报告和财务报表的法律，开展会计工作并制备财务报表。

第二十条　开发银行的报告政策

开发银行应向以下主管机关报告如下事项：

（1）每月向负责预算管理的主管机关报告共和国预算资金的开支情况。

（2）每月向当地（共和国重要城市和首都）行政机关报告当地预算资金的开支情况。

（3）每月向负责授权负责预算实施和预算规划的授机关报告开发银行使用共和国预算收益发放贷款的情况；每月向各（共和国重要城市和首都）行政机关报告开发银行使用当地预算收益发放贷款的情况。

第二十一条　开发银行的审计

1. 每年开发银行的业务应由股东大会指定的审计组织进行审计（外部审计）。

2. 开发银行的年度财务报表应由股东大会在完成审计后审查并批准。

第五章　开发银行的管理

第二十二条　开发银行的机构

1. 开发银行的机构如下：

（1）最高机构——股东大会；

（2）管理机构——董事会；

（3）执行机构——开发银行执行委员会；

（4）其他机构——根据哈萨克斯坦共和国法律和开发银行的章程设立。

2. 开发银行各机构的职能、权限和业务应由本法、哈萨克斯坦共和国的其他法律和开发银行的章程决定。

第二十三条　开发银行的董事会

1. 包括董事长在内的董事会成员应由选举产生，不得由授权监管金融市场和金融机构的国家机关成员担任。

2. 董事会的选举规则和权力应由哈萨克斯坦共和国的法律和开发银行的章程决定。

第二十四条　执行委员会

1. 执行委员会是开发银行的治理机构，管理开发银行目前的业务活动。执行委员会的首席执行官和成员应选举产生，不得由授权监管金融市场和金融机构的国家机关成员担任。执行委员会的负责人为首席执行官。执行委员会有权对任何业务活动事项作出决定，根据哈萨克斯坦共和国的法律和开发银行的章程的规定，执行委员会不得承担开发银行其他机关和官员的职能。

2. 执行委员会的选举规则应由哈萨克斯坦共和国的法律和开发银行的章程决定。

第六章 其他规定

第二十五条 开发银行的责任与争议解决

1. 根据哈萨克斯坦共和国的法律规定,开发银行应对其未履行义务承担责任。

2. 如果开发银行与当地(共和国重要城市和首都)行政机关、政府机构、法人就本法的执行事宜产生争议,应根据哈萨克斯坦共和国的法律规定解决。

3. 任何人违反本法规定应按哈萨克斯坦共和国的法律承担责任。

哈萨克斯坦共和国总统
努尔苏丹·纳扎尔巴耶夫

蒙古国开发银行法

2011年2月10日,政府,乌兰巴托市

目 录

第一章　总则 …………………………………………………………………… 473
　　第一条　法律宗旨 …………………………………………………………… 473
　　第二条　关于开发银行的法律法规 ………………………………………… 473
　　第三条　法律适用范围 ……………………………………………………… 473
　　第四条　开发银行 …………………………………………………………… 473
　　第五条　开发银行注册资金 ………………………………………………… 473
　　第六条　开发银行准则 ……………………………………………………… 473

第二章　开发银行经营范围 …………………………………………………… 473
　　第七条　开发银行经营范围 ………………………………………………… 473
　　第八条　借贷服务 …………………………………………………………… 474
　　第九条　项目和计划资金的核算 …………………………………………… 474
　　第十条　开发银行的融资项目和方案要求 ………………………………… 474
　　第十一条　借款服务 ………………………………………………………… 475
　　第十二条　结算服务 ………………………………………………………… 475
　　第十三条　贷款担保，担保事项 …………………………………………… 475
　　第十四条　债券发行及买卖 ………………………………………………… 475
　　第十五条　外币买卖和存款 ………………………………………………… 475

第三章　开发银行的管理和组织 ……………………………………………… 475
　　第十六条　开发银行领导管理 ……………………………………………… 475
　　第十七条　董事会 …………………………………………………………… 475
　　第十八条　董事会的权力 …………………………………………………… 476
　　第十九条　执行管理机构 …………………………………………………… 477
　　第二十条　开发银行的组织机构 …………………………………………… 478

第四章　开发银行的国家行政职权 …………………………………………… 478
　　第二十一条　国家大呼拉尔（议会）的权力 ……………………………… 478
　　第二十二条　政府部门职权 ………………………………………………… 478
　　第二十三条　负责预算的权力机关和中央政府组织机构的职权 ………… 479

第五章　开发银行业务活动限制和监控系统 ………………………………… 479
　　第二十四条　对开发银行的活动限制 ……………………………………… 479
　　第二十五条　开发银行的内部控制 ………………………………………… 479
　　第二十六条　检查人员 ……………………………………………………… 480

第六章　会计、审计及财务报表 ……………………………………………… 480

第二十七条　开发银行的会计、审计及财务报表 …………………… 480
　　第二十八条　公布开发银行的报表 …………………………………… 480
第七章　惩处问题 ……………………………………………………… 480
　　第二十九条　处罚违法问题 …………………………………………… 480

第一章 总 则

第一条 法律宗旨

1.1 本法的宗旨是确定和协调蒙古国开发银行（以下称为开发银行）的经营原则、组织形式和经营范围等。

第二条 关于开发银行的法律法规

2.1 开发银行法律法规由蒙古国宪法、本法及与此相应出台的其他法律文件构成。

2.2 在蒙古国缔结的国际条约中另有规定的，应遵照本条约规定执行。

第三条 法律适用范围

3.1 本法适用于开发银行经营范围相关事项。

第四条 开发银行

4.1 开发银行主要负责本法第 8.1 条中所指的蒙古国发展规划项目和本法使用范围内的各种项目，其也是国家控股的营利性法律主体。

4.2 政府提出建立、改建和取消开发银行的规定，须在国会上通过。

第五条 开发银行注册资金

5.1 开发银行资金主要由以下股东提供：

 5.1.1 国家规划的开发银行股东资金；

 5.1.2 本法中所指的其他股东。

5.2 政府规定开发银行最低注册资金。

第六条 开发银行准则

6.1 开发银行在经营过程中应遵守以下准则：

 6.1.1 在规定范围内开展经营活动；

 6.1.2 非国外组织；

 6.1.3 属于营利机构；

 6.1.4 经营活动明确；

 6.1.5 明确责任制。

第二章 开发银行经营范围

第七条 开发银行经营范围

7.1 开发银行经营以下商业活动：

 7.1.1 借贷服务；

 7.1.2 国内外借贷账户相关信息的核算；

7.1.3 代表银行出示借贷保证书；

7.1.4 发行和买卖金融债券；

7.1.5 买卖和储藏外币；

7.1.6 贷款出售及其他金融工具的买卖；

7.1.7 为了资产和负债的有效管理，在法律范围内进行的其他活动。

第八条 借贷服务

8.1 国家大呼拉尔（议会）批准开发银行承担的蒙古国大型项目，并有权监督制定方案范围内的资金使用情况，由议会的年度春季会议批准贷款、融资项目和相关程序。

8.2 开发银行根据资产情况、管理委员会意见和信用风险，对负债贷款作出决定。

8.3 开发银行的贷款满足以下标准：

8.3.1 平均利率低于银行贷款利率；

8.3.2 仅限于专业分析和评价基础上的评估；

8.3.3 能提高借贷项目和方案的效率；

8.3.4 贷款偿还时间表是明确的；

8.3.5 需提供贷款抵押和担保的相关证明；

8.3.6 优惠贷款条件等。

第九条 项目和计划资金的核算

9.1 根据本法第8.1条中所述，如果政府批准开发银行计划和规定项目，该项目将通过该项审核，并提供资金。政府批准和管理的项目中，管理权限范围控制在一定的百分比例。政府担保过程中不仅有投保的项目，还要有贷款方案。

9.2 如果该项目由国家保障预算，则在实施计划过程中提供资金支持。

9.3 开发银行董事会批准开发银行存款、政府担保和其他来源的资金、资助项目和相关方案。

9.4 开发银行融资项目，在公共和私营部门组织计划，并共同实施。

第十条 开发银行的融资项目和方案要求

10.1 开发银行根据招标结果，确定资助项目，具体程序应符合下列要求：

10.1.1 经内阁批准的作为蒙古国国家发展重点和具有战略重要性的相关部门；

10.1.2 项目和方案设计、预算以及技术和经济评估；

10.1.3 支持经济增长，符合国际标准或与欧盟标准一致，或被确定为生产高附加值产品，以替代进口和出口；

10.1.4 信用风险评估是在贷款管理的基础上，在参考基本项目、相关国际认证的分析项目、拥有方案评估的经济效益和社会效益的项目后，再确定相关符合标准；

10.1.5 项目和方案作为贷款抵押，直至全部贷款偿还为止，项目和方案以抵押金额进行核算。

第十一条 借款服务

11.1 在蒙古国政府同意的情况下,开发银行可以增加资金用于外部和内部资源管理,提供相应的借款服务。

第十二条 结算服务

12.1 开发银行根据客户的结算协议,提供各种结算服务。

12.2 开发银行根据客户端的指令和有关规定进行的交易,可以提供账户余额转账服务。

12.3 开发银行自己确定结算服务费。

12.4 开发银行应通过在蒙古的银行账户进行银行间的交易。

12.5 开发银行分行活动和法人实体的储蓄、支付和贷款业务应当受到相关法律的保护。

第十三条 贷款担保,担保事项

13.1 开发银行在本法第24.1条规定范围内,设定单独担保或贷款担保,与第三方或其他方开展合作,并提供相关的服务。

第十四条 债券发行及买卖

14.1 开发银行董事会(包括决策董事及负责财务和预算的内阁成员)应根据股东大会的议案,依据本法第24.1条规定的限制范围,进行证券股票发行、货币市场的交易和相关买卖活动。

(根据2012年8月17日规定的法律,现对本条款进行了修订)

(根据2014年10月16日规定的法律,现对本条款进行了修订)

第十五条 外币买卖和存款

15.1 开发银行购买外汇,并在法律规定的相关机构存放。

第三章 开发银行的管理和组织

第十六条 开发银行领导管理

16.1 开发银行股东大会是董事会的最高权力机构,是日常工作的领导管理机构。

16.2 开发银行股东可以是蒙古政府,实施股东和股东大会的权力。

第十七条 董事会

17.1 开发银行董事会由9名成员组成,其中3名必须是蒙古国公民。

17.2 政府有权任免开发银行董事会主席和成员。

17.3 董事会主席及成员应符合以下标准:

　　17.3.1 无贷款、担保及担保合同等项目的逾期记录;

　　17.3.2 无犯罪记录;

17.3.3 对银行没有道德与冲突管理和商业信誉等影响；

17.3.4 受过银行、金融、法学、经济学和工程学等领域的高等教育；

17.3.5 没有被免职，没有受过政治处分；

17.3.6 不存在在相关权力部门任职、残疾、无力偿债、确认法人破产等情况。

17.4 由政府任命3名董事会成员（必须是蒙古国公民）及蒙古国银行国家商会、蒙古银行协会董事人员。

17.5 董事除符合本法第17.3条的标准外，还应达到下列对董事会独立成员的要求：

17.5.1 至少有5年从业经验，或在相关行业担任过两年以上的领导职务；

17.5.2 没有被免除政治、行政和办公等职务；

17.5.3 不能从事与开发银行不相关的任何业务。

17.6 董事会独立成员与其他成员享有同等的权利和义务。

17.7 董事会有内部审计，并设提名和薪酬委员会和分委员会，上述委员会委员必须是蒙古国国民。

第十八条　董事会的权力

18.1 董事会应具有以下职权：

18.1.1 批准开发银行的战略说明，修订风险管理政策、年度预算、经营计划和经营成果；

18.1.2 根据每年偿还原则确定和批准开发银行的信贷政策和贷款活动；

18.1.3 就借款、债券发行和买卖等相关问题对政府提出相应的建议；

18.1.4 批准蒙古国金融监管委员会管辖内的开发银行商业计划书；

18.1.5 确定行政权力和责任，建立监控体系，并确定相关成员的报酬金额；

18.1.6 召开股东特别会议，并提出合理的建议；

18.1.7 批准开发银行活动的年度报告，并根据国际影响力，提出股东会议议案；

18.1.8 确定并支付开发银行的内部审计部门和独立组织的预算和审批、管理、人才和操作程序的分配、工作人员的行政管理等费用；

18.1.9 监督开发银行的经营政策和经营情况，做好相关的监督管理工作；

18.1.10 确立开发银行会计和财务报告系统、内部和外部审计、风险管理、财务和程序的立法和执法相关标准；

18.1.11 控制管理开发银行的资产负债表和损益表、现金流量表及相关注意事项等信息披露过程；

18.1.12 根据适用规则确定开发银行贷款和其他金融服务、利息及保险费率。

18.2 开发银行董事会的章程没有另行规定的情况下，应每月至少举行一次董事会议。

18.3 董事会决定是以决议的形式作出，由董事会主席签署决定。

18.4 召集三分之二以上的董事会全体成员举行会议，按照参会人员过半数票的原则来确定会议解决的问题。

18.5 开发银行董事长决定董事会纪要，并在董事会后的 5 个工作日内，组织召开股东大会，并提交董事会会议文件和参会人员资料。

第十九条 执行管理机构

19.1 执行管理机构得到开发银行董事会授权和同意后，在开发银行规则框架内，进行日常运作的执行管理。

19.2 按照国际公开招标执行管理原则，选定执行管理机构。依据股东大会和董事会的批准，任免执行领导。执行管理层中蒙古国国民比例不低于50%。

19.3 执行管理人员除了符合本法第17.3.3条中的相关规定，还需符合下列要求：

19.3.1 在银行、金融、高等教育、经济等领域至少有5年专业经验，曾担任管理职务；

19.3.2 无犯罪记录；

19.3.3 能够满足银行的审计监管条件，具有管理能力。

19.4 除了公司法职权外，应满足下列行政管理职权：

19.4.1 开发银行的内部规则和程序，批准准则；

19.4.2 开发银行的业务，并确保审计标准；

19.4.3 从事金融市场活动和结算相关的会计工作，以及信息管理和组织管理有关决策的实施工作；

19.4.4 根据开发银行的信贷政策，政府就有关其执行情况及其有关组织的问题，进行相关的指导；

19.4.5 开发银行年度预算的审批和绩效管理的组织管理；

19.4.6 新产品和服务；

19.4.7 在权限范围内，代表开发银行，与相关法律实体和贷款组织机构，作出支付担保相关决定；

19.4.8 确定开发银行工作人员的选拔、培训和再培训政策，以及劳动合同、工资、奖金确定折扣金额、辞退、奖惩；

19.4.9 代表开发银行了解相关报道和客户的需求，并对资产负债表进行研究，按照法律收回抵押物，账户交易的暂时关闭等。

19.5 执行管理人员的职责包括：

19.5.1 说明开发银行的经营战略方向和经营计划的执行情况以及资产和负债管理政策；

19.5.2 保持财政纪律，采取措施，确保开发银行的正常运作；

19.5.3 开发银行的信用分析和投资项目数据库的评价；

19.5.4 建立项目和方案评价的原则，采取改善措施；

19.5.5 监督开发银行的贷款活动，建立巡查制度；

19.5.6 根据客户需求，明确开发银行的义务，采取措施，确保落实；

19.5.7 考虑到工作效率,监督开发银行有关的业务规则、法规、方针、组织命令的执行情况;

19.5.8 根据开发银行董事会提议,举行股东大会,并审批管理资产,掌握股市市场,保障现金流动性和金融工具的有效部署,并采取措施降低经营风险;

19.5.9 针对开发银行审计结果和借贷情况,提出响应建议,且对相关信息的准确性负责;

19.5.10 董事会会议上提出完善的关于开发银行审计项目和方案、发放贷款和证券的数量、开发银行工作效率和未来趋势等方面的建议,并向公司股东大会和董事会作出相应的说明;

19.5.11 为提高开发银行的财务业绩和资金流动性,落实相关政策,提高声誉,采取切实有效的措施;

19.5.12 不参加审议和个人利益相关的事项;

19.5.13 代表领导管理机构向董事会报告工作进展;

19.5.14 不在其他组织任职,不担任公职。

19.6 在休假、国内外长期委派、长期患病等情况下,允许向董事会提出转移执行管理权,并可委托其他权力机构担任,但不能免除其赔偿责任。

第二十条 开发银行的组织结构

20.1 开发银行是资产管理、信用和风险管理、资金控制管理的实体单位。

20.2 资产管理部负责开发银行的资产和选址等问题,并进行结构和时序分析,确保其正常经营。

20.3 开发银行贷款部门负责实施在建项目和计划的分析和评价,设计和监督贷款的过程,对信用单位还款风险采取相应措施,保护和优化银行的贷款组合。

20.4 风险管理部对潜在的信贷风险和其他类型的风险进行分析,采取降低风险措施,有效控制开发银行的风险投资。

第四章 开发银行的国家行政职权

第二十一条 国家大呼拉尔(议会)的权力

21.1 国家大呼拉尔开发银行应具有下列职权:

21.1.1 开发银行确定政府的权益股本,批准的来源和数额;

21.1.2 监督政府确定的贷款担保资金使用过程;

21.1.3 开发银行财务和业务审计报告和发展方面的声明。

第二十二条 政府部门职权

22.1 政府开发银行应具有下列职权:

22.1.1 建立开发银行并批准具体规则;

22.1.2 开发银行的改制与重组；

22.1.3 确定开发银行的股本结构和数额变化；

22.1.4 开发银行贷款担保；

22.1.5 确定开发银行的贷款政策，银行和其他授权组织的活动实施，并发表组织的相关建议；

22.1.6 开发银行的回购，通过购买协议购买长期证券和相关投资；

22.1.7 批准开发银行董事会活动和董事会报告；

22.1.8 审核批准开发银行董事会的结论、财务报表；

22.1.9 债券的购买决策；

22.1.10 委派长达3年的董事会委员，董事会委员任期的终止和免职；

22.1.11 设置薪酬和董事会岗位，批准董事会主席及委员权力职责和一般操作人员遵守的规章制度。

第二十三条　负责预算的权力机关和中央政府组织机构的职权

（根据2012年8月17日规定的法律，对本条款标题进行了修订）

（根据2014年10月16日规定的法律，对本条款标题进行了修订）

23.1 负责预算的权力机关和中央政府组织机构负责下列职权：

（根据2012年8月17日的法律，对本条款标题进行了修订）

（根据2014年10月16日的法律，对本条款标题进行了修订）

23.1.1 审查开发银行以融资为目的的政府担保的贷款和国家预算控制资金的估算，按照中期财政框架，起草政府声明草案；

23.1.2 开发银行的改制、重组、清算，并向政府提交相关草案；

23.1.3 确定开发银行适用的财务标准。

第五章　开发银行业务活动限制和监控系统

第二十四条　对开发银行的活动限制

24.1 开发银行业务活动限制包括以下几个方面的内容：

24.1.1 贷款，借贷资产总额不能超过其自有资源价值的50倍；

24.1.2 贷款担保和凭证，证券总金额不得超过其自身股权价值的50倍。

第二十五条　开发银行的内部控制

25.1 开发银行董事会直接管理并负责内部控制和业务活动的开展。

25.2 内部控制单位应当履行下列职责：

25.2.1 对开发银行业务活动、领导机构和财务报表进行总结，并向董事会做出相关说明；

25.2.2 根据股东投票意见和投诉情况，检查开发银行的金融活动；

25.2.3 按照批准的相关计划定期或不定期进行检查；

25.2.4 对开发银行的财务文件进行监督和检查，并作出相应的说明；

25.2.5 要求开发银行联系人提供必要的文件，以获得相关信息；

25.2.6 提供必要的股东信息。

第二十六条　检查人员

26.1 开发银行须有检查人员，检查人员根据本法和相关协议，对该项目和方案的事实和操作人员的活动进行相关的调查。

26.2 检查人员应拥有以下职权：

26.2.1 了解实施和设计项目的人员行政大楼、办公室等相关区域；

26.2.2 了解项目与程序开发者账户、资产负债表，检查财务文件、票据、参考文献，并要求提供其他必要材料；

26.2.3 对开发银行领导提出设计和实施方案的报告和相关建议。

26.3 依照本法规定的权利和义务和开发银行的规则，确定审计员的具体任期。

第六章　会计、审计及财务报表

第二十七条　开发银行的会计、审计及财务报表

27.1 开发银行的会计法规和财务报表须符合国家和国际会计准则，按照季度和年度财务运营情况制作报表和相关结论，并让国家审计机构进行相应的审计工作。

27.2 根据董事会的决定，至少每两年一次对开发银行财务和经营活动报表进行审计（审计事务所应享有国际声誉），并在议会上提出相关结论。

27.3 开发银行财务报表相关说明在会计法第10条中有相关规定。

27.4 开发银行的高管对财务报表的准确性负责。

27.5 按照蒙古银行机构的相关格式，定期向蒙古金融监督管理委员会提交开发银行的有关报告。

27.6 按有关规定，开发银行应按照相关权力部门的意愿和需要，提交相关的执行信息。

第二十八条　公布开发银行的报表

28.1 依据本法第27.2条中的规定，开发银行公布财务、经营报表和审计报告。

第七章　惩处问题

第二十九条　处罚违法问题

29.1 违反开发银行相关法律法规的人员，在没有违反刑法的情况下，（违法官员和相关检查人员）受如下处罚：

29.1.1 违反本法第8.3条和第10.1条规定的官员和相关人员，处以最低工资标准50~100倍的罚款，给予相关违规人员调岗惩罚；

29.1.2 违反本法第24.1条的官员和相关人员，处以最低工资标准50~150倍的罚款，给予相关违规人员调岗惩罚；

29.1.3 违反本法第26.1条规定，对检验人员带来阻碍的公民，处以最低工资标准10~25倍的罚款，对相关单位处以最低工资标准50~100倍的罚款。

29.1.4 隐瞒支付交易的事实，或者阻碍金融交易活动的工作人员，处以最低工资标准5~25倍的罚款，给予相关违规人员调岗惩罚；

29.1.5 依照本法第27条规定，对未提交资产负债表及相关文件和相关报表、未提供财务披露报表的公职人员，处以最低工资标准5~25倍的罚款，给予相关违规人员调岗惩罚；

29.1.6 若公布的报告是虚假信息或误导性的信息，对发布信息的执行主任和其他公职人员，处以最低工资标准50~100倍的罚款，给予相关违规人员调岗惩罚。

29.2 根据本法29.1条中的规定，处罚资金列入国家预算收入中。

蒙古国大呼拉尔官员达木巴日乐

巴西开发银行内部规章

本文不能代替2002年10月14日公布在联邦官方公报(Diário Oficial da União)上的文本

目　录

第一章　性质、宗旨、法定住所和存续期间 …………………………………… 486
第二章　资本与资金 ………………………………………………………………… 486
第三章　经营业务 …………………………………………………………………… 487
第四章　咨询委员会 ………………………………………………………………… 489
第五章　董事会 ……………………………………………………………………… 491
第六章　财务委员会 ………………………………………………………………… 494
第六－A章　审计委员会 …………………………………………………………… 494
第六－B章　监察员办公室 ………………………………………………………… 496
第七章　财务年度、财务报表和利润 ……………………………………………… 497
第八章　内部组织与人事部门 ……………………………………………………… 498
第九章　一般规定及过渡规定 ……………………………………………………… 499

第一章 性质、宗旨、法定住所和存续期间

第一条

巴西开发银行（BNDES）是一家受私法管辖的联邦政府（资产业主）全资所有公司，应受本内部规章和适用的法律规定的管辖。

单立款：巴西开发银行受发展、工业和外贸国务部长的监督。

第二条

巴西开发银行的法定住所位于巴西利亚联邦特区，并在全国境内开展业务，且可在国内外设立并保有办事处、代表处或代理处。

单立款：为了在国外开展业务宗旨范围内的业务活动，巴西开发银行可根据1971年6月21日第5662号法律第5条的单立款规定的授权，设立国外子公司（由2008年7月31日第6526号法律纳入）。

第三条

巴西开发银行是实施并开展联邦政府投资政策的主要机构，其首要的宗旨是为国家经济和社会发展相关的计划、项目、建设和服务提供支持。

第四条

巴西开发银行应开展目的在于鼓励私营企业的业务活动，但不得影响其根据公共部门的责任而应对涉及国家利益的经营事业提供的支持。

第五条

巴西开发银行的存续期间是无限的。

第二章 资本与资金

第六条

巴西开发银行的注册资本为三百六十三亿四千零五十万六千四百五十八雷亚尔九十五分（R$ 36 340 506 458.95），分成六十二亿七千三百七十一万一千四百五十二（6 273 711 452）股无票面价值的注册股份（根据2012年12月28日第7817号法令进行措辞）。

第1款 — 行政部门通过法令增加巴西开发银行的注册资本，增加注册资本的方式包括对联邦政府指定为此用途的资金进行资本化，以及由咨询委员会决定根据1976年12月15日第6404号法律第167条和第182条第2款的规定形成的资本准备金进行资本化。

第2款 — 构成巴西开发银行注册资本的股份完全归联邦政府所有。

第 3 款 — 对联邦政府转入的用于增加开发银行注册资本的资金应从存入之日到资本化之日的期间按相当于巴西基准利率（Sistema Especial de Liquidação e Custódia）的利率收取财务费用。

第七条

巴西开发银行的资源包括：

1. 货物或权利变现成货币而得到的资本金；
2. 经营与资产收入；
3. 信贷交易产生的资金，可理解为该机构因贷款和融资而获得的资金；
4. 任何类型的捐赠；
5. 联邦政府预算拨给巴西开发银行的资金；
6. 巴西开发银行从政府设立的专门用于为经济和社会发展计划和项目提供融资的专项资金的投资资源所获得的收益；
7. 提供服务而获得的资金。

第三章 经营业务

第八条

巴西开发银行应直接或通过其子公司、金融代理人或其他机构开展与其宗旨相关的各类银行业务及金融业务，具体而言，有资格经营以下业务：

1. 根据《宪法》第 239 条第 1 款的规定，使用根据 1970 年 9 月 7 日第 7 号补充法律的规定设立的社会一体化计划（Programa de Integração Social，简称 PIS）及根据 1970 年 12 月 3 日第 8 号补充法律的规定设立的公务员财产组合计划（Programa de Formação do Patrimônio do Servidor Público，简称 PASEP）的资金向经济开发计划提供融资。
2. 根据各自适用的规则，提升社会一体化计划和公务员财产组合计划参与基金、商船海运基金（Fundo da Marinha Mercante，简称 FMM）和政府成立的其他专项资金的投资资源；及
3. 作为国家开发基金（Fundo Nacional de Desenvolvimento，简称 FND）的执行秘书处，开展和上述政府机构相关的经营业务和管理业务。

第 1 款 — 巴西开发银行可作为联邦政府、州和市及其政府机构，政府全资公司，混合资本公司，公共基金会和私营组织的代理人经营本条规定和与其约定的业务。

第 2 款 — 巴西开发银行的经营应遵守巴西开发银行全球预算中对资源及其用途的限制。

第九条

巴西开发银行还可：

1. 与国外或国际实体在国内外承包经营业务，且巴西开发银行可合法地接受国外

协议通常使用的格式和条款，包括通过仲裁解决疑义和争议的约定；

2. 向国内公司在国外的投资提供融资，但需有利于国家的经济社会发展（根据2007年12月31日第6322号法令进行措辞）；

3. 鼓励产品与服务（包括组装服务）出口并向其提供融资，包括在国外产生且与出口相关的费用；

4. 无偿投资于科技性教育和研究项目或计划，也可向实施此类项目或计划或为此接受巴西开发银行财务合作的机构捐赠技术或科学设备和技术出版物；

5. 无偿专项投资于金融项目，产生就业和收入的领域和城市服务、健康、教育和体育、司法、供给、住房、环境、水资源、农村开发与有关地区和社会发展的其他领域的社会投资，以及符合董事会发布的管理规则的文化性项目（根据2007年12月21日第6322号法律进行措辞）；

6. 承包技术研究，并提供技术和财务支持，包括为促进国家经济社会发展或融入拉美的项目的建设提供无偿性技术和财务支持（根据2007年12月21日第6322号法令纳入）；

7. 作为整合国家财政系统的实体，在遵守全国货币理事会的规章与指南的前提下，开展任何其他金融或资本市场业务（根据2007年12月21日第6322号法令进行措辞）；

8. 除收购巴西公司及其子公司和直接或间接持有表决权的多数股东为居住在巴西的个人或公司的外国公司已在市场发行的原始证券或由承担责任的原始证券的方式外，使用在外国市场上筹集到的（对国家的社会经济发展有利的）资金，为上述公司收购资产、实施项目以及到国外投资提供融资（由2011年12月5日第7635号法律纳入）。

单立款：如国库根据1974年2月15日第1312号法律第3条规定为国外获得的信贷提供担保，巴西开发银行应作为联邦机构的金融代理人提供担保，并监督协议的签订，但应遵守上述法律规定。

第十条

开展金融合作时，巴西开发银行应：

1. 对事业、项目或业务计划进行技术和经济财务审查，包括评估其社会和环境影响（根据2007年12月21日第6322号法令进行措辞）；

2. 根据第九条第（4）项、第（5）项和第（6）项的规定，核实为偿还提供的担保，除非财务合作因其性质涉及自然风险的承受，或无需偿还（根据2007年12月21日第6322号法令进行措辞）；及

3. 在巴西开发银行认为方便时，自行决定核实对申请公司及其股份持有人和管理人资质的任何限制。

单立款：巴西开发银行的财务合作应限制在董事会就特定计划或项目批准的百分比内。

第四章 咨询委员会

第十一条

巴西开发银行的上级指导机构为咨询委员会,由以下人员组成:

1. 十名成员,其中包括委员会主任,四名分别由计划、预算和管理国务部长、劳工就业部长、财政部长和外交部长指定的成员,以及由发展、工业和外贸国务部长指定的其他成员(根据2012年9月28日第7818号法令进行措辞);

2. 一名巴西开发银行雇员代表,以及一名副手成员,该成员在前述代表缺席、受伤或职位空缺时代替该代表,并由同事根据适用法律的规定直接投票选举产生(由2012年9月28日第7817号法律纳入);

3. 巴西开发银行总裁,任该委员会的副主任(由2012年9月28日第7817号法律纳入)。

第1款 – 本内部规章序言第(1)项规定的成员应由共和国总统从具备渊博知识和丰富经验的巴西公民中指定,该公民还应有无可争议的品德和声誉,任期为自公布之日起的三年,并可再度任命三年(根据2012年9月28日第7817号法令进行措辞)。

第2款 – 本内部规章序言第(2)项规定的成员应由共和国总统任命,任期为三年,从任命公布之日起计算,并可连任三年;选举委员会应由巴西开发银行董事会规定,并应负责核实是否符合第1款的先决条件(根据2012年9月28日第7817号法令进行措辞)。

第3款 – 根据第1款任命的董事会成员不再担任董事会成员一年后,方可再度任命为上述委员会的成员(根据2012年9月28日第7817号法令进行措辞)。

第4款 – 咨询委员会的成员在签署必要文件后方可正式任职(根据2012年9月28日第7817号法令进行措辞)。

第5款 – 再度任命时,新的任期应从之前任期结束之日起计算(根据2012年9月28日第7817号法令进行措辞)。

第6款 – 任期结束后至新的替代人上任前,咨询委员会的成员应继续在任(根据2012年9月28日第7817号法令进行措辞)。

第7款 – 如在任期内,本内部规章序言第(1)项规定的成员职位出现空缺,应任命新的成员在余下任期内接替该成员(根据2012年9月28日第7817号法令进行措辞)。

第8款 – 如在任期内,雇员代表及其副手的职位出现空缺,则应适用如下规则(由2012年9月28日第7817号法律纳入):

1. 如任期未过半,接任者应在余下任期内接替该职位(由2012年9月28日第7817号法律纳入);或

2. 如任期已过半，新接任者应在第 2 款规定的剩余期限内接替该职位（由 2012 年 9 月 28 日第 7817 号法律纳入）。

第 9 款 － 除非存在法律障碍，咨询委员会的成员应有权获得相当于董事平均月薪百分之十（10%）的月度费用，该费用应按季发放，发放的月份应为召开例会之后的月份（由 2012 年 9 月 28 日第 7817 号法律纳入）。

第十二条

咨询委员会负责如下事项：

1. 经发展、工业和外贸国务部长的要求，就国家经济社会发展相关的事项和对巴西开发银行业务有最直接影响的事项发表意见；
2. 就巴西开发银行的总体指导方针向巴西开发银行的总裁提供建议，并推动巴西开发银行成为经济社会部门的主导机构的宗旨、计划和业绩；
3. 经巴西开发银行总裁的提议，审查并批准符合联邦政府的经济和金融政策的一般政策和长期计划；
4. 规定董事会和总裁批准业务的决策层级；
5. 批准全球开支计划，并监督其实施；
6. 评估巴西开发银行的年度审计报告和工作业绩信息，以及巴西开发银行支持的主要项目的相关信息；
7. 对资产负债表和其他财务报表发表意见，提议设立准备金，就巴西开发银行收入用途发表观点；
8. 决定通过根据1976 年第 6404 号法律第 167 条和第 182 条第 2 款的规定成立的资本准备金，增加巴西开发银行的注册资本；
9. 对关于子公司的设立、解散、联合、整合或合并的提议，附属服务的业绩或在巴西开发银行业务领域范围内的经营事业的实施情况发表意见（根据 2008 年 7 月 31 日第 6526 号法令进行措辞）；
10. 决定支持或反对巴西开发银行总裁否决董事会的决定；
11. 经巴西开发银行总裁的提议，任命审计部门负责人；及
12. 补充适用 1976 年第 6404 号法律，解决内部规章未规定的事项。

第十三条

咨询委员会应每个日历年按季度定期召开会议，或由总裁在其认为适当时或应至少两名以上委员会成员的请求时召开特别会议（根据 2007 年 12 月 21 日第 6322 号法令进行措辞）。

第 1 款 －至少要有六名成员出席时，委员会方可审议事项（根据 2007 年 12 月 21 日第 6322 号法令进行措辞）。

第 2 款 － 委员会的决定应由多数成员表决通过，并记录在会议记录里；除一票普通票外，总裁还另有一票决定票。

第五章　董事会

第十四条

巴西开发银行应由董事会管理，董事会应由总裁、副总裁和七名常务董事组成，他们均由共和国总统自行任命和免职（根据2013年4月22日第7989号法令进行措辞）。

第1款 — 总裁和副总裁的任期不受限制，常务董事的任期为三年，可连任三年。

第2款 — 经发展、工业和外贸国务部长的批准，根据具体的条例规定，董事会成员应有权享有巴西开发银行员工享有的一切权利和利益。

第3款 — 签订必要的文件后，董事会成员应开始履行其职责。

第4款 — 巴西开发银行总裁应从本内部规章条款序言规定的人员中指定一名常务董事，由其负责拉美、加勒比地区和非洲的相关事务（由2013年4月22日第7989号法律纳入）。

第5款 — 第4款规定的指定不得排除针对第4款规定的事务而根据第16条第1款做出的决定（由2013年4月22日第7989号法律纳入）。

第十五条

董事会应负责：

1. 根据联邦政府的经济和金融政策和咨询委员会的指示，批准如下事项：

（1）巴西开发银行的行动指南；及

（2）通过出台具体条例，批准巴西开发银行的业务和管理规则。

2. 审查全球开支计划并提交给咨询委员会，批准反映当前期间现金流的巴西开发银行管理预算。

3. 批准人事管理规则，包括与确定巴西开发银行员工相关的规则。

4. 批准内部组织的设立，并在巴西开发银行内部分配权限，以及成立银行的办事处、代表处、代理处或子公司（根据2008年7月31日第6526号法令进行措辞）。

5. 根据咨询委员会确定的相应决策层级，做出有关单个客户的业务或特定经济团体的信贷额度的决定（根据2007年12月21日第6322号法令进行措辞）。

6. 授权为第九条第4项、第5项和第6项规定的目的进行无偿投资（根据2007年12月21日第6322号法令进行措辞）。

7. 在咨询委员会规定的相应决策层级内，批准工程和服务的承包，个人财产、不动产和证券的收购、租赁、转让和质押，以及权利、交易和仲裁协议的放弃，并有权制定规章制度和委托权力（根据2007年12月21日第6322号法令进行措辞）。

8. 对季度财务报表发表意见，并提供给财务委员会。

9. 授权签订构成巴西开发银行责任、义务或承诺的协议、合同和契约，并有权制定规章制度和委托权力（如此类文书具有专门的管理性质的话）（根据2007年12月21

日第6322号法令进行措辞)。

10. 对应提供给咨询委员会的所有事项发表意见。

11. 批准董事会成员的假期和休假。

12. 经发展、工业和外贸国务部长批准后，并在符合适用的具体法律的前提下，在联邦官方公报（Diário Oficial da União）上刊登：

（1）竞标条例；

（2）人事条例；包括雇员的权利与职责、纪律制度和核实责任的规则；

（3）人员名单，分三列指明每年6月30日和12月31日的雇员总人数、已满员岗位和未满员岗位（按工种或类别分类）；及

（4）薪酬、福利、利益或其他任何形式的雇员报酬计划。

单立款：巴西开发银行董事会可授权常务董事批准单个客户的业务，但其业务价值应在之前根据本内部规章序言第5项的规定就各经济团体批准的信贷额度范围内（由2007年12月21日第6322号法律纳入）。

第十六条

董事会应每周定期召开一次例会，并经巴西开发银行总裁召集特别会议，且至少要有五名成员出席会议时方可审议事项（根据2008年9月25日第6575号法令进行措辞）。

第1款 — 董事会的决定应由多数成员表决通过，并记录在会议记录里；除一票普通票外，总裁还另有一票决定票。

第2款 — 总裁可否决董事会的决定，并将该决定提交给咨询委员会。

第十七条

总裁负责如下事项：

1. 在法庭内外代表巴西开发银行，并可在特殊情况下委托该权力给他人，且可担任机构的代理人或出庭代理人；

2. 召集并主持董事会会议；

3. 管理巴西开发银行的资产、服务和业务，经各个协调区域的负责人提议，根据咨询委员会规定的相应决策层级决定单个客户的业务；

4. 从董事会成员中任命国家发展基金（FND）的行政秘书，由其代表该机构；

5. 监督并协调巴西开发银行各部门的工作，有权把行政权、决策权和银行业务的协调分配权委托给副总裁和董事；

6. 根据董事会制定的内部组织与职能分配的规定，发布巴西开发银行部门和业务所需的规则；

7. 根据法律规定和董事会批准的规则和标准通过、促进、处罚、免除和做出有关人事管理的行为，并有权将其全部或部分权力委托给他人；

8. 在咨询委员会规定的相应决策层级内，授权工程和服务的承包以及个人财产、不动产（不包括证券）的收购、租赁、转让和质押，并有权制定规章制度和委托权力

（根据2007年12月21日第6322号法令进行措辞）；

9. 在法定期限内，向发展、工业和外贸国务部长提交前一业务期间巴西开发银行管理人的年度决算和财务报表，以及财务委员会和咨询委员会的审查意见，供其检查，并随后递交给联邦审计署；

10. 定期向主管机关提供与预算相关的数据，以及巴西开发银行业务进展情况的信息；

11. 定期向发展、工业和外贸部的相关部门提交巴西开发银行的全球开支计划；

12. 每半年通过发展、工业和外贸国务部长向共和国总统提交社会一体化计划和公务员财产组合计划参与基金的试算表和使用该资金投资的清单；

13. 在董事会成员临时缺席且无法通过重新分工解决时，或职位出现空缺，共和国总统尚未重新指定时，指定董事会成员的副手；及

14. 按季度向咨询委员会提交巴西开发银行的活动报告。

第十八条

副总裁负责如下事项：

1. 在总裁缺席或无法履行其职责时，履行总裁的职责；
2. 出席咨询委员会会议；及
3. 行使常务董事授予的其他权力。

单立款：巴西开发银行总裁职位出现空缺时，本条第1项规定的权力也适用。

第十九条

各常务董事负责如下事项：

1. 协助总裁管理、协调巴西开发银行的活动；
2. 出席董事会会议，确保银行的政策实施和有关各自协调领导的报告事项；
3. 执行总裁分配的协调工作；及
4. 执行总裁分配的行政与决策职责。

第二十条

巴西开发银行签订的协议或其为签约方的协议，以及涉及巴西开发银行债务或负债的行为，包括行政性质的行为，应由以下人员签署（根据2007年12月21日第6322号法令进行措辞）：

1. 总裁和常务董事，如其涉及相当于董事会规定的决策层级范围内的金额的承诺，或与第九条第4项、第5项和第6项规定的无偿投资相关的话（根据2007年12月21日第6322号法令进行措辞）；

2. 总裁或两名常务董事，如其涉及的承诺金额少于董事会决策层级的金额的话。

第1款 － 本条规定的文件可由总裁自行授权或两名常务董事授权的专门代理人或由两名常务董事按本条第1项和第2项规定的格式签署。

第2款 － 根据第十七条第8项的规定，由总裁决定签署的行政协议可由委托他

人签署。(根据 2007 年 12 月 21 日第 6322 号法令进行措辞)。

第 3 款 - 因合同债务而发行的债券/证券或文件,以及支票和其他表示付款义务的文件应由总裁签署,也可由总裁委托他人签署。(根据 2007 年 12 月 21 日第 6322 号法令进行措辞)。

第 4 款 - 如第 3 款规定的权力被委托给他人,债券/证券、文件、支票和其他债务应至少有两人签署。(由 2007 年 12 月 21 日第 6322 号法律纳入)(新措辞)。

第六章 财务委员会

第二十一条

巴西开发银行的财务委员会应由三名成员及三名副手组成,任期均为两年,可再度任命,任期亦为两年。其中,两名成员及其副手应由发展、工业和外贸国务部长指定,另一名成员及其副手应由财务国务部长指定,并作为共和国总统指定的国库代表。

第 1 款 - 再度任命的财务委员会成员只有在上次任期结束至少一年后方可重新加入委员会。

第 2 款 - 财务委员会的成员出席的首次参加会议的经会议记录登记后,应开始有效执行成员的职责。

第 3 款 - 任期自任命公布之日起开始计算。

第 4 款 - 任期结束后至接任者被任命前,财务委员会的成员仍应履行其职责。

第 5 款 - 再度任命时,新的任期应从之前任期结束之日起计算。

第 6 款 - 除非存在法律障碍,除为履行其职责所需的差旅食宿强制报销款之外,财务委员会的成员应有权获得相当于常务董事平均月薪百分之十(10%)的月度费用。

第二十二条

财务委员会负责审查巴西开发银行董事会的资产负债表和其他财务报表及半年决算,并出具相关意见,且可行使《公司法》(1976 年第 6404 号法律)规定的其他权力。

单立款:管理机构应在十日内,通过正式通知的形式,向在任的财务委员会成员提供会议记录的副本,并在编制完成后的十五日内,向其提供定期编制的试算表和其他财务报表的副本,以及预算合规报告等。

第六-A 章 审计委员会

(根据 2004 年 9 月 22 日第 5212 号法令进行措辞)

第二十二-A 条

审计委员会最多应由六名由咨询委员会指定的成员组成(根据 2007 年 12 月 21 日

第 6322 号法令进行措辞）。

第 1 款 － 审计委员会成员的任命应符合国家货币委员会通过的有关各自任期条件的规定（根据 2007 年 12 月 21 日第 6322 号法令进行措辞）。

第 2 款 － 审计委员会的成员的任期不受限制，经咨询委员会决定可随时终止（根据 2007 年 12 月 21 日第 6322 号法令进行措辞）。

第 3 款 － 审计委员会的成员有权获得相当于巴西开发银行常务董事平均月薪百分之十（10%）的月度费用（根据 2007 年 12 月 21 日第 6322 号法令进行措辞）。

第 4 款 － 如审计委员会的成员兼任巴西开发银行咨询委员会或其相关机构的成员，该成员可从两者职位中选择一种报酬方式（根据 2007 年 12 月 21 日第 6322 号法令进行措辞）。

第二十二 – B 条

审计委员会应向咨询委员会报告，共同服务于构成巴西银行银行体系的 FINAME 和 BNDESPAR（由 2004 年 9 月 22 日第 5212 号法律纳入）。

单立款：审计委员会应根据巴西开发银行董事会批准的内部规定开展工作（由 2004 年 9 月 22 日第 5212 号法律纳入）。

第二十二 – C 条

审计委员会负责如下事项（由 2004 年 9 月 22 日第 5212 号法律纳入）：

1. 向巴西开发银行提议开展独立审计应聘请的机构及其替代人选（由 2004 年 9 月 22 日第 5212 号法律纳入）。

2. 在刊登前修改半年会计报表，包括附注、管理报告和独立审计意见（由 2004 年 9 月 22 日第 5212 号法律纳入）。

3. 评估独立审计和内部审计的有效性，包括核实构成巴西开发银行体系的公司是否遵守了适用的法律和管理规定及内部规定（由 2004 年 9 月 22 日第 5212 号法律纳入）。

4. 根据独立审计师或内部审计师的建议，评估巴西开发银行的管理合规性（由 2004 年 9 月 22 日第 5212 号法律纳入）。

5. 制定并公布收集与处理违反适用于巴西开发银行体系内公司的法律和管理规定的程序和内部规则，规定保护举报人和保密信息的具体程序（由 2004 年 9 月 22 日第 5212 号法律纳入）。

6. 建议巴西开发银行的董事会更正或改进其职权范围内发现的政策、做法和程序（由 2004 年 9 月 22 日第 5212 号法律纳入）。

7. 至少每季度与巴西开发银行的董事会、独立审计师和内部审计师召开一次会议，以便核实是否遵守其建议或询问，包括有关审计工作计划的事项，并在报告中规定上述会议的内容（由 2004 年 9 月 22 日第 5212 号法律纳入）。

8. 应其要求，与巴西开发银行财务委员会和咨询委员会召开会议，讨论各自职权范围内发现的政策、做法和程序问题（由 2004 年 9 月 22 日第 5212 号法律纳入）。

9. 每年7月30日和12月31日半个财务年度结束时，编制《审计委员会报告》，并应包括如下信息（由2004年9月22日第5212号法律纳入）：

1）相关期间内，各自责任范围内开展的工作情况（由2004年9月22日第5212号法律纳入）；

2）巴西开发银行体系内公司的内控体系有效性的评估结果，现行法律的合规性和提出发现的不足之处（由2004年9月22日第5212号法律纳入）；

3）提交给巴西开发银行董事会建议的说明，指明不合规情况及其原因（由2004年9月22日第5212号法律纳入）；

4）独立审计和内部审计有效性的评估结果，并核实巴西开发银行体系内公司是否遵守适用的法律、管理规定和内部规则，提出发现的不足之处（由2004年9月22日第5212号法律纳入）；

5）各期间会计报表的质量评估，着重评估巴西会计法律的适用情况和巴西中央银行规定的合规情况，并提出发现的不足之处（由2004年9月22日第5212号法律纳入）。

10. 向巴西中央银行和巴西开发银行咨询委员会提交至少五份的《审计委员会报告》（由2004年9月22日第5212号法律纳入）。

11. 发布《审计委员会报告》摘要及半年会计报表，重点突出文件的主要信息（由2004年9月22日第5212号法律纳入）。

12. 国家货币委员会、巴西中央银行或巴西开发银行咨询委员会不时要求的其他文件（由2004年9月22日第5212号法律纳入）（新措辞）。

第六-B章　监察员办公室

（根据2007年12月21日第6322号法令进行措辞）

第二十二-D条

巴西开发银行的监察员办公室应是巴西开发银行体系下公司及其客户之间的沟通渠道，包括冲突调解（由2007年12月21日第6322号法律纳入）。

单立款：监察员应由巴西开发银行总裁任命，任期不受限制，可由总裁随时决定终止（由2007年12月21日第6322号法律纳入）。

第二十二-E条

巴西开发银行监察员办公室的结构应符合第26条的规定，负责以下职责（由2007年12月21日第6322号法律纳入）：

1. 正式、妥善地对待客户和用户投诉的巴西开发银行体系未能通过各部门与常规客户协助或其他协助方式解决的产品和服务问题（由2007年12月21日第6322号法律纳入）；

2. 向巴西开发银行体系的上级管理层提议更正措施，以便改进从收到的投诉分析出的程序和流程问题（由2007年12月21日第6322号法律纳入）；

3. 每个日历半年末，编制包括第（2）项规定内容的监督员办公室的定量和定性报告，并提交给内部审计、审计委员会、董事会和咨询委员会（由2007年12月21日第6322号法律纳入）。

第二十二–F条

巴西开发银行应为监察员办公室创造适当的条件，确保其能够得到开展工作所必要的信息（由2007年12月21日第6322号法律纳入）。

第七章 财务年度、财务报表和利润

第二十三条

巴西开发银行的财务年度与日历年一致。

第二十四条

巴西开发银行应编制其财务报表，其结果应于每年6月30日和12月31日核实。

第二十五条

咨询委员会应在将扣除净收入的应计损失、所得税拨备和社保缴款后的当年收入的使用计划提交给财务国务部长，并遵守以下条件（根据2008年12月29日第6716号法令进行措辞）：

1. 法定准备金：注册资本的百分之五（5%）至百分之二十（20%）（根据2008年12月29日第6716号法令进行措辞）；

2. 构成1976年第6404号法律第195条、第195–A条和第197条（视情况而定）规定的准备金（根据2008年12月29日第6716号法令进行措辞）；

3. 股息支付：至少应为1976年第6404号法律第202条第（1）项"a"子项和"b"子项规定的调整后净收入的百分之二十五（25%）（根据2008年12月29日第6716号法令重新编号）；

4. 构成未来增资的盈余准备金——以便确保股东权益符合银行资产增长的预期——经调整收入的百分之十五（15%），最高以该资金的百分之三十（30%）为限（根据2008年12月29日第6716号法令进行措辞）；

5. 营业毛利的盈余准备金（根据银行管理层提出的确保符合银行业务发展的营业毛利所需资金的标准设立）为净收入余额的百分之百（100%），最高以该资金的百分之五十（50%）为限（由2008年12月29日第6716号法律纳入）。

第1款 –根据1995年12月26日第9249号法律第9条第7款和其他相关法律的规定支付或贷记为权益资本利息的报酬金额可用于支付按本条规定计算的股息，并具有十足法律效力地计入后者金额。

第2款 – 根据第1款支付或贷记的利息金额不得超过用于股息支付的金额，该金额应从股息支付的金额中扣除。

第3款 — 财务年度的损失应由累积收入、收入准备金和资本准备金按顺序抵销，根据1976年第6404号法律第173条的规定，最高扣除的权益股本可达到余额（根据2007年12月21日第6322号法令进行措辞）。

第4款 — 如达到第（5）项规定的限额，董事会应提议说明盈余准备金的余额用作营业毛利，以增加资本或支付股息，该提议应由财务国务部长作出决定（根据2008年12月29日第6716号法令进行措辞）。

第5款 — 在最后一次年度例会上，董事会应根据当前财务年度预计的收入和财政部代表之前出具的意见，批准截至每年五月底应作为股息支付的经调整净收入百分比，但应符合巴西国库对下一财务年度预计的股息（根据2008年12月29日第6716号法令进行措辞）。

第6款 — 经财政部批准，在序言第（4）项和第（5）项规定的准备金达到预测限值前，还可支付补充股息（根据2013年6月28日第8034号法令进行措辞）。

第7款 — 会计报表应由董事会批准，并由审计委员会在当前财务年度结束后的第一次例会上审查，并应在三十日内提交给主管机关。该决定应公布并应记录（根据2008年12月29日第6716号法令进行措辞）。

第8款 — 股息和利息金额应按巴西基准利率收取从当前财务年度结束之日到实际收到或支付之日的财务费用，作为应付国库权益股本的报酬，但不得影响该款项未于法律规定或董事会决定的日期收取或支付的违约利息。债务实际解决之日前五个营业日公布的巴西基准利率应视为该金额在实际付款日期前五个工作日期间更新后的日利率（由2008年12月29日第6716号法律纳入）。

第9款 — 经财政国务部长批准后，有关当前财务年度利润用途的提议应于批准后的三十日内刊登到联邦公报（Diário Oficial da União）上（由2008年12月29日第6716号法律纳入）。

第10款 — 序言第（4）项和第（5）项规定的准备金无须转换，也无须作为股息分配，但应用于抵偿可用作股本的工具（根据国家货币委员会或巴西中央银行的规定成立），以便进行银行审查（由2013年6月28日第8034号法律纳入）。

第11款 — 咨询委员会可根据半年资产负债表公布的利润情况，决定按第24条的规定宣布派送临时股息（由2013年8月29日第8085号法律纳入）。

第八章　内部组织与人事部门

第二十六条

巴西开发银行的组织结构及各自职能分工应由执行官委员会根据巴西开发银行总裁的提议决定。

单立款：巴西开发银行的内部审计组织直属于董事会（根据2003年9月5日第

4833号法令进行措辞）。

第二十七条

巴西开发银行的员工应遵守私营企业劳动关系相关的现行法律法规。

第1款 – 雇员应根据执行官委员会发布的具体规则，通过公开考试竞聘录用，或凭考试和职称录用。

第2款 – 直接或间接进行公共管理的受雇人的录用要求应根据具体情况确定，但应符合相关法律的规定。

第二十七–A条

巴西开发银行重要职位，最高到机构主管或同等级别，应由巴西开发银行或其子公司的在编雇员担任（由2007年12月21日第6322号法律纳入）。

单立款：总裁办公室主任、部门主任（仅限巴西开发银行的法定地址）、代表处、子公司、国外代表处的负责人，以及总裁及执行官委员会的助理和秘书可由非巴西开发银行或其子公司的在编员工担任，但此类人员的比例应控制在巴西开发银行及其子公司总员工数量的2%（由2007年12月21日第6322号法律纳入）。

第九章 一般规定及过渡规定

第二十八条

巴西开发银行应遵守国家货币委员会的总体预算和会计准则，不得影响适用政府全资公司的预算和会计事项法律规定的合规性。

第二十九条

巴西开发银行可根据执行官委员会批准的条例，拨备资源成立专项资金，该资金可具体用于支持第9条第（4）项、第（5）项和第（6）项规定的研究、计划和项目开发（根据2012年9月28日第7817号法令进行措辞）。

单立款：本条规定标题所指的资金应包括（根据2012年9月28日第7817号法令进行措辞）：

1. 巴西开发银行投资预算的委托金额，最高可相当于之前年度净利润的百分之十（10%），并应限制在扣除经调整股本估值余额后的净值的百分之一点五（1.5%），该金额为尚未记录的损益，并被证券市场归为"可销售证券"（根据2012年9月28日第7817号法令进行措辞）；及

2. 捐赠及转让给巴西开发银行用于本条标题规定目的的资金（根据2012年9月28日第7817号法令进行措辞）。

第二十九–A条

巴西开发银行应向前任和现任雇员、管理人、执行官委员会成员、董事会成员、财务委员会成员和审计委员会成员保证在因履行其职责过程中的行为而被提起司法程

序或行政程序时，为其提供辩护，但不得违背公司利益（由 2007 年 12 月 21 日第 6322 号法律纳入）。

第 1 款 – 在执行官委员会规定的条款并符合本条标题规定前提下，巴西开发银行可向上述人员提供对其有利的长期保证协议，以便保障其不因其履责行为或事实而被司法或行政诉讼（由 2007 年 12 月 21 日第 6322 号法律纳入）。

第 2 款 – 如上述标题规定的任何人员因违反法律或本内部规章而被做出最终、不可上诉的司法判决，该人员应根据法律规定退还巴西开发银行为其提供律师的全部支出和费用（由 2007 年 12 月 21 日第 6322 号法律纳入）。

第 3 款 – 执行委员会应调整法律援助规定的构成、条款和限制（由 2007 年 12 月 21 日第 6322 号法律纳入）。

第三十条

关于以下公司行为，巴西开发银行应获得财政部的事先同意：

1. 转让巴西开发银行或其控制公司的权益股本中全部或部分股份；通过认购新股份增加其权益股本；放弃认购可转换成控制公司股份的股份或公司债券；出售可转换由其控制公司发行并由巴西开发银行持有股份的公司债券；或在国内外发行任何债券或证券。

2. 其子公司或控制公司业务的拆分、整合或合并。

3. 置换本条第 2 项规定公司发行的股份或其他证券。及

4. 签订股东协议或放弃股东协议规定的权利，或承担 1976 年第 6404 号法律第 114 条规定相关的公司承诺。